葉名琛檔案

清代兩廣總督衙門殘牘

第五册（FO931/0980－1222）

劉志偉　陳玉環　主編

廣東省出版集團
廣東人民出版社
·廣州·

圖書在版編目（CIP）數據

葉名琛檔案：清代兩廣總督衙門殘牘 / 劉志偉，陳玉環主編.
—廣州：廣東人民出版社，2012.12
ISBN 978-7-218-06658-5

Ⅰ.①葉… ②清… Ⅱ.①劉… ②陳… Ⅲ.①檔案資料—中國—清後期 Ⅳ.①K252.06

中國版本圖書館 CIP 數據核字（2010）第 025853 號

YeMingchenDang'an：Qingdai LiangguangZongduYamen Candu

葉名琛檔案：清代兩廣總督衙門殘牘

劉志偉 陳玉環 主編

出 版 人： 曾 瑩

選題策劃： 戴 和
責任編輯： 柏 峰 張賢明 陳其偉
裝幀設計： 張力平
責任技編： 周 傑 黎碧霞

出版發行： 廣東人民出版社
地 址： 廣州市大沙頭四馬路 10 號（郵政編碼：510102）
電 話： （020）83798714（總編室）
傳 眞： （020）83780199
網 址： http: //www.gdpph.com
印 刷： 東莞市本色印刷有限公司
書 號： ISBN 978-7-218-06658-5
開 本： 787mm × 1092mm 1/16
印 張： 316.25 **插頁：** 9 **字數：** 6450 千
版 次： 2012 年 12 月第 1 版 2012 年 12 月第 1 次印刷
定 價： 4800.00 元 (全套定價)

如果發現印裝質量問題，影響閱讀，請與出版社(020-83795749)聯繫調換。
售書熱綫：（020）83790604 83791487 83797157

第五冊　目錄

謹查外海水師各營現存米艇撈繒船隻逓年額給燂洗更換
蓬索及配駕弁兵歲需口糧各銀両開列呈
電
計開
一米艇撈繒等船逓年額給燂洗更換蓬索銀両
大米艇每船歲給燂洗銀壹百伍拾両現存叁拾柒隻共歲需銀
伍千伍百伍拾両
中米艇每船歲給燂洗銀壹百貳拾伍両現存肆拾壹隻共歲需
銀伍千壹百貳拾伍両
小米艇每船歲給燂洗銀壹百両現存拾壹隻共歲需銀壹千壹
百両
撈繒船每隻歲給燂洗銀陸拾陸両壹錢柒分陸厘現存貳拾伍
隻共歲需銀壹千陸百伍拾肆両肆錢
以上每歲共額給燂洗蓬索銀壹萬叁千肆百貳拾玖両零
係在田房税羨項内動支按春秋二季請領
一巡洋米艇撈繒各船配駕弁兵歲需口糧銀両
米艇每船配弁一員日給口粮銀捌分兵丁大中小匀配肆拾陸
名每名日給口粮銀伍分加舵兵壹名日給口粮銀叁分共歲額
需銀捌百陸拾柒両陸錢現存捌拾玖隻共歲需口粮銀柒萬
柒千貳百壹拾陸両肆錢

撈繒船每隻配弁一員兵丁貳拾柒名加舵兵壹名歲額需銀
伍百貳拾伍兩陸錢現存貳拾伍隻共歲需口糧銀壹萬叁千
壹百肆拾兩
以上每歲共額需口粮銀玖萬零叁百伍拾陸兩零係存關
盈餘項內動支按月請領支給
統計每歲約需燂洗蓬索弁兵口粮銀壹拾萬零叁千柒百捌拾
伍兩零
遵查米艇燂洗蓬索銀兩一項先于嘉慶元年奉
前任督憲長　奏明每大船壹隻歲給銀陸拾兩中船壹隻歲給銀伍
拾兩小船壹隻歲給銀肆拾兩嗣奉
兼署督憲韓　以原定例價不敷奏請每年大船增給銀叁拾兩中
船增給銀貳拾伍兩小船增給銀貳拾兩續因此項燂洗銀兩歷有不
敷各營員因格于成例未便請增每多自行派捐賠貼于嘉慶二
十年九月内奉
前督憲長　奏明將師船原配兵丁酌減名數節省口粮增給師船
蓬索燂洗之用奉　部議准每年大船壹隻除例給燂洗銀玖拾兩
外增給銀陸拾兩中船壹隻除例給燂洗銀柒拾伍兩外增給銀伍
拾兩小船壹隻除例給燂洗銀陸拾兩外增給銀肆拾兩統計原額
加增續增各案内大米艇壹隻歲給燂洗蓬索銀壹百伍拾兩中米
船壹隻歲給燂洗蓬索銀壹百貳拾伍兩小米艇壹隻歲給燂洗
蓬索銀壹百兩撈繒船每隻以裁減中小米艇計算歲給燂洗蓬
索銀陸拾陸兩壹錢柒分陸厘又查弁兵口粮一項奉
前任督憲百　于區分水陸案内酌定每兵壹名日止給銀叁分委弁
止給銀伍分兵力益形拮据于嘉慶十六年奉
前任督憲松　以各米艇出海緝捕兵丁向係每日給口粮銀伍分
每弁每日給銀捌分奏請配官一員每名增給銀叁分兵丁每名
每日增給銀貳分自嘉慶十六年四月二十日起支給

謹擬將六段巡船改用大扒移派弁兵週年在西江一帶河道巡緝備開節畧呈

電

竊照肇郡上接廣西梧州下連三水西江一帶河道綿長宵小易於出沒行旅胥有戒心向設六段巡船武弁帶兵按月出巡一切經費由府捐給嗣於道光七年改議通年自二月起至九月止計八個月停緝將節省銀兩另款開銷其十月起至次年正月止共四個月照舊出巡此四個月內船價官兵飯食及一切經費府中約須捐發銀一千一百兩零相沿已久惟當冬令喫緊之時武弁出巡每船僅派兵十二名或恐不能足數遇有大夥賊盜怯者固無論矣即奮勇兜擒亦恐衆寡不敵往往束手遠避每年河面仍不免失事者職是之由也卑府再四熟籌與其勞而無功孰若用收實效議請將六段巡船改設大扒船一號商之督標肇協各營將官選撥勇弁一員派兵四十名周年在西江一帶認真巡緝毋庸停緝亦不必分段上至廣西梧州交界下至羚羊峽均責成常川巡查按月派代即按營輪派每月查明有無失事以覈其勤惰功過如此改議則事歸簡便而專責成且營員仍得及時效力不致向隅較之六段巡船更為可靠至武弁一員每日給飯食銀一錢二分兵丁一名每日給行糧銀六分此外修葺船隻添僱水手統共約需銀一千餘兩除將裁捐六段巡船經費撥發外如有不敷仍由府捐足卑府為綏靖河道起見是否可行理合謬擬節畧敬呈如蒙

允准容回郡商之營員妥定章程再行具禀請

示遵辦須至節畧者

謹將現擬添派武員協同文委員在西江河面巡緝以靖地方開列節畧呈

電

竊查西江一帶河道仍未安靖推原其故固由該州縣等未能實力緝捕
亦半由塘汛卡房兵力不足且有相離稍遠聲氣未能聯絡所致每月派
委查河文員祇能策應巡緝不能冒險兜拿卑府與營員熟商選派緝
捕勤能之千把總一員多撥兵丁配足火藥器械督帶巡船協同查河文
員週年在於西江上下往來巡緝定期一月瓜代以均勞逸不許片刻偷安
停滯明定功過賞罰以示激勸庶足濟汛卡及查河文武之不及仍將派出
武弁銜名及河道安靖緣由按月通報一次以專責成而昭慎重所有弁兵
飯食暨一切經費均由卑府自行捐廉支給並不擾累屬員亦不必另
行籌款卑府所設大扒巡船因砲械未足現在具稟請領砲位並添置
器械合併聲明須至節畧者

F.O. 682/2798/12(4)

令航四兄大人閣下：許久未晤，
甚念念之如渴矣。昨聞省局匪焚杭行，料粵
當要。諒省府報近日常玉山一帶賊勢甚熾，
述及吾
兄，諒省府閱報新聞，
示知為禱。專此佈請
升安。宗愚弟羅嘉彥拜

倚雲樓

敬稟者昨奉
鈞函以現詳增給砲臺口糧銀兩一案已准
部文轉行令詳內未經敘及是否尚未接到查
部文應俟另奏辦理現詳僅敘咨覆似與原文
不符飭即查覆等因遵查增給砲臺口糧銀兩
一案　部文司中先已接到旋于十月二十二
日奉
撫憲行准
戶部咨覆
憲台奏籌備節省經費銀兩五年期滿請仍由外
支用一摺內排練防夷經費二款銀九千兩留
撥附省及內河各臺防兵之需另行奏辦而
部中以此項銀兩本款無須支用即應節省入
冊充公文尾聲明俟另奏到日再行分別核辦
尚未議准今另奏增給砲臺防兵口糧已奉
大部覆准照辦前項排練防夷經費銀九千兩
即在籌撥增給兵糧之中為必不可省之需是
以詳內摘敘增給各臺口糧已經具奏奉
部覆准而案已另行奏明似可毋須再奏是以
議請咨覆以明銀應留撥而符原文是否如斯
理合稟覆
中堂察核肅此具稟恭請
崇安

FO682/253A/3(75)

提標中右二營管設砲臺十四座共配砲六百二十六位每位配兵
二名共兵一千二百五十二名又各臺司理軍火目兵二十八名
共配兵一千二百八十名今擬每名每月給口糧銀五錢計每月
共該銀六百四十兩每年共銀七千六百八十兩先經每年中右二
營各砲臺在道庫領給六七八九四個月口糧銀二千零四十八兩
外尚應籌給銀五千六百三十二兩

提軍擬在於道光八年起至二十四年止水師各鎮協營未領二成工料
銀共計存留銀三萬八千八百七十六兩零應請停領發商生息每
年可得息銀三千八百八十兩零內抽撥入加給之數除外尚不敷銀
一千七百五十二兩又擬在於每年所領犒賞銀一千兩概行添入
散給除外實仍不敷銀七百五十二兩

司中查水師各鎮協營未領二成工料銀三萬八千八百七十六兩零除
應扣二兩平外實存銀三萬六千五百四十三兩零內除陽江沈鎮已
領去陽江左營二成銀三千六百七十四兩六錢二分四厘一毫又除前廣州
府議派留備將部議核減銀九千七百一十九兩外實存銀二萬三千
一百四十九兩零發商按年一分生息可得銀二千三百一十兩零並
將每年犒賞一千兩全行撥入共得銀四千二百五十兩零尚不敷銀
一千三百五十二兩現在另行籌款以備支給

F.O.682/138/4(4)

a

嘆夷案內報銷製造火藥每百觔工料銀三兩九錢一分五厘五毫

道光二十八年前任中陞協崑　製造加工火藥報銷每百觔工料銀九兩二錢

另不敷津貼銀二兩四錢由外籌補

b

F.O.682/138/4(4)

謹將福建請代買硝斤十五萬斤（業司議酌減八萬斤數目開列

計開

每百斤例定價銀三兩七錢八分

每百斤外捐津貼銀一兩七錢二分

共正價銀三千零二十四兩

津貼銀一千三百七十六兩

c.

F.O.682/138/4(4)

謹將防夷軍需善後案內製造軍裝砲械葯彈等項報銷銀數

開列呈

閱

計開

防夷軍需報銷

一製造軍裝砲械葯彈用過工料等項銀四十五萬九千七百二十兩零七錢六分三厘

善後報銷

一製造火葯鉛彈火繩等項工料銀一萬六千七百六十八兩七錢三分四厘

一鑄造銅鉄大小砲位工料銀一十五萬七千七百兩零五錢三分二厘

一省局製造軍裝鎗砲器械鍋帳等項工料銀一萬四千六百六十六兩五錢九分

一製造新式磨盤做夷櫓木各項砲架工料銀三萬二千七百五十二兩七錢六分四厘

一各營製補損失軍裝火器械工料銀三萬五千五百二十四兩八錢七分六厘

通共銀七十一萬七千一百三十四兩二錢五分九厘

a.

遵将暎夷軍需善後案內製造軍裝器械等項價值銀數開列呈
閲

計開

一製造鳥鎗一杆
夾布九龍袋一副
盛葯牛角大胡蘆一個
火繩皮包一個
鎗鉛子夾布口袋一個
以上共工料銀一兩七錢一分五釐七毫九絲二忽
一製造单帳房一頂工料銀五兩四錢八分八釐二毫一
絲四忽
一製造鑲火焰邊彩畫雲蟒綠布纛一副每副
大纛一面
什長旂五面
督陣旂一面
以上共工料銀五兩一錢六分七釐四毫一絲五忽
一製造布號帽一頂工料銀三錢四分二釐
一製造白心紅邊號褂一件工料銀三錢三分零九毫九
絲一忽
一製造銅什件腰刀一把工料銀九錢七分零四毫二絲
一製造鉄什件腰刀一把工料銀七錢二分三釐九毫四
絲五忽
一製造牌刀一把工料銀四錢九分九釐五毫五絲六忽
一製造挑刀一把工料銀七錢四分八釐六毫四絲七忽
一製造籐牌一面工料銀六錢五分八釐七毫一絲二忽
一製造銅鑼鍋一口工料銀九錢九分
一製造小銅鍋木蓋一個工料銀二分三釐
一製造陣鑼一面工料銀一兩四錢六分二釐
一製造陣鼓一面工料銀二錢五分
一製造海螺一個工料銀一錢四分五釐
一製造火繩一盤工料銀一分八釐八毫一絲七忽
一製造青衣一件工料銀六錢四分五釐九毫八絲四忽
一製造鉄鍬一把工料銀一錢八分五釐三毫七絲五忽
一製造鉄斧一把工料銀一錢五分六釐
一製造鐵鐮一把工料銀七分八釐二毫九絲五忽
一製造銅灣號一對工料銀五錢二分五釐

一製造長鎗一杆工料銀五錢五分二厘八毫零五忽

一製造長矛一杆工料銀三錢四分二厘六毫二絲

一製造鳳翅攩一把工料銀四錢七分九厘七毫四絲三忽

一製造雙鈎鐮鎗一杆工料銀六錢一分八厘二毫九絲二忽

一製造单手帯刀一把工料銀四錢三分二厘六毫三絲五忽

一製造滚被雙刀一對工料銀八錢九分零三毫三絲三忽

一製造月鏟一把工料銀一錢九分二厘一毫三絲三忽

一製造鴨舌鎗一杆工料銀三錢七分三厘四毫四絲七忽

一製造竹柄鉄脚篙一杆工料銀八分六厘九毫一絲七忽

一製造斬馬刀一把工料銀一兩一錢三分四厘九毫二絲一忽

一製造鉄斗標一杆工料銀七分二厘二毫七絲二忽

一製造竹䇘撓鈎鎗一杆工料銀一錢七分九厘六毫五絲五忽

一製造木棍一根工料銀四分九厘六毫

一製造鉄鋤一把工料銀一錢六分六厘零六絲

(2) (1)

茲准各營覆稱各年動支公費銀兩支銷祭品差費飯食燈油等
項均係照依營中額定數目及查照嘉慶二十五年以前准銷銀數
撙節支用未敢稍有加增至涉冒濫且粵東五方雜處外洋直達
內河或山深林密或港汊紛歧最易藏奸納污近來民情類多遊蕩竊
盜屢見疊出屢奉劄飭嚴查所有城樓塘汛堆卡必須派兵
巡邏支更以冀閭閻安靖行旅無傷而終宵擊柝不能不給燈
油至於請領俸餉兵食攸關遠途跋涉更須慎重派撥弁兵護送
且近年市物時價倍昂迥非昔比其支用一切祭品差兵飯食燈油
等項即照從前定額支銷已甚竭蹷若再嚴行遞減營員廉
俸無幾兵丁尤屬窮苦賠累難堪勢必私減兵數設有疏虞
不獨地方受害無窮而請領俸餉所關尤巨因此悞公兵弁更得
藉口又如領餉賫冊往候日期每因各衙門查核需時往候不

(3)

無稍久以致日期多寡不能一律差兵水陸飯食船價等項若在衝衢市價尚可平減而地處偏僻物價不無較貴以致支數互異委係據實開報並無私毫濫支情弊先奉駁減業經遵照於無可刪減之中再行減少造覆茲復奉嚴駁不得不於無可再刪之中量加酌減應請俯照現在冊報銀數轉請核銷請免再行刪減等情查額設公費原係體卹兵艱如涉浮濫固當從嚴駁刪若勢所必需之項刪除不給亦不免諸多掣肘恐致悞公今粵東各營遞年支銷公費銀兩屢次分年專案飭查節經各營於無可刪減之中再行刪減另造妥冊詳咨復奉

大部駁查道光七年至十三年之案已據刪減共銀二千三百九十餘兩零十四年至十七年之案僅據刪減銀五十一兩零十七

(4)

年至二十二年之案更未刪減分厘該省自度案情亦未免
前後歧謬率請照案覆准尤屬不合等語茲准各營移
覆除道光七年至十三年之案實係無可刪減外其十四
年至二十二年之案不得不於無可再減之中量加核刪造
冊移送核其所覆委係實在情形除道光七年至十三
年之案請仍照原冊准銷外其餘各營冊開十四年至
二十二年刪減銀數[illegible]外開[illegible]行添註某年刪減銀若
[illegible]按冊核算均與額定章程相符亦核與
嘉慶二十五年以前准銷銀數毫無增多應請俯照現報
銀數准予開銷俾免賠累庶辦公不致竭蹷理合據由造
冊同簽駁原冊詳請彙案咨部核銷至各年刪減銀
兩候奉文回飭解列入遞年新收項下造報合併聲明

[redacted]

遵將道光二十五年分
耆中堂閱驗督撫標廣州協三標合操賞犒開列呈
閱
中軍副將祺　中三矢　中三鎗
廣州協副將余　中三矢　中三鎗
撫標中軍慶　中五矢　中三鎗
撫右遊擊崑　中五矢　中三鎗
均賞袍褂料一套　朝珠一盤　小荷包一對
小刀一把　扇套一個
賞都守
中五矢袍褂料各一套
中三矢袍料一件
中三鎗紗袍褂料一套
賞千把總及候補人員
中五矢各袍料一件　一兩重銀牌一面　五錢重銀牌一面
中四矢各褂料一件　一兩重銀牌一面　三錢重銀牌一面
中三矢各一兩重銀牌一面
硬弓加賞一兩重銀牌一面　小刀一把
賞外委額外
中五矢各褂料一件　一兩重銀牌一面
中四矢各褂料一件　八錢重銀牌一面
中三矢各五錢重銀牌一面
硬弓加賞五錢重銀牌一面
賞馬步守兵
中五矢各五錢重銀牌一面　一兩重銀錠一個
中四矢各四錢重銀牌一面　五錢重銀錠一個
中三矢各三錢重銀牌一面
硬弓加三錢重銀牌一面
賞大隊銅錢六百千文
賞鳥鎗打靶千把外額及候補人員
中三鎗一兩重銀牌一面
中二鎗五錢重銀牌一面
賞鳥鎗打靶兵丁
中三砲各一兩重銀牌一面

中二砲五錢重銀牌一面
賞抬鎗打靶兵丁
中三鎗一兩重銀牌一面
中二鎗五錢重銀牌一面
再賞鳥鎗抬鎗打靶兵丁五百三十四名每名銅錢五百文
另加賞抬鎗打靶兵共五十四桿每名銅錢三百一十文共
錢三百千文

共賞過
紗袍褂料三十二套　紗褂料四件
朝珠四盤　小荷包四對
銀牌
一兩重三百六十五面　八錢重十三面
六錢重一面　五錢重八十一面
四錢重二十面　三錢重二十四面
銀錠
一兩重三十五個　五錢重二十個
銅錢九百串
除收

藩運二司備賞銅錢二百串
廣州府備賞銅錢二百串
南番二縣備賞銅錢二百串 俱賞去
紗袍褂料二十套賞去　水晶頂二十個存
硨磲頂二十個存　金頂二十個存
小荷包一百對賞去四對存九十六對　小刀一百把賞去二十五把存七十五把
大小銀牌二百面
一兩重二十面賞去　五錢重三十面賞去
三錢重五十面賞去二十四面存二十六面　二錢重一百面存

定在庫內賞去
紗袍褂料十二套　紗褂料四件
朝珠四盤　扇套四個
一兩重銀牌三百四十五面　八錢重銀牌十三面
六錢重銀牌一面　五錢重銀牌五十一面
四錢重銀牌二十面　一兩重銀錠三十五個
五錢重銀錠二十個
銅錢三百串

[redacted]

遵將道光二十五年分
耆中堂閱驗軍標大操水操賞犒數目開列呈
閱

軍標大操
賞協佐領防禦驍騎校
中五矢　袍褂料一套
中四矢　袍褂料一套
中三矢　袍料一件
賞前鋒領催步甲兵丁
中五矢　袍褂料一套
中四矢　褂料一件
中馬箭　三錢重銀牌一面
賞馬上技藝前鋒領催兵丁　二兩重銀牌各一面
賞騎馬前鋒兵丁　五錢重銀牌各一面

賞擦跤前鋒兵丁　五錢重銀牌各一面
賞長矛兵丁　五錢重銀牌各一面
閑械步甲兵
賞雙手帶兵丁　五錢重銀牌各一面
賞過堂小鎗幼丁　一兩重銀牌各一面
賞執事協佐領官　荷包各一對　小刀各一把
賞帶隊官　荷包各一對　小刀各一把
賞大隊　銅錢九百串

軍標水操
賞協佐領官　袍褂料各一套
賞防禦官　袍料各一件
賞驍騎校　褂料各一件
賞委驍騎校　荷包各一對　小刀各一把　二兩重銀牌各一面
賞上艙領催　二兩重銀牌各一面　二兩重銀錠各一個
賞水面開械兵丁　一兩重銀牌各一面　一兩重銀錠各一個
賞水面鎗兵　一兩重銀牌各一面　一兩重銀錠各一個
賞扒船兵
伏兵

水囊兵
督令兵
伏艇兵
登翻兵
脱逃兵
燒火器兵
水兵　以上俱五錢重銀牌各一面五錢重銀錠各一個
賞水操大隊　銅錢三百串

此次軍標大操
賞
藩運二司備賞銅錢二百千文
廣州府備賞銅錢二百千文
南番二縣備賞銅錢一百千文　俱賞去
袍褂料二十套 賞去　小荷包一百對 賞去五十八對 存四十二對
一兩重銀牌二十面 賞去　五錢重銀牌三十面 賞去
三錢重銀牌五十面 賞去九面 存四十一面　二錢重銀牌一百面 存
豬十隻 賞去　酒十埕 賞去

在庫賞去
袍褂料四十二套　褂料十二件
小刀五十八把
二兩重銀牌十五面　一兩重銀牌六十面
五錢重銀牌四十七面　銅錢四百千文

此次軍標水操
賞
廣州府備賞銅錢一百千文
南番二縣備賞銅錢一百千文
豬十隻　酒十埕　俱賞去
在庫賞去
袍褂料五套　褂料四件
小荷包六對　小刀四把
二兩重銀牌十面　一兩重銀牌九十六面
五錢重銀牌一百一十面
二兩重銀錠十二個　一兩重銀錠九十六個
五錢重銀錠一百十四個
銅錢一百千文

謹將廣州府理事同知自道光二十五年正月起至咸豐三年五月底
止各處防堵領用犀子數目及前往鑄造犀子數目價值逐一列摺呈
電須至摺者
舊管
一德丞任內鑄造犀子六萬五千斤每百斤准給價銀五兩八錢
此外並無製補亦無別處捐鑄解繳截至道光二十四年底奉
務善後冊報除支用外實存犀子四萬五千八百六十八斤十二兩
開除
一道光二十五年二月十四日支
新會營差外委陳恩光領往快船省河緝捕備用犀子重二百
三十三斤
一道光二十六年五月初五日支
平海營差外委陳彩高領往車繒頭砲台防堵備用犀子重八斤
一道光二十七年二月十八日起至二十日止支
八旗兵丁領往城上防夷備用犀子除繳回外計用去犀子八百七
十四斤八兩
七月初九日支
廣州協差左營記委馬騰輝領往西安西固等砲台防夷備用
犀子重四百四十斤
廣州協差右營記委張廷貴領往鳳凰崗砲台防夷備用犀
子重四百四十斤
一道光二十九年二月十四日支
水師提標中營差外委黃文瑞領往虎門各臺防夷備用犀子
重七千四百四十八斤
三月初八日支
碣石鎮差左營外委王榮高領往第四號小米艇河面捕盜備
用犀子一百二十斤
十一月十一日支
東山營差外委吳瑞彪請領運回撈繒船省河緝捕備用犀
子二十三斤八兩
十一月十四日支
統巡督緝即補府沈 領往巡船捕盜備用犀子七十斤
十一月二十五日支
陽江左營差外委莫龍章請領米艇防夷打仗及遭風并與
賊打仗沉失用去撥補犀子一千一百四十四斤
一道光三十年七月十三日支
臬憲委候補直隸州分州賈允永領往封川防堵備用犀子重
五十斤

八月十一日支
水師營差記委劉國韶領往琴沙砲台防夷備用犀子三百斤
九月初二日支
順德協差右營外委胡國良領往省河緝捕快船備用犀子一百斤
九月初五日支
候補知縣江肇恩
惠州府訓導楊元勳　領往清英緝捕備用犀子除繳回一百五十一斤
實用去四十九斤
九月初六日支
中協鎮府懷　領往英清備用犀子除繳回四百零八斤八兩外
實用去九十一斤八兩
九月初八日支
中協懷　差外委倫傑領往清英等處備用犀子重二百六十九斤
九月十二日支
順德協差右營外委胡國良領往省河緝捕快船備用犀子二百斤
九月十三日支
中協懷　領往清英等處備用犀子一百四十四斤
九月二十六日支
水師提標後營署千總羅龍驤領回砲台防夷備用犀子二千斤
十一月初一日支
委署樂昌縣萬時喆領回樂昌防堵備用犀子一百斤

十一月二十七日支
候補府李敦業領往封川江口防堵備用犀子重一千九百八十斤
十二月初四日支
統巡督緝廣糧廳沈　領回巡船省河捕盜備用犀子八十斤
一咸豐元年四月初七日支
順德協差右營右哨外委千總馮元亮管帶壯勇省河緝捕備用
犀子二千一百個重四百六十二斤八兩
六月二十日支
撫標大廳濟　領往高州勦辦賊匪應用犀子重五十斤
七月二十七日支
中協懷　差順德協記委張騰舉領往羅定軍營備用犀子
除繳回二百零二斤外實用去一千零九十八斤
閏八月十二日支
中協懷　差順德協右營千總閔鵬飛領往封川防堵備用犀
子重三百斤
閏八月二十一日支
中協懷　差弁陳勝領往羅定軍營備用犀子除繳回六十
五斤外寔領去四百三十五斤

閏八月二十四日支
中協懷 差千總馬起良領往羅定軍營備用羣子重一千斤
欽州營差署把總李雲邦領回本營補額羣子重二百零四斤
十一月初四日支
中協懷 差佛岡營把總鍾煥領回防城用羣子重一百斤
十二月初一日支
中協懷 差中營記委李雄韜領往西江防堵用羣子重一百
三十八斤
十二月二十八日支
中協懷 差外委劉國韜 記委劉永安 領往封川江口防堵用羣子重三千斤
一咸豐二年二月初一日支
中協懷 移取領往封川備用羣子重一千斤
廣糧廳沈 移領運往封川防堵用羣子重一千一百斤
二月初三日支
廣糧廳沈 移領運往封川防堵用羣子重三百六十斤
二月十九日支
中協懷 移取領往西江防堵備用羣子重四百斤
七月二十七日支
中協懷 差記委伍勝元領往南韶防堵用羣子重四百斤

八月初三日支
前憲札委候補藩庫廳喻炳榮領往南雄防堵用羣子重
五百三十斤
一咸豐三年三月十九日支
香山協右營千總鄭大經領往封川防堵備用羣子一千七百
五十九斤
四月十九日支
調署香山協右營都閫府楊雄超領往封川防堵備用群子
重一千八百斤
五月二十五日支
卸署香山協左營都司陳國泰領配赴江南紅單船備用群
子重一萬五千七百斤
以上共支過羣子四萬五千八百零二斤計尚存六十
七斤十二兩已于六月內湊支二次調赴江南紅單船完訖
六月二十三日支
陞署水師提標左營遊擊吳全美領配紅單船赴江南備用群
子重二萬五千斤內局存六十七斤十二兩由紳士黃元憲借撥一萬斤爐戶鑄繳八千斤在局挑選最小封口子六千九百三十二斤四兩共湊足二萬五千斤

[illegible]

1

F.O. 682/68/3(21)

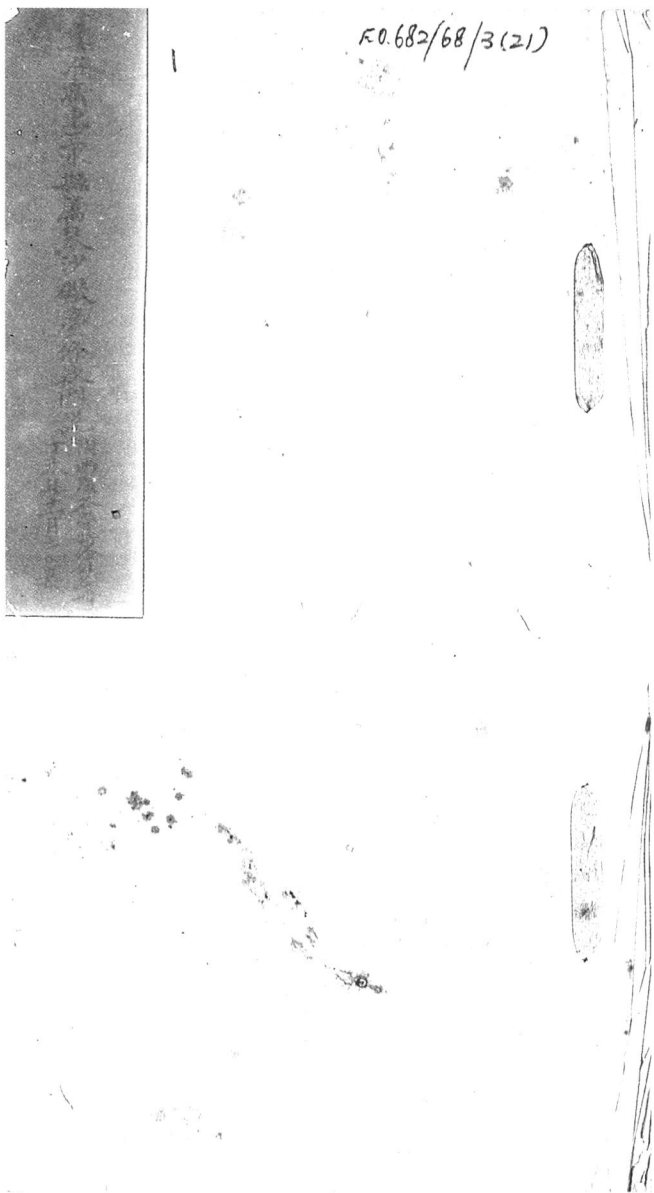

2

督辦工程委員候補通判顧　　為造報須知冊事遵將琴沙礮臺地盤間架高寬丈尺稟定章程並弁兵姓名年籍礮械船隻添置器具什物逐一備造須知清冊附繪圖說呈繳

察核須至冊者

計　開

琴沙礮臺地盤間架高寬丈尺項

一琴沙地方三水縣治西北拾餘里與高要縣交界離高要縣城壹百壹拾餘里該處地在海中長柒捌里南西沙嘴寬陸柒丈北面沙尾寬壹貳里不知何年浮出沙坦其形似琴故

名琴沙附近支河四處東南為思賢滘河口通北江大河西
南為馬口通江門澳門東北為青岐口通四會廣寧懷集等
縣西北為羚羊峽口通肇慶梧州等府海汊紛歧津通兩粵
道光貳拾壹年籌議防夷緝匪曾於琴沙南面奉派督標水
師營官兵搭蓋篷寮駐劄防禦嗣因篷寮不足經久而地勢
實為扼要貳拾柒年夏間據高要縣舉人陳星等稟蒙
監運司趙
布政司葉
按察司李
督糧道楊 詳奏
閣督部堂 宗室耆
巡撫部院 徐
奏
准建造礮臺即以琴沙名奉委卑職監造於是年捌月貳拾

3

陸日興工拾壹月拾陸日完竣該礮臺週圍五拾丈內前面
石砲墻貳拾陸丈高陸尺厚四尺八寸砲墻面上加砌青磚
垛墻三十一個每個高四尺寬五尺六寸厚一尺連砲墻共
高壹丈又垛磡三十一個每個高二尺寬二尺五寸厚一尺
另砌青磚後圍墻長貳拾四丈高壹丈厚壹尺臺內安配鐵
礮拾陸門建官廳叁間兵房拾間臺外南西添築灰沙護臺
基壹幅灣長十丈該臺坐壬向丙兼巳亥甲位開大門門外
砌石馬頭壹道癸方開設便門後墻左右酌開長形鎗眼至
西邊海旁逆溜當沖時虞水患是以添築椿木閘板計長十

五丈以期堅固該處臺外地基東西南三面各至海邊為界
北面至鄧姓桑地為界立有碑石以備查考
稟定章程項
一琴沙礮臺經卑職監造稟明保固拾年自驗收之日扣
起如限內倒塌皸裂由監造之員賠修若限外倒裂以及限
內兵房瓦漏應歸三水高要兩縣酌量修補
一琴沙礮臺原定派撥兵丁五拾名防守巡緝歸思賢滘專汛
千總經管如兵丁不遵管教約束准令該千總責懲斥革至
各兵丁除應得錢糧包封外每名每月給予緝捕口糧銀玖
錢此項口糧係蒙前肇慶府楊　稟明歸肇慶府捐資按
月給發現在循照辦理
一琴沙礮臺原額兵丁五拾名之中內有記委兵丁叁名此項
記委應由該臺千總指名稟請該營將備飭派以期得用
一琴沙礮臺東邊河道歸三水縣屬西邊河道歸高要縣屬均
係思賢滘千總管理惟該臺離肇城壹百拾餘里雖經該管
將備隨時遊巡稽查而因時制宜應倣照沙灣茭塘地方塘
汛章程每季由
督撫憲札委文員前往巡察河道是否安靜兵丁是否足額防

4

5

緝有無弛誤取具該千總鈐結稟報察核

一琴沙地方南頭沙嘴土基北面均經土人開墾納稅其土基南面仍係官地是以從前官兵搭蓬居住此次建造礮臺因地盤不敷劏買土基北面業户吳尹猷桑地壹畝肆分壹釐價銀捌兩捌錢陸宏泰桑地四分柒厘價銀叁兩四錢吳大星桑地四分柒厘價銀叁兩四錢鄧文炳桑地貳畝叁分五厘價銀壹拾貳兩捌錢統共驗契劏買桑地四畝柒分計價銀貳拾捌兩肆錢經卑職炳筆如數給發地價並移請三水縣查銷地稅在案

一礮臺東邊圍墻外空地壹段長八丈寬五丈現租與土人陸亞廷種植桑樹遞年應收租銀貳兩作為臺內供奉武帝香燈之費

一原舊礮臺土基內有土人吳貴受骨骸瓦壜壹個現在起出移葬於對河東岸土名三株榕地方立有石碑為記

一礮臺東西南三面餘地准令各兵種植菜蔬不得盜賣並不得塟墳植樹其北面民間稅業亦不得恃強侵佔

一琴沙原設快蟹巡船壹隻此項巡船係道光貳拾壹年由省城軍需局撥發不在該營額設巡船之列茲因船隻寥爛經

委員顧倅稟准動款修造並請以此次勘修之後如有應修
應造由該營移送肇慶府衙門捐資辦理

弁兵姓名年籍項

一署千總劉佐邦現年四十九歲廣東歸善縣人由行伍出身
嘉慶二十四年拔補水師提標前營左哨戰兵道光二年閏
三月奉賞給記委頂戴因緝捕出力拾貳月拔補本營右哨
額外外委拾陸年肆月奉
督部堂鄧　委解犯官劉濟昌到京赴
兵部投收領咨回省銷差拾捌年拾貳月拔補督標水師營

6

右哨把總貳拾壹年肆月奉調赴坭城金山防禦貳拾貳年
正月奉飭回汎貳拾肆年肆月奉
護理督部堂撫部院程　牌行以防緝得力准予記名千總
貳拾伍年玖月奉
閣督部堂宗室耆　委署本營右哨千總貳拾陸年五月卸
事仍回右哨把總本缺是年九月
閣督部堂宗室耆　閱看肇慶各營官兵奉調赴操因鎗靶
全中蒙賞大銀牌叁面貳拾柒年五月奉本營叅府崔　札
委代理本營右哨千總兼管琴沙礮臺事務

一兵丁五十名内

弓箭手記委步兵廖名剛現年三十一歲高要縣人道光十七年十一月入伍二十年十月調往九龍地方防堵奉賞頂戴

弓箭手記委步兵陳廣衡現年三十三歲高要縣人道光十二年九月入伍二十年十月調往九龍地方防堵奉賞頂戴

弓箭手記委步兵張德彪現年三十一歲高要縣人道光十五年正月入伍十七年奉賞頂戴十八年二月記名外委

鳥鎗手步兵鄧泰現年三十三歲三水縣人

鳥鎗手步兵謝勝明現年三十九歲高要縣人

鳥鎗手守兵吳景祥現年二十八歲高要縣人

鳥鎗手守兵李錦勝現年二十八歲高要縣人

鳥鎗手守兵李凌標現年二十五歲高要縣人

鳥鎗手守兵張顯勝現年二十五歲高要縣人

鳥鎗手守兵趙宗烈現年二十七歲高要縣人

鳥鎗手守兵梁彩陞現年三十歲高要縣人

鳥鎗手守兵梁光輝現年三十五歲高明縣人

鳥鎗手守兵莫成標現年二十三歲高要縣人

鳥鎗手守兵簡英瑞現年三十八歲高要縣人
鳥鎗手守兵周永標現年二十五歲高要縣人
鳥鎗手守兵馬兆英現年二十四歲高要縣人
鳥鎗手守兵蘇國貴現年二十九歲高要縣人
鳥鎗手守兵李錦標現年二十一歲高要縣人
鳥鎗手守兵陳國熙現年二十四歲高要縣人
鳥鎗手守兵朱照奎現年二十四歲高要縣人
鳥鎗手守兵趙朝珍現年二十八歲高要縣人
鳥鎗手守兵王國治現年二十三歲高要縣人

8

鳥鎗手守兵鄧瑞高現年三十三歲高要縣人
鳥鎗手守兵鄧維章現年二十三歲高要縣人
鳥鎗手守兵李敬陞現年二十七歲高要縣人
鳥鎗手守兵黎廣秀現年二十三歲高要縣人
鳥鎗手守兵陳榮慶現年二十五歲高明縣人
鳥鎗手守兵鄒得輝現年二十八歲高要縣人
鳥鎗手守兵梁雄現年二十一歲高要縣人
鳥鎗手守兵陳過昌現年二十歲三水縣人
鳥鎗手守兵陸耀基現年二十五歲三水縣人

9

鳥鎗手守兵黄有貴現年三十一歲增城縣人
鳥鎗手守兵梁　懷現年二十五歲高要縣人
鳥鎗手守兵梁英進現年五十歲高要縣人
鳥鎗手守兵陳國琛現年二十四歲高要縣人
鳥鎗手守兵陸凌高現年二十三歲三水縣人
鳥鎗手守兵趙宗源現年二十六歲高要縣人
鳥鎗手守兵蔡勝得現年二十歲高要縣人
鳥鎗手守兵伍雲龍現年二十歲高要縣人
籐牌手守兵鍾聯陞現年二十四歲高要縣人
籐牌手守兵容得陞現年三十七歲高要縣人
籐牌手守兵盧殿光現年二十一歲高要縣人
籐牌手守兵許漢廷現年二十歲高要縣人
籐牌手守兵莫連進現年四十二歲高要縣人
籐牌手守兵何兆祖現年二十二歲高要縣人
挑刀手守兵葉廣陞現年五十七歲高要縣人
挑刀手守兵白貴榮現年二十歲高要縣人
大礮手守兵楊能邦現年二十五歲高要縣人
大礮手守兵黄遐元現年二十四歲高要縣人
字識守兵陳壽昌現年二十六歲三水縣人道光二十年十一月內入伍

10

礮械船隻項

一配鐵礮拾陸門內

壹千肆百觔鐵礮壹門道光貳拾貳年奉鑄監鑄官署佛山同知蘇履吉

前項礮位於道光貳拾伍年經前肇慶府楊　稟明由省城撥運到臺礮架俱全

壹千斤鐵礮壹門道光貳拾貳年鑄監鑄官署佛山同知蘇履吉

前項礮位於道光貳拾伍年經前肇慶府現署廣東督糧道陞任長蘆運司楊　稟明由省城撥運到臺礮架俱全

壹千斤鐵礮貳門道光貳拾壹年奉鑄監鑄官署佛山同知曲江縣劉漢章

前項礮位於道光貳拾柒年玖月經　卑職炳章稟明由大黃滘臺餘礮項內選運到臺礮架俱全

叁百斤鐵礮拾門道光貳拾壹年據紳士郎佐安朱德均等捐鑄

前項礮位於道光貳拾柒年玖月經　卑職炳章稟明由大黃滘臺餘礮項內選運到臺礮架俱全

壹千斤鐵礮壹門前明弘光貳年鑄
前項礮位於道光貳拾壹年貳月由肇慶運到礮架俱全
叁百斤鐵礮壹門康熙拾柒年鑄督鑄官廣東都使司王
前項礮位於道光貳拾壹年貳月由肇慶運到礮架俱全
一子母礮貳口
一鉛封口子九十七顆
一鉛群子叁千陸百肆拾顆均由水師營局撥運到臺
一封口鐵礮子大小共貳百陸拾陸顆前肇慶府現署督糧道
陞任長蘆運司楊　捐造

一大鉛群子貳拾顆經由前肇慶府楊　捐造
一鐵群子肆百顆由肇慶協撥運到臺
一什長旂壹枝由本營撥運到臺
一快蟹巡船壹隻長五丈二尺中艙寬九尺配槳四十四枝查
此船於道光貳拾壹年奉省城軍需局撥來琴沙防堵歸督
標水師營管理嗣因壞爛二十四年奉前肇慶府現署督糧
道陞任長蘆運司楊　捐造二十七年十月又經督辦琴沙
礮臺委員顧倅稟明
登覆所各憲　籌款修葺新置篷槳並議准將此船編列第二十

12

一號巡船將來如有應修應造由該營移交肇慶府衙門捐廉辦理以資巡緝而垂永久船內現配壹百斤銅礮二門配子母鐵礮八口並礮子四十顆配軍器貳拾枝配大順雙刀拾副配籐牌三十八面配大順單刀拾把配銅鑼壹面配更鼓壹面

以上礮械物件均於道光二十一年由軍需局撥發

一另長龍扒艇兩隻每隻長二丈七尺中艙寬三尺各配槳十二枝均於道光二十一年由省城軍需局撥來查前項扒艇編列第一號第二號除將第一號扒艇奉本營撥回肇慶巡河現在實存第二號扒艇壹隻

現在添撥存該臺子母礮四口小銅手砲一口小銅砲三口鐵擡鎗五枝鈎鐮十枝月牙十枝挑刀十枝快扒十枝雙刀二十對竹火鷄二十枝竹帽六十頂木燈籠架二十個籐牌四十面以上軍械於道光二十七年十一月經 卑職炳章稟奉

登覆所憲 札飭會同中協府崑 在省城防夷軍裝局內挑選

運到礮臺備用

13

添置器具什物項

一武帝聖像一軸

一神案前錫香案一副　重一十二斤

一木板告示牌一道

一紅布號褂二十件軍裝帽二十頂

一兵房鑊十堀

一太師椅八張茶几四張

一嗶叽椅墊八個桌圍一張洋布門簾兩張

一八仙桌三張半桌六張

14

一文案廚櫃一個
一長畫桌一張斗方椅四張長櫈十條
一燈籠兩對
一玻璃燈一盞紅紗燈四盞
一碗廚架三個水缸四個
一有櫈床板三副
一梗木床板四十副兵丁睡
一面盆架兩個
一軍器架四個刑棍兩枝皮鞭兩條

一虎頭牌一副更籌五枝
一什長旂二枝
一茶碗十個錫茶船十個
一木斗一個銅門簾鈎一副
一掛屏兩幅
以上器具物件係道光二十七年十一月經卑職炳章捐資
置辦存臺公用

15

附思賢滘汎千總衙署並望樓項

一思賢滘地方係三水縣屬該處原設督標水師營千總一員專汎衙署一所另望樓一間前項衙署望樓因年久傾頹僅存基址屢經該營移請三水縣勘修尚未興辦嗣經卑職炳章以琴沙礮臺係思賢滘千總就近兼管而該千總並無專汎衙署搭蓬居住不足以壯觀瞻而資經久稟蒙

各憲籌款建造委員顧倅督工計造衙署一所五間迺平排兩進另左右廂房兩間又西邊海旁望樓一間該衙署大堂坐癸向丁兼丑未前項工程於道光二十七年八月二十六

16

日興工是年十月初八日完竣該處地基均屬營地惟東邊署墻基地原租與民人陳錫齡等種植桑樹業經劉明補給陳錫齡桑樹資本銀壹拾壹兩玖錢又補給民人呂廣基桑樹資本銀捌錢壹分共計銀壹拾貳兩柒錢壹分立明碑石以備查考今將該千總所管汛地河面並兵丁原額以及捐置器具列後

計　開

一思賢滘千總專管三水高要兩縣河面巡查緝捕東南至三聖堂廟為界西南至水月宮廟為界東北至大石碑為界西北至典靜基為界

一該千總管下協防外委一員住貝水汛

一該千總管下六汛四船舊例額設兵丁一百一十三名前項汛地六處係思賢滘汛貝水汛青岐汛大稔汛典水汛石排汛其巡船四隻一在思賢滘一在貝水一在青岐一在老鴉洲

一該千總兼管琴沙礮臺並管琴沙礮臺之快蠏巡船一隻前項礮臺巡船原派兵丁五十名按月由肇慶府捐給口糧每名銀九錢此項兵丁由督標肇慶水師營將備派撥不在思

17

賢滘汛額設兵數之內仍統歸該千總管束

一署內添置公案桌一張太師椅八張八仙桌兩張半卓四張斗方椅四張茶几四張嗶叽椅墊八個高帽四頂文案廚一個長畫桌壹張條櫈拾條長條櫈兩條軍器架兩對頭牌兩對虎頭牌四面皮鞭二枝刑棍二枝玻璃燈四盞堂畫壹幅對聯壹副布門簾二條碗廚架二個水缸四個以上器具什物道光二十七年十一月捐資置辦存署公用

附督標水師營塘汛巡船

一督標水師營叅將一員管轄中軍守備一員千總二員把總四員外委六員兵丁八百九十四名汛地二十六處巡船二十隻新設琴沙礮臺一座快蟹巡船一隻長龍艇一隻該營將備駐劄肇慶府城其千把各弁分管汛地巡船並兼管礮臺及快蟹船隻開列於左

計開

左哨千總一員駐肇慶府城該千總管屬協防外委一員汛地四處巡船三隻

學前汛係該千總汛署該處有巡船一隻
靈山汛協防外委一員該處有巡船二隻一在靈
山汛一在對河崇龍水口
鋪前汛
龍門汛
右哨千總一員駐思賢滘該千總管屬協防外委一員汛地
六處巡船四隻琴沙礮臺一座快艇巡船一隻長龍艇一
隻
思賢滘汛係該千總汛署附近有巡船二隻一在
本汛一在老鴉洲
貝水汛協防外委一員該處有巡船一隻
大稔汛
青岐汛該處有巡船一隻查該汛水口通四會縣
典水汛
石排汛
琴沙礮臺一座並快蟹巡船一隻長龍艇一隻配
兵五十名均歸該千總就近兼管查琴沙礮臺
建在河中相離思賢滘千總衙署水路三里

18

19

左哨頭司把總駐都含汛該把總管屬協防外委一員汛地
五處巡船四隻
都含汛係該把總汛署該處有巡船一隻
富灣汛協防外委一員該處有巡船二隻一在富
灣一在官棠
石洲汛
長圳汛
葫蘆嘴汛該汛附近之蘇文沙河面有巡船一隻

左哨貳司把總一員外委一員查該把總外委管帶兵丁一
百四十名駐防省城　督轅水師營公館

右哨頭司把總一員駐橫查汛該把總管屬協防外委一員
汛地六處巡船五隻
橫查汛係該把總汛署該處有巡船二隻一在橫
查一在夏江
後瀝汛協防外委一員該處有巡船一隻
羅隱汛
長利汛
東洲汛有巡船二隻一在東洲一在對河公墳

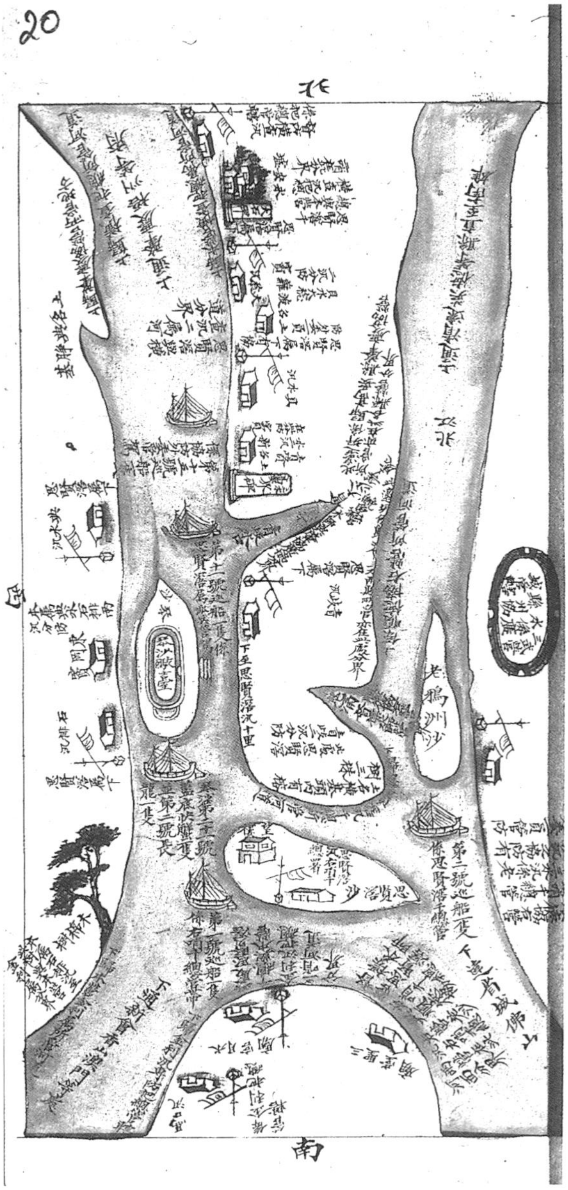

沙埔汛

右哨二司把總一員駐金利該把總管屬協防外委一員汛

地五處巡船四隻

金利汛係該把總汛署該處有巡船一隻

白坭汛協防外委一員該處有巡船一隻

馬口汛有巡船一隻

金洲汛有巡船一隻

沙嘴汛

21

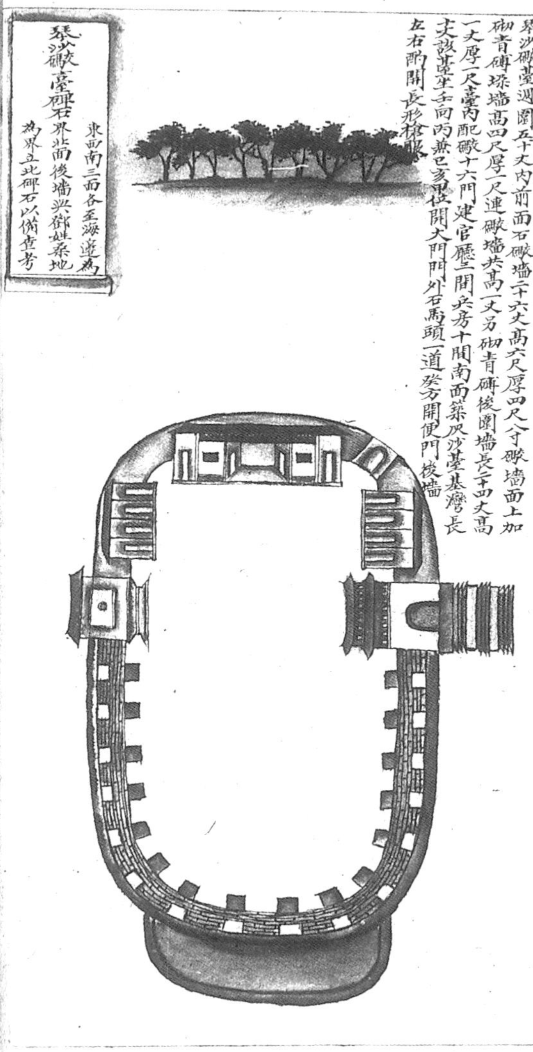
琴沙礮臺週圍五十丈內前面石礮墻二十六丈高六尺厚四尺八寸礮墻面上加
砌青磚垛墻高四尺厚一尺連礮墻共高一丈另砌青磚後圍墻長二十四丈高
一丈厚一尺臺內配礮十六門建官廳三間兵房十間南面築灰沙臺基灣長
丈設臺坐壬向丙兼巳亥界從開大門門外石馬頭一道癸方開便門後墻
左右酌開長形槍眼
琴沙礮臺碑石界址
東西南三面各至海邊為界北面後墻與御姓桑地
為界立此碑石以備查考

廣東全省水陸各標協營大小共壹百營 道光二十七年八月記

督標中左右前後五營

中軍副將崑　　中營都司王平如熙署

左營參將雷樹勲署　　中軍守備張湧清

右營參將閔恒瑞署　　中軍守備王平如

前營參將丁振剛　　中軍守備賈逢盛

後營參將海　齡署　　中軍守備李永祥

撫標左右二營

左營參將懷塔布署　　中軍守備崔黼文署

22

右營遊擊濟　山署
中軍守備張文照

提標中左右前後五營

提督張青雲

中營叅將穆特布
中軍守備夏得光署

左營守備吳進陞

右營遊擊長　春
中軍守備譚夢麟署

前營遊擊玉　山署
中軍守備彭飛瓏

後營遊擊闞朝暄
中軍守備朱寶華署

廣州協左右二營另三水等二營

副將慶　署

左營都司楊愈將
中軍守備張履泰

右營都司王　對
中軍守備高殿甲

三水營守備蕭英

永靖營都司鄉魁署

惠州協左右二營另和平等三營

副將黃慶春

左營都司劉開泰
中軍守備黎英亮署

右營守備孫銳銛

23

和平營都司馬國輝 署
永安營都司丁定國
連平營守備光 裕 署
肇慶協左右二營 另四會等三營
副將富勒賀 署
中軍都司張湧清 兼署
左營守備扎克丹
右營守備鄭心廣
四會營守備張國芳

那扶營都司鄭良材
陽春營守備張敏和
增城營左右二營
參將趙如勝
左營守備曾廷相 署
右營守備史廷弼
南韶連鎮中左右三營 另佛岡等二營
總兵孫淇淏
中營遊擊李惟上 署
中軍守備趙紹隆

左軍守備邱成基 署

左營遊擊于長清 署　中軍守備張瑞祥 署

右營都司德 升 署　中軍守備柳陽春 署

佛岡營千總鍾 煥

綏猺營把總鄧寶玉 署

南雄協

副將伊什扎木蘇 署　中軍都司薛元成

三江協左右二營 另連陽一營

副將福賡　中軍都司尚〻安 署

左營守備車兌海

右營守備謝貞元

連陽營遊擊張元愷　中軍守備張得揚

清遠營左右二營

遊擊強其修

左營守備田學韜

右營守備羅 璋

高州鎮左右二營 另化石一營

總兵阿勒經阿 署

25

左營遊擊阿興阿署　中軍守備楊紹賢署
右營都司韓榮銓
化石營都司張遇清
羅定協左右二營　另康州等二營
副將吉　蘭
左營都司穆騰額　中軍守備員秉仁
右營都司綠得智署　中軍守備趙　輝
廉州營遊擊倭　賀署　中軍守備姚元麟
欽州營參將恒　山　中軍守備崔士彪

雷州營左右二營　另徐聞一營
參將文　林署
左營守備葉英茂署
右營守備黎國勳
徐聞營守備楊紹能署
瓊州鎮左右二營　另儋州等三營
總兵鮑起豹
左營遊擊陳啟祥　中軍守備田　英
右營都司遊連芳署　中軍守備

儋州營遊擊杜集祥 署
中軍守備梁定貴 署

萬州營遊擊蔡應臺
中軍守備鍾振爵 署

崖州協都司張得勝 署

潮州鎮中左右三營 另城守一營

總兵趙承德

中營遊擊周文蔚
中軍守備劉秉龢

左營遊擊王學詩
中軍守備梁　垣

右營遊擊王世英
中軍守偹楊萬清

潮州城守營都司舒　昌

26

黃岡協左右二營 另平鎮等五營

副將慶　賓 署

左營都司伊察揚阿

右營守備鍾慶瑞

平鎮營都司塔清阿
中軍守備黃雄升

饒平營遊擊富　升

潮陽營遊擊韓雲祥
中軍守備馬　兆

惠來營遊擊齊誠額
中軍守備金國樑

興寧營都司華雲龍

27

廣東外海水師各標協營大小共二十七營

提標中左右前後五營（内前後二營列入内河水師）

提督賴恩爵

中營參將鍾國瑞　中軍守備陳志邦

左營遊擊劉廷光署　中軍守備李揚陞署

右營遊擊鄭榮高　中軍守備李顯揚署

香山協左右二營

副將葉常春

左營都司廖振起　中軍守備楊耀宗署

右營都司胡鐕朋署　中軍守備楊雄超署

大鵬協左右二營

副將洪名香

中軍守備歐　清署

右營守備呂榮邦署

碣石鎮中左右三營

總兵李　賢

中營遊擊溫　賢　中營守備陳安泰署

左營遊擊蔡先杈署　中軍守備丁其泰署

28

右營都司梁得祿署　　中軍守備
平海營叅將李起升署　　中軍守備劉奕顯署
南澳鎮左右二營内左營分轄閩省
總兵馬玉麟
右營遊擊李亮　　中軍守備蔡得高署
澄海營左右二營
叅將韓進忠署　　中軍守備金振聲署
左營守備林亮清署
右營守備嚴世垣署

海門營叅將余殿材署　　中軍守備莊起鳳署
達濠營守備傅廷高
陽江鎮左右二營
總兵沈鎮邦署
左營遊擊林鳳儀署　　中軍守備楊奇龍
右營都司沈德英署　　中軍守備徐汝彪
吳川營都司黎志安　　中軍守備竇壯懷署
硇州營都司沙兆龍
東山營守備黃耀全署

29

廣海寨遊擊陳大貴署　中軍守備余　彪署

瓊州鎮轄屬

龍門協左右二營

副將黄慶元　中軍守備洪其法署

左營都司　中軍守備吳　鈞署

右營都司徐成章　中軍守備韓南輝

海口營參將吳元猷　中軍守備沙鎮邦署

海安營遊擊曾　高署　中軍守備戴文忠

崖州協副將何　芳署

廣東內河水師各標協營大小共捌營

督標水師營

參將崔大同　中軍守備譚　鎮

提標前後二營

前營都司李夔彪　中軍守備鄭熊標署

後營遊擊詹大雄

順德協左右二營

副將通　安署　中軍守備盧良弼

左營都司梁顯揚

右營都司李仁安　中軍守備洪大順
新會營左右二營
參將羅成光署
左營守備衛佐邦
右營守備陳英才署
前山營都司張玉堂
廣西全省各標協營大小共四十六營
撫標左右二營
左營參將魁明　中軍守備楊玉金署
右營遊擊魏朝棟　中軍守備唐志傑署
桂林城守營遊擊吉祥　中軍守備李廷揚
提標中左右前後五營
提督馬殿甲
中營參將王廷獻　中軍守備張甹元署
左營遊擊訥蘇肯署　中軍守備段丙南
右營遊擊朱應魁　中軍守備陶玉德
前營遊擊烏爾棍泰　中軍守備張周南
後營遊擊舒　春　中軍守備譚永德

30

31

柳州城守營都司馮全得
左江鎮中左右三營
總兵臧　錡
中營遊擊松志
左營都司西林
右營遊擊成安署
南寧城守營都司李策勳
右江鎮中左右三營
總兵達三

中軍守備劉永新
中軍守備楊映河
中軍守備雷振坤

中營遊擊秦紹謙
左營都司梁紹琪
右營遊擊潘在閣
梧州協
副將朱長春
中軍兼左營都司雙貴
右營守備王海清
懷集營守備傅金廷署
慶遠協

中軍守備李成瑞
中軍守備李正陞
中軍守備羅廷龍

32

副將伍通標
中軍左營都司麻長慶
右營守備張明祥
平樂協
副將伊農阿
中軍左營都司白鉦
右營守備郭維彪
潯州協
副將伊三圖署
中軍左營都司黃永陞兼署
右營守備黃永陞
鎮安協
副將周濟成
中軍左營都司陳烈光
右營守備李宏光署
全州城守營參將明德
融懷營參將葉璞崇額
賓州營參將成保署
中軍守備李慶什
中軍守備周彪炳
中軍守備王應選

33

潯林營參將伊凌阿　中軍守備孫裕慶

新太協

副將明　祿

中軍左營都司鄧宗珩

右營守備馬雲寶

隆林營遊擊馬芳春署　中軍守備黃奇順署

上思營都司聶逢恩署

富賀營都司李自玉

燈纛營都司賈開泰

三里營都司宋　煜　中軍守備夏文龍署

思恩營遊擊賴大鵬

東蘭營守備鄧宗武署

上林營都司順　保

龍憑營都司劉永鈞

參嶺營都司伍志雄

義寧協

副將德　勝

34
END

中軍
兼左營都司賡音額
右營守備游光順署
永寧營守備阮鴻基

奏節次拏獲洋匪審訊大概情形

FO.682/289/3A(2)

奏稿

廿六年七月廿八日拜發

奏為節次拏獲洋匪謹將審訊大概情形恭摺奏（海道照常靖謐）

祈

聖鑒事竊前因廣東西路陽江等縣洋面時有盜船

竄伺東路潮陽等縣洋面復有福建盜船竄至

游奕飭委督糧道柏貴馳往陽江會同鎮將籌

2

剿幷劄飭潮州道府督策兜擒復請將碣石鎮

印務委令瓊州鎮洪名香署理居中堵截旋據

各路陸續獲犯究出李亞幅係各船頭目餘匪

多已星散被脅被擄之人亦俱乘間潛回業經

兩次具

奏五月二十一日欽奉

上諭徐　等奏籌捕洋匪請暫留總兵署缺一摺

廣東碣石鎮為東西分洋要隘盜船此拏彼竄必

須聲威素著之員居中堵截西江東海洋面兜捕

方能得力該鎮總兵李賢遇事畏葸難以勝任著

以副將降補所遺廣東碣石鎮總兵即以洪名香

調補俟籌辦洋匪事竣再令來京陛見該部知道

3

欽此當經檄飭各屬遵照因匪黨解散之後恐其
登岸滋擾密令分投蹤緝續據署陽江鎮右營
都司沈德英等在水東港口拏獲陳彩滐等五
名起獲盜船一隻並鎗礮等械護理大鵬協副
將李起陞等在濠岸拏獲林亞秀等三名並追
至舟中拏獲梁亞發等五名起獲盜船一隻及
礮械等物署陽江鎮中軍遊擊廖振起派弁在
陽江縣屬山底大朗等處拏獲劉亞三等二名
署東莞縣知縣郭汝誠等在陸路拏獲戴陳妹
一名分別解省提同李亞幅等研訊李亞幅供
認充當頭目糾夥在洋刦掠林試漳等二十五
犯供認起意在洋行刦及聽從入夥或行刦二

4

次陳亞深等六犯被脅接贓謝有才等十三犯
被逼服役郭有利等八犯或係被擄事主或係
探望被獲當將郭有利等遞籍分別究釋其瓊
州潮州已獲未解省各犯委員分往守提俟解
省時一併審明另行按擬具
奏伏查此次洋匪蠢發除格殺溺斃不計外前後
共獲人犯一百零四名起獲盜船十三隻現在
海氛已靖臣等先訪聞陽江北頟礮臺有被賊
搶去礮位情事嗣據署總兵黃慶元稟同前由恐有不實不盡
特飭糧道柏貴督剿之便確切查明以憑懲辦
茲據該道柏貴回省稟稱該處礮臺於三月十
七日夜被賊匪數十人蜂擁上臺把總邵瑚齡

5

兵丁林得魁等未能抵禦以致失去大小鐵礮
七位屬實現已將邵瑚齡先行斥革及守臺兵
丁押解來省提同現獲搶礮各犯嚴行審訊並
勒限催令務將失去礮位查起具報旋據該總
兵王鵬年等稟報緝獲搶礮案犯曾亞安等究
出因官兵搜捕嚴緊將大小礮鐵七位丢棄白
石角海中於七月初四初十等日先後將失去
各礮全行撈獲撥臺歸頜現札委肇慶府知府
蔡振武前往驗收是否原貯礮位俟稟復到日
再行據實
奏明辦理仍一面嚴飭沿海文武各官隨時實力
搜捕務使奸宄盡戢水陸肅清以仰副

6

皇上除暴安良綏靖海疆至意所有現獲各犯提省
辦理緣由謹合詞恭摺具
奏伏乞
皇上聖鑒謹
奏

一件特參署遊擊陳大貴事

看稿
對摺

道光二十八年七月二十四日具

借報摺弁海朝宗賫

奏

奏稿

硃批
道光　年　月　日奉到

繕摺

奏為特參懷疑妄稟擅作威福之營員請
旨分別革職交部察議以肅營伍恭摺奏祈
聖鑒事竊准前督臣耆　移交據署廣海寨遊擊龍
門協中軍都司陳大貴稟稱署守備余彪輪值出洋短配
兵丁侵蝕口糧今經查確理合據實稟揭等情

P.2

經前督臣耆　飭將該署守備余彪解省究辦
未及解到旋值卸事復經臣　移咨水師提臣賴
查明去後見覆旋准提臣賴　飭委護香山
協副將葉常春並據前署陽江鎮總兵黃慶元
飭委遊擊林鳳儀先後前往查明署守備余彪
輪值下班巡洋因所屬洋面遼濶僅止師船五
隻不敷派巡當向廣海寨主簿施道彬會商按
月代雇民船二隻在于中米艇三隻內每隻抽
撥兵丁六名並添撈繒船二隻內每隻抽撥兵
丁五名共抽撥兵丁二十八名分配民船出洋
幇緝稟明統巡并向署遊擊陳大貴面稟至該營
弁兵口粮向赴高廉道請領往返需時所有出

P.3

洋各兵除力足自備者不計外其貧窶無資之兵向皆聯名在於該處義聚店每人各先借銀一兩三錢支辦食物該店將单交執俟口粮領回各兵赴營照數領足還店清款向係兵丁向店户自行交易與守備無涉並查主簿代雇民船二隻有起撤月日案據并據原駕民船師船各弁目造繳配兵花名冊出具並無短配侵蝕切結等由分別咨報前來隨據署守備余甦來省飭發廣州府知府易棠會同准補雷州府知府劉閒域訊取供詞稟覆該府等并傳因公在省之廣海寨主簿施道彬查詢據稱余甦因須船隻配兵出洋經該主簿諭令澳甲代雇民船

P.4

二隻送交收駕屬實臣查該署遊擊與守備近在同城其於添雇民船帮緝一事既經守備面稟何得諉為不知混行稟揭其中顯恐有別情當即札調該署遊擊陳大貴并飭提兵丁林振茂鄧正揚二名飭發藩臬二司會同確訊研訊茲據該司等訊明稟覆并行據新寧縣差傳店户葉義聚訊明出洋兵丁無力者每名向借口粮銀一兩三錢俟領回口粮清還並無利息取有切結稟繳臣親提質訊據供與水師提臣賴及前署陽江鎮總兵黃慶元委查情形無異並據陳大貴供稱與余甦向無嫌怨只因余甦添雇民船撥兵帮緝雖經面稟其如何添雇抽撥

P.5

之處，未有印稟案據，懷疑妄揭，現已自知冒昧。再三究詰，不特署守備余彪與兵丁林振茂等僉供並無短配侵蝕情事，即該署遊擊陳大貴亦自認冒昧率稟，無可置辯。臣伏查營員當帶師船出洋，如果短配兵丁侵蝕口粮，應得何罪。該署遊擊陳大貴人本糊塗，且不安分，於署守備余彪添雇民船撥兵配緝，因止面稟，並無印稟備案，輒自影射稟揭，尤屬擅作威福，相應據實奏參，請

旨將署廣海寨遊擊龍門協中軍都司陳大貴即行革職，以儆謬妄。署廣海寨守備陽江鎮左营千總余彪添雇民船撥兵配緝，係為巡洋緊要起

五

P.6 end

見，兵丁向店户借支口粮銀兩，該弁並未經手，均無不合，惟止面回該管營員，並未具印稟存案，究屬疎漏，應請交部察議。所有訊明署遊擊妄揭守備緣由，謹會同水師提臣賴　恭摺

奏參，伏乞

皇上聖鑒

訓示。謹

奏。

臣等先訪聞陽江北額砲台有被賊搶去砲位情事嗣據署標兵黄慶元等同前由普錦
檄道柏貴暨劉立便確切查明以憑懲辦茲據該道柏貴四省會稱該處砲臺實被搶
三月十七日夜被賊匪數十人
夥搶去大小鐵砲七位蜂擁上臺把總鄒瑚鼓兵丁林乃魁等未能抵禦以致失去大小鐵砲七
位屬實現已將鄒瑚鼓先行斥革及守臺兵丁押解等省按因現獲搶砲各犯雜行審訊
並飭限催令該鎮等務將失去砲位查起具報俟定案時方無起獲再行分別
奏辦

據海氣已諸下據摺一面

8

F.O. 682/289/3A(1)

P.1

一件 會奏續修旗營兵房事

看稿

對摺

道光二十年十月十二日具

奏

摺弁　賚

奏稿

硃批

道光　年　月　日奉到

繕摺

奏為續修旗營兵房懇
恩俯准借項興修恭摺奏祈
聖鑒事竊照廣東駐防滿漢八旗水師旗營大小官
員衙署兵房年久壞爛經前督臣耆　等會同
奏請借項修理先將情形較重兵房五千間每間

P.2

借銀八兩共銀四萬兩分限八年在於各兵月
支餉銀分作八年扣還歸款其情形較輕兵房
四千三百五十間聲明暫行緩修俟一二年後
再行籌辦在案茲臣穆　臣烏　臣托恩
據各協領稟報緩修兵房四千三百五十
間遵照原奏後已歷二載因今歲春夏以來雨
水連綿所有緩修兵房多有坍塌破爛若不急
為修理實難棲止委員查勘屬實咨請借項興
修經臣徐　等飭司籌議去後茲據布政使李
璋煜督糧道柏貴詳稱查滿漢八旗及水師旗
營兵丁住房壞爛奉行
奏明分別急修緩修辦理其情形較重急修兵房

P.3

五千間先在司庫籌款借給與修尚有綫修兵
業經扣還銀九千三百四十兩
房四千三百五十間每間需銀八兩共銀三萬
四千八百兩迄今已及二年亦應及早籌借興
修以資棲止但司庫存銀無多所需修費甚鉅
查道庫普濟堂經費一款堪以借動現擬司道
兩庫籌款湊借修葺請在司庫扣貯平餘項内
借銀一萬四千八百兩道庫普濟堂經費項内
借銀二萬兩共銀三萬四千八百兩仍分限八
年在於各兵餉銀内扣還歸款等情前來臣等
伏查自二十六年奏明緩借扣至本年十二月已滿二年之限
公同商酌似應將前項修理兵房需用銀三萬
四千八百兩即在司道二庫分别借給與修以
免坍塌愈甚修費益多合無仰懇

三

P.4 end

天恩俯念旗營兵房年久壞爛准其借項修理俾資
棲息所有此次借支藩庫道庫銀兩仍飭分作
八年在各兵餉銀内扣還歸款以恤兵艱而重
庫項謹合詞恭摺具
奏伏乞
皇上聖鑒訓示謹
奏

四

具奏甄別廣西都司白鉦守備侯成義分別送部革職

二十八年十月十三日拜發

FO931/996
~~FO682/289/5(8)~~

P.1

奏稿

奏為甄別不能稱職之營員請
旨分別送部引
見革職以肅營伍恭摺仰祈
聖鑒事竊查都守一官有訓練弁兵之責必須操防
勇幹緝捕奮勤方可藉資整飭茲查有署廣西

P.2 and

思恩營遊擊平樂營都司白鉦貌雖壯偉實則
全無膽畧巡緝甚不得力兵民俱不怗服不敢
以委署在先稍涉迴護業經撤任惟年力尚強
應請送部引
見思恩營守備侯義成惰玩性成營務廢弛即降補
亦不堪策勵應請革職其餘各營容再留心察
看隨時
奏明辦理臣為整頓營伍起見謹會同廣西提臣
閱合詞恭摺具
奏伏乞
皇上聖鑒謹
奏

具奏水師提督患病請假委員暫署

廿八年十二月初九拜發

奏稿

奏為廣東水師提督患病乞
恩賞假調理委員暫署並懇留升任總兵遞署鎮篆恭
摺具
奏仰祈
聖鑒事竊臣兩次接水師提臣賴　來函以近來

精神恍惚患病未痊懇代請假臣查該提督年
力正壯囑其安心醫調一面飭令臣標中軍副
將崑壽前往虎門看視去後茲據該副將回省
面稟親赴看明該提督患病屬實每一起坐頭
暈眼花左腿酸軟行步須人扶掖並准提臣賴
來咨恐以病軀貽誤公務諄懇代為請假
等因伏思水師提督責任綦重而虎門為廣東
入省門戶尤關緊要該提督深恐因病誤公係
為慎重巡防起見理合代為籲懇
天恩俯准賞假一月醫調一俟假滿查看能否就痊
再行具
奏查提督任重不可一日無員經理應即委員暫

署以專責成惟查廣東水師總兵共四缺除南
澳瓊州二鎮現在俱係副將署理其陽江鎮總
兵王鵬年難期勝任均未便調署外衹有碣石
鎮總兵洪名香老成歷練督率嚴明歷任香山
大鵬等協副將署理提標中軍參將於虎門情
形極為熟悉堪以委令暫署水師提督印務其
所遺碣石鎮管轄洋面為中路扼要之區亦須
遴員接署查水師各協副將止有香山協副將
葉長春係奏准升署因冬令緝捕緊要咨請暫
緩引
見其餘皆參遊護理實無可以委署之員惟有升任
瓊州鎮總兵黃慶元欽奉

諭旨准其
陛見現在尚未起程該總兵係碣石鎮右營守備出
身該處洋務本所素諳操守亦好並乞
聖恩暫留署理碣石鎮總兵印務以專巡防而昭慎
重除分檄飭遵外所有水師提臣因病請假分
別委員暫署緣由理合恭摺具
奏伏乞
皇上聖鑒訓示謹
奏

P.1

一件
奏請將陞補水師都司謝慶燕撤回外補並註銷預保事

奏稿

硃批
道光　年　月　日奉到

看稿
對摺
道光二十八年十一月初四日具
奏
摺弁　黃者忠
　　　邱光源　賚
繕摺

奏為陞補水師都司之守備身弱技輭，請
旨撤回陞補，並註銷預保，仍以守備候補，恭摺具
奏，仰祈
聖鑒事。竊照外海水師都司，有督率巡防之責，必須
年力壯健，技藝優嫻，方可責以訓練弁兵。茲查

P.2

奏稿

龍門協右營守備謝慶燕，由承襲雲騎尉改用
外海水師，題補龍門協右營守備，於道光二十
六年間，經前督臣耆　預保堪勝外海水師都
司，嗣經
題請陞補硇洲營都司，於本年三月內奉准部覆，
行令併案給咨送部引
見。當經行調來省領咨，經臣考驗該員槍箭無準，弓
馬甚劣，人亦輭弱，勒限兩個月，在省練習。茲限（屆）
習期滿，經臣覆驗該員謝慶燕技藝仍無長進（未改觀），
詢因預保後身弱多病，實屬不勝都司之任，未
便遽就給咨，相應請
旨將准陞硇洲營都司之龍門協右營守備謝慶燕

撤回陞補、並註銷預保、仍以守備候補、以觀後
效、其所遺硇洲營都司、及龍門協右營守備、均
係外海水師題補之缺、俟部覆開缺時查明分
別辦理、臣為整飭營伍起見、謹會同廣東水師
提督臣賴　恭摺具
奏、伏乞
皇上聖鑒訓示、謹
奏。

P.1　F.O.682/289/5(6)

一件請旨簡放右江鎮總兵事

奏稿

看稿

對摺

道光二十八年十一月初九日具

奏

摺弁 黄耇忠 賫
邱光源

道光　年　月　日奉到

硃批

繕摺

兩廣總督臣徐　跪

奏為廣西右江鎮總兵遺缺緊要通省副將內查

無可擬正陪之員恭摺奏祈

簡放事竊臣於道光二十八年三月初四日准兵部

咨現任右江鎮總兵達三邊俸屆滿三年行文

遵照定例於本省副將內預行揀選擬定正陪

P.2

題明送部引

見候

旨簡用等因當經臣逐一揀選查有義寧協副將德

勝堪以擬正平樂協副將伊農阿擬陪行調來

東考驗去後茲准兵部咨道光二十八年九月

二十八日內閣奉

上諭浙江處州鎮總兵著德勝補授欽此併准廣西

提督臣閔　咨開平樂協副將伊農阿交卸

後正在起程赴考間有親母白佳氏迎養在署

病故例應回旗守制等因除分別行知具

題外伏查右江鎮總兵駐劄思恩府百色地方係

烟瘴邊缺必須營伍諳練熟悉邊情之員方克

P3

勝任廣西通省副將乙缺除梧州協副將周濟
成經前督臣擬補右江鎮總兵給咨赴部引
見奉
旨不勝總兵之任未便再行擬請此外鎮安協副將
朱長春慶遠協副將伍通標均經告病其潯州
協副將李殿元新太協副將明祿或到任未久
或人地未宜均於邊缺總兵難期得力未便遷
就擬送查前次右江鎮總兵阿克敦布告病遺
缺因無堪擬正陪之員經前督臣耆英
奏明請
旨簡放茲總兵達三邊俸期滿現在各副將內現無
堪擬正陪之員理合循例奏請將右江鎮總兵

P4

員缺
迅賜簡放以重職守謹會同廣西提督臣閔　　恭
摺具
奏伏乞
皇上聖鑒謹
奏

一件 奏請吳元猷温賢陞署副將參將事

奏稿

硃批 道光 年 月 日奉到

繕摺

摺弁 賫

道光廿八年十二月廿二日具

看稿

對摺人

奏為外海水師副將參將員缺緊要分別揀員懇
恩陞署恭摺奏祈
聖鑒事竊照升署廣東龍門協副將平海營參將黃
慶元奉
旨補授瓊州鎮總兵接准部咨所遺龍門協副將及

平海營參將員缺均係外海水師題補之缺行
文於現任應題人員內揀選題補等因查廣東
通省外海水師參將五員遊擊八員臣會同署水
師提督臣賴洪 逐加遴選現任參將各員非業
已升轉即與例未符實無堪以題補之員至實
缺遊擊中除先已升轉及准補尚未給劄實授
外祇有南澳鎮右營遊擊李起陞一員合例陞
署惟該員於此缺人地不甚相宜查例載外省
題調武職各缺如因員缺緊要人地相需將不合
例人員保奏於摺內聲明請
旨交部核覆恭候
欽定等語今龍門協副將缺駐劄欽州管轄西路洋

P.3

面、壤接越南、其平海營參將、駐劄歸善縣平海
所城、管轄洋面遼濶、均屬外海水師至要之缺、
防範稽查、在在均關緊要、必得精明幹練、熟悉
洋面情形之員、方克勝任、茲查有陞署海口營
參將吳元猷、年四十九歲、廣東瓊山縣人、由行
伍遞陞陽江鎮中軍遊擊、陞署今職、於本年六
月二十七日奉文准陞、行令給咨送部引
見、因委護崖州協副將、在洋堵捕各路洋匪、咨明展
限半年、再行給咨送部、該員熟諳洋務、頗有膽
畧、迭經在洋拏獲盜犯多名、緝捕最為勇往、本
年堵捕各路洋匪、亦極認真奮勉、實為水師中
不可多得之員、以之陞署龍門協副將、

三

P.4

又題補水師提標右營遊擊溫賢、年四十二
歲、廣東惠州府陸豐縣人、由行伍遞陞水師提
標左營守備、本年六月內、越級題陞今職、該員
巡緝認真、槍砲熟習、以之陞署平海營參將、
堪勝任、惟吳元猷陞署參將尚未引
見、受劄、且籍隸本省、溫賢題補遊擊、未准部覆、且籍
隸本府、與定例未符、但水師人材難得、人地
實在相需、粵省歷經以陞署尚未引
見、及籍隸本省本府人員奏請陞署副將參將、均奉
諭旨允准有案、當此海防喫緊之際、現無籍隸外省
合例人員、合無仰懇
天恩、俯准以陞署海口營參將吳元猷、陞署龍門協

副将、并以題補水師提標右營遊擊溫賢、升署
平海營叅將、洵於海疆要缺有裨、如蒙
俞允、俟部覆到日、溫賢併案給咨送部引
見、吳元猷俟展限屆滿、再行併案給咨、均俟扣滿年
限、另請實授、其吳元猷所遺海口營叅將、溫賢
所遺水師提標右營遊擊、俱係外海水師題補
之缺、俟部覆闕缺時、查明照例分別辦理、臣謹
會同署水師提督臣賴洪 合詞恭摺具
奏、伏乞
皇上聖鑒、敕部核覆施行、謹
奏、

F.O.682/289/5(9)

P.1

奏稿

奏為遴員題補水師遊擊恭摺仰祈

聖鑒事竊廣東提標水師後營遊擊詹大雄因偷安

廢事經臣奏

准勒令休致現據兵部文行詹大雄所遺員缺係內

河水師題補之缺輪用預保人員廣東現無預

奏

廿六年十二月廿三日具

P.2

保人員應於現任應題人員內揀選題補等因

查廣東通省內河水師都司四員祇有順德協

右營都司李仁安合例陞署惟水師後營遊擊

所轄汛地毗連番禺東莞增城三縣匪徒出沒

靡常巡緝最關緊要該都司李仁安人尚安詳

於此缺雖不甚相宜未敢稍涉遷就查定例內河

水師參將遊擊都司部選缺出於現任內河水

師人員內較俸陞轉如無合例應陞之員即行

文各該督撫題補此內遊擊一項無合例可題

之員於現任內河守備內遴選熟悉水師之員

通融題補出具切實考語給咨送部引

見恭候

欽定各等語現查有護理水師後營遊擊新會營右
營守備梁顯揚年三十九歲高要縣人由行伍
於二十六年四月十九日到任該員操防勇幹
巡緝嚴明自護篆以來已逾半載整頓捕務獲
犯頗多河道漸次肅清洵為熟悉情形以之題
補此缺可期得力如蒙
俞允再當循例給咨送部引
見臣為水師得人起見謹會同署水師提臣洪
合詞恭摺具
奏伏乞
皇上聖鑒訓示謹
奏

P.1

奏稿

九 二 廿

奏為都司員缺緊要先行揀員懇
恩俯准陞補以重地方仰祈
聖鑒事竊照廣東廣州協右營都司王翊現經臣
題請調補崖州協中軍都司所遺廣州協右營都
司係陸路

P.2

題補之缺本應俟部行開缺時照例辦理惟查該
都司駐劄南海縣佛山地方市廛櫛比港汊紛
歧匪徒出沒靡常緝捕最關緊要若俟部行開
缺始行遴員請補計尚需時日未敢拘泥懸
待茲會同署廣東陸路提臣祥　在於廣東省
各守備內詳加揀選查有兩廣督標右營守備
王平如年三十八歲直隸薊州人由武舉充補
差官期滿以營守備用選補今職於道光十九
年十一月十八日到任該員操防幹練巡緝勤
能與右營都司本係同營現署廣州協左營守
備於佛山地方情形極為熟悉臣徐　於二
十八年十二月十七日覆奏捕務摺內曾將該守

P.3

備獲盜勞績奏
聞在案令以之陞補廣州協右營都司實堪勝任惟
未奉部行開缺先請陞補與例稍有未符但人
地實在相需例得專摺奏請合無仰懇
聖主逾格恩施俯念地方緊要准以王平如陞補廣
州協右營都司洵於地方有裨如蒙
俞允該員引
見已逾三年俟部覆到日給咨送部引
見其所遺兩廣督標右營守備係陸路部推之缺應
聽部臣推補臣為要缺得人起見謹會同署廣
東陸路提臣祥　合詞恭摺具
奏伏乞

P.4

皇上聖鑒謹
奏

FO 931/1003

P.1 F.O.682/320/1(2)

廿九年二月廿拜發
憐音

奏

奏為外海水師守備員缺緊要恭摺奏懇
聖恩俯准揀員陞署以重巡防事竊照廣東香山協
右營守備係外海水師
題補之缺接准部咨輪用預保人員該省現無預
保人員行令於現任應題人員內揀選題補等

P.2

因臣查香山協右營守備駐劄香山縣城附近
澳門管轄洋面遼濶緝捕巡防在在均關緊要
非幹練勤奮熟悉地方情形之員弗克勝任當
將廣東省水師合例應升各千總逐一行調來
省考驗察看均於此缺人地不甚相宜現當整
頓捕務之際外洋巡[緝]防尤為緊要未便稍涉遷
就茲會同署廣東水師提臣洪 詳加揀選
查有香山協左營右哨千總曾琪年三十三歲
廣東廣州府新安縣人由行伍游拔千總於道
光二十八年三月十六日接劄該員年壯技優
熟諳洋務緝捕極為勇往洵為水師中出色之
員以之陞署香山協右營守備實堪勝任惟該

員籍隸本府且出缺在先接劄在後與例稍有
未符第水師人材難得人地實在相需合無仰
懇
天恩俯念員缺緊要准以該千總曾琪陞署香山協
右營守備實於外海巡防有裨如蒙
俞允該員係未經引
見之員俟部覆到日給咨送部仍俟歷俸期滿再行
題請實授所有揀員陞署外海守備緣由臣謹
會同署廣東水師提臣洪　合詞恭摺具
奏伏乞
皇上聖鑒訓示謹
奏

一件奏廣西都司西林粗率降為千總事

奏稿

道光　年　月　日奉到

硃批

看稿

對摺

道光二十九年三月初九日具

奏

摺弁　賫

繕摺

奏為特參粗率不職之都司請
旨以千總降補恭摺奏祈
聖鑒事竊照都司一官有訓練弁兵整飭營伍之責
必須精明細服眾誠實辦公方為無忝厥職茲查
調署廣西平樂協中軍都司事左江鎮左營都

2

司西林性情粗率舉動輕浮實屬難資表率不
稱都司之職准提臣閔　轉據署平樂協副
將伊淩阿揭報前來未便稍事姑容致滋貽誤
惟查該員年力尚健相應恭摺參
奏請
旨將調署廣西平樂協中軍都司事左江鎮左營都
司西林降補為千總留於廣西候補以觀後效除飭行
勒令離營追出原領劄付呈繳送銷外所遺左
江鎮左營都司係陸路部推之缺應聽部臣照
例推補臣謹會同廣西提督臣閔　恭摺具
奏伏乞
皇上聖鑒訓示謹

3
END

奏

1

一件奏請葉常春羅成光暫緩引見事

奏稿

硃批

道光　年　月　日奉到

看稿

對摺

道光二十九年三月初九日具

奏

摺弁　賞

繕摺

奏為籌備海防緊要、請將應行引
見之武職、展限給咨、以資差委、仰祈
聖鑒事、竊照前准部咨、嗣後陞補武職、應行引
見人員、如有承辦要件、在半年以上完竣者、奏明加
展、係陞任本省之員、於加展時、由部題准、給與

2

署劄、先開該員底缺、俟事竣引
見後、實授等因、查陞署廣東香山協副將葉常春、因
現署斯缺之員接替、又陞署新會營叅將羅成
光、因緝捕緊要、未便遽易生手、均經咨請暫緩
給咨在案、茲先後接准部咨、核與奏定章程不
符、行令給咨、各該員赴部引
見、以符定制等因、臣查現在籌備海防、正當喫緊之
際、管帶臺船、派守要隘、在在需人調遣、所有陞
署副將葉常春、現派在虎門防守、甚為得力、陞署
叅將羅成光、亦經派赴要隘海口防禦、實在更
替之人、未便即行給咨赴部、相應遵照部咨奏
懇

SEND

皇上天恩、俯准將陞署香山協副將葉常春、及陞署
新會營叅將羅成光二員給咨之案、均再為加
展、以資差遣、並請先開底缺、給與署劄、仍俟海
防稍有就緒、即行分別給咨送部引
見、除咨明兵部外、理合恭摺具
奏、伏乞
皇上聖鑒訓示、謹
奏、

軍機大臣 字寄
兩廣總督徐 廣東巡撫葉 道光二十九年
三月三十日奉
上諭徐廣縉葉名琛奏查拏陽山英德等縣匪徒知縣營員均各受傷並都司被匪拒斃現在調兵剿辦一摺廣東向多匪徒現當防夷喫緊之際該匪等糾集多人輒於廣州韶州兩府交界各處肆行無忌迨經地方文武各員督率兵勇馳往追捕該匪等竟敢抗拒殺斃都司復致死兵丁多人更傷及知縣營員實屬目無法紀行同叛逆必應大加懲創該督等現已飛咨祥麟並飭調鎮將選帶各營兵丁分路進剿又飭臬司趙長齡馳往會辦著即相度事勢分據要隘四面兜剿仍咨會廣西江西湖南在於毘連處所併力堵截務期剋日撲滅埽數殲除毋令蔓延稍留餘孽一俟剿捕竣事著即由驛馳奏以慰朕念所有格斃數匪旋被匪徒砍傷身死之都司李惟上並傷亡各弁兵均著分別咨部照例給予恩卹餘著照所擬辦理將此諭知徐廣縉葉名琛並傳諭趙長齡祥麟知之欽此遵
旨寄信前來

1

一件

奏二十八年戰船被風應補造并三板改造三扒船 事

奏稿

道光　年　月　日奉到

硃批

看稿

對摺

道光　年　月　日具

奏

摺弁　賚

繕摺

四月十五日拜發

督撫

奏為道光二十八年分巡洋戰船被風損壞應行補造修換併將三板改造三扒船隻恭摺具

奏仰祈

聖鑒事竊照粵東省添設各號戰船十六隻分撥虎門龍穴等處扼要海口梭織巡防每年所需篷

2

索修費等銀照向支師船之例按數支領報銷均經先後

奏明併准部覆在案查師船遭風向於次年二月內專案奏辦今戰船被風損壞事同一律應請援照另案辦理茲道光二十八年分據外海水師各協營及廣州府先後呈報遭風戰船共九隻均經飭司移行勘辦去後茲據藩臬二司轉據各營陸續勘明除水師提標中左營貞吉十二十三號戰船二隻大鵬協貞吉第十一號戰船一隻均於道光二十八年八月初三日在新安縣屬吉澳洋面被風損壞篷索桅椇等項無多由營自行捐修毋庸動支公項又水師提標

3

右營貞吉第七號戰船一隻於道光二十八年八月初三日遭風損壞該船現屆小修應歸屆修案內辦理外實應造應修戰船五隻內水師提標左營第八號貞吉戰船一隻被風碰爛沉溺河底沙泥積壓難以起出修復應行補造又水師提標中營第十二號貞吉戰船一隻於道光二十八年四月二十五日遭風損壞又香山協第十號貞吉戰船一隻水師提標中營第一號貞吉戰船一隻均於道光二十八年八月初三日遭風損壞又水師提標左營第十三號貞吉戰船一隻於道光二十八年九月二十四五日遭風損壞以上四隻均應修換統計應造應

4

修各戰船伍隻俱應動項修造又據署水師提標中軍叅將鍾國瑞署水師提標右營遊擊陳志邦聯銜稟報中營之咸遠靖遠鎮遠沙角右營之大角大虎南單固北單固上橫檔下橫檔蛇頭灣水軍寮竹洲九宰蕉門等砲臺於道光二十三年奏設大三板十七隻道光二十七年奏設三板四隻分配中右兩營各砲臺渡載糧食軍火之用緣該三板船均於道光二十八年八月初三日及九月二十四日先後遭風擊碎損壞漂失應行造復惟三板一項原備渡載糧食軍火該船較為笨重不若三扒之輕快靈捷議將碎壞原設各三板二十一隻內酌改三扒

5

船十隻仍造三板十一隻以期濟渡巡緝兩有
裨益係屬因地制宜亦應准其動項分别造補
以資適用據各該縣出具印結經該管知府確
核由藩臬兩司具詳前來臣等覆查無異除飭
行將損壞前項各戰船以及各臺三板分别確
估造冊請項修造外至前項戰船內有被風損
壞五隻先經臣徐 於上年兩次被風案內
先行具
奏在案合併陳明所有戰船三板被風損壞補造
修換改造各緣由謹會同廣東水師提督臣洪
恭摺具
奏並開簡明清單恭呈

6

御覽伏乞
皇上聖鑒謹
奏

7

謹将道光二十八年分各營巡洋戰船及三板
船遭風損壞情形開具簡明清單恭呈
御覽
計開
一廣州府易棠稟報水師提標左營第八號貞
吉戰船一隻送廠小修於道光二十八年八
月初三日遭風碰爛沉溺河底沙泥積壓難
以起出應行補造
一署水師提標中軍叅将鍾國瑞稟報坐駕第
十二號貞吉戰船一隻赴陽江剿捕於道光
二十八年四月二十五日駛至新寧縣屬南
澎洋面被風将大桅上杉木大夾篙扭斷桅

8

杠竹折斷風蓬索路等項亦多損壞應行修
換
一護香山協副将葉常春稟報第十號貞吉戰
船一隻於道光二十八年八月初三日在東
濠洋面被風船上椗椇椗纜等項均被損壞
應行修換
一署水師提標中軍叅将鍾國瑞稟報第一號
貞吉戰船一隻於道光二十八年八月初三
日在沙角海面被風拖椗飄出龍穴外洋該
船将覆追至五更風轉東南将船飄回上澳
洋面擱淺週身灰路頭鬆大三板二三板三
扒艇均被飄失無踪浮架椗椇蓬索等項多

9

有損壞應行修換

一署水師提標中軍叅將鍾國瑞稟報左營第十三號貞吉戰船一隻於道光二十八年九月二十四五兩日在沙角海口被風損壞浮架篷索桅椇等項三板漂失應行修換

一署水師提標中軍叅將鍾國瑞署水師提標右營遊擊陳志邦聯銜稟報中營之威遠靖遠鎮遠沙角右營之大角大虎南輋固北輋固上下横檔蛇頭灣水軍寮竹洲九宰蕉門等砲臺原設大三板二十一隻均於道光二十八年八月初三日及九月二十四日先後遭風碎壞漂失應行造復惟該三板笨重擬

10

酌改三扒十隻仍造三板十一隻以期濟渡巡緝兩有裨益合併陳明

1

四月十二日拜發

一件奏二十八年師船遭風分別修補事

奏稿

道光　年　月　日奉到

硃批

看稿
對摺

道光　年　月　日具

奏

摺弁　賫

繕摺

奏為道光二十八年分巡洋師船遭風擊碎損壞、
分別修補、循例奏祈
聖鑒事。竊准部咨、外海戰船、如有遭風擊碎損壞、應
另案奏報、其工料銀兩、各按損壞情形、分別核

2

給等因、查道光二十八年分、節據外海水師各
營、先後呈報、遭風米艇撈繒等船、共七十一隻、
均經飭司移行勘辦去後、茲據藩臬兩司轉據
各營縣陸續勘明、除大鵬協左營第四號中米
艇、香山協右營第四號中米艇、第二號大米艇、
第三號中米艇、左營第二號中米艇、右營第五
號小米艇、平海營第三號中米艇、水師提標右
營第一號大米艇、中營第一號大米艇、右營第
三號中米艇、左營第四號中米艇、中營第三號
大米艇、碣石鎮左營第四號小米艇、大鵬協左
營第一號大米艇、第三第四號中米艇、共船十
六隻、被雷被風損壞、均由運商捐辦、毋庸動支

3

藩庫銀款、又碣石鎮中營第一號大米艇、水師
提標左營第一號大米艇、硇洲營第三號中米
艇、陽江鎮左營第四第六號中米艇、海口營第
一號大米艇、大鵬協左營第二號大米艇、碣石鎮
中營第一號大米艇、第四第五號小米艇、左營
第五號小米艇右營第四第五號中米艇大鵬
協右營第三號中米艇、水師提標左營第四、號
中米艇、碣石鎮中營第五號小米艇、共船十六
隻、被風損壞無幾、均由營自行捐修、毋庸動項、
又大鵬協右營第一號大米艇、水師提標中營
第四號大米艇、被風損壞、該二船屆應大修、歸
入屆修案內辦理外、尚有應造應修米艇撈繒

4

等船三十七隻、內硇洲營第一號大米艇、平海
營第一號大米艇、水師提標右營第一號撈繒
船、水師提標左營第五號中米艇、第六
第七號撈繒船、水師提標右營第二號大米
艇、陽江鎮右營第四號中米艇、大鵬協右營第
二號大米艇、第四號中米艇、第五第七號撈繒
船、碣石鎮中營第四號小米艇、水師提標左營
第一第二號大米艇、海安營第一號大米艇、海
口營第四號大米艇、崖州協第五號撈繒船、海
安營第六號中米艇、共船十九隻、均在洋遭風
擊碎、應由各府廠補造、又大鵬協左營第六號
中米艇、水師提標右營第四號中米艇、碣石鎮

5

左營第五號小米艇、海口營第二第三號大米
艇、儋州營第一號小米艇、原係海安營第八號
小米艇移撥、又第一第二號撈繒船、龍門協左
營第一號撈繒船、共船九隻、均在洋被風損壞、
由府廠修理、計實由營修換者、共船九隻、俱應
分別動項修換、據各該縣出具並無揑飾印結、
經該管知府確核、併聲明各船委因風狂浪大、
人力難施、致被擊碎損壞、並非駕駛不慎、另行
具結呈請咨送核辦等情、由司具詳前來、臣覆
查無異、除飭將損壞各師船工料、並沉失軍大
砲械、確核估計赶辦、及淹斃受傷各弁兵、分別
造冊辦理外、至前項師船、內有被風損壞擊碎

6

四十二隻、先經臣於上年兩次被風案內、列单
先行具
奏在案、合併陳明、臣謹循例具
奏、并開列簡明清单、恭呈
御覽、伏乞
皇上聖鑒、謹
奏、

7

謹將道光二十八年分、據各營先後具報、巡洋
師船遭風擊碎損壞月日、及應造應修各情形、
開具簡明清單、恭呈
御覽、
一署硇洲營都司沙兆龍稟報、第一號大米艇
一隻、於道光二十八年七月十七日、被風漂
至遂溪縣屬樂瑞嶺洋面、撞礁擊碎、板片漂
流無存、應行補造、
一護平海營恭將梁得祿稟報、第一號大米艇
一隻、於道光二十八年八月初三日、在蓮花
澳洋面、被浪將正副纜擊斷、隨風漂至三姊
妹洋面、撞遇沙淺、登時被浪擊碎、板片漂流

8

無存、應行補造、
一署水師提標右營遊擊鄭熊標稟報、第一號
撈繒船一隻、於道光二十八年八月初三日、
在小虎海面、被風將桅舵椗纜陸續頓斷、隨
風漂至沙螺灣海面、撞礁擊碎、板片漂流無
存、應行補造、
一水師提標左營遊擊劉廷光稟報、第五號中
米艇一隻、於道光二十八年八月初三日、在
湧浪外洋、被東北颶風、將頭大風篷吹卸、大
桅扭爆、頭桅撬鬆、舢板飄失、肄索多有壞爛、
至三更時候、該船大二三纜、俱被頓斷、漂至
沉石洋面、撞礁擊碎、板片漂流無存、又第六

9

號撈繒船一隻、同日在碁石東洋面、被風將
椗纜先後頓斷、舢板擊碎、篷頭大桅均被扭
爆、隨風漂至後海洋面、撞礁擊碎、板片漂流
無存、又第七號撈繒船一隻、同日在濫夾嘴
洋面、被風將椗纜頓斷、頭大風篷繂索、均被
吹斷、隨風漂至蛇口角洋面、撞礁擊碎、板片
漂流無存、此三船均應補造、
一署水師提標右營遊擊鄭熊標稟報、第二號
大米艇一隻、於道光二十八年八月初三日、
在平海大澳洋面、被風將正副三纜擊斷、頭
桅折斷、舵頁被浪擊脫、船無主宰、隨風漂至
四頭寮海面、撞礁擊碎、板片漂流無存、應行

10

補造、
一陽江鎮標右營都司沈德英稟報、第四號中
米艇一隻、送廠拆造、於道光二十八年七月
初三日、駛至廣海三角門洋面、被風損壞舵
頁、船身灰路、頓鬆滲漏、由內河赴省、復於八
月初三日、在順德縣屬大洲口河面、被颶風
將各纜頓斷、隨風漂至橫岸口擊爛、桅舵損
損漂失、應行補造、
一護大鵬協副將李起陞稟報、右營第二號大
米艇一隻、於道光二十八年八月初三日、巡
至土瓜灣洋面、陡遇東北颶風、被浪頓擊、船
身顛簸、大二三椗纜陸續頓斷、隨風漂至沙

11

坡洋面、撞礁擊斷底骨、桅舵槓椇、俱被漂失、
又第四號中米艇一隻、同日巡至吉澳洋面、
被颶風將大二三纜先後頓斷、鰲頭大桅次
第擊折、隨風漂至排嘴洋面、撞礁擊碎、板片
漂流無存、又第五號撈繒船一隻、同日巡至
長洲洋面被颶風將大二三纜先後頓斷、隨
風漂至蝦徑洋面、撞礁擊碎、板片漂流無存、
又第七號撈繒船一隻、同日巡至長洲洋面、
被颶風將該船大小椗纜、先後頓斷、隨風漂
至石壁洋面、撞礁擊碎、板片漂流無存、此四
船均應補造、
一碣石鎮洪名香稟報、中營第四號小米艇一

12

隻、於道光二十八年九月十三日、在海豐縣
屬石獅脚洋面、陡遭颶風、將正副三纜頓斷、
大桅擊折、隨風漂至石鼓洋面、撞礁擊碎、板
片漂流無存、應行補造、
一水師提標左營遊擊劉廷光稟報、第一號大
米艇一隻、於道光二十八年九月二十四日、
巡至伶仃洋面、陡遇東北颶風大作、浪湧滔
天、該船大二三纜、先後均被擊斷、人力難施、
隨風漂至大檀沙洋面、撞礁擊碎、板片漂流
無存、又第二號大米艇一隻、同日巡至孖洲
洋面、被東北颶風將該船大小椗纜三條、先後
頓斷、頭桅扭折、隨風漂至觸洲洋面、撞礁擊

13

碎、板片漂流無存、此二船均應補造、
以上米艇撈繒共船十五隻、在洋遭風擊碎、均
由廣州府廠補造、
一護大鵬協副將李起陞稟報、管帶左營第六
號中米艇一隻、在於平海交界沱濘洋面堵
捕、於道光二十八年四月二十日、被風雷擊
爛大桅、損壞槓椇篷索等項、又於七月二十
三日、送赴省廠、聽候驗修、該船復於八月初
三日夜、在省河被東北颶風、損壞船上槓椇
曲手等項、應行修換、
一署水師提標右營遊擊鄭熊標稟報、第四號
中米艇一隻、於道光二十八年八月初三日、

14

在小虎塘海面、被風將各纜頓斷、隨風漂至
官音沙海旁擱淺、週身灰路頓鬆滲漏、損壞
篷索槓椇等項、三板漂失、應行修換、
一護大鵬協副將李起陞稟報、碣石鎮左營第
五號小米艇一隻、於道光二十八年九月十
四日、在金嶼對開洋面、被風損壞桅舵椗纜
槓椇篷索等項、應行修換、
以上米艇撈繒共船三隻、在洋遭風損壞、均由
廣州府廠修換、
一護海安營遊擊曾高稟報、第一號大米艇一
隻、於道光二十八年四月十六日、巡抵東場
洋面、陡遇東北颶風交作、浪湧滔天、將正副

15

椗纜頓斷、隨風漂至澄邁縣屬石硬外洋、被
浪擊碎、板片漂流無存、應行補造、
一護海口營叅將陳魁倫稟報、第四號大米艇
一隻、於道光二十八年七月十五六等日、在
瓊屬白廟灣洋面、被風將正副椗纜頓斷、隨
風漂至瓊屬天尾角洋面、撞礁擊碎、板片漂
流存無存、應行補造、
一署崖州協副將吳元猷稟報、第五號撈繒船
一隻、於道光二十八年七月十六日、在窰灶
洋面、被風將頭二三椗纜、先後頓斷、隨風漂
至黃流洋面、被浪擊碎、板片漂流無存、應行
補造、

16

一海安營遊擊曾高稟報、第六號中米艇一隻、
於道光二十八年十月二十一日、巡抵徐聞
縣屬涽尾洋面、陡起暴風、將舵頁擊卸脫、隨風
漂抵瓊山縣屬小英洋面、船身被風浪擊碎、
全船槓椇板片、四散漂流無存、應行補造、
以上米艇撈繒共船四隻、在洋遭風擊碎、均由
瓊州府廠補造、
一護海口營叅將陳魁倫稟報、第二號大米艇
一隻、於道光二十八年七月十五六等日、在
白沙港洋面、被風將大桅扭爆、灰路頓鬆、船
身滲漏、篷索槓椇損壞、又第三號大米艇一
隻、同日在白沙港洋面、被風將大纜頓斷、船

17

身灰路、頭鬆滲漏、篷索楨椇損壞、此二船均
應修換、
一護儋州營遊擊杜集祥稟報、第一號小米艇
一隻、原係海安營第八號小米艇、移撥於道
光二十八年七月十七日、在田頭洋面被風
是日西北風雨暴至、追風雨回南、愈加猛烈、
將頭纜頭斷、篷索楨椇等項、俱被損壞、桅檣
震烈、船身灰路、頭鬆滲漏、又第一第二號撈
繒船二隻、同日駛進莪蔓港內塘肚避風、是日
酉刻、風雨驟發、將該二船篷索楨椇等項、被
風損壞、此三船均應修換、
一龍門協副將泊承陞稟報、左營第一號撈繒

18

船一隻、於道光二十八年九月二十六日、在
大滿洋面、被風頭斷三纜、船身灰路、頭鬆滲
漏、篷索楨椇多有損壞、應行修換、
以上米艇撈繒共船六隻、在洋遭風損壞、均由
瓊州府廠修換、
一署東山營守備黃耀全呈報、第二號中米艇
一隻、於道光二十八年三月二十六日、巡抵
大河洋面、被雷擊裂大桅、桅夾風檣篷索楨
椇、均皆損壞、船身灰路、頭鬆滲漏、二三纜頭
斷落海、應行修換、
一署吳川營都司沙中玉呈報、第二號大米艇
一隻、於道光二十八年七月十六日、在廣州

19

灣內洋、被風將大桅扭裂、副三纜頡斷、正椗
齒被浪扭斷、漂至特呈沙尾擱淺、該船通身
滲漏、灰路頡鬆、篷索槓椇損壞、三板擊裂、又
第一號撈繒船一隻、同日在北涯洋面、被風
將上架涼亭吹去、復將二三纜先後頡斷、船
身灰路、被浪擊鬆滲漏、篷索槓椇等項、均皆
損壞、此二船均應修換、

一護海口營叅將陳魁倫呈報、第二號撈繒船
一隻、於道光二十八年七月十五六等日、在
小英灣洋面、被風將大二纜頡斷、船身灰路、
頡鬆滲漏、篷索槓椇損壞、應行修換、

一護海安營遊擊曾高禀報、第二號大米艇一

20

隻、於道光二十八年七月十六日、被風將該
船桅棒搖擺、船身灰路展手、被浪擊鬆、船底
滲漏、至酉刻正副椗纜均被浪相繼頡斷、漂
擱博漲港淺沙損壞、船上槓椇篷索、俱被擊
裂、應行修換、

一署廣海寨遊擊鄺勉禀報、第二號大米艇一
隻、於道光二十八年九月二十四日、在三洲
塘洋面、被風損壞篷索槓椇、又第八號撈繒
船一隻、同日在漭洲洋面、被風折斷大桅、隨
風漂回蓢鷄角港洋面、被風損壞篷索槓椇
等項、又第十號撈繒船一隻、同日在下川洋
面、被風損壞篷索槓椇、三板漂失、船身灰路、

頗鬆滲漏、又第六號中米艇一隻、同日在沙欄港洋面、被風損壞大桅、船底篷索槓椇等項、此四船均應修換、

以上米艇撈繒共船九隻、在洋遭風損壞、均由營修換、

再廣東水師各營米艇撈繒等船於道光二十二年前督臣祁　等以防禦不能得力

奏明將屆拆造及遭風擊碎各米艇撈繒船一概停止造補節存銀兩改造大戰船經費旋因戰船動項製造及官紳捐辦共有一十六隻分撥水師提標等營足資防護砲臺把截後路且戰船祇可常守虎門一帶為克敵之用以之緝捕殊形笨重經前督臣耆　會同前撫臣黃　於二十五年十月內

奏明將未造各戰船停止以後米艇撈繒照常修造併聲明已經停造米艇等船將來或應補造復額或改造別項船隻俟察看情形另行核辦

23

嗣於二十七年十月内崖州協因洋面遼濶師
船不敷巡緝請補造小米艇撈繒船各一隻領
駕復額又經前督臣耆　會摺
奏明補造併以各營補造還額師船自必不止此
起嗣後再有補造還額者請即歸於年終彙奏
一次以省繁牘均經工部核覆各在案兹據署
南澳鎮右營遊擊李亮禀稱南澳所屬洋面毗
連閩省洋匪時多出沒現存米艇不敷堵緝請
將已停造之南澳鎮右營第一第二號大米艇
二隻飭廠補造復額俾資巡防又據署海門營
叅將余殿材禀稱該營所轄洋面約計二百餘
里現在閩浙匪徒不靖察看情形似應補造停

24

止之四號中米艇一隻撥駕補額以資緝捕等
情飭據藩臬運三司督糧道詳稱查南澳鎮右
營洋面遼濶原額大中米艇五隻除停造大米
艇二隻外僅存大中米艇三隻不敷巡緝自應
飭令潮州府將停造之南澳鎮右營第一號第
二號大米艇二隻補造還額又海門營額設米
艇五隻八槳船二隻内一號大米艇四號六號
中米艇共三隻停止拆造今以現存四號六號
小米艇二隻一號二號八槳船二隻不敷巡緝
自應飭令潮州府將海門營停造之四號中米
艇一隻補造補額查補造師船需用工料即應
勘估核實報銷所有一切口糧燂洗修費之需

25

即在關盐盈餘田房稅羨肇慶府橋羨等款通融動支核計大米艇二隻中米艇一隻每年共約需口糧銀二千九百五十七兩燂洗銀四百二十五兩凡屆大小修拆造以九年勻算每年共約需修費銀三千零一十一兩計通共每年應需銀六千三百九十三兩有奇應請准其動支等由會詳請

奏前來臣覆核無異除檄飭潮州府尅日補造南澳鎮右營第一二號大米艇二隻海門營四號中米艇一隻交營領駕補額併嗣後各營再有補造還額師船仍歸年終彙奏以省繁牘理合附片陳明伏祈

26 END.

聖鑒謹

奏

1

F.O.682/320/1(6)

一件　奏稿　事

看稿　對摺　道光二十九年四月十三日具

道光　年　月　日封到

繕摺　摺弁　奏

兩廣總督臣徐
廣東巡撫臣葉　跪

奏為審明在洋在陸行劫盜犯分別定擬恭摺具
奏仰祈
聖鑒事竊照南海縣渡夫譚勝利渡船被搶一案先
經獲犯黎跟尾仔孫等審辦尚有逸犯未獲又
據順德縣詳報事主梁昌勝等店鋪被劫均經

2

嚴飭緝拏旋據香山新安縣營會同緝捕委員
督率兵役暨南海順德番禺新會等營縣兵役
先後拏獲盜犯吳亞洸等十八名併起獲被押
事主梁介福等及船隻盜械稟解赴省飭發審
辦據報案犯羅亞晚等帶病進南番二縣監及
在監病故均經委員併自行驗報在案茲據委
員廣州府知府易棠審明議擬由臬司趙長齡
覆審招解前來臣等當即督同司道親提各犯
隔別研訊緣現獲之吳亞洸即鷄洲洸等均籍
隸順德香山等縣道光二十八年十月二十九
日早現獲病故之羅亞晚起意共夥四十二人
駕艇行劫順德縣事主梁昌勝等夥開店鋪現

獲之黃就勝在河邊看艇現獲之伍亞滿李云
敬現獲病故之黃得滐未獲之鄭大口路等在
外接贓羅亞晚與現獲之吳亞洸即鷄洲洸林
潤潰黃亞細李亞潮歐亞喬即新會喬馮亞本
即亞實現獲病故之胡亞幅即兒鼠幅梁亞才
吳亞潰吳亞澕李闊大黃海太方澕彩未獲之
梁黑骨魚等入室搜贓羅亞晚復起意商同吳
亞洸等將事主工人張遠清擄捉關禁勒贖並
無凌虐旋經兵役起獲刦贓分別變賣俵分是
年十一月初一日羅亞晚等二十二人駕艇在
香山縣屬不識土名洋面陡遇暴風將艇漂至
該縣屬橫門上獨嶺洋面適事主梁介福魚船

一隻亦被風漂至該處羅亞晚暫見起意商同
吳亞洸等行刦派未獲之周亞二等扳船接贓
羅亞晚與現獲之吳亞洸黃就勝林潤潰黃亞
細李亞潮歐亞喬馮亞本現獲病故之胡亞幅
梁亞才吳亞潰吳亞澕李関大黃海太方澕彩
未獲之梁黑骨魚等持械過船將事主梁介福
等押禁艙底連船刦奪將原駕草艇鑿沉換駕
事主船隻駛至僻處將贓查點分別變價俵分
併究出該犯吳亞洸即鷄洲洸林潤潰黃亞細
李亞潮先於二十八年十月二十八日聽從前
辦之黎跟尾仔孫即黎亞崧起意共夥十三人
駕艇在南海縣屬持械奪譚勝利渡船將贓分

5

別變賣俵分吳亞洸林潤漬黃亞細李亞潮係
原案不識姓名逸犯等情廣審據各供認前情
不諱究鞫不移案無遁飾入船並獲正盜無疑
此案除從刦接贓罪應擬斬情有可原之黃得
潆葉經病故不議外羅亞晚起意糾同吳亞洸
即鷄洲洸等在洋行刦過船接贓該犯等或另
犯刦擄或持械搶奪自應照例問擬羅亞晚及
吳亞洸林潤漬黃亞細李亞潮歐亞喬馮亞本
胡亞幅梁亞才吳亞潰吳亞漋李閏大黃海太
方漋彩黃就勝均合依江洋行刦大盜照響馬
強盜立斬梟示例立斬梟示除羅亞晚等在監
病故外該犯吳亞洸即鷄洲洸等情罪重大未

6

便稽誅臣等於審明後恭請
王命飭委按察使趙長齡督標中軍副將崑壽將吳
亞洸即鷄洲洸林潤漬黃亞細李亞潮歐亞喬
即新會喬馮亞本即亞賓黃就勝七犯綁赴市
曹先行正法並將已故之羅亞晚胡亞幅即鬼
鼠幅梁亞才吳亞潰吳亞漋李閏大黃海太方
漋彩戮屍一併傳首犯事地方懸竿示衆以昭
炯戒伍亞滿李云敬聽從行刦均合依強盜已
行而但得財者不分首從皆斬律擬斬立決照
例於左右面刺強盜外遣清漢各二字該二犯
訊止在外接贓並無兇惡情狀且行刦僅止一
次係屬情有可原相應聲明犯父黃迭滿等訊

7

不知情飭縣分別查傳照例發落收贖各犯訊
無另有犯案窩夥及同居親屬知情分贜逃後
亦無行兇為匪及知情容留之人或住處畸零向
無牌頭保甲或在隔屬犯案原籍犯父牌保無
從禁約查察其被風漂至洋面行刦守口員弁
從無查察羅亞晚等在監病故禁卒人等訊無淩
虐情弊均無庸議請旨買贜之人據供不識姓名贜
係內河草艇向不編烙給照業經鑿沉無憑提訊
查起被押事主梁介福等俱已起出省釋起獲
船隻盜械分別給主領回暨留營備用各贜除
故犯勿征外餘於現犯名下照估追賠逸犯
飭緝獲日另結羅亞晚等係帶病進監監病故

8 END

故監斃盜犯僅止黃得灤一名管獄官例無處
分職名應請免開各案應否開叅與獲犯應敘
職名飭行查明照例辦理犯故圖結飭取另送
除備錄全案供招咨部外臣等謹會同恭摺具
奏伏乞
皇上聖鑒敕部核覆施行謹
奏

1

一件

奏稿

年 月 日奉到

看稿

對摺

道光二十九年四月十二日具

奏

摺弁

繕摺

兩廣總督臣徐
廣東巡撫臣葉 跪

奏為拿獲在洋疊劫盜犯審明定擬恭摺具

奏仰祈

聖鑒事竊據陽江縣詳報訪聞事主敎雍福等在洋
被劫船物當經會營前詣勘緝隨據兵役緝獲
盜犯陳亞周等二十三名格斃盜犯敎尚升陳

2

亞松陳亞志三名起獲船隻器械連被擄押禁
之郭開志等錄供解省飭委廣州府審辦據報
案犯鍾亞墜等先後在監及提禁取保病故均
經分別驗報在案茲據委員廣州府知府易棠
審明議擬由臬司趙長齡覆審招解前來臣等
當即督同司道親提各犯隔别研訊緣陳亞周
等均籍隸陽江縣格斃之敎尚升自置漁船一
隻並置有防夜刀械未經赴縣領照雇現獲之
陳亞周李亞富蘇亞幅余亞培關亞茂格斃之
陳亞松陳亞志現獲病故之梁亞頂梁亞振鍾
亞墜張亞記蘇亞齊戴亞雲羅亞養謝亞庇族
人敎亞鈴未獲之黃亞發黃大和葉亞亳蘇和

3

生族人敎亞位敎亞有不識姓之亞斗亞連亞八充當舵水一共二十六人道光二十八年十月初一日駕艇出海捕魚初八日艇隻被風飄至陽江縣屬雙山洋面寄椗談及魚汎不旺難以獲利敎尚升起意商同在洋行刦得贓分用陳亞周等二十二人允從敎亞有蘇和生及不識姓之亞八三人不允敎尚升以敎亞有等受雇在艇即屬同夥將來犯事到官定必扳害之言向其恐嚇敎亞有等畏懼勉從正欲開行適有敎尚升同姓不宗之陽江縣民敎雍福與夥伴郭開志水手盧亞信等船載鹹魚駛至該處敎尚升瞥見將艇攏近事主船邊派鍾亞墜張

4

亞記蘇亞齊戴亞雲羅亞養謝亞庇不識姓之亞連并逼脅敎亞有蘇和生不識姓之亞八在本艇扳船接贓自與陳亞周李亞富蘇亞幅余亞培關亞茂陳亞松陳亞志梁亞頃梁亞振敎亞鈴黃亞發黃大和葉亞毫敎亞位不識姓之亞斗持械過船嚇禁事主敎雍福水手盧亞信陳亞茂甘亞三鳬水逃走郭開志與水手盧亞在盧亞居陳亞讓關亞正林利爽逃避不及被該犯敎尚升等押禁艙底連船刦佔隨將自置盜艇鑿沉換駕事主船隻於是月十三日駛至陽江縣屬雙魚洋邊敎亞有蘇和生及不識姓之亞八乘閒上岸逃走敎尚升與黃亞發等即

5

在該處洋邊先後擄捉捕魚現獲之譚亞保謝成富韓亞沅周亞來龔亞伍現獲病故之梁亞三楊亞生柯亞沃柯洸中未獲之鄧亞輝陳連潰黃亞四黃亞七李亞生曹亞容楊亞升葉亞好李亞賦即亞付並不識姓名五人共二十三人逼脅入夥譚亞保等不允敖敖尚升等嚇稱如不允從定即殺害譚亞保謝成富梁亞三楊亞生鄧亞輝陳連潰黃亞四黃亞七李亞生曹亞容楊亞升葉亞好李亞賦即亞付並不識姓名五人畏懼勉從韓亞沅周亞來龔亞伍柯亞沃柯洸中堅不肯從敖尚升等押令韓亞沅等五人在船服役是月十五日有東莞縣民李亞嚮

6

令夥伴黎有利水手李惟幅等駕船駛至雙魚洋面捕魚敖尚升瞥見將船攏近仍派鍾亞墜張亞記蘇亞齊戴亞雲羅亞養謝亞庇不識姓之亞連并逼脅被擄之譚亞保謝成富梁亞三楊亞生鄧亞輝陳連潰黃亞四黃亞七李亞生曹亞容楊亞升葉亞好李亞賦即亞付及不識姓名五人在本船接贓敖尚升與陳亞周李亞富蘇亞幅余亞培闕亞茂陳亞松陳亞志梁亞頂梁亞振敖亞鈴黃亞發黃大和葉亞亳敖亞位不識姓之亞斗持械過船將黎有利及水手李惟幅李亞兕蔡亞初李亞丙李亞科梁亞路吳亞雲曾再興押禁艙底連船劫佔以上劫得

7

贓物隨時變賣俵分是月二十四日分駕兩船
駛至陽江縣屬青州洋面經陽江鎮營督率舟
師暨各營縣兵役駕船巡至圍捕譚亞保等及
韓亞沅等均畏懼躲匿艙內黄亞發等鳧水逃
避敖尚升陳亞松陳亞志三人持械赶出船頭
拒捕當被差役李升陳進廖華用刀格傷身死
陳亞周等被獲等情屢審據陳亞周等供認前
情不諱究鞫不移案無遁飾查例載江洋行刦
大盜照響馬強盜例立斬梟示又洋盜案內被
脅服役如被脅獲者杖一百徒三年其接遞財
物並無助勢搜贓情事者改發新疆給官兵為
奴各等語本案除被脅在洋行刦接贓一次罪應

8

擬遣之梁亞三楊亞生被脅服役罪應擬徒之
柯亞沃柯洸中均已病故不議外該犯陳亞周
李亞富蘇亞幅余亞培關亞茂及已被格斃之
敖尚升陳亞松陳亞志已故之梁亞頃梁亞振
鍾亞墜張亞記蘇亞齊戴亞雲羅亞養謝亞庇
敖亞鈴各在洋行刦二次自應照例問擬陳亞
周等均合依江洋行刦大盜照響馬強盜立斬
梟示例立斬梟示該犯陳亞周等情罪重大未
便稽誅臣等於審明後恭請
王命飭委按察使趙長齡督標中軍副將崑壽將該
犯陳亞周李亞富蘇亞幅余亞培關亞茂五犯
綁赴市曹先行正法并飭將已故之敖尚升陳

9

亞松陳亞志梁亞頃梁亞振鍾亞墜張亞記蘇
亞齊戴亞雲羅亞養謝亞庇敖亞鈴一併戮屍
傳首犯事地方懸竿示衆以昭炯戒譚亞保謝
成富各被脅在船接贓一次均合依洋盜案內
被脅接遞財物者改發新疆給官兵為奴例發
新疆給官兵為奴照例於左右面刺強盜外遣
清漢各二字韓亞沉周亞來龔亞伍被脅在船
服役拏獲到案均合依洋盜案內被脅服役如
被拏獲者杖一百徒三年例杖一百徒三年至
配折責安置周亞來犯罪時年止十五照律收
贖飭縣追出贖銀批解充公龔亞伍供稱孀婦
獨子惟係洋盜案內徒犯毋庸查辦留養差役

10

李升陳進廖華因被敖尚升陳亞松陳亞志持
械拒捕將敖尚升等格傷身死合依罪人持仗
拒捕其捕者格殺之勿論律勿論各犯訊無另
有犯案窩夥與同居親屬知情分贓在洋行劫
原籍牌保父兄無從查察禁約各犯在監在保
病故禁保人等訊無凌虐情弊均毋庸議劫贓
除已死各犯勿征外餘於現犯名下照估追賠
逸犯黃亞發等飭緝獲日另結盜艇係敖尚升
自置未經赴縣領照其在洋捕魚行劫並未經
由營汎口岸守口弁兵無從查察艇已鑿沉買
贓之人據供不識姓名均無憑提訊查起起獲
事主各船飭行認領盜械案結銷燬被擄押禁

11 END

之郭開志等均予省釋各犯係帶病進監及在
保病故管獄官例無處分職名應請免開各案
應否開叅及獲盗應欽職名飭行查明照例辦
理犯故圖結飭取另送除備錄全案供招咨部
外臣等謹會同恭摺具
奏伏乞
皇上聖鑒敕部核覆施行謹
奏

1

一件

奏稿

事

看稿

對摺

道光二十九年四月二十五日

奏

摺弁

道光 年 月 日奉到

硃批

繕摺

兩廣總督臣徐
廣東巡撫臣葉 跪

奏為拏獲刦奪快船并在洋行刦盜犯審明定擬

恭摺仰祈

聖鑒事竊據署香山縣郭超凡稟報訪聞香山協營巡船有被匪駕搶情事隨接准香山協移會左營外委毛飛鵬管駕快船追捕匪艇因衆寡不

2

敵被賊拒傷搶駕快船等情當即飛飭該地方文武駕領舟師會同緝捕委員督率巡船兵役緝至該縣屬土名獨子崗洋面拏獲盜匪伍亞三等十六名格斃袁亞松等九名其周亞銓等九名被格落海淹斃當將屍身撈獲餘匪鳧水逃逸起獲原刦快船砲械等項連弁兵毛飛鵬等起出驗明傷痕由營領回醫調并另獲蝦罟魚船一隻起出賍物及被押事主盧連發等訊明省釋將犯解省飭發廣州府審辦據報案犯周勝連因被格受傷解至中途因傷身死伍亞三等先後帶病進監病故均經委驗詳報茲據委員廣州府易棠將犯審擬由臬司趙長齡覆

3

審拘解前來臣等督同司道親提各犯隔別研
訊緣現獲之黃亞勝等籍隸新會香山等縣道
光二十八年十二月初六日現獲病故之伍亞
三即伍老燕起意糾同現獲之黃亞勝陳洪潤
李亞海陳亞信現獲病故之林亞潤李亞益譚
幅成彭亞平阮亞萬周亞勝仔李亞逸陳振潤
鄭亞佑現獲因傷身死之周勝連已被格斃之
袁亞松胡亞有姚亞(硼)牙谷黎亞海陳幅仔鄒亞
龐余亞同李亞滿王二金落海淹斃之周亞銓
馮大隻仔胡亞萌張亞滔林狗仔韓冬幅楊亞
潰黃亞如郭亞水未獲之張亞詳李班金黃亞
更余華勝李亞山李亞有及張亞詳轉(糾)未獲之

4

不識姓名三人共夥四十二人駕艇在香山縣
屬白濠頭河面伺劫時香山協左營外委毛飛
鵬督率兵丁管駕快船在該處河面巡緝瞥見
上前追捕伍亞三因見弁兵人少併因快船較
大船內又有砲械起意劫奪當與黃亞勝等商
允將艇攏近各持刀械一同跳過快船弁兵毛
飛鵬等撲向捉拏伍亞三用刀拒傷外委毛飛
鵬額顱左手腕左膕肕黃亞勝用木棍拒傷兵
丁黃俊邦額外(顱)陳洪潤用木棍拒傷兵丁朱明
彩左脚腕李亞海用木棍拒傷兵丁周定彪右
膕肕陳亞信用木棍拒傷兵丁金占鰲左肩甲
周連勝用刀拒傷兵丁阮俊龍左肩甲右臂膊

5

林亞潤用刀背拒傷兵丁張廷貴左肩甲李亞
益用刀拒傷兵丁徐茂雄胷膛譚幅成用刀拒
傷兵丁黄徳馨左手腕彭亞平用刀背拒傷兵
丁程雄高右肩甲阮亞萬用刀背拒傷兵丁梁
有龍腦後周亞勝仔用鉄尺拒傷兵丁陳彪右
肩甲李亞逸用鉄嘴竹扎拒傷兵丁盧志彪右
腿陳振潤用鉄嘴竹扎拒傷兵丁高得鳳右腿
鄭亞佑用木棍拒傷兵丁吳卓英左右脚面張
亞詳用鉄尺拒傷兵丁李文安左右臂膊李班
金用鉄尺拒傷兵丁李昌左額角黄亞更用木
棍拒傷兵丁高獻標髮際余華勝用木棍拒傷
兵丁梁龍胸膛伍亞三等將弁兵毛飛鵬等押

6

禁艙底連船刦奪將原駕草艇鑿沉駛逸是月
初八日駛至不識土名洋面遊奕伺刦伍亞三
等又擄捉在附近捕魚現獲之馮亞揚未獲之
繆亞弼過船逼令入夥馮亞揚等不允伍亞三
等嚇稱如不允從定行殺害馮亞揚等畏懼勉
從初九日陡遇暴風將船漂至香山縣屬泥灣
門洋面適事主盧連發等蝦罟魚船一隻亦被
風漂至該處伍亞三瞥見復起意商同原夥一
共四十二人并逼脅馮亞揚繆亞弼行刦派黄
亞勝陳洪潤李亞海陳亞信周勝連林亞潤李
亞益及張亞詳轉糾之不識姓名三人同馮亞
揚繆亞弼扳船接贓伍亞三與譚幅成彭亞平

7

阮亞萬周亞勝仔李亞逸陳振潤鄭亞佑張亞詳李班金余華勝黃亞更李亞山李亞有袁亞松胡亞有姚硼牙谷黎亞海陳帼仔鄒亞隴余亞同李亞滿王二金周亞銓馮大隻仔胡亞萌張亞濇林狗仔韓冬帼楊亞潰黃亞如郭亞水各持刀械過船將事主盧連發等押禁艙底連

船刦奪駕駛以上刦得贓物尚未變賣俵分是月十一日駛至香山縣屬獨子崗洋面適值該縣營會同緝捕委員暨小黃圃司巡檢督率兵役駕駛巡船追至馮亞揚繆亞猶走至船尾躲避袁亞松胡亞有姚硼牙谷黎亞海陳帼仔鄒亞隴余亞松同李亞滿王二金周勝連各自執持

8

刀械走出船頭抵拒經官兵將袁亞松胡亞有姚硼牙谷黎亞海陳帼仔鄒亞隴余亞同李亞滿王二金九名當場格斃并格傷周勝連一名周亞銓馮大隻仔胡亞萌張亞濇林狗仔韓冬帼楊亞潰黃亞如郭亞水九名亦被格落海淹斃張亞詳李班金黃亞更余華勝李亞山李亞

有繆亞猶及不識姓名三人鳧水逃逸當將伍亞三黃亞勝陳洪潤李亞海陳亞信林亞潤李亞益譚帼成彭亞平阮亞萬周亞勝仔李亞逸陳振潤鄭亞佑馮亞揚周勝連十六名拿獲并撈獲周亞銓等屍身起獲被刦船械贓物及被押弁兵事主人等分別訊驗省釋等情屢審據

9

各供認前情不諱究鞫不移案無遁飾人贓並獲正盜無疑此案已故之伍亞三起意共夥四十二人刦奪快船拒傷官兵一次起意在洋行刦一次黃亞勝陳洪潤李亞海陳亞信及已故之林亞潤李亞益譚幅成彭亞平阮亞萬周亞勝仔李亞逸陳振潤鄭亞佑周勝連已被格殺之袁亞松胡亞有姚硼牙谷黎亞海陳幅仔鄒亞隴余亞同李亞滿王二金已被淹斃之周亞銓馮大隻仔胡亞萌張亞滛林狗仔韓冬幅楊亞潰黃亞如郭亞水聽從共夥四十二人刦奪快船拒傷官兵一次在洋行刦一次自應照例問擬伍亞三等均合依江洋行刦大盜照響馬

10

強盜立斬梟示例擬斬立決梟示該犯黃亞勝等情罪重大未便稽誅臣等於審明後即恭請

王命飭委按察司趙長齡督標中軍副將崑壽將該犯黃亞勝陳洪潤李亞海陳亞信綁赴市曹先行正法并將已故之伍亞三周勝連林亞潤李亞益譚幅成彭亞平阮亞萬周亞勝仔李亞逸陳振潤鄭亞佑戮屍一并傳首犯事地方懸竿示衆仍飭縣將已被格斃之袁亞松胡亞有姚硼牙谷黎亞海陳幅仔鄒亞隴余亞同李亞滿王二金淹斃之周亞銓馮大隻仔胡亞萌張亞滛林狗仔韓冬幅楊亞潰黃亞如郭亞水戮屍梟示以昭炯戒馮亞揚被脅接贓一次合依洋

11

盜案內被脅接贓一次者發新疆給官兵為奴
例發新疆給官兵為奴照例於左右面刺強盜
及外遣清漢各二字犯父伍偉修等飭縣分別
查傳照例發落收贖各犯訊無另有犯案窩夥
與同居親屬知情分贓或住處畸零向無牌頭
甲保或在隔屬犯案原籍犯兄牌保無從禁約
查察其被風漂至洋面行刦守口員弁無從查
察弁兵毛飛鵬等傷經平復艇係內河草艇向
不編烙給照業經鑿沉無憑查起起獲船械贓
物分別給事主領回并留營備用張亞詳等飭
緝獲日另結周勝連係在途因傷身死伍亞三
等係帶病進監病故禁卒兵役人等訊無凌虐

12 END

情弊管獄官例無處分職名應請免開各案應
否開叅與獲犯職名飭縣查明照例辦理犯故
圖結飭取另送除備錄全案供招咨部外臣等
謹會同叅摺具
奏伏乞
皇上聖鑒敕部核覆施行謹
奏

南韶鎮

1 F.O.682/318/5(18)

十九年五月二十八日拜發

奏

奏為特參貪功畏事之總兵請
旨交部嚴議恭摺仰祈
聖鑒事竊查南韶連鎮總兵孫淇澳貌似勇敢實則
全無膽畧本年二月十四日該鎮標都司李惟
上在横石塘捕盜被戕十五六七八等日該匪

2

徒游奕於烏石白土狗耳嶺一帶均附近韶州
府城該總兵若能速往掩捕不難尅期蕆事乃
畏葸株守不敢輕出韶城一步直至衆匪於十
九日分股折回英德佛岡始行率兵尾追經過
英德清遠等縣要船索夫意氣凌人毫無紀律
以致盜匪聞大兵雲集各烏獸散分路窮搜多

稽時日且甫抵清遠數日即據報獲犯一百一
十四名臣等訝其搜擒過易恐有不實飛飭運
司徐有壬督同委員悉心確審止有四名訊係
匪從家族勒令交犯
正犯其餘一百一十名全係良民幸而速審速
且當臣等飛咨署提臣祥麟帶兵前來督辦之時該總兵竟敢函稟請阻
釋尚無拖斃且於署佛岡廳陶澐拏獲首犯鄧
復 同知
南保則截留備質自獲要犯馮亞五則扣留作

3

線屢經大營催提抗不批解以致馮亞五乘間
脫逃臣等節次飛飭勒限嚴拏延至月餘始據
報獲統計該總兵駐緝將及三月僅獲此案正
犯十六名若非署提臣祥 號令嚴明委員廳（會同運司徐有壬分飭）
縣設法搜捕幾至無辜受累要犯遠颺查該總
兵外強中乾既遲延畏葸於前復妄拏塞責於
後剛愎自用貪功忌能實不足膺專閫之寄相
應請
旨交部嚴加議處以示紀律而昭節制再查二月初
四日據該總兵揭叅連陽營遊擊張元愷精力
衰弱兩目昏瞶而且操守平常稟請查辦臣等徐〇
（營員原當隨時察別如果有實據方足以折服其心至於）
竊以操守有無不謹尚須採訪若精神目力則

4

不難一望而知遂將該遊擊調省察看一面咨
詢署提臣祥 旋據咨覆該遊擊先到行營謁
見精力並不衰頹兩目亦無昏花與臣等察看
相符又詢之駐劄同城之前署連州知州彭邦晦
及因公來省之連陽營弁兵僉稱該遊擊操防
認真每月散給兵糧實支實放毫無尅扣衆口
同聲均無異議惟該總兵率意妄揭不知是何
居心遂將原稟發還並委張元愷署理督標前
營叅將由臣徐 就近隨時隨事留心察看
合並陳明所有南韶連鎮總兵孫淇漢種種妄
為各緣由臣等謹會同恭摺叅
奏伏乞

5 END

皇上聖鑒訓示謹

奏

一件

奏稿

事

硃批

道光 年 月 日奉到

看稿

對摺

道光二十九年五月二十六日具

奏

摺弁

繕摺

兩廣總督臣徐
廣東巡撫臣葉 跪

奏為拿獲在洋行劫盜犯審明定擬恭摺具
奏仰祈
聖鑒事竊據澄海縣會營勘訊詳報兵丁陳蔡陞等
在洋被劫船物當經嚴飭緝拿隨據各營縣兵
役暨巡洋舟師拿獲盜犯吳阿押等九名其林

2

阿萇等四名被拿拒捕失足落海溺斃將現犯
審擬由潮州府審轉到司聲明陳阿旗帶傷進
惠來縣監身死李阿荳在海陽縣監病故等情
因案情恐有未實飭委廣州府督同候補知縣
文焌確審茲據委員廣州府知府易棠等審明
議擬由臬司趙柏長貴齡覆審招解前來臣等當即
督同司道親提各犯隔別研訊緣吳阿押等籍
隸福建詔安雲霄等廳縣格斃之陳阿旗與溺
斃之林阿萇素相熟悉各在籍自置魚艇一隻
均未赴縣領照艇內置有防夜器械陳阿旗雇
現獲之吳阿押林阿鼻現獲病故之李阿荳溺
斃之吳紅嘴吳潤老張阿雷未獲之李二七人

二

充當水手林阿萇雇現獲之吳鴨母吳降娘吳水各張無影羅阿強五人充當舵水道光二十五年十月初六日分駕兩艇出海捕魚十四日早被風漂至澄海縣屬土名林埔下洋邊一同灣泊各談及魚汛不旺難以獲利陳阿旗起意商同在洋行刦得贓分用林阿萇李阿莲吳阿押林阿鼻吳紅嘴吳潤老張亞阿雷李二允從吳鴨母吳降娘吳水各張無影羅阿強不允陳阿旗等嚇稱如不依允定即殺害吳鴨母等畏懼勉從林阿萇轉糾得在洋邊捕魚之未獲不識姓名四人共夥十八人即於是日午刻駛至該處外洋適有兵丁陳蔡陞倪蕭進吳再陞黃勇

隆奉差改裝巡洋駕船駛至陳阿旗瞥見因船上未用燈籠旗號不知係屬兵丁喝令林阿萇等將艇攏近陳阿旗逼脅吳鴨母吳降娘吳水各張無影羅阿強并派不識姓名二人在本艇接贓自與林阿萇李阿莲吳阿押林阿鼻吳紅嘴吳潤老張阿雷李二并不識姓名二人持械過船將兵丁陳蔡陞倪蕭進吳再陞黃勇隆押禁艙底連船刦奪陳阿旗即令吳鴨母等過船將艇二隻鑿沉換駕陳蔡陞等船隻駛至僻處將贓查點共刦得銅錢二千文布被衫褲共十九件兜肚二個賣與過往不識姓名客船得錢三千文連刦得銅錢派股俵分是月十六日船

5

至惠來縣屬土名塗田下洋面適該縣差役陳
進吳璋鄭源及澄海縣營兵役并海門營舟師
駕船赶至圍捕李二與不識姓名四人畏懼鳧
水上岸逃逸兵丁陳蔡陞等亦乘間出艙鳧水
上岸差役陳進等過船喊捕吳鴨母吳降娘吳
水各張無影羅阿強畏懼躲入後艙陳阿旗用
竹槍拒傷陳進左肩甲陳進用鉄槍格傷陳阿
旗右頷頦右血盆左肋跌倒艙內林阿萇吳紅
嘴吳潤老張阿雷持械赶出船邊將差役吳璋
鄭源拒傷吳璋等順攜兵丁陳蔡陞等船內裝
就烏鎗嚇放林阿萇吳紅嘴吳潤老張阿雷閃
避各皆失足落海溺斃吳阿押等目擊拒捕未

6

經傷人各兵役當將陳阿旗李阿苴吳阿押林
阿鼻吳鴨母吳降娘吳水各張無影羅阿強九
名等獲回船時值暴風大作兵丁陳蔡陞等被
刧船隻撞礁擊碎林阿萇等屍身亦即漂失無
獲等情屢審據吳阿押等供認前情不諱究鞫
不移案無遁飾查例載江洋行刧大盜照響馬
强盜例立斬梟示又洋盜案內被脅接遞財物
並無助勢搜贓情事者改發新疆給官兵為奴
各等語本案除聽從在洋行刧被拏拒捕罪應
斬梟之林阿萇吳紅嘴吳潤老張阿雷俱已溺
斃屍身漂失無憑戮屍外陳阿旗起意夥同吳
阿押等在洋行刧兵丁陳蔡陞等船物被拏拒

7

傷差役平復均應照例問擬已故之陳阿旗李
阿苴及吴阿押林阿鼻均合依江洋行刦大盜
照響馬强盜立斬梟示例立斬梟示該犯等情
罪重大未便稽誅臣等於審明後恭請
王命飭委按察使趙長齡督標中軍副將崑壽將吴
阿押林阿鼻二犯綁赴市曹先行正法并飭將
已故之陳阿旗李阿苴一并戮屍傳首犯事地
方懸竿示衆以昭炯戒吴鴨母吴降娘吴水各
張無影羅阿强各被脅在洋行刦扳船接贓一
次不知拒捕情事均合依洋盜案內被脅接遞
財物並無助勢接贓情事者改發新疆給官兵
為奴例發新疆給官兵為奴照例於左右面刺

七

8

强盜外遣清漢各二字陳進等因該犯陳阿旗
等持仗拒捕陳進格傷陳阿旗身死吴璋鄭源
点放鳥鎗嚇打致林阿苴吴紅嘴吴潤老張阿
雷閃避失足落海溺斃均合依罪人持杖拒捕
其捕者格殺之勿論律勿論該犯等訊無另有
犯案窩夥與同居親屬知情分賍在外行刦原
籍牌保無從查察盜艇業已鑿沉事主船隻撞
礁擊碎林阿苴等屍身均被漂失買賍之人據
供不識姓名俱無憑提訊查起陳阿旗等因傷
因病在監身死禁卒人等訊無凌虐情弊差役
陳進等傷經平復均毋庸議刦賍除陳阿旗等
已死勿征外餘於現犯名下照估追賠逸犯李

八

除

二等飭緝獲日另結各犯在洋行刦並未經由
營汛口岸守口弁兵無從查察本案共夥十八
人已於疎防限內拏獲首夥九名溺斃夥犯四
名獲犯過半兼獲首犯陳阿旗係帶傷進監身
死監斃盜犯不及五名管獄官例無處分文武
疎防及管獄各職名均請免開獲犯應敘職名

與犯故圖結飭行查取另送除備錄全案供招
咨部外臣等謹會同恭摺具
奏伏乞
皇上聖鑒敕部核覆施行謹
奏

一件具奏修造戰船估需銀數事

奏稿

硃批

道光 年 月 日奉到

看稿
對摺

道光二十九年五月十六日具

奏

摺弁 貴

繕摺

奏為循例修造戰船估需銀數恭摺奏祈
聖鑒事竊照廣東外海内河戰船為各營巡緝要需
屆當修造動款銀數在五百兩以上者例應奏
辦又部定章程欽奉
上諭所需銀兩應令於田房税羨項內動支辦理又

准部咨嗣後修造各船舊料飭令承辦官員按
成變價即於各船估銷工料銀兩冊內照變價
銀數扣出餘銀發給辦理等因在案茲查道光
二十八年分原屆應修造外海内河戰船一百
一十隻內除外海大八槳船三隻額設內河兩
櫓快槳巡船四十九隻入額內河櫓槳快槳巡
船二十一隻驗報船身尚屬堅好停換修造外
實應拆造外海大八槳船二隻需用工料津貼
銀六百零二兩零除舊料變價銀一百二十六
兩零湊用外實需工料銀二百零七兩零津貼
銀二百六十七兩零又大小修拆造額設內河
櫓槳急跳巡船二十一隻需用工料銀四百零

3

七兩零除舊料變價銀八十兩零湊用外寔需
工料銀三百二十六兩又大小修拆造入額內
河巡槳船一十四隻需用工料銀二百九十七
兩零除舊料變價共銀四十五兩零湊用外寔
需工料銀二百五十二兩零以上共船三十七
隻除舊料變價湊用外總計寔需工料津貼銀
一千零五十四兩零經各鎮道勘驗船身損壞
亟應及時修造以資巡防寔係刻不可緩之工
由藩司李璋煜准據監修各道府造冊轉詳請
奏前來臣覆核無異除將估需工料動支銀款各
用咨部外謹循例恭摺具
奏并繕清單敬呈

4

御覽伏乞
皇上聖鑒敕部核覆施行謹
奏

謹將廣東省道光二十八年分届應修造外海
内河巡緝戰船數目需用工料併津貼銀兩及
動支款項開列清单恭呈
御覧

一届期拆造外海大八槳船二隻共需工料津
貼銀六百零二兩零除舊料變價銀一百二
十六兩零湊用外實需工料銀二百零七兩
零在於田房税羨項内動支津貼銀二百六
十七兩零在於道光二十七年落地税羨銀
内動支

一届期大修額設内河櫓槳船五隻共需工料
銀八十兩零除舊料變價銀二十四兩零湊

用外實需工料銀五十五兩零在於田房税
羨項内動支

一届期小修額設内河巡槳船一十二隻共需
工料銀二百一十五兩零除舊料變價銀二
十七兩零湊用外實需工料銀一百八十八
兩零在於田房税羨項下動支

一届期拆造額設内河巡槳船四隻共需工料
銀一百一十一兩零除舊料變價銀二十八
兩零湊用外實需工料銀八十二兩零在於
田房税羨項内動支

一届期大修入額内河槳船二隻共需工料銀
四十二兩零除舊料變價銀七兩零湊用外

實需工料銀三十四兩零在於道光二十一
二兩年無馬水師朋扣銀內動支
一屆期小修入額內河巡槳船九隻共需工料
銀一百七十三兩零除舊料變價銀一十八
兩零湊用外實需工料銀一百五十四兩零
在於道光二十一二兩年無馬水師朋扣銀
內動支
一屆期拆造入額內河巡槳船三隻共需工料
銀八十二兩零除舊料變價銀一十九兩零
湊用外實需工料銀六十二兩零在於道光
二十一二兩年無馬水師朋扣銀內動支
以工大小修拆造外海內河戰船共三十七隻

除舊料變價湊用外實需工料津貼銀一千
零五十四兩零

一件

專

奏稿

奏

摺弁 賫

九年五月二十八日

硃批

道光 年 月 日奉

總督

奏為拏獲在洋行劫盜犯審明定擬恭摺具

奏仰祈

聖鑒事竊照香山縣稟報訪聞縣屬牛角山外洋有

事主馮亞盤貨船被劫並將事主水手人等押

禁艙底連船劫奪情事當經會營諮勘飭撥兵

役協同巡洋舟師跟踪追捕緝至荷包洋面該

匪船瞥見飛棹駛逃適新寧縣亦經訪聞會同

營委各員督飭兵役及巡洋舟師緝至該處會

同圍拏該匪蕭亞幅鍾亞安譚中萌黃立新持

械拒捕經外委李鴻寶督率兵丁各執刀械將

蕭亞幅等格跌落水不知生死當將盜犯麥亞

因黃亞携梁亞義馮亞經莫保帶麥阮勝梁亞

位胡乙酉林田勝九名連船隻器械拏獲起出

被押事主馮亞盤及水手人等並被劫原船贓

物就近解回新寧縣訊明將事主水手人等省

釋船贓給領賊船器械分別看守貯庫將犯稟

解赴省飭委廣州府審辦茲據廣州府知府易

3

棠將犯審明議擬由臬司柏貴覆審招解聲明
案犯梁亞位麥阮勝胡乙酉在監病故等情前
來臣等督同司道親提各犯隔别研訊緣麥亞
因等均籍隸香山縣麥亞因係麥阮勝胞兄馮
亞經與事主馮亞盤同姓不宗被格落水之蕭
亞幅向置漁船一隻在香山縣屬附近洋面捕
魚度日並未赴縣領照船内置有防夜器械雇
現獲之麥亞因黃亞携梁亞義馮亞經莫保帶
林田勝現獲病故之梁亞位胡乙酉被格落水
之鍾亞安譚中萌黃立新在船充當水手現獲
病故之麥阮勝在船服役道光二十八年十一
月二十日蕭亞幅因連日遭風漂出外洋米飯

4

不敷起意商同麥亞因等在洋伺刦得贓分用
麥亞因黃亞攜梁亞義馮亞經莫保帶梁亞位
鍾亞安譚中萌黃立新均各應允林田勝胡乙
酉麥阮勝不肯隨行蕭亞幅與麥亞因等以如
不允從定行殺害日後到官亦必供扳之言同
向嚇逼林田勝等畏懼勉從一共十三人駕船
在洋遊奕二十一日駛至香山縣屬牛角山外
外洋適有事主馮亞盤船隻載運木料駛至該
處蕭亞幅瞥見喝令將艇攏近行刦併逼脅林
田勝胡乙酉麥阮勝在本艇扳船接贓自與麥
亞因黃亞攜梁亞義馮亞經莫保帶梁亞位鍾
亞安譚中萌黃立新各持刀械過船將事主馮

亞盤及水手人等押禁艙底連船刦奪與原駕漁船一併駛逃刦得贜物尚未變賣俵分二十二日駛至荷包洋面即經香山縣訪聞會營飭撥兵役協同巡洋舟師跟踪追至該犯等瞥見飛棹駛逃適新寧縣亦經訪聞會同營委各員督飭兵役及巡洋舟師緝至該處會同圍拏林田勝胡乙酉麥阮勝走至船尾躲避蕭亞幅鍾亞安譚中萌黃立新持械走出船頭拒捕經外委李鴻寶督率兵丁各執刀械將蕭亞幅鍾亞安譚中萌黃立新格跌落水不知生死當將麥亞因黃亞攜梁亞義馮亞經莫保帶梁亞位林田勝胡乙酉麥阮勝九名連賊船器械一併拏

獲起出被押事主馮亞盤及水手人等並被刦原船贜物給主認明領回屢審據麥亞因等供認前情不諱究鞫不移案無遁飾人贜並獲正盜無疑查例載江洋行刦大盜照響馬強盜例立斬梟示又洋盜案內如係被脅上盜僅止接遞財物者改發新疆給官兵為奴各等語此案麥亞因等聽從蕭亞幅起意在洋行刦事主馮亞盤貨船并將事主水手人等押禁艙底連船刦奪自應照例問擬麥亞因黃亞攜梁亞義馮亞經莫保帶及已故之梁亞位均合依江洋行刦大盜照響馬強盜立斬梟示例立斬梟示該犯麥亞因等情罪重大未便稽誅臣等於審明

7

後恭請
王命飭委按察使柏貴督標中軍副將崑壽將該犯
麥亞因黃亞攜梁亞義馮亞經莫保帶綁赴市
曹先行正法並將已故之梁亞位戮屍一併傳
首犯事地方懸竿示衆以昭炯戒林田勝胡乙
酉麥阮勝訊止被脅在本艇扳船接贓查麥阮
勝係麥亞因之弟雖屬一家惟係各自聽從行
刦且侵損於人應照凡人科斷林田勝胡乙酉
麥阮勝均合依洋盜案內如係被脅上盜僅止
接遞財物者改發新疆給官兵為奴例改發新
疆給官兵為奴麥阮勝胡乙酉業經病故應毋
庸議林田勝先於左右面分刺強盜及外遣清

8

漢各二字各犯稱係被格落水之蕭亞幅起意
為首雖蕭亞幅尚未獲案不知生死惟現獲多
於逸犯供証確鑿且現犯已罪至斬梟應即照
例決罪毋庸監候待質梁亞義等據供親老丁
単惟係強盜毋庸查辦留養犯父麥欣如等訊
不知情飭縣查傳照例發落各犯訊無另有犯
案寫夥與同居親屬知情分贓逃後亦無行兇
為匪及知情容留之人住處畸零向無牌頭甲
保上盜船隻係內河漁艇向不編烙給照該犯
等係遭風出洋行刦守口弁兵無從查察梁亞
位等在監病故禁卒人等訊無淩虐情弊均毋
庸議事主人等經縣訊明省釋起獲被刦船贓

先已給主認領賊艇器械留營分別銷燬備用
蕭亞幅等是否淹斃飭縣分別打撈獲日另結
本案同夥十三人踈防限內拿獲夥犯九名失
事處所係在外洋地方文員例免叅處武員踈
防職名仍飭查明補叅監斃盜犯不及五名管
獄官例無處分職名應請免開獲犯應敘職名
飭行查明照例辦理犯故圖結飭取另送除備
録全案供招咨部外臣等謹會同叅摺具
奏伏乞
皇上聖鑒敕部核覆施行謹
奏

P.1

一件 事

看稿
對摺

道光二十九年六月十八日具

奏

摺弁 賫

奏稿

道光 年 月 日奉到

硃批

繕摺

奏為拏獲鄰境盜犯之知縣照例應請送部引
見恭摺奏祈
聖鑒事竊照澄海縣盜犯吳阿押等在洋行刦兵丁
陳蔡陞等船物陳阿旗等拒傷差役陳進等平
復被格致斃一案先據該縣會營飭撥兵役協

P.2

同惠來縣差役及海門營舟師拏獲盜犯陳阿
旗吳阿押林阿鼻吳鴨母吳降娘吳水各張無
影羅阿強李阿苴九名其林阿萇吳紅嘴吳潤
老張阿雷四名被拏拒捕失足落海溺斃將犯
解省聲明陳阿旗一犯業已被格受傷身死等
情訊係被格受傷身死之陳阿旗起意商同現
獲之吳阿押等及溺斃之林阿萇等未獲之李
二併林阿萇轉糾不識姓名四人共夥十八人
在洋行刦兵丁陳蔡陞等船物連船刦奪不諱
陳阿旗起意糾夥在洋行刦被拏拒傷差役一
次李阿苴吳阿押林阿鼻聽從在洋行刦過船
搜贜目擊拒捕各一次均罪應斬梟吳鴨母吳

二

P.3

降娘吴水各張無影羅阿強各被脅在洋行刦
接贓不知拒捕情事一次均罪應發遣業據分
別定擬解經臣徐　會審具
奏聲明獲犯應敘職名飭取另送在案茲據澄海
縣查開獲盜職名由府司轉詳前來臣等查例
載官員拏獲鄰境盜犯罪應斬梟斬決數在三
名以上者准送部引
見又准吏部咨嗣後文職獲盜例准調取人員州縣
以上專摺奏請送部引
見各等語本案除本境應拏各員例無議敘併林阿
萇等四犯係被拏拒捕失跌落海溺斃並非兵
役拏獲職名均毋庸開報外所有首先拏獲鄰

P.4

境在洋糾刦罪應斬梟盜首陳阿旗一名罪應
斬梟夥盜李阿荳吴阿押林阿臭三名罪應發
遣夥盜吴鳴母吴降娘吴水各張無影羅阿強
五名均係前署惠來縣事鎮平縣知縣崔敬修
該員所獲各犯住籍及犯事洋面均非惠來縣管
轄寔係拿獲鄰境盜犯該員任內亦無承緝逃
盜未獲之案例准調取核與送部引
見之例相符可否仰懇
天恩俯准將前署惠來縣事鎮平縣知縣崔敬修照
例送部引
見以示鼓勵之處恭候
欽定再查罪應斬梟盜首陳阿旗一名斬梟夥盜林

p.5

阿臭一名、擬遣夥盜羅阿強張無影二名、係海
門營左哨二司把總續因另案勒休鄭繼耀協
獲、又罪應斬梟夥盜李阿荳一名、擬遣夥盜吳
鴨母吳降娘二名、係前署惠來營遊擊事、揀發
委用都司、續經陞補羅定協右營都司舒昌協
獲、又罪應斬梟夥盜吳阿押一名、擬遣夥盜吳
水各一名、係海門營左哨頭司外委把總李勝
協獲、該犯等原籍及犯事地方、並非各該員等
管轄、亦係拏獲鄰境盜犯、相應一併附請議敘、
除咨部查核辦理外、臣等謹合詞恭摺具
奏、伏乞
皇上聖鑒敕部議覆施行、謹

p.6 end

奏、

一件具奏陞補廣西隆林營遊擊馬芳春請再加展限給咨引見事

看稿
對摺

道光二十九年六月十八日具

奏稿

奏

摺弁　賫

道光　年　月　日奉到

硃批

繕摺

奏為總巡捕務緊要請將應行引
見展限期滿之遊擊再行加展給咨仰祈
聖鑒事竊照前准部咨嗣後陞補武職應行引
見人員如有承辦要件在半年以上完竣者奏明加
展係陞任本省之員於加展時由部題准給與
署劄先開該員底缺俟事竣引
見後實授等因臣查陞補廣西隆林營遊擊馬芳春
先因西省緝捕緊要業經咨請暫緩給咨奉部
覆准在案計自上年八月內咨展起扣至本年
二月內已届半年之期自應照例給咨赴部引
見惟馬芳春自派委左右兩江一帶總巡以來先後
拏獲各屬搶刦巨盜及天保縣戕官兇匪多名
緝捕甚屬認真現在又有横州盜匪竄入廣東
欽州地方拒捕傷斃官兵之案飭委東西兩省
鎮道大員帶兵親往督辦該員馬芳春身任總
巡捕務正當吃緊未便即行給咨赴部遽易生
手相應遵照部咨

奏懇
皇上天恩俯准將陞補隆林營遊擊馬芳春給咨之
案再為加展以資緝捕並請先開底缺給與署
劄仍俟捕務稍暇即行給咨送部引
見除咨明兵部外理合恭摺具
奏伏乞
皇上聖鑒訓示謹
奏

1

一件

事

奏稿

看稿

對摺

道光二十九年六月十八日具

奏

摺弁

賫

硃批

道光 年 月 日奉到

繕摺

奏為審明在洋在陸刦擄盜犯分別定擬恭摺具

奏仰祈

聖鑒事竊照香山等縣事主梁介福胡德球等被盜

刦擄先經獲犯審辦尚有逸犯未獲又據香山

縣詳報職員李琛被賊強竊均經嚴飭緝拏旋

2

據香山縣會同營委員弁督率兵役暨番禺順

德新會等縣營兵役拏獲案犯勾亞萬即林亞

萬關舟二梁亞占呂亞洸盧亞佳五名訊供稟

解赴省內關舟二一犯據報解至中途病故當

將現犯發府審辦續據香山縣飭撥兵役隨同

營委員弁緝獲案犯黃勢詳蘇隴遂梁亞北郭

二九林潰胡蕭亞第馮亞堅七名訊供通詳據

報黃勢詳等在監病故將現犯梁亞北等解府

提同勾亞萬等訊辦據報梁亞北盧亞佳在南

海縣監病故均經分別委員及自行驗報在案

茲據委員廣州府知府易棠審明議擬由臬司

柏貴覆審招解前來臣等當即督同司道親提

3

各犯隔别研訊，緣勾戞萬即林亞萬等，籍隸香山等縣，道光二十六年十一月二十七日，現獲之勾戞萬聽從前辦之陳亞贊起意，共夥二十一人，駕艇在香山縣屬河面擄捉胡德球等三人勒贖，並未淩虐，亦未得贜，即被逃回，又二十八年三月十八日夜，勾戞萬聽從現獲病故之

黄勢詳起意，共夥十二人，在香山縣屬行竊職員李琛耕寮臨時行强，現獲之林潰胡與現獲病故之鄧二九蕭亞第馮亞堅梁亞北未獲之不識姓名二人在外接贜瞭望，黄勢詳與勾戞萬并現獲病故之蘇隴遂閔舟二未獲之梁黒骨汝入室搜贜，黄勢詳刀傷事主工伴闞宇芝

4

譚以珠盧桂茂平復，又是年十月二十九日，勾戞萬聽從前辦之羅亞晚起意，共夥四十二人，駕艇行刦順德縣事主梁昌勝等店鋪，前辦之黄就勝在河邊看艇，現獲之梁亞占呂亞洸與前辦之伍亞滿等在外接贜，羅亞晚與勾戞萬併現獲病故之盧亞佳前辦之吳亞洸等入室

搜贜，羅亞晚復起意商同勾戞萬等將事主工人張遠清擄捉闞禁勒贖，並無淩虐，旋經兵役起獲，勾戞萬盧亞佳梁亞占呂亞洸俱係原案不識姓名逸犯，又是年十一月初一日，勾戞萬梁亞占呂亞洸與前辦之羅亞晚等一共二十二人，駕艇在香山縣屬不識土名洋面遊奕，陡

5

遇暴風，将艇漂至該縣屬横門上獨崗洋面，適事主梁介福等鹹魚船一隻亦被風漂至該處，羅亞晚瞥見，起意商同行刦，派勾曼萬、梁亞占、呂亞洸與現獲病故之盧亞佳、未獲之周亞二扳船接贓，羅亞晚與前辦之吳亞洸等持械過船，船将事主梁介福等押禁艙底，連船刦奪，将原駕草艇鑿沉，換駕事主船隻駛逸，梁介福等旋経兵役起獲，勾曼萬、盧亞佳、梁亞占、呂亞洸係原案不識姓名逸犯。又是年十二月初六日，現獲病故之盧亞佳、闗舟二聽從前辦之伍亞三起意，共夥四十二人，駕艇在香山縣属河面行刦香山協左營外委毛飛鵬等快船，一同跳過

6

船内，伍亞三等拒傷弁兵毛飛鵬等，平復，併将毛飛鵬等押禁艙底，連船刦奪，将原駕草艇鑿沉，換駕快船，是月初八日駛至不識土名洋面遊奕伺刦，盧亞佳、闗舟二與伍亞三等又擄捉附近捕魚前辦之馮亞揚等二人過船，逼令入夥，馮亞揚等不允，盧亞佳等與伍亞三等嚇稱，如不允從，定行殺害，馮亞揚等畏懼勉從。初九日陡遇暴風，将船漂至香山縣屬泥灣門洋面，適事主盧連發等蝦罟魚船一隻亦被風漂至該處，伍亞三瞥見，復起意商同原夥一共四十二人，併逼脅馮亞揚等行刦，派盧亞佳、闗舟二及前辦之黄亞勝等與馮亞揚等扳船接贓，伍

7

亞三與前辦之譚幅成等各持刀械過船、將事
主盧連發等押禁艙底、連船刦奪駕駛、弁兵毛
飛鵬等及事主盧連發等均經起獲省釋、盧亞
佳關舟二係原案不識姓名逸犯、又究出該犯
梁亞占先於道光二十八年七月二十五日夜
聽從前辦之高亞澂起意、共夥十人駕艇在番
禺縣屬河面行刦事主郭博菲貨船、前辦之梁
亞力等在本艇扳船接賍、高亞澂與梁亞占及
未獲之黃巴指輝等過船搜賍、高亞澂拒傷水
手劉亞三身死、梁亞占係原案不識姓名逸犯
以上賍物、或隨時變賣俵分、或尚未俵分、即被
起獲等情、屢審據各供認前情不諱、究鞫不移、

8

案無遁飾、均核與原案及事主稟報相符、正盜
無疑、此案除起意行刦及從刦搜賍罪應斬決
之黃勢詳蘇隴遂從刦接賍罪應斬決情有可
原之郭二九蕭亞第馮亞堅梁亞北均經病故
不議外、勾負萬即林亞萬聽從擄捉事主勒贖
並無淩虐一次、聽從行竊臨時行強入室搜賍
一次、聽從共夥四十人以上、行刦入室搜賍一
次、聽從在洋行刦一次、梁亞占聽從行刦二次、
聽從在洋行刦一次、呂亞洸聽從行刦一次、聽
從在洋行刦一次、已故之盧亞佳聽從共夥四
十人以上行刦二次、聽從在洋行刦二次、已故
之關舟二聽從行竊臨時行強入室搜賍一次、

9

聽從共夥四十人以上行刦一次、聽從在洋行刦
一次、俱應照例問擬、勾曼萬等均合依江洋行
刦大盜、照響馬強盜立斬梟示例、立斬梟示、該
犯勾曼萬梁亞占呂亞洸情罪重大、未便稽誅
臣等於審明後、恭請
王命、飭委按察使柏貴、督標中軍副將崑壽、將勾曼
萬即林亞萬梁亞占呂亞洸三犯、綁赴市曹、先
行正法、并飭南海香山二縣、將已故之盧亞佳
關舟二戮屍、一并傳首犯事地方、懸竿示衆、以
昭炯戒、林潰胡聽從行窃臨時行強在外接贓
一次、合依共謀為窃臨時行強、以臨時主意及
共為強盜者、不分首從論、強盜已行但得財者

10

不分首從皆斬律、擬斬立決、照例於左右面刺
強盜外遣清漢各二字、該犯訊止在外接贓、尚
無兇惡情狀、且行刦僅止一次、係屬情有可原、
相應聲明、犯父梁咸法訊不知情、飭縣查傳照
例發落、各犯訊無另有犯案窩夥及同居親屬
知情分贓、逃後亦無行兇為匪及知情容留之
人、或居處畸零、向無牌頭甲保、或在隔屬犯案、
原籍牌保無從查察、其被風漂至洋面行刦守
口員弁、無從查察、事主工伴關宇芝等傷經平
復、盧亞佳等在監在逃病故、禁卒解役人等訊
無凌虐情弊、均毋庸議、買贓之人、據供不識姓
名、艇係內河草艇、向不編烙給照、業已鑿沉、無

12 END

11

憑提訊查起各贓除犯故勿征外餘於現犯名

下照估追賠逸犯飭緝獲日另結南海香山二

縣監斃盜犯俱不及五名餘係在途及帶病進

監病故管獄官例無處分職名應請免開各案

應否開叅與獲犯應敘職名飭行查明照例辦

理犯故圖結飭取另送除備錄全案供招咨部

外臣等謹會同恭摺具

奏伏乞

皇上聖鑒敕部核覆施行謹

奏

奏謝交部從優議敘

F.O. 682/318/5(23)

二十九年七月二十六日拜發

奏

奏為恭謝
天恩仰祈
聖鑒事竊臣承准軍機大臣字寄處咨開道光二十九年六
月初十日內閣奉
上諭徐　葉　奏戕官案內匪徒悉數就擒搜
捕事竣一摺廣東陽山英德等縣匪徒聚衆戕官
行同叛逆經該督等飛咨署提督祥麟並劄調鎮
將選帶各路兵丁添雇民勇分路進剿並飭運司
徐有壬馳往會辦先後獲犯五百五十二名首要
均已就擒匪犯咸知震懾現在地方安靜官兵盡
撤歸伍辦理實屬迅速徐　葉　祥麟徐有
壬均著交部從優議敘該地方文武隨同搜捕功
過尚足相抵所有失察職名免其開參在事員弁
著該督等擇其尤為出力者酌量保奏候朕施恩
餘著刑部速議具奏欽此臣當即恭設香案望闕叩頭謝恩伏念臣忝膺重寄戢暴安良
責無旁貸前因陽山英德一帶匪徒滋擾經　臣
咨調提鎮帶兵剿捕悉擒首要地方獲安皆屬

分所當為乃荷
聖恩予以甄敘並
飭酌保在事員弁微勞必録策勵靡遺凡屬臣工應
如何感激圖報仰答
生成臣惟有督飭文武益勤緝捕勿懈巡防務期匪
戢良安庶幾稍答
高厚鴻慈於萬一所有微臣感激下忱謹繕摺叩謝
天恩伏乞
皇上聖鑒謹
奏

P.1 F.O.682/318/5(22)

一件 奏叅水師守備許大鵬 事

奏稿

硃批

道光 年 月 日奉到

看稿 對摺

道光二十九年七月二十六日具

奏

附攄摺弁 賫

繕摺

奏為特叅不諳營務任意刁抗之水師候補守備

恭摺

奏請斥革以肅營伍仰祈

聖鑒事竊照守備一官有經管兵馬錢糧巡緝操防

之責必須熟諳營務緝捕勤慎方足以資委任

P.2

茲查有廣東水師提標中營改用外海水師候

補守備許大鵬先因委署硇洲營都司事務與

前署都司沙兆龍新舊交代任意刁難及至陽

江鎮總兵官王鵬年委員監盤仍復違抗不遵

嗣因該署都司捕盜無能經臣將其撤任仍委

水師提標右營守備沙兆龍接回都司印務并

經陽江鎮總兵官王鵬年巡抵硇洲面諭該卸

署都司將任內經管兵馬錢糧軍裝等項赶緊

逐件移交去後茲據署都司沙兆龍禀該卸署

都司短交公櫃銀一百三十兩零並不交代清

楚率行往省禀請撤飭交清等情經查卸署都

司許大鵬於營中交盤事件屢次任性刁抗實

p.3 end

屬不諳營務且捕盜無能行為狂妄現當整飭
營伍之際未便稍事姑容據該管上司揭報前
來相應請
旨將卸署硇洲營都司水師提標中營承襲雲騎尉
改用外海水師候補守備許大鵬斥革以肅營
伍除嚴飭將短交公櫃銀兩刻日照數移交接
收外謹會同廣東水師提督臣洪　恭摺恭
奏伏乞
皇上聖鑒
訓示謹
奏

P.1

一件 請揀發遊擊都司來粵委用 事

奏稿

道光 年 月 日奉到

硃批

看稿
對摺

道光二十九年七月二十六日具

奏

附摺
摺弁 賫

繕摺

奏為粵[廣]東武職之員差遣懇請揀發遊擊都司來
粵以資委用恭摺奏祈
聖鑒事竊照粵[廣]東地方遼闊營務紛繁弁之距京遙
遠武職推選人員列任需時引
見人員往返亦復經久如遇候補人員不敷差委向

P.2

准奏請揀發來粵委用有案茲查前次揀發遊
擊富陞都司玉山等均已補缺止有捐鑄砲位
案內奏奉
諭旨以都司補用之潘法元一員又病痊坐補原缺
之都司何萬興一員亦均有差委此外候委無
人凡遇各營現任人員陞調引
見赴任及委辦一切事件實在乏員差遣合無仰懇
天恩俯准
敕下兵部於候補候選兩項人員內揀發陸路遊擊
二員都司四員迅速前來粵[廣]東以資委用臣謹
恭摺具
奏伏乞

P.3

皇上聖鑒訓示謹
奏

奏為總兵並無家鄉瓜葛請
旨揀員對調以資整飭恭摺仰祈
聖鑒事竊查碣石鎮總兵黃廷年籍隸陸豐至住家即在總兵
衙署之旁又係該鎮營兵出身族大丁多親友尤衆本年閏四
月內有赴任時方可洽服[illegible]臣再三諄囑以本地之人為本地之官必須破
除情面切勿稍涉偏私自去年三月以來留心察訪該總
兵到任後志亟思素以持正而人情不古衆口難調不獨兵民
未孚深信即至親族之嘖有煩言凡遇罰過賞功辦理動
多掣肘若不思為量移只恐私偶有難處之勢查陽江鎮
管轄洋面遼闊至繁處與碣石鎮相等現任總兵王鵬年
籍隸瓊州洋務尚熟堪以調補碣石鎮總兵所遺陽江
鎮總兵員缺即以黃廷年調補則可勝任似此一轉移間
則後彼此均無窒礙而公事可期順手矣臣為辦公擇人
起見是否有當謹恭摺具
奏伏祈
皇上聖鑒訓示謹
奏

p.1

奏為總兵密邇家鄉辦公諸多窒碍請
旨揀員對調以資整飭恭摺仰祈
聖鑒事竊查碣石鎮總兵曾逢年籍隸陸豐其任家
即在總兵衙署之旁又係該鎮營兵出身族大
丁多親友尤衆本年閏四月由省赴任時臣再
三諄囑以本地之人為本地之官必須破除情
面方可洽服物望切勿稍涉偏私自尋棘手三
月以來留心察訪該總兵到任後亦亟思秉公
持正而人情不古衆口難調不獨兵民未能深
信即其親族亦嘖有煩言凡遇罰過賞功辦理
動多掣肘若不早思為量移公私俱有難處之勢
查陽江鎮管轄洋面遼闊其緊要與碣石鎮相

光年七月二十八日拜發

p.2 end

等現任總兵王鵬年籍隸瓊州洋務尚熟堪以
調補碣石鎮總兵所遺陽江鎮總兵員缺即以
曾逢年調補亦可勝任似此一轉移間則彼此
均無窒碍而公事可期順手矣臣為辦公擇人
起見是否有當謹恭摺具
奏伏祈
皇上聖鑒訓示謹
奏

1

F.O. 682/318/5(27)

一件

奏叅都司尚安等並滋事兵丁提省審辦事

奏稿

硃批

道光　年　月　日奉到

看稿

對摺

道光元年七月二十六日具

奏

附撫揩弁　賫

繕摺

奏為特叅不能約束兵丁之都司守備並將奉調剿捕需索銀兩各兵提省審辦緣由恭摺奏

聞仰祈

聖鑒事竊查本年二月清遠英德匪徒滋事經臣等札調三江協兵丁五百名前往剿捕訪聞該兵行至

2

連州有入署需索銀兩情事正在查辦間隨據連州知州德濬稟同前由查行軍首重紀律似此約束不嚴安望士卒用命彼時匪徒四散無庸重兵圍捕即札飭帶兵官先行管帶歸伍一面行提需索滋事弁兵來省審辦嗣經南韶連鎮總兵孫淇漢查知將兵丁龍福安等棍責革伍並將都司尚安等及需索銀兩各兵丁押解來省飭委廣州府審辦茲據廣州府知府易棠審明議擬由藩臬二司覆審招解前來臣等親提逐一研訊緣龍福安李國猷鍾廣陞籍隸連州連山等州廳在三江協左右兩營充當兵丁尚安係鑲黃旗蒙古哲爾精額佐領下人由外滿洲火器營鳥鎗護軍叅領揀發廣東以都司用題

3

補永靖營都司委署三江協中軍都司謝貞元
籍隸南雄州由行伍拔補外委遞陞清遠營右
營守備調署三江協右營守備道光二十九年
二月間英德等縣匪徒滋事調撥三江協兵丁
前往剿捕經三江協副將福廣派委尚安謝貞
元分帶左右營兵丁各二百五十名於二十四
日由三江起程是日午候行抵連州地方適該
州德濬赴考棚局試文童經吏目隆祺查照章
程按站支給口糧銀兩龍福安因聞前調官兵
防夷曾經該前州犒賞銀兩起意商同李國猷
鍾廣陞赴連州衙門需索賞銀李國猷等應允
龍福安等即揚言連州已許賞給各兵盤費銀一

4

圓大家前往領取左營兵丁林廣泰呂朝順鄧
名揚陳懷林班超吉邱宗明蘇玉全與右營兵
丁羅瑞龍李法昌莫廣高周逸江胡瑞超莫世
才覃上保虞慶保虞慶遠馬瑞明張全明王世
愈林朝龍聽聞誤信為實俱各隨同前往其時
尚安等在河下料理船隻俱不知情龍福安等
二十三人同入連州署內龍福安李國猷鍾廣
陞上前聲言奉發口糧不敷食用須每名另賞
番銀一圓方能起身適該州德濬考畢回署諭
令各兵解散不聽即着人向尚安等報知時尚
安謝貞元均已查知先後馳赴州署押令各兵
出城龍福安等因未得銀延挨不行德濬慮及

5

兵丁滋事并恐遲悞行程即按名付給番銀一圓各兵丁始行出城隨經尚安等帶領起程等情屢審據各供認前情不諱詰無另有騷擾別情究鞫不移案無遁飾查例載刁徒直入衙門挾制官吏别無冤枉發近邊充軍又律載斷罪無正條援引他例比附定擬各等語此案已革兵丁龍福安調遣剿捕匪徒輒起意商同兵丁李國猷等入連州署中需索銀兩律例內並無調遣剿捕兵丁直入衙門需索銀兩作何治罪明文惟該犯倡率多人入署要索實屬有心挾制龍福安應比照刁徒直入衙門挾制官吏别無冤枉發近邊充軍例發近邊充軍至配杖一

6

百折責安置李國猷鍾廣陞聽從商議同往要挾應照為從減一等律擬杖一百徒三年定地折責充徒林廣泰呂朝順鄧名揚陳懷林班超吉邱宗明蘇玉全羅瑞龍李法昌莫廣高周逸江胡瑞超莫世才覃上保虞慶保虞慶遠馬瑞明張全明王世愈林朝龍二十名誤信同往追經該州曉諭並不即時轉回亦屬不合均請照不應重律杖八十加枷號一個月該兵丁等均已先行棍責革伍所有杖罪應免重科仍行枷號一個月以示懲儆署三江協中軍都司尚安署三江協右營守備謝貞元帶領弁兵剿捕匪徒約束兵丁是其專責乃於兵丁龍福安等直入

FO 931/1023

7

連州衙門需索賞銀既不能先事覺察臨事又
不能彈壓實屬庸懦無能相應請
旨將署三江協中軍都司事永靖營都司尚安署三
江協右營守備事清遠營右營守備謝貞元革
職以為不能約束兵丁者戒連州知州德濬因
兵丁聚集需索恐逗遛滋事賞給銀兩係屬權
宜辦理請免置議龍福安等所得賞銀均已花
用訊係赤貧無力完繳免其着追除備錄供招
咨部外臣謹會同署陸路提臣祥　恭摺具
奏伏乞
皇上聖鑒敕部核覆施行謹
奏

8END

再臣於七月二十八日奉到道光二十九年七月初四日內閣奉

上諭廣東南韶連鎮總兵員缺著崑壽補授欽此查崑壽例應

奏請

陛見到任尚需時日所有南韶連鎮總兵印務應即遴員接署茲查有南雄協副將趙雲鵬營務曉暢訓練勤明堪以委署鎮篆其南雄協副將員缺因參將中一時乏員可委查有南韶連鎮左營遊擊王浚操防勇幹巡緝勤能堪委護理除分飭遵照並將其餘各缺另委遞署外理合附片奏

廿九年八月十八日拜

聞伏乞

聖鑒謹

奏

一件　事

看稿　對摺

道光二十八年八月十八日具

奏

摺弁　賫

奏稿

道光　年　月　日奏到

硃批

繕摺

奏為遵
旨查明恭摺據實覆
奏仰祈
聖鑒事竊准兵部咨道光二十八年六月十八日內
閣奉

上諭琦善奏查補營員空糧影糧並甄別兵弁等語
著各直省督撫嚴行分別稽查各營內如有前項
空糧影糧等弊或名目不同均即力加禁革其兵
弁等衰弱庸劣亦當隨時甄別毋使濫竽充數已
往不咎咸與惟新自接奉諭旨後該督撫等務當
有弊必除事事力求實濟等因欽此仰見我
皇上整飭戎行諄諄誥誡凡在臣工宜何如激發天
良力加禁革以期夙弊悉除兵精糧實臣自上
年春間接任兩廣總督以來凡遇兩省各營員
弁赴考領餉隨時考覈遇事稽查其有年衰技
庸操防懈弛者分別降革勒休自遊擊以至額
外計廣東水陸各營共已甄別五十三員廣西

各營共已甄别二十五員斷不容衰庸之員戀
棧貽誤以期行伍漸有起色接奉
諭旨後復會同廣東撫臣葉　廣西撫臣鄭
查明東西二省向無留省當差員弁惟空糧夥
糧及衰庸兵弁充數等弊難保必無遵即移行
兩省水陸提臣及各鎮協營一體欽遵查辦去
後茲准廣東水師提臣洪　陸路提臣祥
咨覆據水陸各鎮協營查明營中兵丁向係按
技補足分派城臺船汛配防並無缺額短少其
兵弁衰弱庸劣者隨時甄别裁汰募補足數技
藝稍疎者勒限練習倘限滿仍不改觀革除另
補茲復逐一查點委無空糧夥糧等弊至永靖營中設

有鐵匠木匠旗牌等名目係備修理船隻之
用仍皆兼習技藝與兵丁一體差操嗣後惟有隨
時訪察認真甄核務使弁兵悉歸實用等由
此查明廣東水陸各營之情形也又准據廣西
提臣閔　左江鎮總兵威筠署右江鎮總兵
周濟成咨呈將轄屬各協營弁兵逐一調考委
查所有年衰技庸及捕務不力之弁已分别咨
請休革其兵丁中之年衰技軟者計提標七十
三名提督外屬三十五名左江鎮標四十三名
右江鎮標一百零五名均已降革募補又提標
各營於額設書識之外向有幫繕貼書共四十
名雖仍供操演究於額數有礙現已一律裁除

補足又左江鎮標各協營亦有額外字識共八
十二名均經裁革募補此外別無空缺糧額及
衰庸充數等由此查明廣西各營之情形也臣
伏查廣東廣西兩省營分較多路途遥遠稽察
稍有未周弊竇因而叢積現蒙
恩訓詳明寬其既往各營將領尚能認真釐剔覈實
稽查已據將衰庸兵弁及額外字識貼書全數
革除募補足額尚無諱飾情弊惟政貴有恒法
須持久臣惟有會同兩省撫臣及水陸提督臣
嚴行察訪加意考覈并於巡閲營伍之便隨時
抽查如有始勤終怠及衰弱弁兵定即分別革
退或日後復有空缺糧額各弊亦必將該管官

嚴參懲辦以肅營伍而收實效所有遵
旨查辦緣由理合恭摺覆
奏伏乞
皇上聖鑒訓示謹
奏

籌辦洋匪党羽漸散仍飭搜捕

芃年月日附驛拜發

奏為籌辦洋匪拏獲多名黨羽漸散仍飭水陸各
營逐次搜捕恭摺奏
聞仰祈
聖鑒事竊查本年夏間西海洋面報有新安陽江歸
善三幫匪船分路滋擾該處洋面毗連陽江瓊

州兩鎮當飭兩鎮會剿乃未及會合而瓊州鎮（廣海寨師船先聞有被焚情事）
亦已迎剿失利府城外十里有海口鎮商賈輻輳
形勢最為扼要署參將陳魁倫駐劄該處迎剿竟敢
坐視逆特畏葸不前以致師船多被焚燬洋匪愈行
猖獗竟敢遂至三次登岸窺伺劫掠賴有署守備黃
開廣督飭兵勇連挫其鋒擊斃賊匪二百八十
餘名不心太定賊不敢逼海口始保無虞此後洋匪由是忽聚
忽散自六月十八日以後瓊洋並無匪船一隻分竄早據
瓊州鎮道稟報在案嗣據陽江鎮總兵王鵬年
在海陵丹濟各洋面拏獲洋匪李亞賴等五十
三名淹斃三十餘名係陽江一幫水師提臣洪
在零丁洋面拏獲王亞二等三十九名係

新安一幫署惠州協守備孫銳銛在墩頭海口拏獲伍亞保等十八名署歸善縣知縣沈映鈐在平海營車繒礮臺擊沈盜船三隻焚燒盜船一隻擊斃洋匪一百數十名係歸善一幫統計前後除擊斃淹斃不計外共生擒一百一十名護理瓊州鎮總兵何芳迎剿失利應請

旨先行交部議處護理海口營叅將陳魁倫見賊畏葸當經撤任即委黃開廣越級代理署廣海寨遊擊稟報不實現與陳魁倫俱已撤省發交臬司訊究確情再行從嚴叅辦臣等伏查西海洋面何以竟有匪船三幫之多實緣沿海漁蛋良莠不齊一經糾約最易蟻聚或被脅服役或貪利隨幫在真盜固罪不容誅而脅從究稍有區別現值黨羽漸散惟有設法離間令其互相猜忌以毒攻毒剿撫兼施庶可術事誅戮免致蔓延以仰副

聖主除莠安良之至意所有籌辦洋匪實在情形臣等謹合詞恭摺具

奏伏祈

皇上聖鑒謹

奏

光年九月十四日拜發

奏為遵
旨據實覆奏恭摺仰祈
聖鑒事竊臣承准軍機大臣字寄道光二十九年閏
四月初四日奉
上諭現在選補廣東惠來營遊擊賽沙春一員係由

捐輸議敘升任前經陝甘總督布彥泰奏稱該員
弓馬平常今已選授實缺遊擊且係海疆重地操
防一切關係匪輕著俟於該員到任後詳加
察看如果弓馬生疎營務難資整飭即著據實甄
劾毋稍姑容將此諭令知之欽此查該員於七月
十八日到省臣於八月二十二日考驗步射既
既軟馬箭竟未射出詢以營務亦欠明晰海疆
（且年逾五旬即令降補學習亦復難期進益）
要地實難望其勝任未敢稍涉徇隱相應
奏請勒令休致所遺惠來營遊擊一缺請
旨敕部照例辦理所有察看（新選遊擊）緣由臣謹據實覆
奏伏祈
皇上聖鑒謹

奏

1

一件　　事

奏稿

硃批

道光　年　月　日奉到

看稿

對摺

道光二十八年九月十四日具

奏

摺弁　賫

繕摺

奏為拏獲在洋迭刧盜犯審明定擬恭摺具

奏仰祈

聖鑒事竊據署陽江縣知縣程乃又會營勘訊詳報

事主楊永盛等在洋被刧船物當經嚴飭緝拏

嗣據該縣飭撥兵役與新寧等縣兵役隨同陽

2

江鎮暨廣海寨各營弁督帶水勇陳得滬等各

駕師船出洋探緝駛至南澎洋面遇見盜艇各

弁兵役勇追上圍拏盜犯陸連桂喝令陳亞六

關亞真陸亞粟陳亞紅黃亞奉陳亞潮開砲拒

捕致傷水勇陳得滬身死各弁兵役勇亦即開

砲抵禦傷斃陳亞六等六名奮勇過船拏獲盜

犯梁亞典等十七名起出被禁水手楊亞暮連

船二隻並砲械等物老黃發鳧水逃逸經弁兵

將各犯解經陽江鎮稟解赴省飭委廣州府審

辦旋據陽江縣將受傷身死之陳得滬及格殺

之陳亞六等六名驗報並據報案犯陸連桂等

十六名帶病進監及在監病故均經南番二縣稟

3

請委員及自行驗報在案茲據委員廣州府易
棠將紀審擬由兼署臬司徐有壬覆審招解前
來臣等督同司道親提研訊緣梁亞典等均籍
隸陽江縣陸連桂與陸亞粟同姓不宗現獲病
故之陸連桂自置漁艇一隻並未赴縣領照艇內
內置有防夜刀械雇現獲之梁亞典現獲病故
之黃蒂和梁亞溓劉亞添張亞得岑亞九韓亞
五梁亞勝陳亞賞梁亞全許亞鈴陳亞儐鄭亞
萬梁亞渓謝亞幅黃亞春格覧之陳亞六關亞
真陸亞粟陳亞紅黃亞奉陳亞潮未獲之老黃
發充當舵水一共二十四人道光二十八年十
二月初一日陸連桂等駕艇出海採捕駛至不

4

識土名海邊拾獲鉄砲一位收藏艇內是月十
三日被風飄至陽江縣屬土名三山洋面寄碇
陸連桂向梁亞典等談及魚汛不旺難以獲利
起意商同在洋行刦得賍分用梁亞典等十六
人允從梁亞全許亞鈴陳亞儐鄭亞萬梁亞渓
謝亞幅黃亞春七人先不依允陸連桂等嚇稱
伊等受雇在船即屬同夥如不允從將來犯事
到官定行扳害梁亞全等畏懼勉從隨即開行
是日申刻駛至陽江縣屬大鑊洋面適事主楊
永盛漁船駛至陸連桂瞥見將艇攏近事主船
邊派梁亞典岑亞九韓亞五梁亞勝並逼脅梁
亞全許亞鈴陳亞儐鄭亞萬梁亞渓謝亞幅黃黃

亞春十一人在本艇扳船接贓自與黃蒂和梁
亞溓劉亞添張亞得陳亞賣陳亞六關亞真陸
亞粟陳亞紅黃亞奉陳亞潮老黃發十三人各
持刀械過船事主楊永盛與水手張大為驚慌
鳧水逃走陸連桂等即將水手楊亞暮楊其瀛
張關全楊亞庚楊亞三關禁艙內連船刦奪查
點船內贓物共刦得銅錢八千文布衣服九件
鹹魚五擔食米一石并魚網菜刀船牌等物水
手楊其瀛張關全楊亞庚楊亞三乘間撬開艙
門鳧水逃回楊亞暮與梁亞全許亞鈴陳亞償
鄭亞萬梁亞漢謝亞幅黃亞春亦欲潛逃被陸
連桂等看見拉回押禁艙底是月十七日船至

陽江縣屬海陵頭洋面適陽江縣事主陳永勝
漁船駛至陸連桂瞥見將艇攏近派梁亞典岑
亞九韓亞五梁亞勝在本艇接贓該犯陸連桂
仍與黃蒂和梁亞溓劉亞添張亞得陳亞賣陳
亞六關亞真陸亞粟陳亞紅黃亞奉陳亞潮老
黃發十三人持械過船事主陳永勝與水手陳
亞生等畏兇跳下脚艇駛逃陸連桂等連船刦
奪查點船內贓物共刦得銅錢十一千文布衣被
被十二件鹹魚二担食米二包并船牌一張以
上刦得各案贓物隨時分別變賣俵分將自己
漁艇鑿沉分夥坐駕事主漁船二隻仍赴各處
捕魚隨經陽江縣訪聞查傳各事主會營勘報

7

二十九年正月初十日陸連桂等分駕二船駛至南澎洋面經陽江縣飭撥兵役與新寧等縣兵役隨同陽江鎮暨廣海寨各營員弁督帶水勇陳得渢等出洋跟蹤追至上前圍捕梁亞典等解入艙內陸連桂喝令陳亞六關亞真陸亞粟陳亞紅黃亞奉陳亞潮赶出開砲拒捕致傷水勇陳得渢身死各弁兵役勇亦即開砲抵禦傷斃陳亞六關亞真陸亞粟陳亞紅黃亞奉陳亞潮六人奮勇過船將梁亞典等十七人拏獲并起出被禁水手楊亞暮連船二隻並砲械等物老黃發凫水逃逸等情屢審據該犯梁亞典供認前情不諱究鞫不移案無遁飾查例載江

8

洋行刦大盜照響馬強盜例立斬梟示又洋盜案內被脅接遞財物並無助勢接贓情事者改發新疆給官兵為奴各等語本案除被脅接贓一次罪應擬遣之梁亜全許亜鈴陳亜償鄭亜萬梁亜漢謝亜幅黃亜春七犯均已病故不議外該犯梁亜典與已故之黃蒂和梁亜溓劉亜添張亜得岑亜九韓亜五梁亜勝陳亜賞及格斃之陳亜六關亜真陸亜粟陳亜紅黃亜奉陳亜潮聽從陸連桂在洋迭次行刦自應照例問擬梁亜典等均合依江洋行刦大盜照響馬強盜立斬梟示例立斬梟示該犯梁亜典情罪重大未便稽誅臣等於審明後恭請

9

王命飭委惠署按察使徐有壬督標中軍副將崑壽
將該犯梁亞典綁赴市曹先行正法并飭將已
故之陸連桂黃蒂和梁亞溓劉亞添張亞得岑
亞九韓亞五梁亞勝陳亞賞九犯及格斃之陳
亞六關亞真陸亞粟陳亞紅黃亞奉陳亞潮六
犯一并戮屍傳首犯事地方懸竿示衆以昭炯
戒水勇陳得溷隨同捕盜被拒身死情殊可憫
應行賞恤格斃盜犯陳亞六等之兵勇律得勿
論應毋庸議楊亞暮訊係事主水手被盜擄禁
應即省釋各犯父兄訊不知情飭傳到案照例
發落各犯訊無另有犯案窩夥與同居親屬知
情分賍住處畸零向無牌保病故各犯訊明禁

10

卒人等並無凌虐情弊均毋庸議刦賍除已死
各犯勿征外餘於現犯名下照估追賠逸犯老
黃發飭緝獲日另結盜艇係陸連桂自置並未
赴縣領照在洋捕魚起意行刦並未經由營汛
口岸守口弁兵無從查察買賍之人據供不識
姓名起獲船隻砲械分別留營給領病故各犯除
帶病進監外其餘監斃盜犯不及五名管獄官
例無處分職名應請免開行刦各案應否開叅
與獲盜應叙職名飭行查明照例辦理犯故圖
結飭取另送除備錄全案供招咨部外臣等謹
會同恭摺具
奏伏乞

11 END

皇上聖鑒敕部核覆施行謹

奏

F.O.682/318/5(30)

p1

光年九月西日拜發

奏稿

奏為應拔千總之把總拏獲鄰境大夥巨盜多名
恭摺奏懇
天恩以守備遇缺即補先換頂戴俾資激勸仰祈
聖鑒事竊照廣東省南海縣屬之西關地方為財賦
聚集之所亦為盜賊窺伺之區巡緝稍有未周

p2

閭閻即難安堵該處設有廣州協左營右哨防
汛千總一員二十八年因前任千總李榮光捕
務懈弛不知整作經臣徐　棍責斥革本係
陸路之缺因諗知新會左營右哨二司把總記
名千總尹達章緝捕勇幹特由內河水師調委
署理是缺該弁自署任以來督率兵勇晝夜巡
邏廣購眼綫多方偵緝迄今年餘之久匪徒斂
跡該管地方並無失事之案實為向來所罕見
茲據廣州協副將查明該弁任內拏獲盜犯名
數由廣東藩臬二司核明列冊詳請
奏獎前來查該署千總自上年五月初八日起至
二十九年五月底止共獲盜匪一百五十二名

P.3

又先於二十八年二月間札委緝捕拏獲巨盜
一起人犯五名均經解交地方文員審辦除未
經審結及審結已請議敘並本境應拏人犯不
計外實計首先拏獲鄰境人犯十三案內斬梟
人犯九名斬决人犯六名遣犯二十名軍犯二
名先後
奏題議結均係署千總尹達章首先拴拏查各犯
住籍及犯事地方均非該署千總管轄係屬拏
獲鄰境人犯並非本境應拏該弁前在新會左
營右哨二司把總任內亦無承緝逃盜未獲之
案自應核明例案議給獎勵查定例官員拏獲
鄰境迭次起意行劫盜首一名並罪應斬梟斬

P.4

決盜犯數至三名以上者本任內並無承緝逃
盜未獲之案准送部引
見又道光二十八年三月內准兵部咨千總以上官
員尋常獲盜僅與例符者俱令循例題請議敘
如迭獲鄰境大夥案犯並拏獲重案盜犯多名
准督撫專摺保奏又把總獲盜由部核覆具題
請
旨准以千總儘先拔補毋庸送部引
見又二十八年十一月內准兵部咨欽奉
上諭水師陸路將備拏獲鄰境斬梟斬決盜犯四名
以上均准督撫會同提督查明遇有應升之缺即
行升用先換頂戴毋庸送部引見俟補缺時再行

p.5

送部欽此欽遵又新會營右營二司把總鄧勲捐
升守備尚未補缺拏獲鄰境斬絞遣軍盜犯二
十九名經臣等於本年奏奉
諭旨准以廣東水師營守備遇缺即補仍賞加都司
銜先換頂戴在案今署千總尹達章先經首先
拏獲南海縣盜犯曾亞閏等迭刧案内鄰境斬
梟盜首呂亞炎斬梟夥盜呂亞海黃亞十斬決
夥盜呂亞幅四名已於本年閏四月二十八日
題請議敘例應以千總儘先拔補茲復首先緝獲
鄰境巨盜三十七名較之拏獲斬梟斬決盜犯
四名僅與例符者已逾數倍即較之鄧勲所獲
亦為數尤多且所獲闞善廷係鄰境大夥巨盜

p.6

楊舍換楊亞油廖亞芳陳亞添蕭成幅朱亞申
郭亞四係英德戕官案内重犯吳亞旺林大隻
餅吳側頭有黎跟尾仔孫係迭次起意刧搶盜
首實屬勤奮出衆為武弁中不可多得之員臣
等伏思整頓營伍全在激勵人材懲過固須加
嚴賞功亦當破格庶備弁咸知感奮捕務日有
起色查署千總尹達章本係記名千總前此獲
盜之案照例應以千總儘先拔補今復獲盜屢著
勤勞相應循例奏懇
天恩俯准將應拔千總之新會左營右哨二司把總
尹達章免補千總本班以廣東内河水師營守
備遇缺即補先換頂戴以昭激勸臣等為整頓

P.7. end

捕務鼓勵人材起見除將獲犯案由罪名列冊
咨部查核外謹會同水師提督臣洪　署陸
路提督臣祥　合詞恭摺具
奏伏乞
皇上聖鑒訓示謹
奏

F.O.682/318/5(31)

1

一件拏獲洋盜余亞虔等審擬事

看稿
對摺

道光二十年十月二十日具

奏
摺弁 賫

奏稿

硃批
道光 年 月 日奉到

繕摺

奏為拏獲在洋圖財謀殺多命兇犯審明定擬恭
摺具
奏仰祈
聖鑒事竊照澄海縣民黃欣裕在洋起意商同余亞
虔等圖財謀殺林亞得等十命一案先據新會

2

縣邱才頴訪聞協同該縣縣丞及新會江門厓
門汛弁督率兵役拏獲黃欣裕余亞虔黃亞木
鄭舞藝區亞要藍亞利六名起獲海船一隻原
賍雜木等物並據舵工朱亞吉屍親沈亞通等
報經該縣邱才頴提犯訊供親身押解赴省飭
委廣州府審辦茲據委員廣州府知府易棠督
同新會縣知縣邱才頴審明議擬由署臬司梁
星源覆審招解前來臣等督同司道親提研鞫
緣黃欣裕余亞虔黃亞木鄭舞藝籍隸澄海饒
平等縣有海豐縣人林亞得與父林亞尊自置罟
洋船一隻與緦麻表兄沈亞擴一同販貨生理
沈亞擴帶有年甫十一歲幼子沈亞通隨行現

3

獲之黄欣裕余亞虔黄亞木鄭舞藝區亞要藍亞利及張振桂黄亞合未獲之陳亞山廖亞試葉亞字陳亞甜廖亞從陳亞安張亞組羅亞更陳桂魚、藍亞拐并謝幅合張香順不知姓華富亞勝加選俱受雇在林亞得船上充當水手朱亞吉張亞奥在船掌舵陳亞漸認看羅盤林亞得等與黄欣裕等並無主僕名分道光二十九年四月間林亞得以林泰豐即新興利船名在永寧通判衙門請領牌照與林亞導等一共三十人出海赴越南國貿易六月十三日在越南土名槓渤港地方買齊米石雜木等物欲行回籍適有在越南國貿易之李亞奈郭亞邊陳加加

4

幅林亞著林仕添張茂升六人亦欲回粵即搭坐林亞得船隻一同開行駛至中途被礁碰破水櫃林亞得因積貯淡水無多不許衆人煎水飲茶以致各懷怨恨時常嘈鬧搭客張茂升水手張香順謝幅合不知姓亞勝加選不願在船易雇漁艇先回黄欣裕憶及林亞得為人刻薄又不支給工錢心懷怨恨並見林亞得船載貨物值銀一千餘金起意乘衆心離怨將林亞得林亞導沈亞擴殺死變賣貨物得財分用是月二十四日晚林亞得船隻被風飄至越南國不識土名外洋寄椗黄欣裕乘林亞得沈亞擴與李亞奈等在中倉睡熟密與余亞虔黄亞木鄭舞藝

5

陳亞山廖亞試廖亞從葉亞字陳亞甜區亞要藍亞利陳亞安張亞組羅亞更陳桂魚藍亞拐不知姓華富相商佘亞虔等均各貪利允從區亞要藍亞利臨時畏懼不敢同行俱躲入倉底黃欣裕派鄭舞藝陳亞安張亞組羅亞更陳桂魚藍亞拐不知姓華富分赴船頭船尾防護自與佘亞虔黃亞木等攜取船內槍械走入倉內黃欣裕用竹篙槍戳傷林亞得左腳腕喝令佘亞虔等動手佘亞虔用刀砍傷林亞得右臂膊右乳林亞得奪刀過手致傷佘亞虔右手腕右腰眼廖亞從將刀奪獲將林亞得拖出推入海內被淹身死沈亞擴與李亞奈郭亞邊張扳桂

6

黃亞合驚起喊救黃欣裕復起意商允黃亞木等將李亞奈等一併謀殺黃亞木用刀砍傷沈亞擴右腳背陳亞山用刀砍傷李亞奈肚腹脊背廖亞試用刀砍傷郭亞邊右血盆右腳面葉亞字用刀砍傷張扳桂顖門陳亞甜用刀砍傷黃亞合肚腹各跌倒倉內黃欣裕等即將沈亞擴等扛棄落海被淹身死林亞導與陳加幅等在後倉聽聞赶至喊救黃欣裕亦起意商允佘亞虔等將陳加幅等一併殺害即喝令佘亞虔黃亞木等將林亞導陳加幅林亞著林仕添四人推落海內溺斃舵工朱亞吉張亞興看羅盤之陳亞瀧看見畏懼向黃欣裕跪求饒命黃欣

7

裕因朱亞吉等均係行船必需之人囑令盟誓
不許洩漏沈亞通年幼啼哭求饒均未殺害將
船開行八月初三日船至新會縣屬江門河邊
黃欣裕將米石先行賣銀分給區亞要藍亞利
番銀各三圓其餘按股俵分餘剩雜木等物寄
存永元行約俟變賣再分朱亞吉等乘間登岸
正欲具報即經新會縣邱才穎訪聞協同該縣
縣丞暨新會江門厓門汎弁督率兵役拏獲黃
欣裕等起獲海船原贓並據朱亞吉等就近赴
縣丞衙門呈訴等情屢審據黃欣裕等供認前
情不諱嚴詰此外並無同謀加功之人矢口不
移案無遁飾查律載殺一家非死罪三人者凌

8

遲處死財產斷付死者之家又例載圖財害命
從而加功者擬斬立決不加功者擬斬監候不
行而分贓者寔發雲貴極邊烟瘴充軍又殺一
家三命以上兇犯審明後依律定罪一面奏
聞一面恭請
王命先行正法各等語此案黃欣裕起意圖財謀殺
林亞得林亞導沈亞擴李亞奈等十命查林亞
導與林亞得係屬父子沈亞擴係林亞得緦麻
表兄同坐一船應以一家三命論自應照律問
擬黃欣裕合依殺一家非死罪三人者凌遲處
死律凌遲處死該犯情罪重大未便稽誅余亞
虔黃亞木聽從圖財害命下手加功合依圖財害

9

命從而加功者擬斬立決例擬斬立決該二犯
在洋聽從圖財致斃一家三命加功濟惡情實
兇橫查粵東地處海濱現當整飭洋務之際均
未便稍涉輕縱臣等於審明後即恭請
王命飭委署按察使梁星源署督標中軍副將懷塔
布將該犯黄欣裕余亞虔黄亞木綁赴市曹分
別凌遲斬決梟首將各犯首級解赴犯事地方
懸竿示衆以昭炯戒鄭舞藝聽從圖財謀命並
未下手加功合依圖財害命從而不加功者擬
斬監候例擬斬監候秋後處決先於左面刺兇
犯二字據供親老丁單惟係圖財謀命為從情
節較重毋庸查辦區亞要藍亞利先經聽從謀

10

臨時畏懼不行事後分贓合依圖財害命不行
而分贓者寔發雲貴極邊烟瘴充軍例寔發雲
貴極邊烟瘴充軍至配所杖一百折責四十板
該犯黄欣裕並無妻子請免緣坐據供家係赤
貧並無財產是否屬寔飭行查明照例辦理各
犯訊無另有犯案窩夥與同居親屬知情分贓
在外犯案原籍牌保人等無從查察永元行户
訊無知情故留情事應毋庸議已起之贓給主
認領未起各贓照估追賠無干省釋林亞得等
在越南外洋溺斃屍身漂沒無憑打撈逸犯陳
亞山等飭緝獲日另結本案圖財害命係在越
南外洋並非内洋地面所有文武疏防職名請

11 END

免開報至該犯黃欣裕等在新會縣地方被獲所有獲犯應𨻶職名另行查明照例辦理除備錄全案供招咨部外臣等謹會同恭摺具
奏伏乞
皇上聖鑒敕部核覆施行謹
奏

一件拏獲洋盜吳佐等審擬事

奏稿

硃批

道光　年　月　日奉到

看稿　對摺

道光二十九年十月二十日具

奏

摺弁　賫

繕摺

奏為拏獲在洋行刦盜犯審明定擬恭摺具
奏仰祈
聖鑒事竊據南澳同知會營勘訊詳報事主杜萬利
在洋被刦船物拒傷客人黃阿貢身死一案當
經嚴飭緝拏隨據該同知會同閩粵南澳鎮暨

巡洋舟師并督率南澳司巡檢婁泰跟踪緝至
南洋肚洋面該匪艇瞥見駛逃各員弁督飭兵
役及巡洋舟師趕至圍捕該匪吳佐洪咱吆林
烏体林錢李紅花持械拒捕經兵役將吳佐格
傷並將洪咱吆等四名格傷落海身死李阿酒
等鳧水逃逸當將盜犯方賜金等十三名連受
傷之吳佐并盜艇器械一并拏獲解經南澳同
知訊供通稟解省并聲明吳佐一犯因傷身死
即經飭委廣州府審辦茲據委員廣州府易棠
審明議擬聲明案犯方萬幅陳胡陳大戇鄭老
陳春潰林受山林添順鄭指李猴帶病進監病
故等情由署臬司梁星源覆審招解前來臣等

督同司道親提各犯隔別研訊緣方賜金等籍
隸福建雲霄漳浦等廳縣向在南澳廳屬傭工
現獲之方賜金自置漁艇一隻並未赴廳領照
艇內置有防夜刀械雇現獲之黃樹朱止柳生
現獲病故之方萬幅陳胡陳大憂鄭著陳春潰
林受山林添順鄭指李猴格斃之洪咱吆林烏
体林錢李紅花格傷身死之吳佐未獲之李阿
酒李烏番充當舵水一共二十人於道光二十
八年六月初一日出海捕魚十四日被風飄至
南澳廳屬洋面寄椗方賜金談及魚汛不旺難
以獲利起意商同在洋行刦得贓分用黃樹朱
止柳生鄭著陳大憂方萬幅陳胡洪咱吆林烏

体林錢李紅花吳佐應允鄭指李猴陳春潰林
受山林添順李阿酒李烏番先不依允方賜金
等嚇稱如不入夥定即殺害鄭指等畏懼勉從
隨即開行是夜五更時候駛至南澳廳屬土名
猴鼻頭外洋適有船戶杜萬利船隻搭坐客人
黃阿貢等裝載豬物駛至該處方賜金瞥見喝
令將艇攏近事主船邊逼脅鄭指李猴陳春潰
林受山林添順李阿酒李烏番在本艇扳船接
贓自與黃樹朱止柳生方萬幅陳胡鄭著陳大
憂洪咱吆林烏体林錢李紅花吳佐持械過船
方賜金用火藥罐燒傷搭客黃阿貢莊阿在水
手黃阿勇趙燦業頭面將事主人等押禁艙底

P.5

連船刦奪駛至僻處将事主搭客人等押令上岸查點船内贓物共刦得番銀三十七圓銅銭二百文衣服二十餘件猪九十四隻並苧麻草紙竹器烏糖灰果末麪燒酒醬料零星各物陸續賣與過往不識姓名客船共得番銀一百四十三圓連刦得銀銭派股俵分将事主船隻鑿

沉仍駕原艇各處採捕事主杜萬利報經南澳廳會營勘驗飭醫調治詎黄阿貢醫治不效至六月二十七日因傷身死黄阿勇等傷均平復詳經批行緝審十一月二十四日方賜金等将船駛至南洋肚洋面經該廳會同營員督率兵役及巡洋舟師赶至圍拏各盜走至艇尾躲避

P.6

吳佐洪咱吆林烏体林銭李紅花赶出拒捕用刀銃将兵丁拒傷兵丁徐得和謝雄彪楊振盛當将吳佐格傷並将洪咱吆林烏体林銭李紅花格傷落海身死屍身漂失李阿酒等鳧水逃逸即将方賜金等連盜艇器械拿獲訊供解省審辦屢審據方賜金等供認前情不諱嚴究不

移案無遁飾查例載江洋行刦大盜照響馬強盜例立斬梟示又洋盜案内如係被脅上盜僅止接遞財物者改發新疆給官兵為奴各等語此案除聽從在洋行刦過船接贓被拏拒捕罪應斬梟之洪咱吆林烏体林銭李紅花均被格傷落海身死屍已漂失并被脅接贓一次罪應

七

擬遣之鄭指李棋陳春潰林受山林添順葉經
病故不議外方賜金起意在洋行刦事主杜萬
利銀物並拒傷客人黃阿貢身死黃樹等各聽
從在洋行刦過船搜贓均應照例問擬方賜金
黃樹朱止柳生與已故之鄭老陳大總方萬幅
陳胡吳佐均合依江洋行刦大盜照響馬強盜
立斬梟示例立斬梟示該犯等情罪重大未便
稽誅臣等於審明後恭請
王命飭委署按察使梁星源署督標中軍副將懷塔布
將方賜金黃樹朱止柳生綁赴市曹先行正法
并飭將已故之鄭老陳大總方萬幅陳胡吳佐
一併戮屍傳首犯事地方懸竿示衆以昭炯戒

八

各犯訊無另有犯案窩夥與同居親屬知情分
贓逃後亦無行兇為匪及知情容留之人在洋
行刦原籍父兄及牌保人等均無從約束查察
各犯在監病故禁卒人等訊無凌虐情弊均毋
庸議買贓之人據供不識姓名無憑提訊查起
起獲盜艇鎗械留營備用刦贓除已死各犯分
征外餘於現犯名下照估追賠盜艇係方賜金
自置未經赴廳領照在洋捕魚被風飄至外洋
起意行刦並未經由營汛口岸守口弁兵無從
查察各犯係帶病進監病故管獄官例無處分
職名應請免開犯故圖結飭取另送本案首夥
二十名已於疎防限外格斃夥犯四名拏獲首

p9 end

夥十四名獲犯雖已過半兼獲首犯惟在疎防

限外文武疎防職名仍應補叅獲犯應敘職名

飭行查明照例辦理除備錄全案供招咨部外

臣等謹會同恭摺具

奏伏乞

皇上聖鑒敕部核覆施行謹

奏

九

1

一件 二十四五年分修竣師船

奏稿

事

道光二十九年十月二十日具

奏

摺弁 賫

道光 年 月 日奉到

硃批

兩廣總督臣徐
廣東巡撫臣葉 跪
奏為修理屆限師船工竣循例具奏仰祈
聖鑒事竊照水師各營出海緝捕設有大小米艇及
撈繒船隻照例歷屆修造驗報工竣通年彙奏
上屆道光二十四年分修造各艇船用過銀兩
並工竣日期業經臣等會摺具

2

奏在案茲據調任廣東布政使李璋煜會同在省
司道行據各府廳將道光二十五年分應行修
造米艇九隻撈繒船四隻共船十三隻業經竣
工已據結報通共工料銀二萬零九百六十九
兩九錢零四釐俱係動用關鹽盈餘等款核實
支給領辦復經委員確切驗明委係工堅料固
並無減率浮冒情弊業已分別交營管駕配用
合將各艇船屆應修造年分及竣工日期分晰
開列清單詳請彙
奏前來臣等覆查無異謹會同循例恭摺具
奏並繕清單敬呈
御覽伏乞

3

皇上聖鑒敕部查照施行謹
奏

4

謹将道光二十五年分廣東修造各營届應大
小修拆造各米艇撈繒等船竣工日期開列簡
明清單恭呈
御覽

一大鵬協左營第二號大米艇一隻查該船於
道光二十二年四月十一日由廣州府廠補
造竣工起計至道光二十五年四月十一日
己歷三年届應小修於二十五年十二月二
十一日由廣州府廠小修竣工

一大鵬協右營第四號原龍門協左營撥來第
五號中米艇一隻查該船於道光二十二年
四月十一日由廣州府廠補造竣工起計至

5

道光二十五年四月十一日已歷三年屆應
小修於二十六年十一月二十日由廣州府
廠小修竣工
一大鵬協左營第六號中米艇一隻查該船於
道光二十二年四月十一日由廣州府廠補
造竣工起計至道光二十五年四月十一日
已歷三年屆應小修於二十七年二月二十
七日由廣州府廠小修竣工
一大鵬協右營原二號改編三號中米艇一隻
查該船於道光二十二年四月十一日由廣
州府廠補造竣工起計至道光二十五年四
月十一日已歷三年屆應小修於二十六年

6

閏五月二十七日由廣州府廠小修竣工
一大鵬協右營第七號撈繒船一隻查該船於
道光二十二年三月十五日由廣州府廠補
造竣工起計至道光二十五年三月十五日
已歷三年屆應小修於二十六年三月初十
日由廣州府廠小修竣工
一大鵬協右營第五號撈繒船一隻查該船於
道光二十二年三月十五日由廣州府廠補
造竣工起計至道光二十五年三月十五日
已歷三年屆應小修於二十六年三月初十
日由廣州府廠小修竣工
一碣石鎮標中營第四號小米艇一隻查該船

7

於道光二十二年四月十一日由廣州府廠
補造竣工起計至道光二十五年四月十一
日已歷三年屆應小修於二十五年七月初
二日由廣州府廠小修竣工
一平海營第一號大米艇一隻查該船於道光
二十二年四月十一日由廣州府廠補造竣
工起計至道光二十五年四月十一日已歷
三年屆應小修於二十五年十二月二十一
日由廣州府廠小修竣工
一廣海寨第十號撈繒船一隻查該船於道光
二十二年三月十五日由廣州府廠補造竣
工起計至道光二十五年三月十五日已歷

8

三年屆應小修於二十六年三月初十日由
廣州府廠小修竣工
一達濠營第一號中米艇一隻查該船於道光
二十二年十一月二十五日在潮州府廠小
修竣工起計至道光二十五年十一月二十
五日已歷三年屆應大修於二十八年三月
十五日由潮州府廠大修竣工
一南澳鎮標右營第六號中米艇一隻查該船
於道光二十二年十一月二十五日在潮州
府廠大修竣工起計至道光二十五年十一
月二十五日已歷三年屆應拆造於二十八
年九月初十日由潮州府廠拆造竣工

9

一龍門協左營第二號撈繒船一隻查該船於道光二十一年正月二十八日在瓊州府廠補造竣工起計至道光二十四年正月二十八日已歷三年屆應小修因營中乏船緝捕暫緩送修已於具

奏二十四年分屆修船隻案內聲明歸入下屆二十五年分屆限修理米艇撈繒船案內彙案辦理在案茲於二十九年三月初五日由瓊州府廠小修竣工

一龍門協左營第三號大米艇一隻查該船於道光二十一年八月初四日在瓊州府廠補造竣工起計至道光二十四年八月初四日

10END

已歷三年屆應小修因營中乏船緝捕暫緩送修已於具

奏二十四年分屆修船隻案內聲明歸入下屆二十五年分屆限修理米艇撈繒船案內彙案辦理在案茲於二十九年三月初五日由瓊州府廠小修竣工實共修造完竣各營米艇撈繒等船一十三隻

具奏甄別馬玉麟

1

廿九年十一月十五日拜發

奏為甄別才不勝任之副將請
旨降補恭摺仰祈
聖鑒事竊查升署大鵬協副將馬玉麟先經前督臣
者
奏委署護理南澳鎮總兵旋於二十八年正月保舉

2

堪勝奉
旨准其保舉送部引
見在案臣向未見其人接晤督篆後周諮博訪僉稱
該員安坐衙署之日多出洋巡緝之日少操守
聲名均難洽服物望復於該鎮會哨師船駛到
虎門密囑提臣洪
留心查驗據稱船械既
久整齊蓬纜亦不堅固稍遇風浪即難免有失
事之虞安能望其巡緝得力惟因南澳鎮總兵
先已
簡放陳顯生未經到任告病開缺又奉
旨以顧清連陞授實缺既已有人一時更替乏員止
得令其暫權且護理屢經嚴加策勵冀其振刷精

神茲因顧清漣到任交卸鎮篆來省請咨赴部
接見數次察其人本平庸（詭以洋務諸多粉飾）兼有嗜好實不勝專
閫之寄未敢以前督臣保舉在先稍存徇隱且
查該員底缺大鵬協副將密邇香港控制巡防均關
緊要若以聲望平常者濫厠其間不但無以資
整飭兼恐見輕於外夷更不敢稍涉遷就相應
請
旨將該員堪勝總兵註銷並降為遊擊隨時差委以
觀後效臣為整頓水師考察人才起見理合恭
摺據實具
奏伏祈
皇上聖鑒訓示謹

4END

奏

錄奏搜查洋匪情形

1

二十九年十一月十五拜

奏為遵

旨覆奏恭摺仰祈

聖鑒事竊臣等承准軍機大臣字寄道光二十九年

九月二十四日奉

上諭徐　葉　奏請將迎剿洋匪失利之總兵

2

議處並現在拏獲多名仍飭搜捕一摺本年夏間

廣東西海洋面有匪船滋擾該處毗連陽江瓊州

二鎮該護理瓊州鎮總兵崖州協副將何芳迎剿

失利著叅將陳魁倫畏葸不前以致有焚燬師船

之事實屬剿捕不力何芳著交部議處陳魁倫業

已撤任著與稟報不實現經撤任之署廣海寨遊

擊鄺勉一併交該督等督同臬司研訊確情從嚴

審辦該省洋面匪徒現已沈燒多船並生擒盜匪

一百餘名之多正可乘機剿辦著該督等酌量情

形或設法離間以毒攻毒或大施剿捕淨絕根株

務當嚴飭水陸各營分頭截堵毋令滋蔓以靖地

方餘著照所擬辦理將此諭令知之欽此伏查自

3

八月二十四日具（二）

奏籌辦洋匪情形以後各路搜捕續有拴獲八月

二十六七等日據水師提臣洪○兩次委弁解到

梁亞松等二十一名張亞有等十七名九月十

五六等日據歸善縣兩次解到陳亞帶等十一

名曾火嫂等十七名九月二十五日據合浦縣

解到曹亞勝等十三名俱經發交（臬司）廣州府知府

易棠分別研訊或（先行定擬）□請

令正法或尚留省核辦共計生擒者九十六名該匪

見搜捕嚴緊不敢在內洋游奕所有陽江新安

歸善各匪船合幫竄入安南夷洋是以未便越

境窮追嗣據瓊州鎮道稟報有唤夷巡船（海）兵船

4

挾該匪前曾劫其貨船之嫌跟蹤尋至安南花

封洋面與該匪撞遇開礮轟擊安南亦恨其滋（入境）

擾合力夾攻施放火箭將匪船焚燒大半擊斃

溺斃者約有數百人餘匪皆管駕小船冒煙突

火（分駛）而走是該匪等迭受重創其勢已不能復振

惟既見敗於外夷難保不糾合餘燼復竄內洋

現經通飭沿海水師逐段搜查分頭堵截頑抗（隨處）

者痛加剿捕乞降者相機招撫總期不留餘孽

以靖地方而安洋面（除將陳魁倫鄭勉失事各情審明定擬另行具○奏外）所有陸續搜捕洋匪緣由

臣等謹據實覆

奏伏祈

皇上聖鑒謹

5 END.

奏

謹將卑職遵奉
憲諭改裝易服迅往花縣密查匪犯馮雲山於何年月日遞解回籍現在該犯是否在籍眷屬有無傳習邪教結黨拜會情事緣由呈
閱卑職於到花縣後業將先見張令次見年令彼此熟商訪查情形禀請兩首縣代禀諒邀

鈞鑒卑職隨赴花縣所屬之東隅經年令選派幹役跟隨下鄉明為徵糧暗為密查該犯踪跡訪得該犯馮雲山又名馮乙龍年約三十餘歲現在廣西未回花縣兄弟二人現住和樂步村父早故母胡氏存妻練氏生有三子俱皆年幼同居胞弟馮戊科又名馮亞戊年約三十餘歲娶妻黎氏生有一子二女平日耕種為生並無傳習邪教結黨拜會為匪不法情事又訪得該犯馮雲山即馮乙龍向在家教讀於道光二十四五六七等年在本省城抄寫藍本為生自二十七年二月由省回家閑住至五月赴廣西會家教讀二十九年十月間由西省回家十一月又回西省至今未回花縣理合繕具節畧并將年令現今拘到馮雲山之弟馮戊科訊問口供抄錄敬呈

憲鑒

P.1

一件

奏稿

道光　年　月　日奏到

看稿
對摺
繕摺

道光　年　月　日

摺奏

四月十四日摺發

奏為拏獲鄰境盜犯各員照例分別咨部議敘並
請送部引
見恭摺奏祈
聖鑒事竊照合浦等縣盜犯周亞觀等在洋行刦事
主林京船內衣物被拏拒傷弁兵平復一案先

P.2

據各縣營督帶兵役及廣州府家丁會同前署
合浦縣事候補知縣張起鵾等在洋拏獲盜犯
周亞觀等到案訊明周亞觀吳有必全亞灶陳
安桔古得聲潘亞盼陳白虱五黃維欣李亞法
黃老頸石有鷹周亞三陳亞連周亞九全子會
林亞富麥成發李亞二陳亞勝在石城縣屬外
洋駛至牛角沙夷洋行刦林京貨船拒傷弁兵
一次均罪應斬梟陸新韜全亞巳黃亞紀李亞
潰戚亞狗各被逼脅在本艇扳船接贓一次均
罪應擬遣業據分別定擬解經前督臣耆　會
同審辦移交臣徐　覆核具
奏聲明獲盜職名飭行查明照例辦理在案茲據

P.3

合浦縣查開獲盜職名由府司轉詳前來臣等
查例載官員拏獲鄰境盜犯罪應斬梟斬決數
在三名以上者准送部引
見又現任知府有能首先拏獲盜犯覈與引
見之例相符者每案准其加一級又准吏部咨嗣後
文職獲盜例准調取人員州縣以上專摺奏請
送部引
見各等語本案除本境應拏之員職名毋庸開報及
拏獲周亞連等各犯應敘職名另行辦理外所
有罪應斬梟洋盜周亞觀吳有必全亞烜陳安
桔古得聲潘亞吟陳臼風五黃維欣八名罪應
發遣洋盜陸新韜全亞已黃亞紀三名係前署

三

P.4

合浦縣事候補知縣張起鵾首先拏獲又罪應
斬梟洋盜李亞法黃老頸石有鷹三名罪應發
遣洋盜李亞瀆一名係先赴署事准陞欽州知
州龔耿光首先拿獲以上二員均屬不分畛域
緝捕勤能所獲各犯住籍及行刦拒捕洋面均
非該員等管轄並無應捕之責亦無承緝迯盜
未獲之案係屬拏獲鄰境盜犯該員張起鵾龔
耿光例准調取核與送部引
見之例相符可否仰懇
天恩俯准將候補知縣張起鵾准陞欽州知州龔耿
光照例送部引
見以示鼓勵之處恭候

P.5

欽定至前署合浦縣張起鵾前由三水縣縣丞代理
永安縣任內首先盤獲鄰境高要縣因姦謀殺
親夫罪應凌遲犯婦楊溫氏罪應斬决姦夫張
亞華奉文調取引
見奉
旨以知縣用嗣因捐輸河工經費案內奏
上諭著以知縣歸候補班無論題調遴缺照例補用
欽此欽遵各在案該前署縣張起鵾係屬另案
歸入候補班內補用並非因獲盜陞轉相應聲
明再查罪應斬梟洋盜周亞三陳亞連二名係
高州府通判姚恭訓首先拏獲又罪應斬梟洋
盜周亞九全子會林亞富麥成發李亞二陳亞

P.6

亞勝六名罪應發遣洋盜戚亞狗一名係廉州
府知府張百揆首先拏獲又罪應斬梟洋盜陳
亞連一名係前署遂溪縣縣丞事候補縣丞朱
爾敬協獲該三員亦係拏獲鄰境人犯相應一
併附請議敘除咨部查核辦理外臣等謹合詞
恭摺具
奏伏乞
皇上聖鑒敕部議覆施行謹
奏

FO 931/1036

P.T end

再本年十一月初三日接准兵部咨欽奉
上諭劉源灝奏海防緊要請先行簡放總兵一摺德
通現在解任查訊山東登州鎮總兵着許聯鑣補
授並着兵部行文飭令登州鎮標前營水師遊擊
韓進忠速即赴任等因欽此臣查該員韓進忠係
廣東大鵬協中軍都司現署水師提標中軍參
將事務先經委赴西海洋面一帶搜捕餘匪正
當吃緊之際未便更易生手應請俟該員搜捕
事竣即行飭令速赴新任以重海防除咨明兵
部及山東撫臣查照外謹附片奏
聞伏乞
聖鑒謹

十二月十五日拜 開

奏

1

謹將韶州府屬各游匪竄擾並職道籌款僱募勇壯剿辦情形列摺呈

電

查韶州府屬游匪先於四月間自惠州府連平州貴東墟等處聚衆二百餘人竄至翁源縣茶園鋪職道訪聞當即飛飭翁源縣及界連之始興英德曲江各縣合力圍剿嗣該匪聞拏奔竄自始興丫髻山背突入曲江縣屬之楓灣擾害職道隨即札飭接壤各縣四面堵拏並面催前署曲江縣符令馳赴剿辦該令因到任未久無力僱勇懇先籌撥經費銀四百兩俾得招募壯勇會營赴剿職道因地方緊急隨即如數給發飭令赶緊圍拏當獲匪犯

2

謝腦等九名鮮究匪等仍竄田始興縣屬大冷洞地方又經飛飭舒令迎頭堵緝五月間訪
聞英德縣黄崗外爐各處又有另股匪徒二百餘人嘯聚飭據葉令在横石角地方拏獲匪
犯曾上舉一名把總梁肇倫等拏獲匪犯李滿等四名守備任士魁在乳源縣坪壅地方
拏獲文樹養等二名匪等當即逃散梁肇倫等旋奉
崑提督調回陽山遣用留任士魁帶兵一百名各路搜緝並調南雄趙協帶兵二百八十名在郡城
防守所有弁兵口粮仍統由職道籌欵墊發六月間詎楓灣匪徒復自翁源等處糾夥六百
餘人由翁源太平墟竄至曲江縣馬埧大山一帶地方職道復經督飭符令并商李都司撥
兵百名會同留緝守備任士魁馳往勦捕弁兵口粮仍職道墊發符令因壯勇口粮不敷又由職道
籌給經費銀八百兩飭即認真堵勦毋再貽悞七月初二日符令回郡面稱匪等現分三股土井
一股約一百餘人楓灣一股約三百餘人大山一股約五百餘人是日進勦大山賊匪因雨致敗正在設
法籌勦間該匪等遂于初五日竄至平圃地方職道見匪勢猖獗焦急異常且查平圃地
方上通仁化直達湖南桂陽縣誠恐竄往與西匪勾連益滋延蔓當飭曲江縣符令設法圍
拏並與韶州府任守熟商據該守面稱現有壯勇共五百名技藝精純可保滅此賊匪惟該
壯勇等總頭目每名每月需口粮銀十二圓次頭目每名每月口粮銀九員其餘每名每

3

月口粮銀七員未免費繁無從籌辦倘得此延壯勇該守情愿親帶赴剿定可盡絶
根株職道聞之不勝喜躍即囑該守立刻招募一切口粮由道墊發該守隨即僱定
職道當於初七日將該壯勇等一月口粮并添置炮械旂幟燈籠各項共銀四千餘两面交
該守領給詎壯勇僱定賊又竄至峯坑職道當催任守前往督同營縣兵勇合力圍剿
不料延挨數日該匪遂於初十日竄撲仁化縣城十二日匪由仁化縣城退至董塘十五日守
倫涂得照等奉
崑提督派令帶兵勇五百五十名来郡會剿尚未前往十七日匪至石塘十九日至中分
二十一日至樂昌黃土嶺胡遊擊兵勇及樂昌壯勇失利二十二日匪竄樂昌縣城經令會
同守倫銜張開平在大肚嶺接仗獲勝因無接應賊匪全夥復来以致潰敗維時職道
所僱壯勇五百名該守於十九日始派候補從九品薛文奎帶領另調洗口司巡檢張金鑑
僱勇三百名每名每月口粮銀七員計銀一千五百餘两亦由職道墊發會同涂守倫前
往援剿業已緩不能及該匪撲城後旋即退往即田村出水岩等處二十七日
崑提督帶兵往剿二十九日通署鎮亦帶兵勇馳赴會辦匪等竄回仁化恩村各處
八月初四日涂守倫等會同薛文奎所帶壯勇在三合水遇賊進剿大獲勝仗獲匪數十

4

名初六日張金鑑帶領壯勇會同守備銜張開平等在黃巢漲遏賊進剿大獲勝仗
獲匪數十名黃曜吉帶勇在仁化城口地方堵截匪等北竄桂陽之路陸續獲犯一百
餘名仁化劉令會營先後獲犯四十餘名樂昌經令會營協同在事員弁先後獲
犯一百餘名均分起解郡審明解省該匪疊經剿敗擊斃以及墮崖落水身死者不下
數百名生擒及前後拏獲亦數百名職道誠恐匪等竄回平圃一帶隨函商
崑提督將薛文奎所帶壯勇撤回交琨署曲江縣毛令派丁管帶陸續拏匪數十名
其餘匪犯全行解散潛迯現仍飭各該地方文武嚴密查緝務期全數弋獲不准一名
漏網此楓灣大山等處游匪竄擾仁化樂昌及剿辦大概實在情形也至英德黃崗股匪
飭經縣營剿敗隨竄至乳源遊盤水地方職道聞報即飛咨
崑提督派令都司車定海各員弁帶領兵壯援剿該匪聞風竄回英德波羅岩隨又
至陽山縣嶺背塘車都司跟踪追剿失利職道復經飛咨
崑提督飭派武舉孔繼堯帶兵援剿匪等又竄回乳源長崗嶺等處現仍督飭
各該縣不分畛域彼此知會四面圍剿毋致此拏彼竄此剿辦英德縣黃崗股匪之實
在情形也八月間英德青塘白沙及翁源陳磜鋪等處又有各股匪徒黃亞槐等

自惠州府長寧連平各州縣青草梁屋埧等處竄入聚衆滋擾職道先因該縣等稟
報察急當即飛商
崑提督將洸口司張巡檢所帶壯勇飭令帶回防剿適武舉孔繼堯帶勇來韶防堵
即會同任守飛飭該武舉就近自英德馳赴剿捕迨該武舉奉
崑提督調赴平石防堵另派涂守備等帶領兵勇九百餘員名赴剿通署鎮亦即回
郡督飭該弁等連獲勝仗獲匪犯一百餘名解郡審辦該匪仍即竄回長寧連平現
在飛咨
崑提督面商通署鎮飭令在事員弁不分疆界會同該地方文武認真兜剿此剿辦白
沙等處股匪實在情形也現在曲江始興交界之金竹斜地方聞又有股匪約三四百人屯
聚職道探聞先經督飭曲江縣毛令會營往剿并面商通署鎮飛飭始興縣楊遊擊及札
飭始興縣會同合圍兜捕該匪聞風畏匿刻仍嚴飭該縣等上緊搜捕務絕根株合併
聲明

F.O.682/121B/7(13)

製造拖船工料銀八萬兩、製造拖船瓶械銀九千兩共銀八萬九千兩均在捐輸項內照數支訖

捐輸自開卯起至今止共收銀三十七萬三千三百九十六兩內除支製造拖船及瓶械工料銀八萬九千兩外尚銀二十八萬四千三百九十六兩已支各處剿匪經費無存

另有現在入庫尚未撥銀三萬一千三百四十二兩

海關截留尾銀自道光七年起至咸豐元年共收銀六十六萬八千二百六十四兩六錢四分五厘內除動支解運浙江洋米價銀二萬零三百六十五兩零三分四厘尚銀六十四萬七千八百九十九兩六錢一分一厘已全數撥充剿匪經費用訖

又海關撥解防剿經費銀二十萬兩已照數解到支用訖

又舊庫撥解西省軍需銀七十萬零三千兩

另募備西省軍需銀十五萬零八百一十六兩八錢九分七厘　現在委員起解

又海關撥解西省軍需銀一百四十四萬九千一百八十三兩一[illegible]錢令

三厘

另有未起解募備銀二十八萬兩　現在陸續起解

計舊關二庫共撥解西餉已二百五十六兩三錢內已解二百一十四萬二

千餘兩尚未解四十三[illegible]萬餘兩

本省自上年至本年十月十六日止共[illegible]支過[illegible]本省防剿經費銀

一百零五萬二千六百八十九兩零　係如剿匪用項約九萬兩不入此數

此外尚有各路私墊用防堵及應付兵差各項銀兩未撥

收者數目多寡無從知悉日來生癱手硬難書

且不能坐起接見人也

委解潮勇廣東候補按察司經歷梁瑞麟謹將潮勇名數並發過各勇盤費銀兩數目分晰開列清摺恭呈

鈞鑒

一頭起潮勇九百五十九名 委廣東候補按察司經歷梁瑞麟管解

一二起潮勇一千名 委廣東武舉陳定邦管解

一三起潮勇九百七十八名 委湖南武生張華黼管解

以上三起係上年八月行文由潮州召募今議給每名盤費銀七兩已由湖南總局給發清楚

一四起潮勇六百名 委廣西候選從九金瑞麟管解

以上一起係上年八月經廣西鹽法道許在永安州召募今議給每名盤費銀六兩已由湖南總局給發清楚

一五起新潮勇七百九十六名 委廣東外委杜成管解

以上一起係本年九月自行赴長沙投效今議給每名盤費銀三兩已由湖南總局給發清楚總計潮勇五起共四千三百三十七名委江蘇候補知府朱啟仁督解廣東候補按察司經歷梁瑞麟幫解所有盤費銀兩已由湖南總局給發清楚

一都司張國樑原名潮勇一千三百名 委廣西候補參將德亮山西候補同知銀沆管解

一湖南撫標右營劉遊擊原名潮勇八百名 委湖南候補通判雷鐸管解

以上二起係湖南新召潮勇今議給每名盤費銀三兩此項盤費原議由湖南省發給一兩起程至宜章縣發給一兩抵廣東省發給一兩嗣經改為交管解委員由湖南起程發給一兩至永興縣起旱發給一兩抵宜章縣給發清楚湖南委員等俱護送至宜章縣即折回長沙銷差其二三四五起委員俱護送至廣東省城銷差

[redacted]

謹將匪探李進富即李二供单録呈

鈞覽

據李進富即李二供年二十八歲桂平縣鵬隘山人祖籍廣東嘉應州父母俱故兄弟二人哥子李細妹小的第二並無妻子三十年八月內與哥子同去拜尚弟會同山住之楊晚有兄弟六人楊亞藍楊亞三楊亞日楊亞段楊亞清伊子楊亞二合家連男女有十七八人均去拜會楊晚當了小頭子小的派在他名下同夥三十多人至會內人数小的知博白有三百多人吳楊李姓最多係韋正管花洲有三百多人王盧曾姓最多係吳日升管均能打得仗的大約男婦二

99

萬多人起首能打仗的約有三千人小的在金田石頭脚隨同打過二仗手拏竹篙鎗因無手段不能殺傷官兵只能走動以後派小的回家坐地打探三月二十八日頭子楊晚給錢二百吽小的剃頭由東鄉界回來大宣地方探聽官兵團練消息今被拏獲不敢欺瞞求 恩典

又供去年八月內在朋隘聽從楊姓糾邀前往拜會頭子當天用水一盆拜畢將水挠心胸膛蓄長頭髮每日食飯口念感謝上帝有衣有食二句若毀打神廟口念咒語懇祈天父上帝念將妖魔誅滅大發天威三句大頭子係馮雲山二頭係洪秀全三頭楊秀清四頭子蕭朝潰五頭子韋正六頭子胡以洸俱着黄衣每人妻妾三十六口出門打黄傘執事夜間設有更役巡查又花洲盧姓不知其名及陳六俱着紅衣均大袖角帶博白花洲所來的夥党每人帶

礦二三觔來造火藥並每人布袋一個以裝衣服各夥紅布扎頭常常操演分犂頭雁鵝二陣圖打仗之時後有鮮粮送食頭子每館分派五六人以免肚餓力乏至移營時於起更用香火夜行小頭子帶大頭子不去如有退縮回館者由各頭子指出即行斬殺每次打仗回去總殺有二三十人是以衆匪拚死從前實在打得仗的有三千人上下屢次傷損也不少在江口打敗仗時要逞人多用女辦男粧打過一次每次打仗頭子派打手當前後因二月初八日敗仗頭子大哭探知新墟一路無有官兵是以由紫荊山過東鄉那時打手只存二千多人到東鄉後又逼脅百多人欲往平樂一帶因官兵層層紮緊這兩箇月都打不過去打算要從後路雙髻黃坡兩界頭竄回便搶船隻一路搶掠到廣東花縣去安身因大頭子二頭子都係花縣人暗中也有人在廣東傳教他們原說東省做東京此處為西京到去興旺大家享福不用說的萬一打敗也好投到暎咭唎國去至東鄉米谷眼下並不缺少惟缺少鹽食在東鄉死有百餘人小的也因沒鹽食十幾日精神甚覺疲乏後來搶得有鹽頭子傳令這是天助的大家通贊上帝加三叩頭三日自本年三月間楊晚吽小的剃頭從東鄉界回大宣探聽官兵團練多少小的探得官兵沒派到團練不見齊心二十八日他們出來搶鹽果然順當以後便許小的做官坐家打探又吽金田黃老二東鄉黃世隆欲行探回到小的處小的便將探聽情形告知他去回覆十三日可來回一次小的於三月二十八日由新寨回來打探至四月十幾回去五月初七日又吽小的回來探聽官兵團練多少黃坡雙髻兩界有無防堵只給錢二百文小的知道跟錯他

們了鹽也沒得食錢也沒得使他們頭子儘自己快活心下想回來不用去了又怕壯練捉去只朋隘內東旺沖舊日有避賊山寨一所約可住人十個我藏住那裡就是了前十七日黃老二等回来根問小的也探聽信息他說托挑雜貨過東鄉的人購買剃刀過山發賣一定好賣我們會內有一半欲私自剃頭走出的十七日小的已將紫荊山內防堵情形說知回覆這三兩日黃老二們必再回來探聽了大約賊今甚嚴隨便殺人入會的人都知道錯了有家眷的也有不要家眷的竟思沒帶家眷的更不用說了廣東花縣我們會內願去者少不願去者多各人已心恨頭子與博白花洲的人甚想逃出幫扶官兵團練殺絕他黃老二黃世隆向說現在又無鹽食總在六月初旬有月兜時總要竄回前十

二三接仗又死去先鋒打手三五十人現在只存火藥數百觔倘若回来壯練接仗必須待他炮响盡後方與交手一定大勝全滅我們被他害的不淺了教爾們放心殺他我們至今死路一條當初衆人信他說拜了尚弟可消災難登天堂拜了之後因有家屬在他手不敢逃出小的並沒妻子因出來沒生路也只好隨他如今說大營就近遍貼告示只寫限三日內投到某處者便係良民一槩不殺這就好了大約裡頭必有一半逃出的了那時叫這些人做先鋒去殺賊箇箇爭先有家口的要救出家口沒家口的也要報仇雪恨至小的回去口號只說第八館南左五字這是小的真話不敢欺瞞半字的求 恩典

FO.682/325/3(2)

一訪聞逆犯洪秀泉有祖山在花縣清遠之界石角裏雞含坑胡姓客家村左右係土堆壮向萬山羅列宜密諭花縣行查令人速〻發掘

一查得粵城入脉之處在東得勝砲臺山下自道光三十年有劉恆泰扦塟祖墳一穴名為騎龍格其後旗人亦扦一穴于上自此省中多事據堪輿家言有損粵城風水亦宜令伊遷去

謹將六月初十日解省壹百八十一犯開列清摺呈

電

計開

梁亞保　英德縣人　鍾亞靈夥　旂頭石蓮等處三仗

卯亞二即二妹　旂頭水逕等處七仗

黃亞照　旂頭英陽等處四仗

劉亞妹　旂頭水逕等處五仗

龍亞舉　旂頭亮山等處兩仗

藍亞奀　以上鍾亞靈夥　旂頭青蓮等處三仗

袁亞佑　馬蹄寨等處三仗

梁柱生　石蓮等處三仗

曾亞詳　陽山杜步兩仗

張亞順　馬蹄寨一仗

羅亞茂　陽山杜步兩仗

胡亞才　馬蹄寨等處六仗

文亞僯　水逕等處兩仗

李亞沅　清遠石潭等處三仗

張受妹　石蓮等處二仗刼二次

劉亞朝　馬蹄寨石蓮二仗

劉井養　水逕等處四仗

傅花古二　馬蹄寨一仗刼一次

馮亞二　馬蹄寨一仗

馮世蘭　馬蹄寨一仗

謝亞僯　英陽等處四仗

文亞二　水逕等處七仗

鄧就勝　以上俱鍾亞靈夥亮山等處七仗

黃亞晚　李亞獨 鍾亞靈夥　長山等處十二仗
黃色麗　江亞東夥　旂頭長山等處六仗
羅社保　石蓮等處三仗
楊亞保　馬蹄寨等處三仗
夏觀生　以上江亞東夥　馬蹄寨等處五仗
陸亞四　李亞獨 江亞東夥　長山等處七仗
李亞二　李亞獨 江亞東夥　長山等處十二仗
鄧石壽　李亞五夥　旂頭亮山等處三仗
林應先　胡黃毛五夥　石角等處五仗
卯亞勝　以上俱英德縣人　黃毛五夥　旂頭石角等處五仗
溫亞勝　長寧縣人　鍾亞靈夥　旂頭陽山杜步二仗
方亞三　長寧縣人　陽山一仗
蕭裕興　鎮平縣人　陽山杜步二仗
周富成　湖南祁陽縣人　陳亞奇夥　旂頭陽山杜步二仗
以上三十七犯英德縣會營委員解
崔亞得　清遠縣人　鍾亞靈夥　旂頭麻步陽山二仗
潘亞簡　陽山縣人　馮亞元 曾亞添夥　旂頭星子等處四仗

陳亞觀　陽山縣人　張坤左 江亞東夥　旂頭星子陽山杜步三仗
葉溱桂　曲江縣人　鍾亞靈夥　旂頭陽山杜步二仗
闞石保　英德縣人　江亞東夥　陽山杜步二仗
王亞苟　石連陽山二仗
王石保　陽山杜步二仗
王亞長　橫嶺角等處四仗
王亞晚　陽山杜步二仗
鄧亞二　水逕等處四仗
王亞萬　橫嶺角等處四仗
周亞保　橫嶺角等處四仗
王亞養　青蓮橫嶺角麻步三仗
王養送　以上俱江亞東夥　青連等處三仗
葉亞福　鍾亞靈夥　陽山杜步二仗
鄧亞歡　陽山杜步二仗
鄧亞全　陽山杜步二仗
梁亞亦　橫嶺角等處四仗
范亞長　陽山杜步二仗
陳亞石　陽山杜步二仗

李亞七 陽山杜步二仗
鄧亞平 杜步一仗
黃亞連 石蓮陽山二仗
葉亞三 以上俱英德縣人 浛洸犀牛潭等處四仗
鄭亞賤 佛岡廳人 長山陽山等處九仗
林長其 佛岡廳人 馬蹄寨等處五仗
鄭亞國 清遠縣人 石蓮陽山二仗
陶亞金 長山陽山五仗
蔡錫 陽山杜步二仗
蔡亞旱 陽山杜步二仗
蔡亞六 陽山杜步二仗
黃亞次 以上鍾亞靈夥 大灣陽山杜步三仗
李亞五 江亞東夥 陽山杜步二仗
鄧亞漢 以上俱清遠縣人 曾亞添夥 黃坌星子二仗
謝亞發 陽山縣人 鍾亞靈夥 星子陽山二仗
林亞細 星子陽山杜步三仗
葉木生 曾千眼夥 星子陽山杜步三仗

鄭水生 星子陽山杜步三仗
廖澤保 陽山杜步二仗
張觀有 江亞東夥 陽山杜步二仗
余亞招 星子陽山杜步三仗
李亞生 星子等處三仗
陳蘭生 馮亞元夥 黃坌星子陽山三仗
廖天苟 星子一仗
梁陳養 星子一仗
陳亞金 星子陽山二仗
馬揚昌 星子陽山二仗
盧石生 星子陽山二仗
許天齡 星子等處三仗
黃亞交 星子等處三仗
鄧更秀 以上俱馮亞元夥 石連星子二仗
卯亞二 以上俱陽山縣人 曾亞添夥 星子一仗
林橋道 翁源縣人 鍾亞靈夥 石連陽山杜步三仗
卯天得 馮亞元夥 星子陽山等處三仗

卬良發　曾亞添夥　星子等處三仗
譚亮權　南海縣人　鍾亞靈夥　橫嶺角等處五仗
陳亞秦　橫嶺角等處五仗
陳江明　橫嶺角等處五仗傷一人
何亞永　以上俱南海縣人　以上俱鍾亞靈夥　橫嶺角等處五仗傷一人
潘亞其　長寧縣人　江亞東夥　星子等處三仗
潘成求　星子等處三仗
胡相基　馮亞元夥　星子等處二仗
黃水章　以上俱長寧縣人　星子等處二仗
郭亞全　河源縣人　星子陽山二仗
余亞五　興寧縣人　曾千眼夥　星子一仗
余亞二　興寧縣人　鍾亞靈夥　麻步等處三仗
張亞秀　連平州人　馮亞元夥　星子陽山杜步三仗
余晚　加應州人　張坤佐夥　星子等處四仗
余亞閏　平遠縣人　馮亞元夥　黃坌等處三仗
黃有堂　嘉應州人　龍平星子二仗
鍾天才　湖南清泉縣人　星子陽山二仗

鄧崧受　湖南桂陽州人　星子一仗
黃雷歡　湖南嘉禾縣人　黃坌星子二仗
陳亞生　湖南清泉縣人　曾亞添夥　星子西江陽山三仗
曾成龍　湖南永興縣人　鍾亞靈夥　陽山一仗
黃細爵　湖南零陵縣人　星子一仗
何亞妹　永安縣人　馮亞元夥　龍平星平二仗
温亦閏　長寧縣人　曾千眼夥　星子一仗
潘亞禮　長寧縣人　謝細娣夥　龍平星子二仗
李亞厚　長寧縣人　馮亞元夥　星子一仗
馬純　永安縣人　黃坌龍平星子三仗
鍾亞晚　歸善縣人　曾千眼夥　黃坌龍平星子三仗
陳亞有　長寧縣人　鍾亞靈夥　龍平星子二仗
鍾亞三　龍川縣人　馮亞元夥　龍平星子二仗
張三秀　連平州人　謝細娣夥　星子一仗
卬亞蘭　陽山縣人　馮亞元夥　龍平星子二仗
卬錦昌　陽山縣人　龍平星子二仗

鄧亞閏　連平州人　龍平星子二仗
李亞六　從化縣人　鍾亞靈夥　陽山杜步二仗
李陳養　英德縣人　馮亞元夥　星子陽山二仗
以上九十犯係黄委員耀吉解
吳　晚　英德縣人　鍾亞靈 陳亞禮夥　旂頭長山等處十二仗姦淫三次
林亞保　鍾亞靈夥　旂頭長山等處六仗
卯　晚　鍾亞靈夥　旂頭麻步等處三仗
卯社僯　旂頭水逕等處八仗
林亞達　水逕等處五仗
許亞桂　堯山等處五仗
曾亞秀　馬蹄寨石蓮二仗
劉亞九　陽山下寨二仗
林亞九　水逕等處五仗
陳亞旋　水逕等處五仗
陳亞受　堯山等處六仗
郭亞五　陽山黄坌二仗
林書保　水逕等處六仗

譚神閏　黄神錫夥　黄城口疊刼船隻抗拒一次
吳亞江　鍾亞靈夥　横嶺角等處二仗
林亞英　麻步等處四仗
劉亞二　陽山竹根尾兩仗
羅亞三　曾千眼夥　馬蹄寨坳子二仗
楊石養　江亞東夥　陽山杜步二仗
黎灶生　鍾亞靈夥　新村星子陽山三仗
阮斗養　何亞佑夥　石蓮等處五仗
陳觀林　鍾亞靈夥　星子陽山杜步三仗
劉星養　馬蹄寨等處三仗
李　晚　江亞東夥　麻步石蓮陽山三仗
陳三妹　鍾亞靈夥　横嶺角等處四仗
張社養　堯山等處四仗
李亞受　麻步等處三仗
吳玉皆　江亞東夥　馬蹄寨一仗開角一次
林大德　鍾亞靈夥　陽山等處三仗
林幅康　仝上三仗

林大雨　陽山根竹尾二仗
林子湘　仝上二仗
賴亞五　以上俱英德縣人　陳亞禮 鍾亞靈夥　星子水逕等處六仗
黎定常　清遠縣人　鍾亞靈夥　馬蹄寨麻步二仗
黃亞北　鍾亞靈夥　麻步等處四仗
鄧亞韶　新村陽山二仗
殷亞才　東莞縣人　陽山竹根尾二仗
曺亞章　歸善縣人
沈炳名　翁源縣人　以上俱鍾亞靈夥　馬蹄寨等處三仗
以上三十九犯係張委員金鑑 張千總開平等解
羅竹絲二即四苟　湖南酃縣人　總旂頭打四仗傷二人
李阿灤　從化縣人　羅竹絲二夥　白石洞前後洞二仗
張疤頭即書馨　樂昌縣人　仝上兩仗
黎　四　平遠縣人　以上俱羅絲竹二夥　仝上兩仗
以上四犯係樂昌縣營解

吳林生　連平州人　藍青山 黃腦夥　桂陽縣 樂昌扶溪 共四仗
張亞連　河源縣人　黃腦夥　樂昌扶溪四仗
以上兩犯係賴署千總解
潘過坳即三珍　英德縣人　古猛皮 李矮獨夥　旂頭十仗
葛亞四　加應州人　矮子江夥　三江大布兩仗
張達明　始興縣人　謝落花夥　始興潮埧角等處三仗擄捉婦人一次
何清灤　謝落花夥　江草松塘二仗擄捉婦人一次
陳仁淐　英德縣人　潘亞淐夥　橫石塘等處三仗
何亞二　長樂縣人　羅竹絲二夥　橫石塘等處二仗
陳亞九　長樂縣人　黃亞槐夥　橫石塘等處二仗
以上七犯係曲江縣解
王亞三　清遠縣人、黃亞槐夥　橫石塘石連兩仗
以上一犯係李把總發雄解
李容光　河源縣人　鍾亞靈夥　旂頭馬蹄寨等處五仗
以上一犯續訊出英德縣會營委員解

[redacted]

謹將拏獲滋擾仁樂曲翁各縣匪犯於訊供後病故各名

列摺呈

電

計開

陳中洪

梁永佑

劉生仔

温得桂

鍾木連

曾海亮

李監青

曾貴愊

陳老四

劉炳古

胡新玉

周洪清

高洪志

黄開亮

藍成廣

劉石茂

陳秉恩

魏石運

陳朝邦

鄭佛恩

邱群林

何玉求
張大耀
何成德
張沅秀
賴成南

林亞才
劉啟學
許岩玉
黃文厚
林振清

朱亞沅
陳資謨
劉發增
劉琮化
莊石養

甘神照
羅亞古
陳洪古
劉火秀
何亞連

葉瑞全
廖成古
袁安古
張亞六
羅亞泰

徐得順
徐得利
李破耳
彭陳養
曾亞祥
李官孫

[redacted]

現獲各犯供開始興滋事夥黨姓名

計開

劉宗平供開

劉祖得　龍南苦爪營人年二十餘身矮壯無鬚麻

李禹留　龍南大章人年二十餘身矮無鬚麻

李心得　龍南大章人年二十四五身高大無鬚麻

李漚念　龍南烏柏堪人年三十餘身中面白無鬚麻當旗頭

王玉華供開

劉中理　龍南苦爪營人年三十餘身中瘦無鬚麻

華中閏　龍南苦爪營人年二十餘身中無鬚麻

吳閏太　信豐寒洞人年四十餘身中微鬚無麻

劉恒廷　龍南羅坊人年四十餘身中瘦微鬚無麻

李太中　龍南烏柏堪人年二十餘身瘦無鬚麻

嚴矮古供開

曾洪興　龍南烏柏堪人年二十五六身高面赤無鬚麻

劉亞夢　龍南苦爪營人年三十餘身中面紫無鬚麻

曾亞鵝　龍南南埂人年三十左右身高面紫無鬚麻

李三泰　龍南烏柏堪人年四十左右身中肥面赤

羅興貴供開

曾賢福　信豐黃沙人年四十餘身中面微麻有鬚當旂頭

曾老六　龍南斜坊人年三十餘身高瘦無鬚麻

賴光燿供開

謝老五　即五斤即謝老三之弟龍南人年四十餘身高大無鬚麻

譚火柳　龍南人年二三十身中無鬚麻
譚必右　龍南人年四十餘身中有鬚無麻
譚滿　龍南人年二十六七身中無鬚麻
李亞定　龍南人年三十餘身高瘦無鬚麻
張亞橋　龍南人年三十餘身高肥無鬚麻
劉日魁　龍南苦爪營人年四十餘身矮有鬚無麻
張元芳　龍南人年三十餘身高瘦無鬚麻
李亞斗　龍南人年四十餘身高瘦無鬚麻
劉萬隆　龍南苦爪營人年二十餘身中無鬚麻
徐中元　龍南人年四十餘身高肥無鬚麻
李全通　龍南人年三十餘身高瘦無鬚麻
李連通　龍南人年二十餘身中無鬚麻
譚書佑　龍南苦爪營人年三十餘身中無鬚麻
謝懷升　龍南人年四十餘身高瘦無鬚麻
謝懷春　龍南人年三十餘身高瘦無鬚麻

劉閏明供開
劉繼宗　龍南苦爪營人年二十四五身中面白無鬚麻
劉宗第　龍南苦爪營人年二十餘身中面赤無鬚麻
劉宗健　龍南苦爪營人年二十四五身中面赤無鬚麻
王仁養　不知何處人年三十餘身中面赤無鬚麻旂頭
陳明善供開
曾千眼　龍南人年三十餘身高大面圓色白無麻
細金絲二　龍南人年二十餘身高長面赤無麻
鍾煥深供開
劉長發　龍南羅坊人年二十餘身高大面白無麻
馮得明供開
李雙明　龍南南埂人年四十餘身中面白有麻
劉明秀供開
譚元永　龍南南埂人年三十餘身矮小面尖色赤無麻
劉二太供開
劉宗唐　龍南陽方村人年二十七八身高面長色赤無麻
譚鳳瑞　龍南大庄村人年二十六七身高大面圓色黑無麻

[redacted]

謹將陽山縣鮮到犯人供開夥黨姓名開列呈

電

計開

李亞二供開　總頭目歐亞勝　即調葵二清遠湛江人年三十餘歲高大面紫無麻　天字號旂

許神保供開　總頭目溫正連　湛江人年五十餘歲身中肥大有鬚無麻據供初一日兵勇開砲致斃

小旂頭鄧石保　湛江人日字旂已獲

梁亞三供開　小旂頭陳李腦　湛江人年三十餘歲身中面紫無麻

張亞華供開　小旂頭陳亞錫　地字號旂英德西牛潭人年三十餘歲身中面紫無麻

謝亞帶　湛江人年三十餘歲身中面微有麻

駱亞寬即僧妙祥供開　許永鳳　清遠陳村人年四十餘歲高大面赤無麻　月字四號旂頭

李玉秀　湛江人年五十歲矮肥無麻

黃雨瑞即僧石裕供開　總頭目溫正連　歐調葵二

又據各供十月二十三日由蟻子岩起二十四日到白石前白灣石砍浸江什洞橫石二十五日到沙坡二十六日到馬登二十八九日到紅江十一月初一日在白蓮墟打仗此墟係懷集陽山清遠相連初七日到什洞初九日到葛藤洞俱遇官兵追拏各夥持械抗拒等語均被打敗逃散共夥二三百人首犯已於初一日經懷集兵勇開炮將溫正連致傷身死理合登明

謹將自本提督親統舟師在東中西三路洋面拴獲各犯及
飭各屬所獲犯名船隻砲械併起出被禁人等數目繕列
清單恭呈
鈞覽
本提督統帶舟師在閩屬溜牛礁外洋打仗拿獲盜首楊清
河及夥犯楊阿秉藍亞付許亞紅藍亞水楊亞炎楊保全
楊亞有陳成内藍學兇林東勝朱亞康陳輕氣林阿柳林
阿定楊連喜方亞豪郭亞字李亞拱陳亞潰黃汶如黃頭水
黃亞四許亞炳林亞萊劉平省陳亞地許亞代黃萬里等二
十九名另有曾進逢一名傷重身死割取髮辮一副起出原
船釘棊舵水林亞曾張徒弟張亞上張界舖鄭亞祥王亞
婦曾亞養余亞存張娘創鍾佛送陳亞代林亞美林亞
節林亞賜林亞古李亞康李連林奔桶陳方山方幅來賴亞
塔等二十一名其贈船一隻船貨被火燒燬各犯解省審辦
本提督統帶舟師在南澳洋面拴獲開尾匪船一隻匪犯黃
阿撇吳甚得鄭亞速莫亞麥莊亞海莊欲通吳亀弟黃亞
柑李繼保孫音次莊亞風孫連喜莊春奇莊四中莊亞來
莊亞有莊汶禽鄭亞獅莊娘喜等十九名撈獲火鎗八桿竹
篙鎗四枝小刀一把火藥礶等件解交南澳廳收訊轉解潮州
府審辦
督飭本標中軍參將沙兆龍等拿獲匪犯曾早發余炳瑞江達
常郭九養陳賀早江亞聖六名移交新安縣訊辦
督飭署大鵬協副將陳輝龍等拿獲匪犯李林先張亞嬌江
亞長陳亞六邱亞幅五名解省審辦
督飭大鵬協副將陳輝龍等拿獲匪犯陳亞永陳亞鮮鍾
得安文亞成陳亞旺沈亞起鍾福仔張亞勝曾亞錦吳安邦陳
大發阮亞保十二名解省審辦

本提督統帶舟師在香港遥對之黑水夷洋打仗拿獲賊匪張
天幅范亞晚張亞六嚴亞晚郎亞愛何亞言鍾亞文張順幅
戴亞三張灶幅張觀妹盧亞四王亞六黄亞四劉亞幅卯亞六彭
亞桂張亞燼黄閏仙何亞三張亞秀劉亞興黄亞瑞卯亞英李
亞秀莊嬌幅譚亞二張丁秀戴仔三等共二十八名另有三犯被
砲傷重斃命割取耳辮三副起出被擄事主梁蘭紹男婦等
三十三名口擊沉匪船二隻擊斃賊匪九十餘名拿獲匪船四
隻併砲械等項解省審辦
本提督統帶舟師在西南黑水外洋打仗拿獲盜犯趙得有蘇只
盡黄亞就劉桀鷹黄巳仔葉亞興李亞閏馬亞得鄭添幾阮
亞明林亞色黄亞有蔡嬉得梁亞陸莊亞二郭亞啟黄得瑞張
亞興陳實維周幹仔黄創有黄角汰曾亞秀戴亞亭戴亞
五方亞十張亞壽袁停風卜萬全黄亞幅王嗜撞林亞尾
劉亞二文亞保戴樹猋方三幅陳得濆廖亞才陳亞賀龍亞

新鄭亞保馮嗣幅袁亞強高亞富葉亞順吳幅仔李有幅
龍木仔陳猋仔陳亞按陳亞三葉亞齊蕭亞得關亞耀鄭
鷹才張亞賞王亞壬黄四長馮東保蔡世興歐火清簡亞桂
馮亞興莊景奇葉亞景蔡燗仔伍大肚江蔡萬全葉勝有
等六十九名并耳辮二副匪船五隻連砲三十二位擊沉匪船
一隻擊斃匪犯一百餘名起出被擄船户水手陳亞保婦女
孩童等六十一名口解省審辦
據本標中軍參將沙兆龍禀報五月初十日在省城河南河面拿
獲渡夫江兆林江稠容二名起獲生鉄砲八位線鎗一桿銅錢一
十二千零腰屛熟羅長衫等項解省審辦
據本標中軍參將沙兆龍禀報署守備張炳琅五月二十三日在香
山唐家灣拿獲賊犯林亞金馬亞觀馮遠勝吳亞臨鄭咏志
何亞丙郭亞金黄亞凌郭亞四陳亞妹十名大蝦笱匪船一隻
大小砲二条火葯煲六十一個火繩旂幟等項同日在鎮口海面拿

獲梁亞好陳連發二名一併解省審辦

據本標中軍叅將沙兆龍署右營遊擊曾琪聯銜稟報會同香
山都守等六月十九日在青瀾頭洋面拿獲賊犯賴五有陳亞
五伍亞池陳亞長鍾亞臨麥亞清温亞掌曾亞昌李亞其譚
亞定賴公郁陳亞保賴廣宏甦亞祥朱亞福鄭亞來朱亞瑞
陳三盛梁秀興梁亞陳大梁亞四周亞養黃廷意王亞一石梁大石亞
五石亞八葉亞四黃亞求二十九名犯婦四口王鄭氏梁洗氏梁鄭氏
石張氏幼孩四名梁亞七石亞九梁亞有梁天大槳櫓木料約
一萬餘枝香粉三百餘担蕊心三十担染藤五担匪船三隻起出
被禁船户洗榮佳洗榮昌男振富亞十媳何氏被打傷黃氏
孫亞大亞來里勝亞保孫女二口工伴樊國勇李亞四馮亞弟
馬押江譚亞發搭客符鴻翼曾齊明何德仁雲在忠雲崇秀
許書翼又起出船户馮昌濡工伴何國成高德志江亞珠張

亞寧吳亞四黃亞蘇陳亞鉄潘亞荀文福全梁大荀黃亞培
胡亞三司徒德陳亞耀搭客黃亞福區邦富均經解省審辦
據委護本標右營遊擊曾琪稟報七月初九日在香港海面
拿獲賊匪陳崇般陳宗石二名併鱭拖船一隻起獲船户
鄭有賢鄭有狠鄭滿全三名婦人三口孩童二名鉄砲一條鳥
鎗一桿生猪十餘隻等項又十五日在太平裙帶路渡内拿獲
積匪何關超陳妹仔二名均經解省審辦
據委護本標右營遊擊曾琪稟報七月十五日在廣海屬企頭沙
海面拿獲匪犯洗明添洗亞引洗帯幅盧永亮李亞發
張亞德黃亞戴盧起來李亞明陳亞保何添戴梁富叶黃
亞有等十三名婦孩共十一口拖船二隻大砲五門鳥鎗一枝
葯彈器械等項解省審辦
據護香山協副將張玉堂稟報三月二十六日在金星海面拿獲

賊犯梁亞細郭榮昌郭乾勝三名併獲蝦笱艇一隻解交
香山縣審辦
據護香山協副將張玉堂禀報五月十五日在灣仔海面拏獲
賊犯吳亞五孔亞帶梁新六三名解省審辦
據大鵬協副將陳輝龍禀報三月二十一日在沱濘洋面各匪
被追攏近霞涌上岸拏獲梁亞受黃亞鳳劉海受梁亞東
吳亞惱朱亞華六名拏獲匪拖船一隻起出艙内被擄失
主船户梁國興陳如進林海羅亞富袁亞發五名解省審辦
據大鵬協副將陳輝龍禀報四月十四日在小桂海面拏獲賊
犯張亞晚一名并獲頭艋船一隻起出被禁失主曾亞發陳
金秀曾長陳二謝先羅亞廣六名起出穀一百石茶麩四十餘
觔醋十九埕缸瓦一艙又獲索罟匪船一隻起出被禁失主張
合全黃亞乾黎三有三名婦人一口幼孩一口鉄砲二位每位重
三百餘觔又獲得賊犯張壬姐陳閏發曾亞幅羅廣西鄧
亞發唐長陳木先唐三鄧亞人九名起出被刦事主歐陽亞
三歐陽亞辛二名又在長洲拏獲匪犯陳亞科一名解省審辦
頭艋匪船索罟匪船各一隻俟訊明後給主領回
據大鵬協副將陳輝龍禀報六月十八日在九龍山四盤獲匪
犯葉亞二余亞長二名起獲硝一百六十餘觔磺約二十觔解
省審辦
據大鵬協副將陳輝龍禀報在淡水地方拏獲賊犯黃石仔
曾亞奇陳亞細李亞有鄧亞三五名解省審辦
據大鵬協副將陳輝龍禀報六月十九日在鹿嘴洋面拏
獲賊犯鍾潰惱即亞有混名小刀仔鍾丙秀混名鬼頭刀鍾
二惱混名皮雜鑽三名并獲販艚匪船一隻鉄砲仔一口水珠
一小包花鈕一小包蝦米繒匪船二隻白糖沙一包約重九十
觔黃枝子二包每包約重四十觔解省審辦
據大鵬協副將陳輝龍禀報六月十四日在青洲洋面拏獲

匪犯李觀嬌李觀壽黃亞秀張亞閏張亞貴藍陳壽
藍三幅李亞二張亞乙等九名併鹽艚船一隻生鉄砲仔母
砲火藥私鹽等項解省審辦

據護平海營參將林鳳儀稟報三月初三日在塘尾地方拿
獲著名首犯興甯二一名同日又據該參將稟報四月二十
一日在霞涌洋面拿獲賊犯譚亞長黃亞三彭亞火王亞五咸
華勝五名格殺二名割取首級二顆拿獲鹽艚船一隻起出三
案事主黃玉清郭正中郭闔林成利林亞在林粵貴林亞
印林金富林娘表林旺鄭亞春鄭亞旺鄭二春陳亞奇方
亞罕方亞吉方三愛麥亞雄麥吉賢王茂生胡亞記曾亞齊
洪金鳳等二十三名并船牌路票三紙又起出板艚砲二門
砲仔二口解省審辦

據署陽江鎮中軍遊擊沙中玉稟報十二月內先後在幅蚨
南山海各洋面拿獲賊匪余亞壬楊亞廣鄭亞生楊亞養
陳亞三黎亞幅關亞富等七名并獲灰艚船一隻大小鉄砲二
門又獲釣艇二隻起出被捉釘禁水手黃亞喜謝亞慕二
名又是月二十五日在大洲洋面追獲賊匪救得友陳林生
陳金幅郎盧亞郁三名解交陽江縣審辦

據署陽江鎮中軍遊擊沙中玉稟報三月二十一日在沙扒地方拿
獲賊犯何亞來張亞有程亞盛張亞仟盧亞庇陳亞晚六
名解交陽江縣審辦

據陽江鎮右營守備李懋元稟報三月二十日在蓮頭洋面
拿獲賊犯羅大得羅亞二鍾亞有翁亞幅陳亞喜曾亞
三宋顏興黃亞二鄧亞三王亞英黃亞貴十一名拿獲拖船
一隻起獲火藥罐刀械等項解送省轅審辦

據署廣海寨遊擊莊起鳳稟報五月初四日在烏豬洋面
拿獲賊犯杜亞有許歸尾二名大砲二位火罐碼子等件賊
匪周能業投誠護照一張賊船燒沉解省審辦

據署硇洲營都司甯壯懷稟報四月二十四日在企沙洋面拿獲賊犯林道榮花名跛脚初二林五葉花名亞三仔朱祖慶吳仁有陳亞寬黃老義林亞六陳長連方德才勞亞雨譚連勝梁亞浪詹亞養十三名併頭艋船一隻起獲生鉄砲大小十二位火藥刀械牌照等項尚存米豆二十九包共計一十七石五斗變價按日支給各匪飯食解交陽江鎮轉解省轅審辦

據調署龍門協副將泊承陞稟報三月二十五日在竹山埠拿獲賊匪郭亞明莫亞如楊亞深馬亞錢簡亞光劉亞扣楊群梁亞儒劉亞永楊亞扣陳亞英何亞慶陳彩明葉亞得梁關勝十五名并頭艋船一隻起獲銅砲四門每門重七十觔鉄砲二門每門約重二百觔兜子鎗十桿長釘二十枝噴筒十個鉄彈子七十五粒火藥二十五觔越南夷錢三十貫夷帽一頂銅盤一個梹榔一小包等項解交欽州審辦

據署崖州協副將鍾國瑞稟報在橫橋港地方拿獲賊犯吳亞用鄭亞三二名解州審辦

據護海口營參將吳全美稟報五月十九日在雞毛灣拿獲賊犯郭新明陳亞保梁亞晚梁才熙羅福貴馮亞添梁亞五何亞才張亞德郭和勝李亞福周亞四温長壽梁得禧陳亞賴梁亞堯陳秉正鄭連第梁亞執黃亞帶共二十名起出蝦罟式樣船二隻因被砲擊壞難以修整變價充賞刀砲三位一位炸裂併刀械火藥等項解交雷瓊道飭發瓊山縣審辦

以上共計拿獲匪犯三百五十五名格殺二名割取首級二顆耳辮六副犯婦幼孩十九名大小匪船三十三隻燒燬二隻擊沉三隻擊斃賊匪二百餘名起出被禁事主船戶水手搭客婦女幼孩等二百零六名併砲械賍物等項解辦

鍾泉仁兄年大人閣下昨奉
惠函及另抄張字並各信稿均已領悉又承
手示勗以先達正論並徵
愛我良殷查彭守夏公各函弟竟毫無見聞深慨耳
目不廣惟思張公寄彭夏兩員固各有該函而弟名屬
經參劾何以援寅好之函則深信不疑弟之札竟誨
諄睦藐乎揣張公之意不過錄呈各函藉圖分謗
雖不知弟兼轄兩省東西寧公原無彼此之分斷不能
因此心存袒護置要犯於不辯為劣員而姑容也且
彭守如果係著名幹辦之員當不至於撤任至夏公
昏瞶糊塗名早經撤任更屬自檜以下矣況援張公

掌辦一俟防堵稍鬆即爲解審該全案仰在即不
得再以防堵藉口應即責成該參守於柳營後將
彭肇昌即要提六犯赴惠郡行轅並
命再加研究自不難水落石出查何名科發覺先後
獲案之名何名弟皆逐名親提審訊核諸案據證
以犯供彭肇昌並及與之狼狽爲奸確有可憑茲
特摘閱緊要供畧附呈
台覽是所盼禱惟
閣下裁之挽之弟就案辦案無所容心固不敢嘗容不察
亦不能應斷不斷也用此佈復順請
台安

年愚弟

十月十五日陵

FO 931/1049

FO.682/325/3(12)

今將訪查各匪首姓名住址及所帶匪夥數目開列呈電

王大 即吳忠係總魁住陽春 帶三百餘人

黃耀龍 係軍師竹莞口人住新屋永梧坑尾係夜護司屬

大降王 姓劉住丁留肖 帶二百餘人

何經 草生係軍師住羅定州屬楷埇灣

張亦沛 住界排 帶二百餘人

張安瀾 住釬峒 帶二百餘人

陳糊鬚 六八七十住古凡州屬 帶二百餘人

胡隆泰（英） 住洄淪高寨

黃天池 住赤坳 帶二百餘人

黎四帶（七七） 住七寄 帶二百餘人

黃亞運 住青峒 帶一百餘人

黃亞水 住青峒 帶一百餘人

曾先鋒七 係大旂首住洄淪河墈 帶二百餘人

許和京 住車田股 帶數十人

何仔漢 住楷崩 帶數十人

關興邦 住思理 帶一百餘人

胡日旺 住油埇 帶一百餘人

胡國文 住油埇置銅炮二口 帶一百餘人

陳光 住羅鏡 帶一百餘人

招大席蘊 係庠生招敦仁之子住羅定州村 帶一百餘人

彭錫熙 住楷斷 帶一百餘人

何亞克 即州總頭係何亞有胞弟住羅定 帶二百餘人

陸亞二 住碰田柏子坑
胡北昌 住泗滄高寨
關鈎九 引線住思理滕地脚開鋪
鄔啟記 接運賍物住小峒
陳亞六 係賊師爺住葛崩怡馨店
歐晚 住州雲智村
帶数十人
覃高業 住車田般
覃秀業 住車田般
羅亞榮 住車田般
黄裔寶 住車田般
關鈎容 住思理
關有邦 住思理
張木火 住葛崩
林亞六 住高寨
譚亞三 住車田

黄安清 住青峒
林亞五 住黄茅州寧
雷亞三 住黄茅
沈道邦 黄茅人
沈亞嚣 住黄茅甲
陳亞水 住車田
譚亞甲 住横坑
張北水 住車田
譚亞水 住思理
帶三百餘人
譚亞石 住思理
關紹恩 住思理
關紹昌 住思理
關維波 住思理
關朝波 住思理
吴亞呀 住黄州

沈亞滑 任替章引線人

張亞全 横坑人

以上共五十八首大旂九面小旂不計大銅炮二口八人抬

四人抬及小砲不計各帶匪黨合共四千餘旂幟或寫

借路經過爲兄報仇兄弟同心忠義堂大號等字

都城連灘一帶著匪

梁亞安 后崗水松根人

黃白木四 白木人

黃樹昌 白木人

李環 連灘金鷄白石人

李樹章 白木人

梁亞留 后崗水松根人

潯梧水路著匪

梁大口渴 該匪黨羽最多上下濛江戎墟等處往來無定係水路最要之犯

卯六 該匪係任文炳夥黨亦係水路要犯

羅亞丙 該匪常在武陵口一帶打單滋擾

南無珍 該匪係梧州府懸賞購拿之犯

社坡賊首

陸亞現

王寶倫四

黃毛二

廖社養

黨羽約三千餘

博白賊首

朱十四

黨羽約二千餘

貴縣賊首

黃亞斗

蘇十九

黨羽約五千餘

F.O. 682/325/3(13)

[redacted]

查慕德里司馬務鄉有賊匪蕭茂蕭芳曾在賊營管造火藥伊外甥黄亞勇大蓢鄉人亦曾充賊營頭目今憑伊戚黎姓荐入安良局冒充紳士魚肉鄉民除各鄉通抽田畝外並派每鄉捐銀弍一千兩或二千兩不等又將各富户照家産派捐一半經馬務望岡二鄉

曾将原单呈 官伊等又復尋仇各鄉畏威均皆啞忍經二月二十日 李邑侯諭令將逆匪蕭茂蕭芳捆解該匪聞知即于是晚協同黄亞勇等糾該局壯勇率百餘人同入該村連搶四十二家盤掠一空斬碎該鄉團練大旗鄉人言之確鑿該安良局勇曾捉獲大蓢鄉著名匪犯劉亞福得銀弍百兩私行放去又捉獲張村著名匪犯張社全得銀弍百兩亦私行放去

謹將派出官兵壯勇先後獲犯名數開列呈

電

計開

韶營守備任士魁署守備涂得照把總梁肇倫孔超齡紳士譚成煥
吳玉流譚超允等所帶兵勇在扶溪三合水地方打獲勝仗
並捜獲賊犯五十三名

鍾士善　游教娣　陳先傳
游登科　朱求估　譚大華
許茂金　何志估　朱瑞元
徐牛古　朱春元　張先貴
歐永貴　劉亜貴　梁　台
羅南斗　彭亜羅　朱秀古
蕭黑古　蒙細全　張求長
趙如桃　黄亜成　黄世芳

陳本義　張信龍　鄧西養
鄧　萬　王會恩　羅義和
馮辛福　張巳堂　李康開
葉亜三　鍾辛相　羅義成
羅求勝　鄧船佬　賴得勝
劉德鳳　譚春观　譚冬观
劉正福　梁　三　楊閏貞
鄧徐用　林連飛　賴章北
葉稅嬌　華貢開　劉二勅
羅懷立　羅潘滿以上俱解樂昌縣收審

韶營守備任士魁署守備涂得照把總梁肇倫孔超齡五品頂戴張開平
紳士譚成煥吳玉流譚超允等所帶兵勇在翁源分水坳狗形嘴
地方打獲勝仗并捜獲賊犯一百三十一名

曹　滿　唐　晚　揚亜義
陳亜六　張元秀　葉亜五
陳秉恩　李榮真　林亜三
李秉瑞　張從興　温義從
朱亜龍　葉亜高　鄧亜丹

張官培　李亜方　譚托来
陳朝邦　賴世常　盧亜汞
何玉球　陳亜貴　邱群林
劉石旺　吳閏錦　羅亜金
陳洪古　何成德　張火耀
魏石運　李亜才　邱貴善
謝士滔　黃天成　邱亜玉
黃亓泰　鄭佛恩　鄒亜四
許周朋　許雙朋　張亜六
許盛產　劉火秀　劉錫熵
劉四塔　余謹福　余謹著
余利仁　藍成廣　羅　滿
黎亜六　王亜秀　廖亜閏
賴成南　鄒運昌　賴你桂
張永相　張維華　吳亜日
龍亜盛　黎亜養　賴士安
賴亜益　姚亜厚　葉观堂
梁亜二　曾錫晚　馮亜贊
黃亜貴　李長榮　蔡勝龍

黃開亮　曾木立　曾正六
楊青吉　宋功林　張亜竹
鄭報古　葉亜連　羅連成
鍾運江　林進金　林亜才
曾環孝　張大常　劉啓學
曾石妹　雷翰立　許岩玉
蕭木昌　張錫揚　黃文俊
黃文厚　林振清　王月明
朱亜元　曾亜九　陳其謨
陳畚謨　劉發增　劉群化
汪石養　劉洪丁　甘神照
黃懷玉　李士滿　宋契才
黃雲亮　黃石保　羅慈養
黃培賢　李茂良　李貴昌
李秉昌　李竹都　李有餘
張自估　潘亜能　宋連永
宋炳金　曾　滿　宋炳秀
劉亜會　梁福新　梁克化
梁上懷　梁紫懷　陳亜木
黃容盛　老葉仔以上俱解韶城收審

提標把總栗友鵬等會同洸口司張金鑑五品頂戴張開平所

帶兵勇在董塘地方打獲勝仗并搜獲賊犯一百一十名

劉丙古　李石九　陳英順
馮亞富　譚有祿　譚秋河
吳鳳郎　陳科八　謝金榮
譚教之　黃觀清　吳宗連
邱羅妹　陳賤雄　湯詳六
鄒南秀　陳科百　周百里
李易古　俞金貴　吳體順
吳观生　烏士道　劉恩古
黃福髙　楊亞四　譚观勝
吳三妹　陳之義　周亞喜
黃亞元　黃亞八　陳石秀
譚吉懐　鍾才勝　賴榮受
温成發　江来格　邱見彥
劉亞二　任泰生　卓達聰
宋廷貴　袁得才　羅亞晚
沈可雲　譚光桂　黃貴福
林井新　張永昌　李水寶
衛得髙　王官有　李工看仔
張坤儒　潘江受　譚燕仔

蕭富元　譚新養　譚新義
劉告仁　楊神保　李捧古
蒙老五　劉土養　梁亞幅
關明魁　李水奴　李已連
陳五福　凌清秀　李洸古
譚三全　李雪古　葉如纉
葉明仔　蘇甲瑞　劉宇古
李恒陞　譚大乾　譚細乾
李明端　李宋清　劉年古
鄧四古　夏老六　夏老七
何燕仔　凌潤郎四　李亞貴
譚江南　陳順祥　李四坭肚
李貴長　葉細苟　張大祥
譚遐昌　劉棋古　黃龍燕
楊滿　吳丙仔　朱起元
曾明得　夏億新　夏億芳
蕭光秀　王老養　戴貴秀
劉亞四　邱亞行以上俱解樂昌縣收審

廣州協千總黃耀吉所帶兵勇在城口一帶搜獲賊犯一百五十四名

黃亞二　黃楚貴　潘亞邦

陳開塘　余美遠　盧天其
許忠亨　許春吉　賴得賢
陳渭幅　李新幅　葉東安
鄧來幅　羅石妹　周亞秉
葉興云　張雲開　單啟賢
黃萬昌　羅路常　潘得安
黃亞京　李成泰　葉亞執
連天奇　李洄日　吳亞三
曾亞陵　黃會文　吳賴古
劉亞六　劉新善　劉　三
黃新昌　郭揚炳　陳洪喜
曾福祥　胡觀林　黃喜感
周慶華　彭安鳴　謝炳容
黃亞仰　楊亞喜　邱富得
陳石安　曾老五古　陳觀交
劉勝堯　朱亞雙　賴江明
李亞有　黃錦興　楊昌元
郭社真　謝日生　楊德喜
鄧運化　朱龍奴　胡畢高
朱求昌　單人古　朱亞升
周遂元　朱新發　梁亞華

劉茂福　朱亞先　劉行起
王玉材　黃爾養　朱佛柏
林配德　廖仁秀　華亞石
劉仁科　劉點古　張起發
李春狗　羅復書　譚畢土
譚見長　饒看郎　何賴壽
劉巳科　楊仁秀　張得奉
劉新炳　朱得富　徐得慶
顧凌苟　黃幅郎　饒英三
劉運七　棠太華　張三妹
賴官妹　張亞二　劉亞五
張記淑　劉路妹　賴亞八
吳亞三　羅桂秀　黃貴淑
黃三滿　鍾啟秀　李松幅
官廣元　羅細華　羅慶仔
黃元昌　譚奴苟　朱烏龍
李滿元　饒琮郎　廖月倉
彭仁貴　沈三鳳　李喜發
陳亞五　陳三古　鄒老四
李十仔　吳亞六　張路保

陳三妹 鍾紅長 李高員
李新携 袁德發 張人狗
王細五 陳秀華 陳清華
吳亿元 何尺桂 邹容勝
劉存妹 羅春女 蒙丁順
張壬福 黃傳六 張崇古
黎狗仔 蒙宗成 蒙宗元
楊亞二 何壬陞 謝賴二
陳亞七 甘順長 劉鬼王
劉昌文 以上俱解樂昌縣收審
仁化城汛把總郭有成拏獲賊犯六十四名
劉老三 陳亞江 黃　嬌
劉詩好 葉宏利 官記華
朱北賢 胡亞英 鄺老二
石諸寧 謝靈昭 謝書金
楊觀太 何允法 饒細苟
白觀勝 張林嬌 朱洪昌
邱亞二 劉春威 何興華
鄧觀生 楊　二 曾石二
羅崇華 黃細二 朱五成

周亞二 李興安 王道昌
伍仁佐 謝順清 張觀保
李流興 甘亞四 賴輝章
范神松 藍林已 唐勝古
李捷廷 黃昌德 潘亞四
黃英貴 禤文安 譚見養
徐雲開 賴門生 李　桂
劉賢干 馮東元 賴七方
潘亞四 黃振端 凌秀燈
凌五古 劉拾萬 李秀求
馮東松 鍾潤三 龔細得
李旺斗 劉亞四 張老五
吳亞生 以上俱解仁化縣收審
五品頂戴候補把總張開平帶勇拿獲賊犯四名
張亞松 吳楊官 朱官四
李三和 以上俱解樂昌縣收審
紳士譚成煥吳玉流譚起允帶勇拿獲賊犯二名
陳楊二 王培志 以上解樂昌縣收審
韶鎮中軍胡遊擊稟報拿獲賊犯九名

王曰林　羅春秀　李福燕
劉亞五　毛貴　羅亞表
卜亞二　康成萬　梁亞帶以上俱解曲江縣收審

韶鎮左營楊遊擊稟報拿獲賊犯四十一名

羅定有　何金滿　邱逢春
許亞福　許多城　何亞威
廖林信　廖石信　宋公志
宋嘉周　何志昌　劉土光
劉上廷　劉欽光　劉老七
劉亞旺　劉懷九　劉錦昌
謝欽明　邱亞輝　沈清揚
葉恩勝　張廣先　謝蘭星
謝亞香　沈英華　黃永興
朱萬飄　李献廷　林開啟
張兆明　何四苟　廖任秀
林年先　謝林安　謝蘭相
黃福先　鄧曾古　李亞四
周大陽青　何先成以上俱解始興縣收審

署三江協都司車定海所帶兵勇拿獲賊犯三名

鍾有發　黎發聲　巫威以上解乳源縣收審

署三江協都司車定海會同提標廣協官兵拿獲賊犯三名

鄧觀鵠　胡毛玉　馮亞生以上解樂昌縣收審

署樂昌城汛千總鍾煜拿獲匪犯十二名

蕭雅秀　郭光山　藍赤古
黃顯章　楊繼瑞　刁元秀
鄧福貴　鄧亞朝　鄧亞妹
林亞發　張零古　賴接榮以上俱解樂昌縣收審

佛岡營千總張瀚拿獲賊犯三名

蘇沅錫　葉登洪　余亞音以上俱解佛岡廳收審

紳士鄉民獲犯六名

林傳振解韶城收審　邱亞林　朱亞德以上
陳開姐以上三名解樂昌縣收審　盧樂善　譚顯威以上二名解乳源縣收審

又韶營千總劉大齡把總馮應昌胡嘉熊記委譚應鳳劉承榮等共獲賊犯七名

陳道至　陳亞錦　朱亞鳳
吳明統　邱子韶　廖桂
黃家讓以上俱解曲江縣收審

以上自七月二十六日起至九月二十九日止先後通共獲犯六百零二名

[redacted]

查訪得自本年二三月起有逃逆一係白頭揸一係濠口揸二人俱以混名行因其行五故俗語俱名亞揸一係土公英亦是混名一係郭三登等數人糾聚逃逆陸續置船至今約有快蟹六七隻蝦罟舵十餘隻其快蟹係買受夷人殘舊大買辦船改成該賊快蟹船底五色隨時改易二三月時只在橫門下金星門金斗灣牛屎灣等處招集近

令時常駛上香縣附近各沙伺刼現在潭洲撈魚大繒蝦罟各船俱不敢前往下洋撈魚因該賊等向各船勒索銀両也查該賊黨多係潭洲大黃圃漏網逆蛋及大小欖容奇桂洲附近各鄉逃逆不能返歸本鄉者近日渡船往往被刼皆其夥黨現藏在大洋金星門金斗灣牛屎灣等處該賊現船大小約有二三十號嘯聚在彼時常駛入內河圍刼惟是金星門等處係在夷人左近如欲往勦必要稟請

大憲知會夷人頭目督兵守其下路免其竄往下洋再飭知香東新順各縣在上路約期會勦方為有濟又聞高欄賊匪現今復聚船二三十號不趕早勦滅誠恐為患現仍購線遠去密訪俟有寔在信息再行走報

F.O.682/325/3(23)

謹將訪查從逆匪犯姓名開列

呈

電

計開

何　英　　陳　就

盧達年　盧善華以上陳頭村人

衛泰康　羅亞中以上瀝滘人

盧亞桃　黄亞木以上上滘人

周潮光即箍桶潮　胡亞文

黄鬼馬東　黄亞錦

何亞南　原亞忠

原亞信　黄亞喬以上下滘人

陳亞炎　陳有典即痘皮

陳有侶　陳天華

李大豆成　李亞進以上後滘人

李亞光大塘人　何許靈

何亞松以上石頭村人　李臨地九水口堡人

車亞安　車華子

車鳳書以上鷺江人　羅大頭温後滘人

林恵福　黄連弟

陳富弟　陳大辮湛以上大山人

高亞方　高亞常

高亞開　高亞明以上李村人

何大頭裕　何紫魚九以上大石人

袁周堂南塘人

FO.682/325/3(24)

順德仕版鄉劣紳

何元勲

監生年約三十餘歲在該鄉賊營當僞軍師家内聚

集百十餘人擄人勒贖用刑拷打現復包庇匪徒不肯

解辦

[redacted]

謹將六月初九初十十一十二等日收到各犯列摺呈

電

初九日

番禺縣李令解二名

戴柏仔　戴亞桂

沙螺西壆兩堡紳閔學濬解三名

梁亞寬　邵亞生

李亞唐

廣協都司黃曜吉解一名

香亞燦

龍吉局紳羅淦泉解一名

阮亞添

初十日

憲臺發下廣州協千総黃賢魁解一名

李亞華混名劏剎華

十一日

廣協千總沙鳳祥解一名

梁亞維

廣協把總羅亮解一名

梁亞江

廣協千總黃賢彪解六名

李成進　李興爵

李章帶　李佩玉

李晨洸　李耀魁

廣協守備孫東暘解一名

劉亞閏

十二日

同安局紳郭汝康解三名

冼亞懷　郭才傑

陳亞楚

花縣張令解九名

姚社保　吳亞東

鄧亞九　黃亞華

駱觀佑　鍾東秀

馮亞乙　曾亞娣

邱清林

廣協千總黃賢彪解二名

陳亞秤　梁亞滔

以上通共收犯三十一名

提督軍門崑 令將防守韶城疊次出勦擇其尤為出力各員弁
紳士兵勇銜名擬請從優獎叙以示鼓勵理合開列清摺恭送伏候
核奪施行須至摺者

計開

護南韶鎮標中軍遊擊事中營守備任士魁 該員前經帶兵勦捕屢獲
勝仗斬獲賊犯多名嗣經回城防勦出力請以都司升用先換頂戴并請 賞戴花翎

護南雄協中軍都司三江左營藍翎千總張開平 該員前經帶兵勦捕
屢獲勝仗斬獲賊匪多名嗣經調回防城出力屢次進勦身先士卒斬獲最多並赴仁化樂昌
勦捕出力先後受傷二次請俟補守備後以都司升用先換頂戴并請 賞換戴花翎

署南韶中營守備事清遠右營藍翎千總梁肇倫 該員前經帶兵勦捕

屢獲勝仗斬獲賊犯多名首先帶勇解韶城圍後復屢次出剿身先士卒斬獲最多並赴仁
化樂昌剿捕出力先後受傷二次請俟補守備後以都司升用先換頂戴并請　賞換戴花翎
提標前營藍翎把總周　興　該弁防守韶城最為出力屢次派令帶兵明攻暗襲
均能奮勇前進戰功最多受傷一次請補千總後以守備升用先換頂戴并請　賞換戴花翎
提標前營藍翎千總粟友鵬　該弁屢次帶兵出剿獲勝斬獲賊匪多名三次
韶城解圍均能奮勇上前斬獲尤衆巡查防範始終出力著勞最久受傷一次請以守備升用
先換頂戴并請　賞換戴花翎
惠來營藍翎千總陳鳳儀　該弁屢次帶兵出剿獲勝斬獲賊匪多名三次韶
城解圍均能奮勇上前斬獲尤衆巡查防範始終出力著勞最久請以守備升用先換頂戴
并請　賞換戴花翎
提標中營外委劉鉞高州鎮標右營外委陳彪二員　該弁等屢次帶兵出
剿均能奮勇上前斬獲賊匪多名巡查防範終始出力著勞最久請以把總儘先拔補并請　賞戴
藍翎
南韶連鎮標外委賴連魁額外胡有光二員　該弁等前經派令帶兵進剿屢立戰
功嗣派守城終始出力擒獲賊犯多名均各受傷一次請各以把總外委記名超拔並請　賞戴藍翎
南韶連鎮標外委温正陞額外馬錦春鄧蔚欽三員　該弁等前經派令帶兵進剿
屢立戰功嗣派守城始終出力擒獲賊犯多名請各以把總外委記名超拔並請　賞戴藍翎
清遠州同銜朱猷章　該員投効最久無役不從無日或間屢次稟商進剿悉合機宜設法

稟籌經費均有成効最為得力擒獲首要多名請以知州歸部選用并請 賞戴花翎

曲江拔貢生鄧尚義 該員管帶壯勇防剿出力巡邏不懈擒獲首要多名請以本班教諭儘先選用并 賞加知州銜

撫標右營步兵記委汪榮亮 該兵奉差回粵留韶剿捕疊次出剿均能奮勇上前斬獲賊匪多名受砲子傷二次請以外委儘先超拔并請 賞戴藍翎

提標兵丁黎英全張勝黃冠英姚紫瑛鄧光輝張升熊徐上超陳得升劉潤香劉雄升呂飛熊周雄高陳國樑趙錦標南韶連鎮標兵丁莫永高潘勝華廖正魁謝有勝鄧俊英鄧進光二十名跟隨打仗奮勇當先擡放大砲抬鎗均極有准擊斃賊匪多名請以外委額外記名拔補並請 賞戴藍翎

勇目邱明光梁忠二名屢次出剿打仗奮勇擒獲賊匪多名請准其入伍操防并請 賞戴藍翎

提督衙門稿書謝洪恩 隨營辦理文案歷事最久始終勤慎勞苦不辭請以從九品歸部遇缺選用

曲江縣拔貢生鍾鼎琛 首先督帶團練截剿賊匪擒獲首要多名偵探賊情俱得確實最為出力請以本班教諭儘先選用并請 賞加州同銜

曲江縣武生侯廷忠侯廷奎 首先督帶團練截剿賊匪擒獲首要多名截獲賊糧多次最為得力請以把總發營補用并 賞給六品頂戴

[redacted]

謹將九月二十六日擬解省十二犯附解另案三犯開列呈
電

計開

劉承永　曲江縣人　古猛皮夥用刀牌連打二仗傷一壯勇

劉亜右　從化縣人　温姓夥用單刀打一仗

王連受　博羅縣人　頭目夥黨旂號堅不供吐祇認連打二仗用炮傷兵勇二人

吳亜明　連平州人　李亜扳夥連打二仗

黃谷明　清遠縣人　何亜福夥打一仗

盧亜北　英德縣人　何亜福夥打一仗

朱雲洸　英德縣人　陳亜禮 何亜福 夥羅坑獅子嶺 長山墟 共打三仗

以上金守備 涂從九 等解長山墟案

劉有馨　豐順縣人　黃腦夥大山仁化樂昌扶溪六仗

以上劉千總大鵬解

張蘭茂　興寗縣人

扛轎王即亞賚　連平州人

黃金老蝋　曲江縣人　三犯俱黃腦夥大山仁化樂昌扶溪六仗

[redacted]

黃家培　江西上猶縣人　黃腦夥仁化樂昌扶溪五仗

以上曲江縣解

附解另案

朱古古　湖南桂陽縣人

邱秀保　江西信豐縣人

李唐盛即幅萌　江西龍南縣人

以上樂昌營縣解俱湖南興寗縣打仗

謹將十二月初六日起至初十日止據各路官兵及韶州府並委員吳守鍾令連平州張牧暨始興縣舒令會同營委各員獲解賊匪名數及首級器械數目各日期開列呈

閱

韶州府轉仁化縣解桂東縣案犯供

計開

十二月初六日據始興縣舒令稟解會同營委各員拏獲賊匪七名

彭老二　蕭四苟　邱葉古　邱賜喜

何乙吽　楊老四　盧金穩

同日據韶營千總劉大齡獲解賊匪二名

李木嬌　巫毛七

同日據韶鎮中軍胡游擊稟外委鄧學疇獲解賊匪二名

鄒滿　李亞四

初七日據委員吳守鍾令建平州張牧申解會同營委各員獲賊三十五名

余亞六　譚如朋　謝繼興　盧潰六

陳南養　周亞欣　張亞深　謝浩淄

謝永淐　鍾遇啟　李亞時　邱亞亨

蕭金興　麥亞秋　葉添喜　吳亞先

吳觀盛　李觀生　張羅狗　蕭七舫生

蕭亞運　蕭羅妹　童亞閏　邱亞香

溫亞槐　林鎖秀　梁觀妹　楊鎖穩

童亞清　譚李興　馮祖乾　謝承連

謝禮茍　唐洪育　周亞煥

同日據韶州府任守稟據仁化縣稟解會營並扶溪司獲解賊匪四名

顏石古　邱石清　吳老九　李順古

同日據潮營千總李際昌把總吳武才韶營外委鄧紹昌額外馬錦春等獲解

賊匪三名

邱阿五　蕭日古　蕭蘭秀

初八日據廣州協千總黃曜吉獲解賊匪十五名

陸亞保　陸亞滿　唐亞潮　唐秤養

黃亞生　唐亞桂　唐亞滿　胡亞昌

陳亞六　邱廣石　謝逢恩　王玉亮

陳亞二　黃亞三　陳全生

割取首級一顆

奪獲藤牌二面　挑刀二張　鳥鎗一枝　劍一把

順刀一張

初十日據韶營千總劉大齡獲解賊匪一名

葉永福

以上共獲賊匪六十九名

FO.682/327/2(8)

據譚奴苟供仁化縣人年二十六歲父細求母故並無兄弟妻子耕種度日本年四月二十外在本縣三江口地方被蒙桂陽仔邀入沙老九夥內派在洪字六號旂內二十六日到桂東沙田墟搜刦二十八日到四都與鄉勇打一仗打敗鄉勇乘勢一同趕入桂東城搜刦店戶二十九日被官兵追拏又打一仗打敗逃往江西崇義縣截龍逕藏匿後復到回湖南在東嶺又打一仗打敗各散今被獲解的小的用木棍打三仗是實

據陳猪養供湖廣桂陽縣人年三十一歲父故母吳氏兄弟二人小的居大娶妻郭氏耕種度日本年四月二十外在本縣熱水墟被陳包腦糾入夥派在第二旂內約同行刦共夥一百多人一同到藍洞地方不記日子即被東嶺兵勇追拏小的放炮打傷鄉勇一人打敗跑逃今被獲解小的用炮打一仗打傷一人是實

據李有詳供江西上猶縣人年三十八歲父母俱故兄弟二人小的居二並無妻子到仁化鑼板本年七月十八日在麻坑入劉老大順錫夥派在總旂二十七日到湖南興寧打一仗住了兩日二十九日被官兵圍捉又打一仗小的用挑刀打二仗是實

據郭葉紅供湖廣郴州桂東縣人年三十二歲父母俱故並無兄弟妻子傭工度日本年七月十八日在麻坑入劉老大順錫夥派在江字第四號旂下二十七日到湖南興寧打一仗二十七日入興寧縣城住了兩日二十九日被官兵追拏又打一仗小的用挑刀打二仗是實

據劉利養供和平縣人年二十四歲父故母梁氏並無兄弟妻張氏移居樂昌耕種度日本年七月十八日在麻坑入劉老大順錫夥派在第三旂管帶隨同沿村搶刼二十一日由九峯到湖南二十七日到興寧打一仗入城住了兩日二十九日被官兵圍捉又打一仗小的用挑刀打二仗是實

[redacted]

謹將十一月初二日解省八十犯附另案五犯開列清摺呈

電

計 開

陳元水 連平州人 長山墟等處十伏

陳岡嬌 連平州人 長山墟等處十伏

邱崙山 曲江縣人 長山墟等處八伏

陳亞丁 連平州人 長山墟等處八伏傷一人

譚元滈 江西龍泉縣人 長山墟等處八伏

簡逢達 福建永定縣人 長山墟等處五伏

黃順德 連平州人 長山墟等處七伏傷一人

郭賢水 江西萬安縣人 長山墟等處七伏

謝書容 始興縣人 周所等處五伏

葉屈康 翁源縣人 長山墟等處五伏

楊發開 曲江縣人 長山墟等處五伏

何亞七 始興縣人 長山墟等處六伏

楊美濆 英德縣人 朝天橋等處四伏

歐萬林 連州人 星子等處五伏

林亞懋 翁源縣人 山子背許家山二伏

鄧松閏 曲江縣人 山子背一伏

謝元慶 翁源縣人 山子背一伏

謝丙火 翁源縣人 山子背一伏

林亞四 興寧縣人 許家山一伏

黃有福 長寧縣人 許家山一伏

陳亞新 始興縣人 山子背一伏

黃亞輝 曲江縣人 長山墟等處六伏

黃觀善 翁源縣人 許家山一伏

趙喜銀 江西豐城縣人 黃沙鋪等處四伏

葉成泰 曲江縣人 許家山一伏

黃宋成 曲江縣人 以上俱李亞獨夥 許家山一伏

鍾漢陽 翁源縣人 黃腦夥 火山仁化樂昌六伏

以上黃千總曜吉解

張振安　歐調美盧冲天夥龍川岩下練江等處四伏
陳何秀　歐調美夥龍川岩下等處二伏
[redacted]卓亞秀　劉老三夥涌頭等處四伏
[redacted]鄒亞揚　盧冲天夥周陂一伏
卓月勝　劉老三夥涌頭岡尾等處六伏傷一人
周文志　黃乙太劉老三夥仁化涌頭等處十一伏
梁玉狗　劉老三夥涌頭等處四伏傷一人
謝樹育　劉老三夥涌頭等處四伏
鄒亞石
周長妹
張亞佑
[redacted]張觀英
張亞才
江火陳
江亞溥
賴帶戝
張日茂

謝亞木　以上十犯俱劉老三夥焚刼陂頭謝姓岡尾打伏
何水英　吳亞渭夥九月間龍川二都打伏
黃觀成　盧冲天夥九月間龍川二都打伏
楊亞濡　盧冲天夥龍川二都等處打伏
[redacted]余亞梅　劉老三夥和平等處四伏
謝乾甫
謝紀悅即悅古　俱劉老三夥魚溪等處打伏焚刼陂頭謝姓
謝帝崇　劉老三夥涌頭等處六伏焚刼陂頭謝姓
葉潰勝以上二十六犯俱連平州人　盧冲天夥大席等處四伏
白滿即亞太　劉老三夥涌頭和平等處八伏
黃亞歡兩犯俱和平縣人　吳秀章夥九月龍川二都打伏
謝炳秀
[redacted]黃榮祖
黃敬祖　俱劉老三夥岡尾一伏
葉大化　鍾金絲夥司前荷花塘周所三伏
池永學以上五犯俱翁源縣人　謝老三夥古家營羅塓等處四伏
[redacted]周必明　長寧縣人　盧冲天夥充當旂頭九月間龍川三伏

以上　吳守自連平州解到

楊細二
馮二
楊四即相發
李亞三
陳亞二即正能
鄧亞二六犯俱長樂縣人　長山墟兩伏
阮亞生　英德縣人　長山墟等處二伏
朱世魁　長寧縣人　長山墟一伏
潘上山　長寧縣人　大灣墟一伏
以上涂朱署備從九解俱李亞獨夥
朱亞三即廣泰　長樂縣人　烏田等處三伏
周有洪　英德縣人
胡石閏　樂昌縣人　俱陳亞禮夥寺前等處三伏
余亞朋　南海縣人　南雄鄧坊墟英德長山墟等處打伏
謝殊幾　連平州人　遠字旂頭長山墟許家山八伏傷三人
以上張署備解

曾亞謨　長寧縣人　黃腦夥　仁化樂昌等處五伏
何亞丁　興寧縣人　朝天橋等處五伏
楊金幅　始興縣人　俱李亞獨夥長山墟等處五伏
以上劉千總大齡解
鄭亞番　曲江縣人　周圍吉夥湯盤水等處四伏
以上賴把總連陞解
賴黑古　始興縣人　謝老三夥荷花塘周所二伏
以上曲江縣解
附解另案五犯
譚奴茍　仁化縣人
陳猪養　湖南桂陽縣人
韶州府轉仁化縣解湖南桂東縣案
劉利養　和平縣人
郭葉紅　湖南桂東縣人
李有詳　江西上猶縣人
以上樂昌營縣解湖南興寧縣案

F.O.682/327/2(11)

清遠賊頭

黄有 东莞县人

胡德廣 清遠人

侯成大 清遠人

陳金釘 三水县人

陳四虎 清遠人

[redacted]

謹將十二月初六日解省二十二犯列摺呈

電

計開

謝沅淐　乳源縣人　周圍吉陳亞禮夥湯盤水寺前等處七伙

陳小才　乳源縣人　陳亞禮夥寺前波羅白竹三伙

羅曾慶　長寍縣人　周圍吉夥板水洞一伙

以上張署倫解

陳飛高　始興縣人　謝老三夥羅堪刮當并打一伙

吳水妞　李高獨夥古家營荷花塘周所三伙

張復妞　何天光吊夥古家營荷花塘周所三伙

温俊英　以上俱興寍縣人　陳亞禮波羅白竹二伙

馮觀保　曲江縣人　陳亞禮夥寺前等處三伙

馮上興　嘉應州人　周圍吉夥板水洞等處三伙

以上劉千總大齡解

雷亞晚　清遠縣人　長山星子三伙

葉亞二　英德縣人　長山等處八伙傷一人

鍾亞晚　嘉應州人　以上俱李高獨夥星子湖南四伙

梁金浩即三苟　英德縣人　鍾亞靈夥長山大灣三伙

卯月霊　英德縣人　黃亞廣夥鳳岡石灰塘三伙

以上劉把總勝堯解

黃長松　江西長寍縣人　羅觀養夥紫巖嶺一伙

陳五古

石圓眼

袁老二　以上俱興寍縣人

賴日觀　連平州人　以上四犯俱羅觀養李亞獨夥楓灣山子背等處四伙

謝玉維　連平州人　黃亞視夥長山圩兩伙

以上潮營李千總解

曾茂元　福建永定縣人　黃腦黃亞視夥火山仁化長山大灣四伙

以上賴把總連陞解

附解另案一犯

李金生　龍川縣人　沙老九夥湖南興寍縣入城打兩伙

以上張署倫解

[redacted]

謹將廣州協千總黃耀吉督率弁兵東勇分路追剿賊匪在於山子背並許家山兩處打獲勝仗生擒賊匪割取首級左耳及奪獲旂幟砲械暨受傷兵勇逐一開列名數呈

閱

計開生擒賊匪三十四名

邱崙山　羅朝閏　陳亞任
鍾漢陽　郭明良　鄧松閏
羅周訪　謝元慶　何亞七
王大六　林亞懋　陳亞丁
啞仔　謝書容　陳元水
陳岡嬌　楊美貴　邱元古
鄧抬德　黃順德　謝丙火
潭元富　鄧亞貴　曾子德
林亞四　歐萬林　陳亞興
黃有福　陳亞新　郭賢水
簡逢達　張士九　楊發開
葉屈康

割取首級二顆
割取左耳記十一隻
奪獲大旂三枝
牌十七面
竹節砲二把
烏鎗六桿
竹扎嘴四枝
挑刀十八枝
鉤鐮二把
单刀五把
劍一把
竹壳帽二頂
洪勝堂圖書三顆

打仗被傷兵勇十一名

鄧爽 左手二指中指被刀重傷
林成 左腿被竹扎輕傷
莫立標 右脚被刀輕傷
黃振福 左脚面被刀輕傷
葉閏舉 右脚被刀輕傷
羅新 左脚被刀輕傷
葉亞喜 左腿被刀重傷
陳會龍 左脚被挑刀輕傷
劉定邦 左脚被竹扎輕傷
鄧閏齊 左脚被刀輕傷
袁富廷 右膝被刀輕傷

十五、
一犯人羅華珍…名行…
七日起至二十日起解止計三日共銀…
一犯人邱世鵬等十五名行營看守每名每行…
十八日起至十二月初九日解往龍門寄禁前一日止計十日共銀一十五兩　六二
一第一次批解大坑口拏獲犯人劉勤棟等二名十月初三日在烏石起程
船價飯食銀四兩零九分
又壯勇十名護解赴清遠回營犒賞銀二兩八錢

又船上油燈火促雜用銀一兩五錢八分
一第二次批解劉思塘打仗拏獲犯人僧添堂等一百八十名十月二十八
日在翁源起程由望夫崗下船翁源抬犯夫不足添僱抬夫五十六名
計兩日每名行工銀一錢七分五厘共銀一十九兩六錢
又在大鎮抬奪獲賊匪炮械往望夫崗下船僱夫一百八十名每名行工銀一
錢七分五厘共銀三十一兩五錢
又督撫標營兵一百名護解犯人赴清遠回營犒賞銀一十三兩
又潮勇二百名護解犯人到清遠回營犒賞銀二十七兩
又犯人口糧五日共銀一十八兩八錢三分
又犯人棉衣六十五件每件銀一錢二分共銀七兩八錢
又在望夫崗添僱三板船五只每只水脚銀三兩五錢共銀一十七兩五錢
又船上油燈火促雜用銀四兩二錢三分
一第三次批解犯人盧胭隴一名十一月初四日在英德起程口糧銀一錢四分
又壯勇十二名護解犯人赴清遠回營犒賞銀三兩二錢四分
又船上油燈火促雜用銀一兩三錢五分
一第四次批解望楼坪打仗拏獲黄亞河等十八名十一月十五日在橋頭赴清遠

由龍口下船抬犯夫十四名每名銀一錢七分五厘共銀二两四錢五分

又扛抬奪獲旂械往龍口下船用夫七十三名每名工銀一錢七分五厘共銀一十二两七錢七分五厘

又在龍口僱船載犯並營兵壯勇赴清遠用三板船十二只每只水脚銀三两八錢共銀四十六两二錢

又督撫提標兵丁四十名鮮餉到橋頭護犯回清遠犒賞銀九两□錢

又壯勇五十名鮮犯赴清遠回營犒賞銀一十三两七錢八分

又犯人口粮五日共銀二两三錢五分

又船上油燈火伙伴用銀三两四錢七分

一第五次批解犯人羅華珍等五名十一月二十日在橋頭赴清遠□□只每只水脚銀三两八錢共銀一十一两四錢

又扛抬犯人赴龍口用夫四名每名銀一錢七分五厘共銀七錢

又壯勇二十名護犯赴清遠回營犒賞銀五两六錢

又犯人口粮五日共銀九錢五分

又船上油燈火促雜用銀一两零五分

一第六次批解犯人邱世鵬等十五名十二月初九日在藍田赴龍門縣寄禁用抬犯夫十六名每名工銀一錢七分五厘共銀二两八錢

又壯勇三十名解犯赴龍門寄禁回營犒賞銀三两

又犯人口粮共銀二两五錢三分

一管隊家丁五名管軍裝家丁二名每名每日飯食銀五分自九□□□日起至正月十二日裁撤壯勇止計一百一十八日共銀四十一两零五分

一翁源派来引路差張德等四名每名每日飯食銀五分自□十二月初一日止計二十四日共銀四两八錢

一英德派来引路差鍾侯等四名每名每日飯食銀五分自十□□起至二十日止計十七日共銀三两四錢

一長寧派来引路差譚謨等四名每名每日飯食銀五分自十一月□十六日起至十二月初七日止又自十二日起至二十五日止共計二十□□共銀五两

一龍門派来引路差四名每名每日飯食銀五分自十二月初七日起至十一日止計五日共銀一两

一武營線人何雲清陳萬齡二名自十一月初五日起至正月初九日止計

六十六日每名每日飯食銀八分共銀一十兩零五錢六分
又武營線人何雲清陳萬齡探報四次共賞銀三兩二錢六分
又武營線人記委梁肇倫探報六次共賞銀六兩八錢[illegible]分
又武營線人記委張顯明探報三次共賞銀三兩八錢四分
又武營兵丁陳炳陞探報三次共賞銀二兩五錢八分
又武營伍額外探報二次共賞銀一兩九錢
又武營兵丁何超倫探報二次共賞銀一兩零五分
又武營朱[illegible]報一次賞銀六錢五分
又武營林邦[illegible]三名探報三次共賞銀七錢八分
一線人鄉民許全豐舊營兵石玉共二名自十月初九日起至十
七日止計八十八日每名每日銀八分共銀一十四兩零八分
又線人石玉許全豐劉恩塘打仗探報每名賞銀八元共銀一十兩零四錢
又線人石玉探報十五次共賞銀八兩六錢五分
又線人石玉許全豐十一月初九日魚子灣打仗清晨探報打仗後賞
銀[illegible]二元共銀七兩八錢
又線人黃遇壽十一月初九日魚子灣打仗中午探報打仗後賞銀二十
元共銀一十三兩
又線人林信英順合李亜興倪亜五蔡順合探報飯食共銀二兩五錢一分
又線人陳勝保廖亜保二名自九月二十四日起至十二月二十[illegible]日止計九
十三日每名每日飯食銀八分共銀一十四兩八錢八分
又線人陳勝保二名探報十二次共賞銀五兩六錢三分
又線人林昌人王得蕭三滿等探報賞銀三兩六錢
又線人李榮華曹顯祖二名飯食探報共銀八兩二錢六分
又線人羅凌廖吉李祥等探報賞銀一兩三錢
又線人翁源差謝章張浩李仁等飯食探報共銀九[illegible]
又線人魏合劉貴李亜升等飯食探報共銀一十七兩九錢四[illegible]
又線人飛馬埧鄉勇許升許淵官秀才等探報賞銀一十二兩零八分
又線人楊文德帶路往石角賞銀一兩五錢
又線人廖石旺黃壽廖亜妹張亜錫等探報賞銀二兩四錢
又線人曾洪劉亜邦羅忠等探報賞銀一兩零五分
又在白沙陳秀才進地圖賞銀一兩二錢九分
又線人龍門差陳高探報三次賞銀一兩八錢五分

又線人長寧差周邦等探報賞銀二兩零五分
一千里馬鄧彪等十二名自九月二十二日在英德僱募起至正月十
一日止計一百零八日每名每日飯食銀一錢共銀一百二十九兩六錢
又千里馬跑禀帖五十四次每次賞脚資銀三元共銀一百一十三兩四錢
又千里馬往各縣送信三十七次共賞脚資銀一十一兩三錢
一在省挑運軍裝火葯下船共用夫價銀二十七兩九錢
一在龍門縣買米運至藍田兩頭坱六古墟三處共用運脚銀六十四
兩六錢六分
一在英德祭旂買猪羊祭品香燭共銀二十一兩二錢
一在英德買米六十包每包銀七錢五分共銀四十五兩
一在翁源打仗買芋頭八百一十五斤每斤銀六厘共銀四兩八錢九分
一製大綢旂六枝每枝工料銀一兩五錢五分共銀九兩三錢
又製小布旂二十枝每枝工料銀一錢三分共銀二兩六錢
又添製揭普壯勇小布旂二十八枝每枝工料銀一錢三分共銀三兩六
錢四分
又製得勝紅綢旂八枝每枝工料銀一錢五分共銀一兩二錢

一製號衣一百六十件每件工料銀一錢七分五厘共銀二十八兩
又添補揭普壯勇新號衣七十六件每件工料銀一錢七分五厘共
銀一十三兩三錢
一買竹殼帽一百五十五頂每頂價銀七分共銀一十兩零八錢五分
又油漆竹殼帽每頂工料銀二分五厘共銀三兩八錢七分五厘
又買竹殼帽綿帶每頂六尺共帶九十三丈每丈一分五厘共銀
一兩三錢九分五厘
一買雙刀十對每對銀一兩六錢共銀一十六兩
一製鉄嘴竹篙鎗二枝每枝一錢三分共銀二兩六錢
一製鉄鈎鎗三十枝每枝一錢三分共銀三兩九錢
一製灰罐兩次每次一百五十個每個銀六厘共銀一兩八錢
一製火葯罐兩次每次三百個每個銀五厘共銀三兩
一買籐牌三十二面每面價銀六錢五分共銀二十兩零八錢
一買紗紙包火葯用共銀四兩
一買蔴鞋六百六十雙每雙價銀七分共銀四十六兩二錢
一添製大炮架兩個每個工料銀二兩二錢共銀四兩四錢

又大炮架鉄環鉄耳兩付重四十八斤共銀七兩二錢
一修整舊大炮架一個連包鉄共工料銀二兩七錢五分
一買大小火葯桶十七個每個二錢共銀三兩四錢
一買鉄節桶三十個每個一錢五分共銀四兩五錢
一買水桶三十担每担二錢共銀六兩
一製大木桶四十個每個工料銀二錢七分共銀一十兩零八錢
一買戰鼓二十三面每面銀二錢九分共銀六兩六錢七分
一買戰鑼二十三面每面銀三錢五分共銀八兩零五分
一買鉄鍋五十七個每個銀二錢八分共銀一十五兩九錢六分
一買鉄火籃十六個每個銀二錢三分共銀三兩六錢八分
一買鋤頭五十一把每把銀九分共銀四兩五錢九分
△一在省打製鉄節九百八十六斤半每斤價銀八分五厘共銀八十三
兩八錢五分二厘
△又在清遠打製鉄節一百五十斤每斤價銀九分共銀一十三兩五錢
又在英德打製鉄節五百二十六斤半每斤價銀一錢一分共銀五十
七兩九錢一分五厘

△一在省打製鋼節四百九十五斤每斤價銀三錢二分共銀一百五十八兩四錢
一在英德打大炮封門子六十一個每個價銀五分五厘共銀三兩三錢五分五厘
△一製鉄三脚菱角釘三萬只每只價銀九厘共銀二百七十兩
一買大花筒六十枝每枝價銀一兩零五分共銀六十三兩
又買中花筒八十枝每枝價銀七錢共銀五十六兩
一在省買火繩二千九百六十條每條價銀二分八厘共銀八十二兩八錢八分
又在清遠買竹絲火繩六百七十七丈每丈價銀二分一厘共銀一十四兩
二錢一分七厘
又往韶府買火繩九百六十條每條價銀三分共銀二十八兩八錢
又往韶買火繩船價銀一兩二錢
一買黄蔴一百六十斤備打火繩用每斤銀三分共銀四兩八錢
一陸續修整鳥鎗共銀一十六兩三錢
一領舊帳房四十架修補用布及裁縫工錢共銀二十六兩三錢
又製帳房四十二架每架工料銀六兩三錢共銀二百六十四兩六錢
又製帳房木架一百二十六條每條工料銀四分五厘共銀五十六兩七錢
又製帳房竹釘一百六十八枝每枝工銀一厘共銀一錢六分八厘

又十一月十五六等日修補新舊帳房三十一架用布及裁縫工錢共銀一十八兩六錢五分

一買燈籠兩次每次九十個每個銀三分五厘共銀三兩一錢五分

一牛燭分派潮勇八百六十名坐船五十八只帳房八十二架每夜約用十斤零自九月十三日在省起至正月十二日在英德裁撤止計一百一十九日約用牛燭一千三百餘斤在省買牛燭四百三十五斤每斤價銀七分共銀三十兩零四錢五分

又在英德買牛燭二百四十斤每斤價銀七分二厘共銀一十七兩二錢八分

又在魚子灣往翁源買牛燭三百五十[illegible]斤每斤連運脚共銀[illegible]共銀三十三兩五錢三分五厘

又在橋頭墟往翁源買牛燭四百九十八斤每斤連運脚共銀八分六厘共銀四十二兩八錢二分八厘

一買船纜做火枝十二綑每綑銀二錢八分共銀三兩三錢六分

一買洋火把共銀二十二兩四錢

一買生油四百斤做大火枝用每斤銀五分共銀二十兩

又草紙二百斤每斤銀三分七厘共銀七兩四錢

又竹竿八十枝每枝銀六厘共銀四錢八分

一買七煙散共銀三十四兩

一買椰殼四百六十個每個銀四厘共銀一兩八錢四分

一買油布六十五斤每斤銀三分五厘共銀二兩二錢七分五厘

一買油紙一百二十張每張銀四分共銀四兩八錢

一買葵衣三十張每張銀一錢共銀三兩

一買鐵鍊八十六條每條銀二錢共銀一十七兩二錢

一買手鐐一百三十五付每付銀[illegible]兩四錢五分

一買脚鐐一百三十五付每付銀一錢[illegible]三兩五錢

一買鐵鎖一百四十三把每把銀五分共銀七兩一錢五分

一買紫薪燒望火共用八萬五千六百斤每百斤價銀一錢五分共銀一百二十七兩五錢

一買火炭營中守夜備點火繩共用七千六百斤每百斤銀四錢共銀三十兩零四錢

一買蔴布口袋四百個備扎大營用每個銀三分共銀一十三兩

一買竹籮八十個裝火葯罈用每個銀七分五厘共銀六兩

又買竹籮十二個裝牛燭用每個銀七分共銀九錢

又在翁源添買竹籮竹箕五十七個抬犯人用每個銀七分共銀

共銀四兩二錢七分五厘

一買棕繩一百五十條每條銀七厘共銀一兩七錢五分

一買竹箕三十担每担銀六分共銀一兩八錢

總共支銷銀二萬八千六百零一兩八錢八分一厘

除支用長銀四百一十四兩八錢八分一厘

F.O. 682/327/2(15)

[redacted]

廣州府庫另款存儲逆產罰款實存銀數清摺

計開

潘鴻洸逆產銀一百三十七兩九錢

九江其昌等當逆產現銀及估變貨物銀一千兩

九江松盛當張氏承繳當本銀二千兩

九江保合等店十九間估變價銀叁千零四十兩

九江估變餘鹽銀四百六十兩零一錢二分六厘

省城黃亞列逢源布店貨物銀一百零五兩六錢

黃亞列逢源店價銀七百兩

陽春鮮黃亞列黃泥湾油榨行逆產銀八百零六兩二錢六分七厘

省城瓊花會館銀一萬兩

佛山瓊花會館磚料銀一千六百一十七兩三錢六分

委員鄒宗耀解慕德里顏德逆產銀五千三百三十七兩四錢九分

江常逆產銀八百両
廿先逆產銀三十両零三錢
局發顏德江常逆產銀三千両
新會縣解逆產銀四千八百五十四両
南海縣估變老介福欒欄街等鋪銀一萬両
又續查估變老介福店二間銀二千二百両
又沙頭何爲光省逆產銀四百一十二両九錢零六厘
先後收雷州海康等縣解老介福雷州逆產銀二萬五千
五百七十六両零四分五厘
先後收到佛山逆產銀一萬七千両

收九江未變價鋪租八十一両零二分
九江逆產銀三千五百両
黃昇獅子賓逆匪鄧亞南河南名材杉行估價銀一千四百両
佛山園娃罰項銀七千二百四十六両
省園娃二千両
老逢庚罰項銀七千両
鄧亞楠長發顏料店貨物變價銀一百一十五両
鄧亞楠店內起出番銀二百零七両九錢銅錢三十千文
以上共銀一十一萬零六百二十七両九錢一分四厘
另銅錢三十千文

據沈兆洪供樂昌縣人年五十歲父母都故並無兄弟妻子鋸板度日本年七月二十四日大夥賊匪到小的住的九峯村内被脅入劉順錫夥派在楊百草江字四號旗内隨同沿途索詐開角二十九日到湖南興寧縣賊夥打仗小的未曾上前抗拒是實

F.O.682/327/2 (17)

據周亞隴供長寗縣人年三十一歲父母俱故並無兄弟妻子向在曲江縣屬傭工度日本年六月三十日有大夥賊匪來村屯住匪夥何天光吊邀小的入夥即於七月初一初二兩日隨同各夥到許家山余張鄧姓數家開角得贓分用並無抗拒官兵情事是實

據陸水保供英德縣人年二十五歲父母俱故並無兄弟妻子乞
食度日本年四月二十七日在黃姜坳聽從謝跳皮四邀入陳
亞禮夥派在第六號旂下隨同開角並無抗拒官兵情事是實

據廖金積供乳源縣人年二十八歲父故母邱氏兄弟二人小的居二並無妻子向開歇店本年六月初十日縣屬寮水村人朱慶古糾邀往宜章藍山臨武三縣交界的水東墟坪行刧得賍分用約定十三日到寮水村會齊時尚有桂陽州的唐姓帶夥百多人連朱慶古邀夥百餘人共三百餘人六月十五早各執器械動身小的執竹篙鎗二更時到臨武屬水東墟坪各坪主及人家均各逃避小的們三百多人一齊入坪分投搜刦得花銀三千餘兩連附近人家的衣物不計多少因聞有鄉勇圍捉夥黨一同携賍跑到離水東十餘里的蘇溪松山內分賍小的分得花銀五元衣衫一件當被該處鄉勇追趕被捉去六七十人小的就於十六日連夜跑回家下躲避今被獲解的小的實止聽糾行刦入室搜賍這一次此外並無另犯別案是實

謹將七月二十一日起至二十八日止各路官兵獲解賊匪名數日期開列呈

閱

計開

七月二十六日據惠來營守備金國樑署連陽營守備朱鸞委員涂陽麟提標外委殷以益韶營外委李國陞等稟獲解賊匪六名

邱阿何即大旗盤　胡有傑　朱阿勉

阮阿同　羅達　羅晚

二十七日據韶營千總劉大懿稟獲解賊匪一名

周亞隴

二十八日據韶營千總劉大懿稟獲解賊匪一名

呂新育

以上共獲賊匪八名

1

謹將擬辦人犯開列呈

電

計開

毛奇達 翁源縣人 黃乙太 劉老三夥 火山仁化樂昌扶溪魯溪打七仗

2

藍會書 連平州人 劉老三夥 苦水營羅坝朱岡坝刴頭板浦內莞魯溪打八仗

陳標即增滿 翁源縣人 宋功林夥 坝子墟狗形嘴龍仙打三仗

張向芶即輕相 翁源縣人 劉老三夥 魯溪花山打二仗

3

張錫清 翁源縣人 謝老三夥 苦水營羅坝朱岡坝打四仗

陳潮鈞 翁源縣人 王亞靦 謝老三夥 三華鎮狗形嘴龍仙苦水營羅坝朱岡坝打八仗傷八人

賴秋陽 翁源縣人 黃乙太 謝老三夥 火山仁化樂昌扶溪苦水營羅坝朱岡坝打十仗

以上七犯翁源縣解

曾佬保 興寧縣人 周閏吉夥 板水洞嶺背塘打二仗

歐王安 河源縣人 黃腦夥 樂昌扶溪打四仗

歐亞淋 河源縣人 黃腦夥 樂昌扶溪打四仗

陳亞恒 長寧縣人 周閏吉夥 湯盤水板水嶺背塘打四仗

李曹昌 英德縣人 黃毛五夥 消魚水嶺坑紫洞墟打三仗

謝亞滿 河源縣人 王亞靦夥 獅子嶺龍仙打二仗

張東祥 曲江縣人 黃乙太夥 仁化樂昌扶溪打五仗

葉應春 連平州人 王亞靦 盧宗求夥 獅子嶺大蓆𦃄岡雞溪錫場打五仗斃五人

饒常王 乳源縣人 王亞靦夥 漠溪揳刧火山獅子嶺打二仗

以上九犯劉千總解

卯月興 河源縣人 王亞靦夥 火山獅子嶺龍仙打三仗傷一人

李亞三即冬秀 河源縣人 謝老三夥 寒洞苦水營和平牛獅腦流源坝水口瀧頭打八仗傷一人

黎亞蘭 清遠縣人 黃毛五夥 關前水頭墟打二仗

朱連盛 嘉應州人 楊亞六 謝老三 劉老三夥 墟地排魯溪瀧頭等處打八仗

以上四犯任涂守備解

鍾癩頭即會章 曲江縣人 周閏吉 陳亞禮夥 夫背烏田波羅白竹打四仗

以上金守備解

鍾己嬌 河源縣人 周閏吉夥 湯盤水板水洞嶺背塘打四仗

以上李外委解

F.O.682/327/2(22)

謹將本月初九日燕塘會哨各鄉練勇名數開列呈

電

昇平
仁善約共貳千伍百名

石牌
棠下村共壹千名

車陂堡共玖百名

揚箕村五百名

寺佑村叁百伍拾名

冼村鄉陸百貳拾陸名

鳳鳴社貳百壹拾叁名

聯昇社吉洞村伍百名

新興堡伍百名

仁興堡貳百名

山河堡壹百名

林和莊壹百名

黃村貳百名

獵德村壹百伍拾名

官溪村壹百柒拾名

長湴村叁百名

6

岑村肆百名
黄華村貳百伍拾名
柯木塱貳百名
下塘村壹百伍拾名
員村壹百名
暹岡村壹百名
下員岡村壹百名
上員岡村柒拾伍名
蚺蛇坑村捌拾名
石溪村壹百名
黄麖塘陸拾貳名

大水圳陸拾名
大保莊村伍拾名
珠村肆拾名
花生寮村肆拾名
沙河海旁肆拾名
沙河村叁拾名
吉山村叁拾名
西坑村貳拾伍名
上塘村貳拾名

共壹萬貳百陸拾壹名

F.O. 682/327/2(31)

大石賊目

林亞申 混名陳光隆猛涌人

黑骨緒 陳頭人

李亞計 鍾村人

何亞儒 大石人 混名大頭儒

找金 新村人

郭亞米 東滘人 賊之軍師

A3.

管帶香山壯勇南海縣五斗口司巡檢張金鑑謹將本月二十一二十二等日在佛嶝洲
頭連獲勝仗除生擒賊匪已解
臬憲行轅外合將奪獲旗幟搭提炮胆刀矛等械開列呈
電

計開

尖角大紅旗一面
尖角小紅旗四十一面
搭提炮胆六個連木箱
竹札十五枝
皮皷二個
火藍一個
賊名簿一束
單刀一把

~~FO.682/327/5(32)~~
FO 931/1076

再啓者昨接張守 其翰來字頗為切實詳明並抄寄呈
覽後仍望發還玉勞辛階辦理大題第一事頗為秘密昨接奉
手函繳露其意 囑勿宣示 覽張守之字亦見一斑矣 又及

[redacted]

謹將十二月十一日解省陸拾壹犯開列呈

電

計開

周亞欣　屢充旂頭打二十六仗傷官三次殺十五人

謝浩淄　三充旂頭打十九仗傷四人

周亞煥　屢充旂頭打八仗

鍾遇啟　盧沖天夥打十二仗

馮祖乾　黃亞觀 劉老三 夥打八仗

楊鎖穩　歐尚愊 盧沖天 夥打五仗

唐洪育　打五仗

童亞清　打二仗

蕭羅妹　以上盧沖天夥打二仗

謝繼興　黃乙太 劉老三 夥打九仗

李觀生　黃亞觀 楊石秀 夥打六仗

謝永淐　黃乙太 劉老三 夥打四仗

謝承連　打四仗

張亞深　打四仗

謝禮苗　以上劉老三夥打三仗

吳觀盛　打兩仗

蕭金興　打二仗

張羅狗　打一仗

吳亞先　以上楊石秀夥打一仗

譚李興　以上俱連平州人　黃亞觀夥打三仗

陳南養　傷官一次打十仗

譚如朋　傷官一次打兩仗

余亞六　打九仗

童亞閏　打兩仗

邱亞亨　以上俱長寍縣人　打一仗

李亞時　以上俱盧沖天夥打三仗

梁觀妹　兩充旂頭打六仗

蕭七勳生　充當旂頭打三伕
蕭亞運　楊石秀　盧冲天　夥打三伕
葉添喜　打兩伕
林鎖秀　以上楊石秀夥打一伕
温亞槐　打一伕
邱亞香　以上俱河源縣人　以上熊絲線夥　打一伕
盧濱六　劉老三夥戕官親一人打四伕
麥亞秋　以上俱和平縣人　楊石秀夥打三伕
以上吴守自連平州解
何乙吽　長寍縣人　打十伕
彭老二　打三伕
盧金穩　打兩伕
楊老四　以上俱始興縣人　打兩伕
邱賜喜　福建上杭縣人　以上俱謝老三夥　打三伕
蕭四苟　始興縣人　李獨脚夥周兩一伕
邱葉古　翁源縣人　張佛旨夥周兩一伕
以上始興縣解
顏石古　打七伕傷二人

李順古　以上南雄州人　俱黄乙太 謝老三 夥　打七伕傷二人
吴老九　興寍縣人　黄乙太夥仁化樂昌三伕傷二人
以上仁化縣解
侯跳山四　江西長寍縣人　黄亞觀 謝老三 夥打十三伕傷三人
李木嬌　河源縣人　黄乙太夥仁化樂昌三伕
以上劉千總解
陸亞保　長山等處四伕傷二人
胡亞昌　長山等處四伕傷六人
陸亞滿　長山等處四伕傷一人
黄亞生　長山等處四伕傷一人
唐亞滿　長山兩伕
唐亞桂　長山等處四伕傷二人
唐亞潮　長山等處四伕傷一人
唐秤養　長山等處四伕
陳亞六　長山等處八伕
謝逢恩　長山等處八伕
王玉亮　以上俱英德縣人　長山等處八伕
邱廣石　長寍縣人　以上俱黄亞槐夥　長山等處六伕
陳亞二　平遠縣人　謝落花夥　獅嶺一伕
黄亞三　興寍縣人　鍾亞霊夥　獅嶺一伕
以上廣協　黄千總解

(h) F.O.682/112/4(25)

謹將四月初八日解省七十八犯開列清摺呈

電

計開

劉應顯　英德縣人　吳亜章影旂頭漁水英陽圩兩仗

何亜秀　黃槐花影深坑英陽圩兩仗

李亜卓　李亜良影水逕英陽圩兩仗

周亜桂　李亜獨影英陽等處五仗

陳北海　陳亜光影青蓮英陽兩仗

劉應興　陳飛沙影大江英陽兩仗

鄭開沅　梁亜振影青蓮英陽兩仗

羅亜四　李亜良影英陽一仗

董其相

阮亜橋

伍辰妹

張亜幾

張土朗

黃亜秀

李安

賴亜二

張閏九

阮亜生

黃亜二

何亜淮

何土淮

鄧亜星

李亜路

張亜廣

祝亜美

羅蛋保

陳亜二

以上俱李亜良影英陽圩一仗

李亜獨影

鄧亜四

黃亜養

以上俱李亜獨影英陽圩一仗

陳飛沙影

曾全堅

羅觀秀

區亜洪

潘亜生

以上俱陳飛沙影英陽圩一仗

周亞順　鄧亞鳳夥英陽圩一仗
劉亞滿　陳亞光夥英陽圩一仗
鄧亞二　江亞華夥英陽圩一仗
祝亞養　以上俱英德縣人　吳擺尾夥英陽圩一仗
曾亞晚　陽山縣人　李亞良夥
譚清友
李亞交
張良保
張亞羊　以上俱陽山縣人　以上俱李亞良夥英陽圩一仗
黃亞明　吳擺尾夥旂頭漁水英陽兩仗
黃林秀　俱和平縣人　陳飛沙夥英陽圩一仗
李亞二　興寧縣人　陳亞光夥英陽圩一仗
李亞生　清遠縣人　李亞獨夥英陽圩一仗
熊長生　乳源縣人　李朗三夥
邱亞潰　鎮平縣人　李朗三夥
陳乾德　南海縣人　梁亞振夥
溫二順　長寧縣人　陳飛沙夥以上俱英陽圩一仗
以上黃千總曜吉英陽圩打仗當場獲解

劉壬郎　英德縣人　何大江夥英德水迳一仗
盧亞養　英德縣人　李亞良夥陽山青蓮一仗
盧金生　英德縣人　李亞良夥陽山青蓮一仗
以上黃千總併前犯解
鄔亞六　永安縣人　羅竹絲二夥仁化白石洞樂昌前後洞兩仗
鄧茂鳳　樂昌縣人　兩仗
林正家　兩仗
張書桂　兩仗
陳仁求　兩仗
黎福溁　俱樂昌縣人　一仗
丁鍾八　乳源縣人　兩仗
楊其瀰　興寧縣人　兩仗
蔡加桂　江西上猶縣人　兩仗
葉三瀰　江西龍南縣人　兩仗
鄧乙秀　龍川縣人　一仗
以上樂昌營縣解
黃亞受　清遠縣人　曾亞石夥旂頭橫石塘長山等處四仗傷二人
藍亞儛　英德縣人　王亞六夥小水西牛潭等處三仗

成亞四　英德縣人　曾亞石夥魚嘴小水等處三仗
以上孔署備梁千總解
羅四珠　江西上猶縣人　謝老三等夥長山等處五仗傷一人
陳潰娣　南雄州人　周所長山等處六仗
謝二風　興寧縣人　陳狗頭何天光鈞夥龍虎村長山等處四仗
以上賴署千總連陞解
黃亞灣　連平州人　何天光刁夥長山等處四仗
以上劉署備大齡解
鄺亞四　江西長寧縣人　黃乙太夥火山仁化樂昌五仗
以上南韶道解
駱亞巳　和平縣人　謝老三夥荷花塘等處四仗兼命案傷斃一人
以上曲江縣解
楊亞二　龍門縣人　分充總旂頭　傷一人
蒙大教化　仁化縣人　旂頭
蒙南華　仁化縣人　傷一人
羅亞有　興寧縣人
潘泳沅　長寧縣人　以上俱王腦夥仁化白石洞打仗　傷一人
以上仁化縣解

③ end
FO.682/112/4 (25)

謹將十月初八日解省三十一犯開列呈
電
計開
周亞四　連平州人　謝老三夥江字旂頭鍋洞和平陂頭岡尾八仗傷二人
謝三桂　連平州人　王亞觀謝老三夥遠字旂頭獅嶺龍仙陂頭岡尾四仗傷一人
賴美渙　江西龍南縣人　謝老三夥升字旂頭寒洞和平陂頭岡尾六仗
張伯沅　連平州人　劉謝老三夥魯溪陂頭二仗
周亞金　連平州人　謝老三夥陂頭岡尾二仗
賴永球　江西龍南縣人　謝老三夥陂頭岡尾二仗傷一人

謝亞申 連平州人 謝老三夥陂頭岡尾二伏
廖橋勝 連平州人 謝老三夥陂頭岡尾荷花塘周所四伏傷一人
謝南閏 連平州人 謝老三夥岡尾一伏傷一人
周水華 連平州人 歐尚幅夥龍川古寨和平黃坑二伏
劉亞華 連平州人 謝老三夥陂頭岡尾二伏
周桂生 連平州人 劉老三夥陂頭岡尾二伏
袁潰淐 翁源縣人 謝老三夥古家營羅垻司前四伏
袁全淐 翁源縣人 謝老三夥古家營羅垻司前四伏
賴亞鳳 河源縣人 謝老三夥陂頭岡尾二伏
吳亞招 連平州人 劉老三夥陂頭岡尾李村周陂四伏
李炳淐 連平州人 謝老三夥古家營羅垻司前四伏
袁石茍 江西龍南縣人 謝老三夥司前周所二伏
蔡觀俊 江西龍南縣人 劉老三夥大垻一伏
鄒長幅 連平州人 謝老三夥寒洞和平陂頭岡尾六伏
謝亞受 連平州人 劉老三夥岡尾一伏

袁陳幅 江西龍南縣人 黃腦夥大山仁化樂昌扶溪六伏
謝靈慶 連平州人 黃腦夥大山仁樂扶溪六伏 劉老三夥岡尾
蔡觀林 江西龍南縣人 劉老三夥司前荷花塘周所三伏
劉犀淐 江西龍南縣人
以上二十五犯係吳守自連平州解來
曹喜官 嘉應州人 周園吉夥嶺背塘一伏
張亞甲 河源縣人 張彎弓夥獅崗一伏
邱亞生 曲江縣人 陳亞禮夥寺前波羅白竹三伏
以上三犯係劉千總解
林蠲夬即林亞二 鎮平縣人 黃乙太夥樂昌三伏
以上賴把總解
附解另案二犯
曾東斗星 江西長寧縣人
邱亞二即邱順 東安縣人 俱湖南興寧縣入城打二伏
以上二犯係劉千總解

十七

現無匪踪稍涉懈忽致有蹂躪其出力文武官
紳兵勇業經查明擇尤請獎在案
恩施歷次打仗傷亡兵勇查明咨部議邺所有咸豐
三四兩年剿辦高廉兩府屬匪徒地方安靖緣
由臣等謹合詞恭摺具
奏伏乞
皇上聖鑒訓示謹
奏

今之賊，陸路多由鴉湖、石龍、南村三路而来，水路多由金溪、鶴岡兩路而来，結巢于懷清社及大坪、小坪、峻岡諸地，而分劄于昇平社、石井墟、張村及石門、華村、亭岡等處，本無壁壘險隘可倚，第日間進勦，兵進一步，賊即退一步以逃避，故難盡滅。惟擇一合戰天色，到三四更時，分令精兵假賊旗號，啣枚掩燈，突圍其巢，如墟市則圍社學、閙店、村庄，則圍祖祠、神廟、關隘，遇山路則扼險以截其往来，遇溪澗則斷橋梁以絶其犄角，而我兵則自有應援，或虚或實，令其不測，則賊可盡擒矣。賊乏火炮，所恃藤牌以標炮付鎗以衛口牌。如日戰，我兵可用二丈○餘長大鋒利鈎鎗，或用兩人，或用一有力者持以標之，則牌可破，而炮難攏矣。持長鎗者須預備鎗刀手，本隊兵追標棄長鎗後，即別取刀[illegible]隊卒之手，齊同刀牌、鎗鈀，隨鳥鎗後殺進，過去則賊技窮矣。至列陣可效鴛鴦三才陣法。○近聞賊往花縣從化處打單，被本土人糾衆數千截殺二百餘人，現欲托花邑宋撝謙講和云云，似此正好着兩邑賢紳授以糧草兵器，令約期統率鄉民從北而来，仍着伊假賊旗號，方不見疑，而易行使他與其後，而兵并攻其前，則賊必破矣。○至兵并民壯俱宜禁他，仍擄人財物，妄擾無辜，焚燬房屋，則民心安而情悅矣。

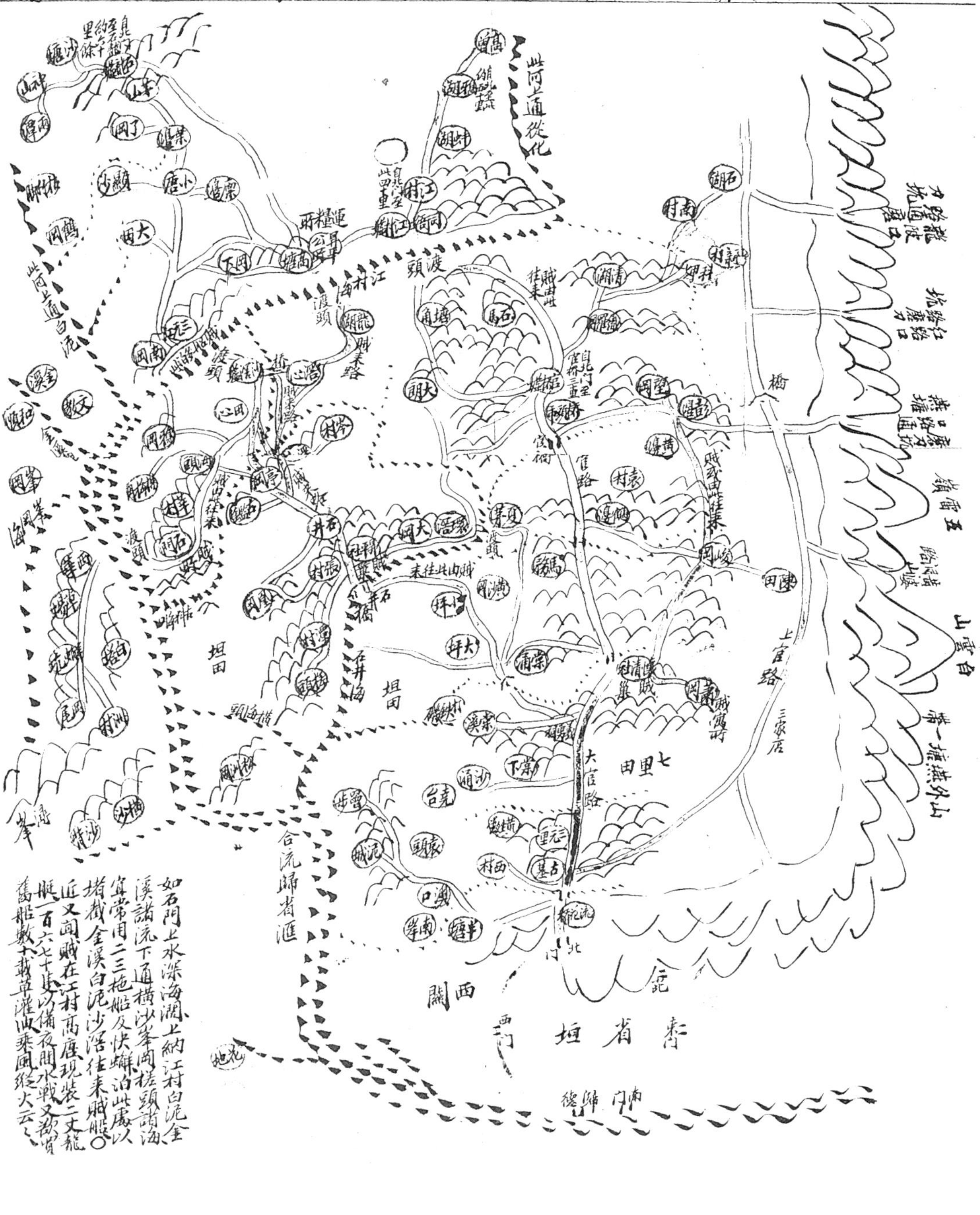

如石門上水深海潤，上納江村、白泥、金溪諸流，下通橫沙、峯岡、槎頭諸海，宜常用二三拖船及快蟹泊此處，以堵截金溪、白泥、沙滘往来賊艇。○近又聞賊在江村高塘現裝二丈龍艇一百六七十隻，以備夜間水戰，又欲買舊船數十隻，載草灌油，乘風縱火云云。

東關紳士陳舉人來信錄呈

探聞北路賊匪有移營到寶藏墟之信昨有本墟人親見該匪持帖派去各村通知不日到來等語未審確否或是該匪勢窮為此卸身之說亦未可定查寶藏墟近梅花岡百花墳等處與三寶墟相隔不遠云云又聞鹿步司岑村鄉製造火藥接濟北路賊匪由三寶墟或由惡山各路過北云岑村長阪兩鄉屢屢窩匪抗拒官兵今接濟火藥聞有黃姓者主其事此兩村亦須設法一勦為要連日進攻賊巢各鄉俱深為歡忭因受其荼毒已久必待賊勢大敗方能辦事也日間北路南海番禺兩縣村鄉已陸續到領門牌回鄉清查矣現在自北門直至石井各村消息皆通聞有脅從者數十人亦悔恨無地矣今日之仗東關團練先過賊匪濠溝惜火箭適少故未能全燒賊營然奪獲大砲取得耳記一副及砲子火藥各一桶倘各路皆合力同進今日破巢必矣又聞何炳賜因有病回鄉知賊勢將敗竟欲吞洋烟自盡後被賊黨多方救回等語又聞朱子宜在石井設造鹿角柵甚多欲堵截河道有人見其親往設放云另造小船二百隻快蟹二隻俱灣泊石井云云初八日蒙憲恩賞東關團練銀一百二十兩矣自初五日起一連進勦三日初七殺燒賊巢相隔丈許耳東關勇先過濠溝因後面兵勇不繼未能燒燬初八日賊復出至三家店討戰我兵勇出隊大獲勝仗殺退回巢連前共進勦四日矣

[redacted]

謹將通諭各州縣告示開呈
憲鑒
為剴切曉諭事照得本年七月西省匪徒竄入廣寧縣古水墟一帶打单索詐由廣寧至清遠由清遠至英德之羅家營經官兵追勦失利賊遂大肆鴟張復入清遠之横石滘江關前等處滋擾並要挾以求招安經
督撫院憲以賊胆敢聚衆抗官罪無可赦飭委本司恭請
王命會同陸路提督統帶大兵馳赴進勦賊聞風竄往佛岡肆行搶掠所過之地無不遭其蹂躪甚至焚刦廬舍戕害民人抄没市墟奸淫婦女荼毒百姓搶洗一空慘目傷心為從來未有之事經本司委候補府史守會同營員督兵先往勦辦該匪等仍敢抗拒大兵並殺鄉民洩忿陷辱員弁窮兇極惡罪不容誅現復飛調廣惠潮肇各路精兵一萬並招募壯勇五千餘名四路圍勦必欲滅此羣醜以安民生惟賊沿途竄逸到處蔓延為此勸諭爾各屬社學紳耆鄉正保約人等凡屬清遠英德佛岡接壤之區大小村墟各宜同心併力預行團練防堵彼此約定但有賊至即鳴鑼警衆上下左右村鄰齊出

幫擊勿致臨時受害縱多格殺賊匪亦照例不問且爾鄉民各有身家各有財貨與其被賊擄掠何不早行聯絡互為救援勿惜小費而招災勿偷安閒而後悔如有糾率鄉勇隨營効力者但能斬級獲醜定行重賞花紅恩施頂戴本司誓當勦滅賊匪為民除害豈爾百姓被其淩辱竟不切齒共憤乎其各率爾子弟糾爾鄉鄰四路堵拏無使逃脫是必永除後患方期民得安居如有確知賊匪潛匿之所亦即密報地方文武員弁掩襲搜捕務盡根株果能守望相助上下同心何慮狂賊之不滅耶如賊中有爾等族內不肖子弟即早各為綑送與賞格一律加賞決不株連倘執迷狗庇一經查出所有房屋祖祠概行折毀並治爾等以應得之罪孰得孰失其慎思之為此勸諭各宜遵照毋違特示

F.O. 682/112/2(4)

[redacted]

查高廉道報銷用過勦捕西省灘匪官兵壯勇薪水口粮夫價等項共銀二萬九千九百二十一兩九錢四分內除支發官兵薪水口糧銀三千零八十二兩八錢核算無浮應照數准銷外至壯勇一項前辦英夷軍需案內止設壯勇頭人並無統領隊目等名目惟上年辦理英清匪徒案始添設総頭人副頭人二項総頭人日支糧銀一錢五分副頭人日支糧銀一錢二分頭人日支銀一錢壯勇日支銀八分今冊開壯勇統領日支糧銀三錢六分隊目日支銀一錢六分什長日支銀一錢二分壯勇日支銀一錢均屬浮多又養夫一項誠如

憲示為向來報銷所無而夫役一項較之兵丁名数幾至一倍况軍需定例站夫閑日每名僅支口糧米一升不給工價行走每日加給工價銀五分今冊開養夫閑日每名給銀五分行走日給銀一錢亦屬多支又不將運送里数及軍裝斤重数目開明無凴懸核又支用捕費概以洋銀支放將伸水銀兩扣出報銷曾經詳明移知有案現冊並未將伸出水銀造報亦屬遺漏查道光十九年及二十三年由外辦理防夷及廉洋盗匪二案各屬開報墊用經費銀兩係分別成数酌以七成或三四五成折銷今琦道冊報用過壯勇口粮夫價銀二萬六千八百三十九兩一錢四分應請按七成核銷銀一萬八千七百八十七兩零連官兵薪水口粮銀三千零八十二兩八錢共准銷銀二萬一千八百七十兩零其餘銀八千零五十餘兩概行刪減以歸核寔再此項經費為数既鉅司庫又無閑欵似應暫行借欵支給另籌歸補是否有當合開節畧呈候

鑒核

遵將會隨畢府等緝捕文武委員分別最為出力
及其次出力者開列銜名清摺呈
電
計開
最為出力者七員
遇缺即補縣丞陞用知縣海廷琛
督轅武巡捕黃者華
撫轅武巡捕翟黼文
廣州協左營守備張履泰
順德協左營容奇汛把總陳榮先
六品軍功頂戴梁兆榮
効力武舉孔繼堯
其次出力者六員
候補縣丞俞德棻
候補從九陸景清
候補從九楊學夔
署順德協左營守備楊衛邦
順德協左營甘竹汛把總伍嘉猷
順德協城守把總王昌華

F.O.682/112/4.(18)

謹將廣寧案犯羅金保等供開夥黨姓名列摺呈

電

計開

羅金保供開夥黨

温亞更年二十餘歲身高大面白無鬚麻

温亞六年二十一二歲身高大面黑無鬚麻以上二名俱廣寧星仔岡人

陳亞幅年四十歲身中様面紫無鬚微麻左耳上有瘡疤

陳洪保年三十六七歲身矮小面黑無鬚麻

陳丈祖年四十餘歲身高䠷面紫無鬚微麻

陳亞訓年三十七八歲身矮胖面黑無鬚有麻

陳亞吽年二十六七歲身高面紫無鬚以上五名俱四會鄧村小布人

華亞滻年四十一二歲身高面黑無鬚麻

劉亞長年三十歲身矮小面黑無鬚麻

劉亞七年四十餘歲身高大面黑無鬚麻

劉亞幅年三十一二歲身高大面黑無鬚麻以上四名俱四會大烏尾人

温亞長年二十六七歲身高大面黑無鬚麻

温亞八年三十五六歲身中様面黑無鬚麻

温亞前年四十三四歲身矮小面黑無鬚麻以上三名俱廣寧星仔岡人

曾亞狗年二十四五歲身高大面紫無鬚麻

曾亞幅年三十一二歲身中様面紫無鬚麻以上二名俱廣寧江谷新屋人

陳成寶年二十八九歲身中様面紫無鬚麻

官亞八年二十八九歲身高大面黑無鬚麻以上二名俱廣寧江谷人

區亞揚年四十餘歲身高䠷面黑無鬚麻

區亞幅年二十八九歲身高大面紫無鬚麻以上二名俱四會工茅逕口人

陳二禮年三十四五歲身高大面紫無鬚麻

陳十兩年三十歲身高大面紫無鬚麻以上二名俱四會工茅逕口鋪洞人

蕭亞威供開夥黨

梁亞榮年二十餘歲身中様面白無鬚麻廣寧井窩人

梁亞醒年二十七八歲身中様面白無鬚麻廣寧白石人

馮亞維年三十二歲身中様面白無鬚麻廣寧井窩人

朱亞狗年三十歲身中樣面紫無鬚麻廣寧工和人
范本宏年三十餘歲身高大面紫無鬚麻
范灶幅年三十二歲身高大面紫無鬚麻以上二名俱廣寧寨下人
鄧亞開年三十餘歲身中樣面白無鬚麻廣寧先田人

曾亞更供開夥黨

何亞立年三十歲身高眺面黑無鬚麻四會運口山脚人
林亞培年二十五六歲身中樣面紫無鬚麻三水蘆苞彭園街人
林亞輝年四十一二歲身高眺面黑無鬚麻三水蘆苞上大塘村人
林社保年二十一二歲身矮胖面黑無鬚麻三水蘆苞上大塘村人
黄亞振年四十五六歲身矮胖面黑無鬚麻四會倉江人
温亞有年三十一二歲身高大面黑無鬚麻廣寧江屯人
曾亞五年三十二三歲身矮胖面黑無鬚麻廣寧江谷人
曾亞保年四十一二歲身矮小面白無鬚麻廣寧江谷人
米亞得年三十七八歲身高大面黑無鬚麻清遠三坑坡頭人
黄亞石年三十歲身高大面白無鬚麻廣寧小甕人
冼亞六年四十一二歲身高大面黑無鬚麻四會洗村人
羅亞幅年二十七八歲身高眺面黑無鬚麻清遠樹廟山人
江松保年二十七八歲身矮小面黑無鬚麻番禺江村人

謝亞榮年三十八九歲身高大面黑無鬚麻花縣人
何亞九年三十四五歲身中樣面黑無鬚麻
何華勝年二十七八歲身高大面白無鬚麻胸前有毛以上二名俱清遠青龍岡人

盧亞月供開夥黨

劉亞三年三十歲身中樣面白無鬚麻
羅亞狗年二十一二歲身高大面黑無鬚麻以上二名俱廣寧春水人
温亞三年二十五六歲身中面黑無鬚麻
温亞嬌年三十一二歲身高面黑無鬚麻俱廣寧曲水人
曾亞九年三十五六歲身中面黑無鬚麻
彭亞才年三十二三歲身中面黑無鬚麻
羅亞二年三十餘歲身高大面白無鬚麻以上三名俱廣寧春水人

楊任幅供開夥黨

雷亞四年五十餘歲身高大面黑無鬚麻四會下村人
蘇亞龍年二十餘歲身中面黄無鬚麻四會地豆圩人
張亞保年十八九歲身矮小面紫無鬚有麻四會黄村人
賴亞得年二十七八歲身中面紫無鬚麻四會社還人
羅亞榮年三十四五歲身中面紫無鬚麻四會三坑人
張亞二年二十四歲身中面黑無鬚麻三水沙頭人

羅二九年三十八歲身高大面紫無髭鬚麻四會營腳人

黄亞五供開夥黨

范昌秀年三十餘歲身中面白無髭鬚有麻

范亞丙年三十餘歲身中面白無髭鬚有麻俱廣寧龍岩嚴寨人

黄李生年二十七八歲身中面白無髭鬚麻廣寧山塘寨人

鍾亞幅年四十歲身高大面紫無髭鬚麻廣寧白帶大寨人

黎亞觀年四十歲身中面黑無髭鬚麻廣寧黄沙坑人

羅亞奴供開夥黨

蘇亞受年三十七八歲身中面紫無髭鬚麻四會地豆圩人

何亞成年三十一二歲身高大面紫無髭鬚麻三水老村人

張亞方供開夥黨

楊水保年四十歲身高大面黑無髭鬚麻

羅亞更年二十七八歲身高大面紫無髭鬚麻俱四會潭坑人

黄亞里年二十七八歲身中面紫無髭鬚麻廣寧白帶新塘人

李亞三年四十二三歲身中面紫無髭鬚麻廣寧江屯坳下人

劉亞丁年三十三四歲身矮小面紫無髭鬚麻廣寧江屯坳下人

鄧月得年二十八九歲身高大面白無髭鬚麻

鄧亞元年四十三四歲身矮小面黑無髭鬚麻俱四會威井黄茅嘴人

廖亞洸供開夥黨

梁亞榮年二十六七歲身高大面紫無髭鬚麻廣寧黄竹逕人

譚亞富年三十餘歲身中面黑無髭鬚麻廣寧黎洞江人

梁亞平年三十五六歲身高面黑無髭鬚麻廣寧白石寨人

曾亞容年三十七八歲身高大面黑無髭鬚麻廣寧黄竹逕人

曾亞富年三十歲身中面紫無髭鬚麻廣寧曾村人

何亞四供開夥黨

黄亞日年二十四五歲身中背佗無髭鬚麻

葉亞日年三十一二歲身中面紫無髭鬚有麻

羅亞五年二十六七歲身中面白無髭鬚麻以上三名俱廣寧人

温亞四年三十四五歲身高大面紫無髭鬚有麻四會蓮塘村人

温亞三年二十一二歲身中面白無髭鬚麻廣寧星仔岡人

黄亞生年三十一二歲身高大面紫無髭鬚麻廣寧勝坑村人

黄火生年二十五六歲身中面白無髭鬚麻高要白石村人

陳亞長年三十三四歲身高大面黑無髭鬚有麻開建藍同人

陳亞六年二十一二歲身矮小面白無髭鬚麻四會蓮塘人

曾亞善年十七八歲身矮面白無髭鬚麻

劉亞開年二十七八歲身高大面黑無髭鬚有麻俱廣寧石同人

伍亞二年二十四五歲身矮小面白無鬚麻懷集縣人

劉亞三年二十七八歲身高大面白無鬚麻廣寧星仔岡人

朱亞華年二十餘歲身矮小面黑無鬚有麻四會蓮塘人

鍾連保年三十三四歲身中面白無鬚麻廣寧影大村人

范亞四年三十餘歲身高大面白無鬚麻廣寧榕村人

何連鳳供開夥黨

黃金保年三十二歲身高大面白無鬚麻
係元字旗內拏刀牌

黃亞紀年二十六七歲身中面白無鬚麻
係元字旗內拏砲

黃亞天年三十四五歲身高大面黑無鬚麻
係元字旗內拏刀牌

盧亞仰年二十五六歲身矮小面白無鬚麻以上四名俱廣寧陳鄉人

盧亞尊年約三十歲身矮小面黑無鬚麻廣寧人

梁亞生年二十二歲身高大面白無鬚麻廣寧陳鄉人

陳亞四年二十七八歲身矮小面黑無鬚有麻廣寧人
係元字號旗內拏刀

陳亞木年十八九歲身中面白無鬚麻開建南峯人
係元字旗內拏扎嘴

黃楊保年二十四五歲身高大面白無鬚麻廣寧陳鄉人
係元字旗內拏刀牌

梁亞六即楊高佬杰供開夥黨

何亞勝年三十歲身高䠷面黑無鬚麻四會縣不知何村人
係日字旗號內拏扎嘴

梁亞受年二十五六歲身中樣面白無鬚麻不知何處人係省城聲音
係日字旗內挑火藥桶

邱亞尺年四十餘歲身中樣面黑無鬚麻清遠縣不知何村人
係日字旗內拿扎嘴

陳亞三年二十餘歲身高䠷面白無鬚麻不知何縣人
係日字旗內拿扎嘴

陳亞才年三十歲身大面無鬚麻高要縣人
係日字旗內刀牌手

蘇亞永年四十餘歲身高面黑無鬚麻新會江門人
係日字旗內拿扎嘴

亞經不知姓年三十歲身中樣面黑無鬚有麻不知何處人
係日字旗內拿火藥袋

亞得不知姓年二十餘歲身高大面白無鬚麻不知何處人
係日字旗內拿扎嘴

亞寬不知姓年四十歲身高大面紫無鬚麻不知何處人
係日字旗刀牌手

曾亞養年三十餘歲身中樣面紫無鬚麻廣寧縣江谷人
係日字旗內拿扎嘴

曾亞晚年三十歲身高大面白無鬚麻廣寧江谷人
係日字旗內拿扎嘴

李亞灶年三十餘歲身中樣面紫無鬚麻廣寧縣人
係日字旗內拿扎嘴

大口丙不知姓年三十餘歲身中樣面黑無鬚麻不知何處人
係日字旗內砲手

廖亞甲供開夥黨

陳得保年二十六七歲身高大面紫無鬚麻三水逕口人
係辰字號旗頭

林亞添年二十二歲身中樣面白無鬚麻四會縣人
辰字號拏扎嘴

潘亞貴年二十三四歲身中樣面白無鬚麻四會縣人
辰字號拏刀牌

鍾亞發年三十一二歲身高大面紫無鬚麻廣寧人
辰字號拏銃

鍾亞幅年二十五六歲身中樣無鬚麻廣寧縣人
辰字號拏扎嘴

羅亞貴年二十三四歲身中樣面白無鬚麻廣寧縣人
辰字號拏刀牌

羅亞三 年二十二歲身中樣面白無鬚麻廣寧縣人 辰字號弩扎嘴

曾亞得 年二十三四歲身中樣面白無鬚麻四會縣人 辰字號弩刀牌

鍾亞勝 年二十二歲身中樣面白無鬚麻三水逕口人 辰字號弩扎嘴

鍾亞晚 年二十七八歲身高大面白無鬚麻四會縣人 辰字號弩刀牌

鍾亞秀 年二十八九歲身矮小面紫無鬚有麻三水人 辰字號弩扎嘴

亞滃不知姓 年三十二三歲身中樣面黑無鬚麻三水人 辰字號砲手

亞有不知姓 年二十八九歲身中樣面白無鬚麻四會縣人 辰字號弩扎嘴

斗保不知姓 年二十八九歲身高大面白無鬚麻四會縣人 辰字號弩刀牌

李亞勝供開夥黨

陳得保 年二十七八歲身高大面黑無鬚麻四會蕉坑人 辰字號旗頭

李亞廾 年二十五六歲身高大面紫無鬚麻四會蕉坑人 辰字號弩刀牌

彭庚秀 年三十五六歲身高眺面黃無鬚麻四會蕉坑人 辰字號弩扎嘴

李亞茂 年二十四五歲身矮胖面黑無鬚麻四會思奴村人 辰字號弩刀牌

李亞清 年四十一二歲身高大面黑無鬚麻四會思奴村人 辰字號弩挑刀

華亞雲 年二十五六歲身矮小面紫無鬚麻四會思奴人 辰字號弩刀牌

盧三和供開夥黨

曾亞理 年四十一二歲身中樣面黑無鬚麻清遠縣人 列字號旗頭

麥細九 年三十五六歲身中樣面黑無鬚麻四會塔腳人 列字號弩刀牌

麥亞元 年二十六七歲身中樣面黑無鬚麻四會塔腳人 列字號弩刀牌

謝亞秀 年四十七八歲身高大面紫無鬚麻三水園下人 列字號弩扎嘴

李亞有 年四十一二歲身中樣面黑無鬚麻清遠縣人 列字號弩扎嘴

張亞瓊 年三十一二歲身中樣面黑無鬚麻三水諸岡頭人 列字號弩挑刀

米亞全供開夥黨

潘亞茂 年三十餘歲身矮細面黃無鬚麻四會蒲水蓮人 天字號旗管馬

米亞得 年二十七八歲身高大面黑無鬚麻清遠陂頭圩人 地字號旗頭

米容水 年二十餘歲身中樣面白無鬚麻清遠縣陂頭圩人 地字旗刀牌手

曾亞四 年四十餘歲身高大面黑無鬚麻四會縣人 荒字旗砲手

徐亞廣 年二十三四歲身高大面黑無鬚麻清遠官路寨人 地字旗弩扎嘴

徐亞贊 年二十一二歲身中樣面黑無鬚麻清遠官路寨人 地字旗挑火藥桶

張亞閏 年三十餘歲身高大面白無鬚麻四會縣人 黃字旗刀牌手

亞益不知姓 年二十一二歲身矮細面白無鬚麻四會縣人 人字旗挑行李

老庚不知姓 年四十餘歲身矮細面白無鬚有麻三水黃塘村人 地字旗挑行李

潘亞桂供開夥黨

陳北保 年三十五六歲身矮胖面黑無鬚麻三水蕉坑人 成字旗頭

陳亞酌 年三十六七歲身高眺面黑無鬚麻廣寧縣人 地字旗不記用何器械

陳亞登 年二十五六歲身高眺面白無鬚麻四會縣人 成字旗

朱亞龍　年三十二三歲身矮胖面黑無鬚麻　係昃字旗內人
陳亞東　年二十七八歲身高大面黑無鬚麻　係地字旗內人
陳亞養　年三十五六歲身中面黑無鬚麻　係成字旗內人
李亞勝　年二十六七歲身中面黑無鬚麻以上四名俱廣寧人　係成字旗內人
曾亞就　年三十歲身高大面黑無鬚麻　係地字旗內人
賴斗保　年三十五六歲身高大面黑無鬚麻　係珠字旂內人
曾亞水　年三十五六歲身高大面黑無鬚麻以上三名俱四會縣人　係地字旗內人

曾天賜供開夥黨

曾東保　年二十七歲身中面白無鬚麻廣寧新屋村人　張字旂內拿長針
曾二隆　年三十餘歲身高大面紫無鬚麻廣寧新屋村人　係張字旗內刀脚手
冼亞畢　年三十一二歲身高大面黑無鬚麻廣寧公大營人　係成字旗內拿刀
賴亞才　年二十七八歲身高大面白無鬚麻廣寧龍村人　係成字旗內拿刀
歐亞晚　年三十歲身中面白無鬚麻　係成字旗內拿長針
歐亞吉　年三十餘歲身高大面黑無鬚麻　係成字旗內拿刀
吳亞才　年三十餘歲身矮小面黑無鬚麻　係成字旗內拿刀
賴亞三　年二十餘歲身中面白無鬚麻　係成字旗內拿刀
賴亞碧　年三十五六歲身中面白無鬚麻以上五名俱番禺縣人　係成字旗內拿刀
冼亞張　年三十餘歲身中面黑無鬚麻四會江場人　係黃字旗內拿刀

楊亞四　年二十七八歲身矮小面黑無鬚麻　係黃字旗內拿挑刀
楊亞江　年二十餘歲身矮小面白無鬚麻以上二名俱廣寧潭口村人　係黃字旗內拿刀
梁亞輝　年二十餘歲身矮小面黑無鬚麻四會黃坳村人　係黃字旗內拿刀
梁亞五　年二十餘歲身矮小面黑無鬚麻四會黃坳村人　係黃字旗內拿刀

楊亞保供開夥黨

歐亞五　年十七八歲身中面黃無鬚麻四會歐寨人　係黃字旂內人
楊亞金　年二十九歲身高大面紫無鬚麻　係黃字旗頭楊亞保堂兄
曾華保　年二十六七歲身中面白無鬚麻以上二名廣寧江谷人　係黃字旗內人
曾亞東　年十六七歲身高大面黑無鬚麻廣寧麥塒人　係黃字旗內人
曾亞嬌　年三十一二歲身矮小面黑無鬚麻左額角右瘡疤廣寧東鄉人　係黃字旗內人
黃亞七　年二十五六歲身中面黃無鬚麻廣寧小甕人　係黃字旗內人

曾亞觀供開夥黨

周　晚　年三十二三歲身中面黃無鬚麻四會崩坳人　係往字旗頭
曾亞奴　年二十四歲身高大面白無鬚麻廣寧江谷新屋村人　係天字旗內管火藥
黃亞晚　年三十二歲身高大面黃無鬚麻四會田心人　係來字旗內刀脚手
黃亞石　年二十八歲身矮小面黑無鬚麻廣寧塘洞人　係月字旗內拿刀
周揚保　年二十九歲身高大面黃無鬚麻四會竹寨人

黄八 年約四十歲身高大面黑無鬚麻廣寧小甕人
係雨字旗内刀脚刀

曾北勝 年三十六歲身高大面黑無鬚麻廣寧圓嶺人
係昃字旗内砲手

曾月得供開夥黨

黄亞桂 年三十二歲身高大面紫無鬚麻四會三坑人
係黄字旗内拿刀

温世隆 年十七八歲身中面白無鬚麻四會沙路人
係黄字旗内拿札嘴

區亞五供開夥黨

馮亞六 年三十一二歲身矮小面紫無鬚麻廣西容縣人

黄亞木 年二十七八歲身中面白無鬚麻

李亞發 年三十三四歲身中面紫無鬚麻

韓亞四 年二十七八歲身高大面紫無鬚麻

莫亞六 年四十七八歲身高大面黑無鬚麻以上四名俱廣西容縣人

② and 二

F.O.682/112/4(18)

謹將温大貨五供開夥黨姓名列摺呈

電

計開

曾亞滔 年三十二歲身中面白無鬚麻廣寧江谷人

吳亞丁 即盲公丁年三十五六歲身中面紫無鬚麻高要同遠村人
向做剃頭生理

朱子安 已革武生年三十七歲身高面長紫色無鬚麻廣寧崩坑人

以上三名俱大總理

曾亞四 年四十餘歲身高大面黑無鬚麻

曾牛腸狗 年三十六七歲身矮小面白無鬚麻俱廣寧江谷人

黄炳生 年二十五六歲身高大面赤無鬚麻廣寧大東坑人

盧日養 年四十餘歲身中面黑無鬚微麻高要大杉人

陳官生 年三十四五歲身中面白無鬚麻高要丹竹坑人

李獨脚二年三十八九歲身中面紫無鬚麻清遠人

謝亞都年三十四五歲身高大面白無鬚麻高要蓮塘人

葉老世界年二十八九歲身中面紫無鬚麻四會鄧村人

陸懷二年四十二三歲身高大面黑連邊鬚未留無麻高要嶺村人

黃亞官年三十六七歲身高大面紫無鬚麻

葉亞日年二十八九歲身矮小面黑無鬚麻俱廣寧九汾岡人

溫闊保年二十七八歲身中面紫無鬚麻廣寧佛子人

羅亞炳年三十餘歲身高大面紫無鬚麻有烟引廣寧崩坑榕村人

廖亞掃年二十七八歲身高大面紫無鬚麻廣寧木頭湖人

鄭亞元年三十四五歲身中面白無鬚麻廣寧不知何村人

劉五保年三十歲身中面黑無鬚微麻頸項有火藥燒傷疤痕係在橫嶺打仗受傷廣寧官路人

曾亞奴年三十歲身中面白無鬚麻曾亞滔同族兄弟廣寧江谷人

林北生年三十五六歲身中面黑無鬚麻有烟引廣寧大東坑人

鍾得金年三十四五歲身中面紫無鬚麻廣寧石硼人

以上十九名俱總理

十両不知姓年四十歲身高大面黑無鬚麻德慶金混人

連勝不知姓年四十四五歲身高大面白無鬚麻德慶磨龍人

劉亞富年三十四五歲身中面紫無鬚麻

硬頸鷹不知姓年四十左右身高大面黑無鬚麻俱德慶金混人

溫亞錢混名沙板錢年三十左右身高大面紫無鬚麻右太陽有瘡疤廣寧星仔岡人

蓮塘七即謝亞七年三十四五歲身矮胖面紫無鬚麻高要蓮塘人

謝大孫年三十五六歲身高大面紫無鬚麻高要布基人

水坑五不知姓年四十左右身中面紫無鬚麻高要水坑人

謝才太年約四十歲身中面紫無鬚麻高要蓮塘人

以上九名係去年總理

謝三興係廖士養去年軍師年三十五六歲身高大面紫無鬚麻高要蓮塘人

黃七年四十六七歲身矮小面紫無鬚麻

添保不知姓年三十左右身中面紫無鬚麻俱廣西賀縣大竹涌人

亞　運不知姓年約三十歲身高大面紫無鬚麻廣寧江步人
賴亞能年四十左右身高大面白無鬚麻廣西賀縣大竹涌人
以上四名係廣西頭人
老　孔不知姓係曾亞四軍師年約四十歲身高大面黑無鬚麻不知何處人
曾二隆年二十三四歲身高大面白無鬚麻
曾樹隆年二十四五歲身高大面白無鬚麻曾二隆胞兄
曾　三年約五十餘歲身高大面黑無鬚麻以上三名俱廣寧江谷人
溫亞幅年三十一二歲身中面紫無鬚麻廣寧老虎坳人
溫土養年約三十歲身中面紫無鬚麻廣寧佛子人
謝屈二年三十左右身高大面紫無鬚麻
賴亞四年二十四五歲身中面黑無鬚麻俱高要九坑人
溫金生年二十八九歲身高大面黑無鬚麻廣寧老鴉嶺人
亞　掌年二十八九歲身高大面紫無鬚微麻清遠人
以上九名係旗頭

大口文不知姓年三十八九歲身高大面黑無鬚麻廣寧岡背人
盧亞又年二十五六歲身中面紫無鬚麻廣寧官路坳人
曾木有年二十四五歲身中面紫無鬚麻
曾城保年三十左右身中面黑無鬚麻俱廣寧大東坑人
黃亞石年二十二三歲身高長面白無鬚麻廣寧小甕人
鄧亞開年二十六七歲身高大面紫無鬚麻廣寧員嶺脚人
賴亞藤年二十四五歲身胖面黑無鬚麻
廖　四年二十一二歲身中面黑無鬚麻俱廣寧木頭湖人
鄭英滿年四十四五歲身中面赤無鬚麻廣寧佛子人
溫亞才年二十一二歲身中面白無鬚麻廣寧星子岡人
溫亞三年二十四五歲身中面白無鬚麻
溫木保年二十一二歲身中面紫無鬚麻俱廣寧老虎坳人
鍾城保年三十五六歲身高大面赤無鬚麻高要大杉人
黃亞七年約四十歲身中面赤無鬚麻廣寧小甕人

黄亞寬年約四十歲身中面白無鬚鬚麻廣寧岡上人
謝亞全年二十四五歲身中面赤無鬚鬚麻高要青灣人
劉石又年二十八九歲身矮小面黑無鬚鬚麻
劉　滿年二十四五歲身高大面白無鬚鬚麻俱廣寧官路坳人
溫亞潰年二十四五歲身中面赤無鬚鬚麻廣寧老鴉嶺人
溫丁秀年二十左右身高大面白無鬚鬚麻廣寧佛子人
陸亞丁年三十四五歲身中面白無鬚鬚麻高要嶺村人
謝亞金年三十五六歲身高大面黑無鬚鬚微麻高要青灣人
牛　伯不知姓年四十左右身中面黑無鬚鬚麻廣寧大東坑人
謝亞五年二十四五歲身中面赤無鬚鬚麻
謝亞六年三十五六歲身中面赤無鬚鬚麻俱高要九坑人
區　八年四十二三歲身高大面黑無鬚鬚麻高要大杉人
溫桂元年二十六七歲身中面黑無鬚鬚麻廣寧老虎坳人

以上二十七名俱先鋒

F.O.682/112/4(31)

江蘇

勝保奏已革安徽布政使李孟群統帶弁勇扎營官亭長城一帶地方堵剿廬城西面潛霍之匪出南路竄陷孤軍受敵以致力竭陣亡全營俱潰現由盧文熊李懷忠收集潰軍固守北面再圖南剿李孟群向歷軍營無不親冒矢石卓著戰功今以兵单餉竭營潰軀捐洵堪憫惜懇請開復原官照例賜卹其辦理軍務各員同時殉難容俟查明請卹副將盧文熊知府袁懷忠均為李孟群部下帶隊之員此次合營潰失雖因餉之兵潰究屬咎無可辭請革職留營帶罪立功以觀後效云云

四月初十日

江蘇

上諭和春奏逆匪出撲遊擊陣亡一摺六合西路援賊紛至城中逆匪傾巢出撲經富明阿等帶兵迎剿殲賊甚多所有陣亡遊擊洪祿着交部從優議卹以慰忠魂欽此

七月廿二日

江蘇

端華奏據江蘇縣民京控前因皖省之宿州豫省之永城一帶捻匪滋擾曾經副將伊興額擒獲逆首戮匪數萬該匪聞風驚惴地方安靜現因伊興額復撤兵權賊勢遂又鴟張幸有勝保等遏其東面力可制賊惟北路空虛求為駐守濉溪以防要害等情謹抄錄呈呈覽伏候訓示

九月初十日

江蘇

上諭勝保奏已革大員積勞身故懇恩議卹一摺已革漕運總督楊殿邦前在安徽

初八日進仗瑤台

初九日進仗沙涌

十二日進仗棠下

以上五日同張勇熊勇英勇奉　令箭出隊打獲勝仗

十三日進仗譚村

十四日進仗石門同張勇英勇熊勇淺水船拏獲長髮賊

犯閔亞佐閔亞奇二名

十六日進仗南江口

十八日進仗南江口

二十四日進仗譚村攻石井燒燬匪巢奪獲旂幟砲械

二十五日進仗譚村

二十六日進仗石井崩岡頭

二十七日進仗石井崩岡頭

以上隨同尹巡捕督帶張勇熊勇英勇李勇并淺水

船打仗俱獲勝仗

二十九日奉　令箭進仗瑤台

十月初八日奉　令箭進仗譚村

十七日進仗石門奪獲四百五十斤炮一位係尹巡捕督帶張

勇英勇李勇熊勇廖拖船打仗俱獲勝仗

二十五日進仗石門奪獲匪艇三隻

二十六日進仗槎頭橫滘拏獲長髮賊犯周亞閏一名

二十九日進仗石門崩岡頭大獲勝仗砲斃賊匪五百餘名隨同

尹巡捕督帶張勇英勇李勇廖拖船

十一月初六日進仗南岡口石門

初七日進仗石門文滘金溪圩尾

十四日進仗石門文滘鶴岡

十五日進仗石門

十六日進仗石門

以上俱獲勝仗隨同馬巡捕督帶李長江拖船廖輝拖

船熊千總淺水船

營帶佛勇武舉孔繼堯謹將從前犯過各案今則隨營打仗出力之壯勇霍亜壬等共一百四十名開列清摺恭呈
察核可否免其前愆檄行南番順清西寧等縣查照各勇所犯之案將名註銷寔為
恩便須至摺者

計開

霍亜壬
陳亜領 即陳光
陳浩池
陳亜滿
莫亜潤 即莫光
劉亜安
陳亜為
甘亜猷
馮亜章
陳亜堯 前在荔枝園河面行刦西南渡案有名
譚亜能
譚喧才
譚文成
譚亜光
譚亜全
陳亜修
陳亜灶
盧亜燎
蒙亜華
蒙亜垣 以上三名三堡紳士攻逐有名
蒙亜遠
陳亜梁
馮亜海
陸亜潤
譚亜壬
譚亜在
譚牛錫
譚亜正
譚亜勝
譚亜輝
朱亜抜
龐亜求
盧亜潤 以上搶刦南海屬各案有名
蒙亜錫
蒙亜池
蒙亜業

蒙亞理
蒙亞啟
李亞賢
李亞意
馮亞活
馮亞爭
梁亞斗 以上俱在南海縣屬犯搶劫案有名
關亞倫
關亞河
關亞牛
陸亞年
黃亞茂
譚亞得 以上俱各鄉紳士攻匪案有名
崔亞起
李亞朝 以上俱犯南海縣屬搶劫案及各鄉紳士攻匪有名

蒙亞汝
蒙亞榮
李亞順
李亞能
馮亞有
關亞祖
關亞活
關亞江
關亞炳
關亞應
廖亞有
陸亞錫
陸亞善
李亞進

以上六十五名俱南海縣人

陳亞餘
陳亞棣
陳亞福 即亞良
陳亞角 即亞魁
陳亞望 即亞庚
梁亞允
陳亞盛 即九長
霍亞才
霍亞平 即明夫
何亞深
劉亞采 即大牛采
劉亞余 以上俱犯南順二縣搶劫案有名
梁亞降
張亞狗

陳亞九 以上俱犯順德良教村先姓事主案有名
陳亞顯
陳亞同 即亞拱
陳亞壬 即亞寬
陳亞澤 即士安
梁亞來 即啟明 以上俱犯南順二縣搶劫案有名
鄧亞祐
霍亞蔭 即德英
霍亞帝 即大善 以上俱犯順德縣打架案有名
何亞鑾
岑亞錦
梁亞解
朱亞浩
何亞錦

何亞安
何有成
何亞純
鄧亞廣
周亞昭
潘亞時
羅亞魁
羅亞遠
羅亞新
羅亞安
潘章和
岑亞錦
陳恕江
陳高腳賢
李大就二
陳硬頸元
陳時仙錫
陳亞雨
陳亞元 以上俱犯南順二縣搶刦案有名
陳士泰
陳恕寧
陳忠池
陳亞五
周連帶
陳亞耀
陳良宜
陳恕安
陳亞吉
陳亞緒
岑亞士

岑亞修
岑亞全
岑亞保
岑受儀
岑亞就
岑亞枝 以上俱犯順德縣搶刦各案有名

以上共六十四名俱順德縣人

簡亞同 即占洪番禺縣人被爲亞添供開刦案有名
譚進好
羅亞容
陳祖壽 以上三名東莞縣人均在南海縣屬犯搶刦案有名
張亞養
陳社觀
周亞成
楊亞木 以上四名清遠人俱在清遠縣屬犯搶刦案有名
何猍 混名尾荷包西寧縣人前奉肇羅道憲訪案有名
李邦 南海人犯南順搶刦案有名
周楊 清遠人犯清遠搶刦案有名

通共壯勇一百四十名今詢據咸稱或因犯案次數不能記憶或因事主姓名難以辨認或因犯事久遠忘記日期致未逐一開載理合註明

F.O.682/137/6(18)

此係談犯在總局委員所訊供詞

羅亞伯供、年卅歲、南海縣石潭村人、父親際亦、年早亡故、
母親孔氏、年五十七歲、兄弟二人、大哥子羅亞興、小的居次、娶
妻何氏、未生子女、小的先于道光廿年間五月初七日在
香港地方拜會、共夥五人、黃亞壽款為舅父老母、吳家姨爵
姓亞勝為舅父、小的出錢二百文、給小的手一個為記、多數
花年間、小的招立十三行大鐘樓打掃、得工錢度日、又
于去年十一月初二日、被港何亞英糾邀、往曾地地方拜
會、共夥四人、曾亞見為先母、何亞英為舅父、小的出
錢五百文、拜畢給小的錢一個為記、小的實止拜會二次、
並無從賊打仗情事是實、

18

沙茭二司有名逆匪

陳豆皮大 係新造首匪年方六十餘歲 茭塘司石子頭村人

陳四 係新造次匪年方卌七八歲 茭塘司石子頭村人

陳三戒 年方三十餘歲係石子頭村人 常在石子頭管運粮工新造

陳海 年方卌三四歲係石子頭村人 常在石子頭管錢銀出入工新造

陳浩然 年方七十歲石子頭村人 係首匪親叔 常帶匪徙外村勒索人家錢銀

陳寵威 年方四十七八歲 係浩然長子

陳亞坤 年方五十餘歲 係首匪嫡弟

陳亞廣 年方二十五六歲 係首匪嫡姪

陳廣壽 年方廿歲 係首匪從姪

高見興 年方卅餘歲 係南步賊巢首匪 係沙灣司官涌村人

麥子華 年方四十餘歲係南步賊巢次匪 係沙灣司官涌村人

31

黃文涉 年方四十九歲常抗封皮紅令封捕人家鋪屋 係沙灣司蓮塘村人常帶匪勒索人家錢銀

黃太來 年方四十餘歲 沙灣司蓮塘村人

黃立功 年方三十餘歲沙灣司蓮塘村人 現在劉繼爺馬兵補他食永靖營粮

黃亞福 年方三十餘歲 沙灣司蓮塘村人

黃亞寧 年方三十餘歲 沙灣司蓮塘村人

黃文燦 年方五十餘歲 沙灣司蓮塘村人

江爵興 年方六十餘歲 沙灣司沙涌村人

黃亞超 年方四十餘歲 沙灣司石岐村心人

黃添養 年方四十餘歲 沙灣司石岐坑口坊人

左亞檢 年方卅餘歲龍山人 係首匪豆皮大外甥

左亞閏 年方卅七八歲龍山人 係首匪豆皮大外甥

龐志成 年方卅餘歲 係茭塘司南步村人

戴亞登　茭塘司赤江村人

許松光　茭塘司潭山村人

孟亞儀　混名高佬儀　茭塘司大嶺溪頭村人

胡其深　沙灣司新橋村人

馮生古仔勝　年五十二三歲有鬚　茭塘司黃埔村人

馮跛道　年方卅歲　茭塘司黃埔村人

梁廷賢　年方廿九歲曾在三埔圩做僞師爺　茭塘司黃埔村人

馮華德　年三十八歲　茭塘司黃埔村人

馮炳龍　年四十二歲　茭塘司黃埔村人

馮事件全　年三十二歲　茭塘司黃埔村人

馮昌蛋　年三十八歲　茭塘司黃埔村人

馮春　年三十一歲　茭塘司黃埔村人

馮根　年四十二歲　茭塘司黃埔村人

曾亞昭　即美云昭

曾亞聚　即鴉聚長州人

容亞朝　香山人接濟火藥裝鬼船

曾容光　即細妹年四十餘歲　長州下庄人

陳瑞明　茭塘司大嶺村人　年四十餘歲

屈金

郭博然　沙灣司新桥人

康閏

觀寬　沙灣司新桥人

F.O. 682/137/6 (32)

河南查街寬之子此匪名喚亞富五月內在下陳塘新街畨攤
外館因崔亞蔭仔即肥仔蔭拜陳松為師李文茂交三十六的號
錢與崔亞蔭另交壹百零捌的號錢與亞富為記亞富係拜插楠
朝為師此犯現縣匿在南海縣差蔡忠攤館此館開在仙湖街口
路北
又一犯姓呂即大口師爺因五月肥仔蔭李文茂在北路起
事之時李文茂交七十二的號錢與呂大口師爺此犯拜陳松為師
現縣匿在南海捕差黃亞順即大頭順處

32

謹將查得河南各村匪党開列呈
閱

計開

旂頭 陳意 混名陳頭意 沙頭村人
旂頭 鷄乸五 不識姓 水口堡人
李亞華 大塘村人
蒙亞登 瑶頭村人
旂頭 何喜凌 石頭村人
何崇祖 石頭村人
李亞根 沙頭村人
李子貴 沙頭村人
李亞炳 沙頭村人
徐水 沙頭村人
李奀 沙頭村人 混名大臭奀
李勞 沙頭村人
李大德 沙頭村人
李堂 沙頭村人

以上俱跟同旂頭陳意鷄乸五招引外匪現由水口堡村沙頭村李家祠聚集與官兵打仗

旂頭 林起鵬 前經已獲匪犯張亞賢供開有名賊匪五村人
旂頭 陳嵩 五村人 已于十一月初一日帶同外匪回五村擄掠事主郭賢嵩勒贖
張亞福 混名矮仔福 前經已獲匪犯張亞賢供開有名賊匪係五村人
林臨聚 五村人 曾在大塘村捐出米飯聚匪仍回五村出名打單及擄人勒贖之匪
林亞千 五村人
林亞求 混名口水求 五村人
馬海 華庄村人
朱七 華庄村人
朱有 華庄村人
朱林 華庄村人
林堂 華庄村人
莫蘇 華庄村人
侯容 華庄村人
何四弟 華庄村人

以上俱跟同旂頭林起鵬陳嵩投入痘皮大旂內在大塘村聚集與官兵打仗

護中軍湯遇珍來禀錄呈

鈞覽

敬禀者前將象州被武宣艇匪占踞並

撫憲派委候補遊擊韓鳳帶勇五百名到柳馳往象州攻剿緣由飛肅馳禀

憲鑒在案兹韓遊擊所帶之勇過乎不敷分撥是以在柳招雇陸勇三四百名分水陸兩途前進原冀一鼓蕩平以安疆圉詎於二十日據飛探報稱十八日韓遊擊帶領陸勇已衝入象州殺斃賊匪十數名該匪等均即離城就河在離城數里停泊維時水勇扒船尚未到齊正在催令扒船趕上合力攻

剿忽然南風大作該匪等揚帆直上當經各路水勇趕到㸃放槍砲奮力迎剿因該匪船多砲利水勇寡不敵衆將船退回被賊艇追赶數十里奪去板艇五隻大扒船一隻並砲械等項今所剩扒船皆退於鷄辣灣泊匪等一直駛上白沙江口一帶勢甚猖獗意在攻撲柳郡等情飛報前來查白沙距柳頗近若遇南風一日儘可到郡刻下人心惶惶萬分緊急若不加派兵練前往扼要之横瀨灘堵截誠恐上竄勢難抵禦當會商

孫署道由郡加派兵練合計千名委令左營千總秦枝明外委李文慶管帶前赴横瀨一帶堵剿惟兵練口粮無出如何枵腹從戎隨在極力與各團以及各富商措辦旋據五團並在城紳耆面稱柳州本為通省鎮重根本之地兼為省垣門戶倘此稍有踈失不但榕城震動即通省皆然也雖賊匪前在象州即經諄飭如何設法戒備如何捐籌團費以備急時需用並經飛禀

大憲添派兵勇籌給餉銀此等終夜焦持先事預防地方幸

賴惟此地大關緊要是以團衆並紳耆等已具稟懇請
提憲或移節上游或旋轅駐鎮以免該匪上竄無如至今許
久僅撥張守倫等兵百名來上游堵勦試思於事何濟雖提
標兵練不為過薄奈應用以及支費一切全無即使費盡心
機設法勸令我等捐簽此處貧富盡在洞悉雖有数家自連
年以來捐資不少又由上年八月到任提標起復令我等捐
簽但此籌備經費並辦防禦一切半多地方官專責今既武
營勸捐亦係籌衛地方得以安謐當已遵從捐備無奈数月
以來備辦防禦一切早已用盡此刻兵練起程應需口食頗
屬水盡山窮束手待斃之狀玆又另有一股賊匪張高友由
四排竄出鹿寨與韓遊擊接仗後即占踞該處雖聞係廖明
盛因仇邀集何得搶刦貨船八十餘隻將船留用並招聚党
羽日聚日多且有廣碼入夥不日下竄現據探報象州艇匪
有旱碼一股通合雒容勢在吃緊若兩路齊來攻撲柳郡危
在旦夕不知
提憲大人如何籌畫辦法地方紳耆等殊多不解等情面許
前來查鹿寨張高友一股沭悉早有所聞係廖明盛因仇糾
邀而起業經具稟
撫憲如何設法迅派文委大員勸令廖明盛歸團令其解散
張高友等匪党免致地方居民受其擾害惟下游艇匪勢更
吃緊雖派有兵練千人往扼要堵截奈口粮無措難以啓程
署將情出急廹再四屢向各團並各稍厚之家使盡無数方
法巧勸無数之詞始能凑獲数日日食給發即於二十二日
自柳起程此次勸凑兵練数日口粮極屬心血盡瘁智窮力
蹷若照如此情形賊至日久恐難固守處此萬分緊急本未
敢遽陳茀事關通省重大是以不避斧鉞冒昧縷晰轉瀆
憲聽邀懇
垂念或分飭下游兵勇繞道迅赴上游攔勦柳或
移節督勦之處出自
鈞奪為此飛稟伏乞
恩鑒沭恩湯遇珍謹稟

謹將同人社學三十二鄉倡辦團練除迭次打仗殲擒來冦會同各局報

明外合將清辦內匪名數開列清摺恭呈

鈞鑒

計開

一同人社學三十二鄉舉行團練初因路途梗阻奉　諭就地處死逆

匪陳亞計等一百三十名首級耳記解局報明

一解省審辦首要逆匪陳漳等一百三十八名

一聞拏畏罪自盡逆匪蘇國瑚等三百五十三名

以上同人社學三十二鄉清辦內匪共計六百二十一名均經先後解報在案

另聯附團練之區村崇德等各分局合計一百六十餘鄉由各該局紳

士拏獲自行稟解未知確數現在同人社學境內並無匪徒藏匿其有

遠竄未獲各名亦經分別等次懸賞購緝遇有拏獲隨時解辦合

併聲明

F.O.682/253A/3(46)

南保存之

管帶潮州幹勇候補縣丞鄭錫琦謹將北門屢次打仗尤為出力弁目壯勇開列清摺恭呈

察核

計開

撫標右營六品頂戴額外外委記名儘先拔補外委何其煒

該弁帮帶潮勇身先士卒臨陣勇敢可否俟補外委後以把總即補並

賞戴藍翎

撫標左營藍翎六品頂戴記委記名即補外委甄雄陞

撫標左營六品頂戴記委記名儘先拔補外委麥衍超

撫標左營六品頂戴記委區天佑

廣州城守左營六品頂戴記委楊耀東

以上四名帶隊勇往不辭勞瘁且臨陣接應軍火始終勤奮甄雄陞可否俟補外委後以把

總即補麥衍超可否

賞戴藍翎區天佑楊耀東可否均以外委儘先拔補並

賞戴藍翎

潮勇隊目軍功六品頂戴方貞方春方章方陳勝方林順

以上五名帶隊勇往始終出力可否歸營以外委遇缺儘先補用並

賞戴藍翎

壯勇軍功六品頂戴方記七品頂戴吳福

以上二名遇戰必先捡斬多名尤為奮勇可否歸營以外委遇缺儘先補用並

賞戴藍翎

軍功六品頂戴鄧有可否歸營以外委儘先拔補

壯勇李源　廖鏞　李喜　以上三名可否賞給六品頂戴

軍功七品頂戴吳福　陳記　軍功九品頂戴巫二　方上　以上四名可否賞換六品頂戴

壯勇賴東　施才　葉定　蘇足　張仕　蔡龍　蘇旺　方勇　方愷　賴凱

許定　洪合　陳發　方揚　馮海　丁餘　李萬

以上十六名可否賞給九品頂戴

謹將各衙門辦理軍務經清各書姓名開列呈候
獎勵
計開
撫憲衙門
正稿房書吏九品頂戴宗聲揚九品頂戴鄧清輝 書辦湯汝霖九品頂戴何應矩
劉恒 郭滿
副稿房書吏余士瑚 馮仲榮 書辦梁芝 戴安
陳晉安
錢糧稿房書吏八品頂戴黃蘊玉 黃從濤 書辦吳玉衡 梁為泉
黃俊 文德昌 黃嵩生
正本房書吏呂佩璇
副本房書吏劉鴻 羅大魁 書辦劉樞 劉舜華
承發房書吏麥鈞 湯福謙 書辦何進光
柬房書吏梁森 譚智 書辦陳藻鑒 鄧安
卷房書吏趙昇 何承禧 書辦趙勉錦
咨揭房書吏麥舉聰 杜德齡 書辦顏令言
牌案房書吏梁家麟 陳作善 書辦梁啟成
副稿等房書辦姚瀚鏡 龍泰光 羅沛 湯永康
譚錫綬 陳懋選
以上各書四十五名俱奉行彙併援案詳請獎勵內
有外賞頂戴各書四名均擬請咨部給以九品職銜
無頂戴各書四十一名均擬請賞給八品頂戴
藩署衙門撥局辦理文案
兵房經書李友梅前於道光二十一年辦理嘆夷軍需二十四年
詳蒙具題奉部覆准九品頂戴
聲息科經書彭傑 清書麥盈
清書李馭雲
工北科經書黃汝承 清書李持平
掛號經書陳忠
以上經清書七名內李友梅一名擬請咨部給以九品職銜
彭傑麥盈等六名均擬請賞給八品頂戴
提調局經書李震查該書前於道光二十一年辦理嘆夷軍需
報銷案內蒙保奏奉部以未入流掣定
儘先選用自上年派撥到局經管支發款目
清楚持躬端正悉心覈核毫無舛錯遺漏擬請保
奏以從九品不論雙單
月遇缺儘先選用
清書鄧為訓前於道光二十一年辦理嘆夷軍需報銷案
內奉准外賞九品頂戴擬請咨部給以九品職銜
清書葉平擬請賞給八品頂戴

[redacted]

何桂揚供番禺大石村人年五十二歲父親已故母親林氏年八十四歲兄弟二人小的居長娶妻孔氏未生子女平日在大石粮局當差計今三十六年本年六月初五日小的告假回家蒙鄉征葉委員諭令回鄉與族人幫同防剿賊匪到來時小的隨同鄉人們追捕小的落後不想就被官兵疑是賊匪拏獲解省今蒙提訊只得據實供明小的並沒為匪與官兵打仗的事至現同獲的黎志和小的素不認識求開　恩是實

計開鄉內賊匪

何柴魚九　何大頭裕　何蹭敝明　何亞堆　何亞幸

何亞富　何亞帶　林亞中

黎志和供番禺縣大高鄉人年十七歲父親已故母親袁氏年六十歲弟兄三人小的居長並沒妻子平日在黎萬業充船充當水手本月初五日早由大石裝運磚瓦來省經過大江口河邊被賊人搶去船主番銀二十八員并小的汗衫一件夾襖一件雨帽一頂連船奪去船主當與其子黎亞潮夥伴黎亞海及小的一共四人上岸逃走後來見各賊被官兵打退小的正要轉回取還原船黎萬業們走逃官兵疑是賊黨就被拏獲解省今蒙提訊只得據實供明小的委沒為匪與官兵打仗的事至同獲之何桂揚小的素不認識求開　恩是實

黃祖積供年三十七歲父親黃朝滿年六十七歲母親已故弟兄二人小的居長娶妻李氏未生子女

李聞喬供年二十二歲父親李富華年五十四歲母親何氏年四十五歲並沒弟兄妻子

陳添發供年四十六歲父親已故母親郭氏年七十四歲弟兄二

何氏生有二子三女平日耕種度日本月初五日早小的在紳士何若瑤栢蔭堂地方晒穀適官兵在村前與賊人打仗各賊奔走官兵見小的在村前疑是賊人就被拏獲解省今蒙提訊只得據實供明小的並沒為匪與官兵打仗的事求開　恩是實

謹將撥支潮州壽鎮南澳謝鎮統帶兵勇赴江西援勦經費銀數開列呈
電

計開

潮州壽鎮統帶兵勇一千五百名

頭起官兵五百餘名

遊擊一員每日薪水銀七錢燈油銀七分查遊擊向支銀六錢五分今支銀七錢多銀五分已移南贛道及札南雄州接支減少

千把外額共十員每員日薪水銀三錢燈油銀三分

記委七十五名每名日口粮銀一錢五分

兵丁四百二十五名每名日本省口粮銀七分出省口粮銀一錢

記委兵丁五百名每名日燈油銀七毫

前項官兵薪粮燈油自三月十九日派赴海豐起至五月初九日

二起官兵壯勇八百餘名

署守備一員每日薪水銀五錢燈油銀五分

帶兵把總外委二勇把總外委三員共五員每員日薪水銀三錢燈油銀三分

記委十五名每名日口粮銀一錢五分

兵丁八十五名每名日本省口粮銀七分出省口粮銀一錢

勇目七十名每名日本省口粮銀一錢出省口粮銀一錢三分

壯勇六百三十名每名日本省口粮銀七分出省口粮銀一錢

記委兵勇八百名每名日燈油銀七毫

前項官兵壯勇薪糧燈油自三月二十三日派赴海豐起至五月十三日止此起壯勇續奉行本省每名日支銀一錢出省支銀一錢四分已移行接支

以上兩起由惠潮嘉道衙門籌應原調兵勇一千五百名赴江西續奉截留海豐先勦賊匪裁去黃岡饒平兩營兵丁二百名外尚兵勇一千三百名復由海豐赴江西援勦自三月初三日起至五月十三日止原調分起日期參差不一共支薪粮夫價銀一萬三千七百八十三兩八錢六分

又由嘉應州墊應初調前兩起兵勇一千五百名赴江西折回海豐船
脚夫價銀六百六十七兩四錢八分
二共銀一萬四千四百五十一兩三錢四分除四月二十日起程赴江
以前歸海豐勦匪經費銀九千二百八十五兩零六分外尚
歸復赴江西援勦經費銀五千一百六十六兩二錢八分內
頭起官兵五百餘名截至五月初九日止 / 二起官兵壯勇八百餘名截至五月十三日止 共用薪粮燈油夫價銀四
千四百六十二兩九錢四分此係照惠潮嘉道揭報總數開列
三起黃岡左營把總外委二員兵一百名薪粮夫價銀三百四十兩
零一錢此外尚有饒平營兵丁一百名薪粮夫價由饒平按站發至嘉應州由嘉應發至江西未據該州縣開報
製辦壯勇帳房三十五頂大旗十四枝號衣七百件鉄條一千觔腰
牌七百塊工料銀三百六十三兩二錢四分
共歸撥赴江西援勦經費銀五千一百六十六兩二錢八分
南澳謝鎮統帶兵勇七百餘名
叅將一員每日薪水銀六錢五分燈油銀七分
守備五員每員日薪水銀五錢燈油銀五分
把總外額十四員每員日薪水銀三錢燈油銀三分
記委五十三名每名日口粮銀一錢五分

兵丁三百四十一名每名口粮支本省十日每日銀七分出省二十八日每日銀一錢
壯勇三百名不分總散每名日口粮銀一錢四分
記委兵勇六百九十四名每名日燈油銀七毫
前項官兵壯勇由局支自五月二十二日起至六月底計三十八日 / 五月十一日起至六月底計四十九日止共薪
糧燈油銀三千八百七十九兩四錢八分
又軍裝船價銀一千二百二十九兩一錢四分九厘
二共銀五千一百零八兩六錢二分九厘嗣于六月初四日行抵韶州
沙口河面調回肇慶防堵後因大黃江艇匪被勦退回奉飭
馳赴江西于初九日由肇慶峽口起程除初八日以前歸西
江勦匪經費銀二千零三十兩零七錢一分二厘外尚歸調
赴江西援勦經費銀三千零七十七兩九錢一分七厘內
官兵壯勇薪糧自六月初九日起至月底止銀二千零三十七兩七
錢六分八厘
自省至韶船價銀六百一十三兩二錢抵韶後沿途船夫由曲江南雄支應未據開報
製造帳房三十五頂抬鎗六十桿工料銀四百二十六兩九錢四分九厘
共歸撥赴江西援勦經費銀三千零七十七兩九錢一分七厘

遵將調來省城勦捕賊匪各起官兵壯勇及
帶兵官員名開列送
閱
計開
一起督標六營肇慶協兵丁共一千名
帶兵官
署廉州營遊擊曾廷相
督標中營額外陳倚泰
左營額外郭　元
前營額外鄧必元
督標水師營額外黃龍光
署外委王捷陞
督標後營把總湯　賓
署後營把總張預祐
署前營外委穆兆安
右營額外覃燧光
署前營額外陳洪保
署肇慶協右營千總何兆熊

一起撫標左右營兵丁四百九十名
帶兵官
撫標左營把總杜文芳
捐納把總余世勳
効力武舉朱國雄
撫標右營把總鍾汝驤
捐納千總鄒　鵬
署撫標左營外委劉世芳
右營外委熊安邦
左營額外賴永清
右營額外吳炳揚

一起撫標兩營招募餘丁四百名
潮勇二百名
撫標左營把總熊應榮招募健勇二百五十名
管帶官
撫標左營把總熊應榮
記委熊士仁

FO 931/1098

熊　昌
梁德顯
署撫標右營外委何具煒　隨帶記委二名　兵丁四名
左營記委戴恩培
武　舉馬有乾
候補縣丞鄭錫琦
一起督標水師營兵丁一百名
帶兵官
署督標水師營千總劉佐邦
署外　委劉國鞱
一起陸路提標五營兵丁二百名
潮州鎮標中營兵丁餘丁餘勇三百名
營帶官
署陸路提標後營守備陳國輝
後營把總　劉勝魁
永安營把總　陳熊光
提標左營額外　黃立琦

蔣廷光
惠來營左哨千總李際昌
平鎮營二司把總吳武才
興甯營二司把總邱京榮
一起增城營左右營兵丁二百名
帶兵官
署增城營右營守備周大安
署左營左哨千總邱竣泰
左營左哨外委千總張元亮
右營左哨千總顧三欽
額外鄺吉祥
一起潮州鎮標兵勇四百名
帶兵官
署潮州鎮中營千總黃大榮
饒平營把總魏鳴剛　署黃岡協左營把總沈強
潮州鎮中營外委許步雲　署黃岡協左營外委李子森
一起紳士伍崇耀招募新安壯勇八百名

營帶官
撫標右營額外賴永清
記委鄧得升　李斌揚　兵丁五名

一起新會營左右營兵丁三百五十名
壯勇三百五十名
營帶官
護新會營叅將衛佐邦
新會營左營右哨二司把總鍾朝信
署右營左哨二司把總湯麒照
左營左哨外委千總梁兆英
署右營右哨頭司外委把總林麒魁
署左營左哨額外吳熊光
署右營右哨額外周　勝
左營右哨二司外委戴朝佐
署右營左哨頭司外委聶其光

一起香山協左右兩營鯻拖船六隻
配船兵丁九十名
船户水手一百二十名
營駕官
署香山協左營千總戴朝元
左營額外鄭奠邦
候補外委毛鳳翔
右營把總鍾鳴揚
額外方殿標
候補外委鄭椿華

一起香山協左右營鯻拖民船三隻
兵丁一百五十名
水勇三十名
營駕官
署香山協右營守備陳貞標
署香山協左營外委蔡茂青
署右營把總杜　蓁

一起水師提標中左右大鵬協右營快拖哨船九隻
兵丁四百二十名
管駕官
水師提標中軍叅將潘　慶
水師提標中營外委佘魁春
額外甘　棠
候補外委陳棟鰲
署左營把總李天祥
右營外委梁　福
右營千總馮寶光
右營把總黃吉照
大鵬協右營候補外委黃瑞薰
署右營把總鄭應昌

一起水師提標中右營貞吉戰船二隻　兵丁一百七十名　跟丁三名
管駕官
護水師提標右營遊擊曾　琪
水師提標中營千總梁正高

額外蘇振桂
署左營把總段遇春
外委何朝英

一起陽江鎮左右營廣海寨拖船三隻　兵丁一百三十五名　記委兵丁十名
管帶官
却署順德協副將梁顯揚
陽江鎮左營把總潘奇韜
署右營千總梁光榮
廣海寨千總文岐鳳

一起紅單船二十五隻　兵丁二百五十名
管帶官
卸署海口營守備黃　彬
海口營把總李元清
海安營把總馬中駿
龍門協左營外委潘懷禮
龍門協右營外委張建棟
儋州營外委邱國榮

謹將佛山局捐輸團練經費堂名人名銀
數照捐簿開列清單恭呈
憲覽
王懋德堂捐銀三千兩
梁百福堂捐銀三千兩
李五福堂捐銀三千兩
莫如滋堂捐銀三百兩
張念誠堂捐銀三百兩

9

區慎思堂捐銀五百兩
吳福善堂捐銀壹千兩
區士珍　捐銀陸百兩
區士登　捐銀貳百兩
區士甄　捐銀貳百兩
伍榮啓堂捐銀五百兩
蔡應瑞堂捐銀三千兩
何裕明　捐銀壹百兩
區謙光堂捐銀五百兩
楊四知堂捐銀壹千兩
周怡樂堂捐銀八百兩
呂植培　捐銀貳百兩

敬啟者近日太平沙西海一帶有賊首李亞旋偕其黨混名大胆全等沿
海嘯聚始猶百数十人截搶来往商船而已自蹂躪三洲墟塲彼時賊艘
連檣而下夥黨竟千計公然揭竿竪幟鴟張異常誠為地方之患查西
海地方為廣肇兩郡犬牙相錯之區近通高要高明鶴山各縣上連三水縣
屬坡子角西南馹下抵新會縣屬之大雁山猪頭山等處賊匪既得海以逰
奕又倚山為巢穴因之負隅自固四方土匪聞風响應日積日多延蔓滋甚前蒙
派尹守偹等緝捕久經斂跡然地方遼濶往往此拿彼竄是以根株未克盡
除且緝捕官捕務太繁原不能曠日持久全藉沿海汎弁就近認真辦理或跟

踪購線蟣𢿺渠魁或到處圍拿散其黨羽庶賊匪知所儆懼地方漸就肅清耳乃
李村汎把總到任日久過於寬柔歷次所解各犯多係各鄉拿解即如晚生回籍
以来曾送究匪犯數名該員不特不痛加懲治反謂晚生未免多事過於刻薄而
各鄉所解要犯竟謬聽劣者保釋遂致賊匪愈縱愈肆毫無畏忌更有
河清汎郭安向係在李村汎充當兵目地方日久熟識賊匪反藉為耳目遇有
圍捕先期走漏消息賊匪聞風遠颺以至捕務有名無寔要犯一人未獲閭閻
一日不安寔為衆情共憤該員僑寓李村海旁一切房屋俱係賊匪代建自
蒞陞令職以後故態依然若非改調他處則地方難資整頓矣晚生係為整
飭地方起見謹就管見所及畧陳梗概伏為
霽鑒

計開著名賊首二名
李亞旋 係先登堡太平鄉人
大胆全 係海舟堡田心鄉人該犯向以混名見著其原姓訪查未確該二犯常糾党
團聚太平沙尾或在高要南海交界之官塘岡處往来上下

F.O.682/279A/3(4)

馳稟者本月十八日奉

憲台飭委速赴廣西查探賊情隨時具報等因遵於二十日

起程二十五日抵梧探聞戎墟陸路七十里至廣西平與

廣東西寧縣交界有匪首梁大口瘡梁亞安即跛腳安高

老益白兔仔譚亞益等夥匪約千餘人往來刦掠容潭赤

水人和等處有匪首鍾敏和大祿木吳亞目吳鳳池即雷

公仔鄭光等夥匪八百餘人五百觔大砲三位三百觔大

砲五六位子母砲十餘位在河邊伺刦或翻山入府河去

來靡定藤縣白沙等處有匪首鄧白蟻華撈家苟薛光祖

混名神樓燈薛光玉即添大撈鄧亞益黑耳梁謝開夥

匪約有千人賊艇三十餘隻一千梆大砲一尊五百觔大

砲三位二三百觔大砲五六位子母砲十餘位沿河刦掠

藤縣以上情形未能查悉即囑把總黃信搭坐藤縣扒船

先行前往平藤一帶查探卑職暫時住梧俟該把總查探

情形如何即當設法前進合先將蒼藤兩縣近日賊情馳

稟

大人察核再昭平至平樂一帶已飭壯目廖八前往查探合附稟

聞恭請

勳安伏乞

鈞鑒卑職成章謹稟

謹稟者卑職抵梧後曾將蒼藤近日賊情具稟

憲覽頃聞容縣自良墟一帶復有匪徒聚集當詢之自容來

郡應試之生童據云自良一帶先經該署縣王政令集團

勦捕該匪紛紛逃散遂與紳民籌商各願捐助經費共錢
七萬串詎後雖捐未繳徒存空帳一篇今該匪仍回舊巢
約有二千餘人首匪係草生老馮六馮六蕭安等大小砲
位三十餘尊動輒擄人勒贖等語屢詢數人悉相脗合謹
將查詢自良賊情肅具稟
聞恭請
勛安伏乞
鈞鑒 候選府經歷任成章謹稟

再稟者頃有濛江勇目宋廣由濛來梧據說濛江現有賊
匪四百餘人首匪爛脚寬戴九即瑞超霸王早何洪錦即
屌頭三唐六等五林口有匪五百餘人首匪唐國和即唐
九唐八唐七班主細等此二股匪徒各有五百觔大砲一
口二三百觔大砲數尊五子砲七八位沿河伺劫等語合
附稟陳 卑職 謹再稟

日昨酉刻交快艇遞去一緘計新正方可
賜覽今早飯後適遇濛江勇目宋廣問其從何處來據云
販油與匡品梁培友同帮下來先言濛江一帶賊情次說
匡品由潯州包貨計貨船二百七十餘隻均已抵梧匡品
培友党羽寔有一千七百餘人大小艇共七十餘隻匪首
係陸南摩玲崩牙旦肥仔二吊媽十陳二苟羅成九伯爺
榮鶴山祥卯六王六等均在戎墟以下分開灣泊宋廣又
言紅肚賊被平南團練擊敗退至桂平之穆樂等處約有
二千餘人匪首係黃狗兜唐富昌均係貴縣人王十一博白
人王毛二即飛虎係東匪等語頃聞四川撥解餉銀十萬
兩業已到省合併附及祈先轉稟廉訪洳此并請
勛安不宣愚弟任成章頓

謹將本年二月分廣州協左右二營各汛員弁先後獲解賊犯共一百零一名開列呈

閱

計開

署左營都司黃榮亮督飭千總馬兆奎鍾善傑把總霍松亮黃賢彪署外委蔡釗獲犯二十一名

賴亞華 認刦二次圖刦未成一次竊一次

劉亞義 認刦二次圖刦未成一次竊二次

鍾法秀 認刦一次圖刦未成一次搶一次

羅亞陳

羅廷光

何亞記

温亞篆

謝亞年

賴亞受 以上六犯詢不認案

黃亞受 認在福建及各洋面行刦十餘次在浙江上海城外與官兵打仗攻破上海城傷斃官兵直入衙署搜刦一次

陳亞喬 認刦三次

陳亞湛 認刦三次

梁亞耀 認刦擄一次誘拐一次竊一次

李亞振 認刦一次搶三次

陳亞細 認刦一次搶一次竊一次

曾亞幅 認刦一次竊二次

葉蘭桂 認在清遠連州地方刦掠打單勒索數次

李亞才 認搶二次竊二次

鄧亞因 認刦三次

黃社先 認刦三次

黃社養 認刦四次

九江汎署守備羅逢濤督率把總保安吉外委郭安獲犯七名

高亞愛 認刦九次搶一次

陳亞近 認刦七次擄人勒贖一次

馮亞韶 認刦七次

杜亞吉 認刦五次擄人勒贖一次

劉長基 認刦四次竊二次

譚錦成 認刦一次竊三次

吳亞成 認刦一次竊三次

左哨石亭巷汎千總馬兆奎協同署外委蔡釗獲犯三名

羅亞權 認搶一次

李亞庚

劉亞木 二犯據客民黃明綱指稱誘拐伊媳之犯惟該二犯狡不實吐

右哨西關汎千總鍾善傑獲犯三名

梁亞潮 係賭匪

黃亞可 認竊一次

關亞六 係竊犯

又千總鍾善傑協同留署草塲汎外委事右營把總黃賢彪獲犯一名

麥亞滄 認刦四次

隆慶汎把總鍾祥光獲犯四名

林亞太 認竊三次

關亞有 係搶犯

黃亞艷 認搶拒傷事主一次

胡亞才 係竊犯

又把總鍾祥光協同外委趙國龍獲犯七名

梁亞年 認刦一次

梁亞珠

梁亞景 二犯狡未認案
呂亞執 認刦一次窃二次
林亞有 認誘拐女子变賣為娼一次
朱贊林 認窃二次
譚亞見 係搶犯
李村汎把総保安吉獲犯六名
麥炳立 認窃四次
林亞妹 認刦三次窃一次
潘亞自 認窃五次
勞亞成
勞亞繩 二犯均認搶一次窃三次
崔子成 係窃犯
官窑汎把総劉士桂獲犯三名
鄒亞杭
陳亞鄧 二犯均認窃一次
鄒奇勝 認窃一次
右營都司王平如督同代理彩陽堂汎千総葉逢春代理外委李大濱獲犯七名
梁单眼與
陳亞巧
唐亞巧
簡亞全
梁亞海 五犯均認强窃一次窃四次
梁亞滿 認强窃一次窃三次
吳亞意 認窃三次
又都司王平如督飭代理外委李大濱獲犯一名

陳萬益 即陳老萬係西匪

右哨五仙樓汎千總孫東暘獲犯一名

李亞灶 認刧二次窃三次

又千總孫東暘隨同守備尹達章獲犯七名

陳亞作 認收帶花會票

余亞丙 認刧三次

麥亞爲 認刧三次

胡亞六 認刧一次

李亞旺 認刧二次

趙亞冬

温亞基 二犯均認刧一次

又千總孫東暘會同把總羅亮外委周振鏞署外委金國寶獲犯九名

陳亞森 認窃四次

黄亞勝 認窃五次

黎亞保 認窃六次

盧亞娣 認刧四次

盧亞信

冼亞書

盧亞田 三犯均認刧二次

梁亞林 認刧二次

鍾亞偉 據梁亞林供認與該犯同夥行刧惟訊狡不實吐

纜路尾汎把總羅亮獲犯一名

莫亞華 認窃一次

又把總羅亮署外委金國寶隨同守備尹達章獲犯五名

黄亞裕

全亞深

蕭亞阮 三犯均認收帶花會票

陳亜錦
吳亜熾 二犯均認開花會票
署東関汛外委金國寳獲犯一名
李亜富 認窃二次
白沙塘汛把総蔣朝剛獲犯一名
馮亜注 認刦一次
又把総蔣朝剛協同外委劉啟忠獲犯一名
段亜强 認窃二次
署員井汛把総蔣佩剛獲犯二名
鄔亜四 係窃犯
郭唐信 認刦二次
又署把総蔣佩剛協同外委黎志清獲犯三名
林亜妹 認刦二次另認行刦知情一次

周亜逺 認刦二次
凌亜能 認刦一次
署大歴汛把総林常春協同外委潘駒獲犯四名
梁亜德 認刦一次搶二次
黎亜樽 認窃數次
梁亜載 認刦一次
黎亜寛 認窃十次
留省緝捕委補水師提標前營左哨千総馮元亮獲犯三名
黃亜來 認在黃毛五股内充當旂頭與官兵打仗一次另刦四次
何明燦 認刦三次
余亜二 認刦二次搶二次
以上獲犯共一百零一名均經解交文員審辦

F.O.682/279A/3(22)

舊城

[redacted]

謹將防守新城八門二關城上城下弁兵數目開列呈
閱
計開
統帶西便四門一關帶兵官一員黃崇亮
守靖海門城上候補把總一員唐廷威
記委二名　兵丁二十名
守靖海門城下外委一員何汝淳
記委二名　兵丁二十名
守油欄門城上候補千總一員蔣萬和
記委四名　兵丁四十五名
守油欄門城下候補千總一員劉燮邦
記委二名　兵丁二十名

守竹欄門城上候補把總一員張正履
記委一名　兵丁四十一名
守竹欄門城下候補外委一員李雄
記委二名　兵丁二十名
守太平門城上效力武舉一員歐陽鏞
候補把總二員王書年　徐彪
記委二名　兵丁八十六名
守太平門城下候補把總一員梁銳洸
代理額外馮樹棠　記委二名　兵丁二十名
守西水關城上額外一員李漸鴻
記委三名　兵丁二十九名
守西水關城下候補千總劉子鎮
記委二名　兵丁二十名
歷城上竹欄門至西便橋翼城止水師提標中營雲
騎尉一員劉國樑　額外二員莊麟標　陳耀堂
提標兵丁八十名
統帶東便四門一關帶兵官一員孫東暘

守伍仙門城上候補把總一員潘瑞祥
記委五名　兵丁八十三名
守城下兵丁二十名
守永清門城上千總一員屈大光
記委四名　兵丁七十四名
守城下兵丁二十名
守永興門城上額外一員王子彰
記委四名　兵丁三十九名
守城下兵丁二十名
守永安門城上外委一員周振鏞
記委四名　兵丁六十九名
守城下兵丁二十名
守東水關城上外委一員黃錫書
記委四名　兵丁三十四名
守城下兵丁二十名
紮城上永清門至萬壽宮止督標左營弁兵
額外孫雲彪　魯國輔　兵丁一百零九名
紮城上萬壽宮至永興門止督標右營弁兵
額外黃棟樑　余遠芳　兵丁一百十四名
紮城上永興門至東鳴翼城止督標前營弁兵
把總海朝宗　李世忠　兵丁一百一十三名
左哨四門一關城上共官七員
記委十名　兵丁二百三十三名
守城下共官六員
記委十名　兵丁一百名
合共官十三員　記委二十名　兵丁三百三十三名
右哨四門一關城上城下共官六員
記委二十一名　兵丁三百九十九名
左右哨合共官十九員
記委合共四十一名
左右哨合共兵丁七百三十二名
另水師提標官共三員　兵丁八十名
督標左右前三營官共六員
兵丁共三百三十六名

[redacted]

今將派定東西兩路各營奮勇接應站立圍基分派各路攻剿官兵壯勇銜名開列送

閱

東路

署守備薩國亮派出壯勇頂戴蔡旺記委馬繼仁徐剛管帶羅勇奮勇隊三百名暗搶牛岡背砲臺得勝後即由該墟鋪尾破墻入墟

代理守備何振標派出外委魯國材記委梁大章等管帶奮勇隊兵丁一百名並帶同把總倫傑額外外委郭安輝管帶接應隊兵丁一百名共兵二百名附隨羅勇俟羅勇入墟仍在牛岡背堵守

千總黃曜吉派出候補外委黃鏞記委周順安等管帶東勇奮勇隊三百名暗搶東墟口四方大砲臺得勝後即由東墟旁鋪尾破墻入墟

守備銜佐邦派出外委張廷舉記委李雄陞等管帶順勇奮勇隊三百名暗搶東墟口右砲臺得勝後即由該墟鋪尾破墻入墟

守備銜佐邦派出把總羅福安何泰鵬管帶順新奮勇隊兵丁一百二十名飭派署千總曹江外委温如璋梁兆英陳恩光管帶順新接應隊兵丁一百二十名共兵丁二百四十名附隨東順各勇俟該勇入墟即在東墟口左右堵守又派出把總馮元亮管帶順勇接應隊三百名由東山凹接應

千總黃曜吉派出候補外委黃銓記委黎占威等管帶東勇接應隊二百六十名由東山北腳接應

署守備薩國亮派出外委何兆熊管帶後營肇協奮勇隊兵丁二十名並帶同千總徐兆麟管帶接應隊兵丁八十名並帶同把總李得禄管帶羅勇接應隊三百五十名由金剛凹堵守以上攻墟員弁均相繼入墟

西路

遊擊豫立督率提標署把總陳鳳儀把總蕭振聲署把總張捷榮外委陳熊光撫標把總鍾汝驤外委陳斌廣協把總保安吉外委莫凌彪周振鏞管帶提標撫標廣協奮勇隊兵丁二百七十名進攻賣竹巷此路繼入墟

撫標千總熊應飛提標額外任可均蘇鎮超廣協記委曾占鰲兼管

帶提標撫標廣協兵丁七十五名站立岡嶺圍基
厶叅將齊誠額守備春元督率提標署千總姚紫陵把總蔡榮彪署
外委蔣廷光額外劉鉞候補周興管帶提標奮勇隊兵丁一百七十名
進攻半岡背此路繼入墟
提標外委殷以益額外黃立琦管帶提標兵丁八十五名站立三屋墊
圍基
守備陳國輝督率把總劉勝彪管帶提標兵丁一百二十名站立右
灰山圍基
○都司姚麟督率把總戴文英外委馮子材記委李鴻勳李朝輔高捷
雲武生陳進魁以上員弁均管帶鎮府歸善黃塘平花賀垌五處
奮勇壯勇共四百名由岡頭寨鬼子埝進攻挑選精幹之勇偷入
賊匪砲臺後背突出搶燒此路首先入墟
又派二隊接應隊壯勇二百名
又派三隊站立圍基壯勇二百四十名
六品軍功李勝記委方雲程方美倫管帶潮勇奮勇隊二百九
十名由鬼子山脚進攻西墟北
六品軍功李士加記委方振起鍾芝貴管帶二隊接應隊壯勇一百
八十名
六品軍功廖魁記委方錦標管帶二隊站立圍基壯勇一百十二名
厶遊擊閆恒瑞督率把總馮開得外委方典鵬管帶潮標奮勇兵丁
一百名進攻西墟口此路繼入墟
又派把總張英傑額外楊大得管帶二隊接應兵丁一百名
又派千總黃振科把總嚴鳳章陳振陞外委陳起龍管帶三隊站
立二處圍基兵丁三百名
署都司張騰蛟督率把總連明李萬青管帶黃圃奮勇兵丁二
百三十名餘勇八十名由圍塘雞母墳山脚進攻墟泊口此路繼
入墟
又派把總許金榜外委錢桂芳管帶二隊接應兵丁二百九十名
由九家寨進攻
又派把總陳世俊莊大雄管帶三隊站立圍基兵丁二百名
○六品軍功頂戴報捐把總蘇海廣州城守左營候補把總孔繼安
管帶奮勇隊佛勇四百名由西路鬼子埝岡頭寨進攻此
路與首先進墟隊同入
守備銜武舉孔繼堯廣州城守左營六品軍功頂戴把總蔣朝剛
管帶接應隊佛勇四百名
又派廣協左營記委楊定邦八品頂戴陳章管帶看守圍
基佛勇四百名

謹將奉調西省酌加官兵壯勇口糧開摺恭呈

憲核

計開

一叅遊都守等官薪糧係照舊章支發現到西省不敷應用奉
爵督憲諭令核議經職道具稟擬請叅遊各日加銀貳
錢每員日支銀柒錢都司自應稍有區别仍照舊每
日伍錢守備等於都司每日加壹錢亦照伍錢現已奉
爵督憲批准照支

一兵丁本照舊章每名日支口粮銀柒分今照西省 奏定章
程每名日支鹽菜銀捌分各支米捌合叁勺統自入西省
境起支

再應支食米未能散給查米應以壹百肆拾觔為壹石
每升應壹觔零陸兩肆錢核計捌合叁勺應得壹觔貳
兩伍錢零前在潯州合市價需錢叁拾陸文折銀貳
分給發今到梧州米價較昂仍照此折給至營中具領仍
照例給米不聲明折價銀數以便將來報銷

一大直壯勇原定每名日給口粮銀壹錢現到西省每名
日加銀叁分按日支銀壹錢叁分緣該勇在欽州久與潮
勇同陣打仗俱能向前今潮勇既加該勇亦應酌加以示
平允

卑職等奉

中堂諭令會同商議圍捕九江等處賊匪事宜伏以九江五堡內多聚匪

之區若兵役無多則勢難圍捕若機事弗密則賊已遠颺欲厚集兵

役而機又密速似須

飭令總委員不動聲色前往九江一帶附近地方駐札相度情勢探訪賊

匪踪迹就近密會各營定期圍捕庶幾有益至大雁山與九江只隔一河

即可一併辦理無須另分一起謹將會擬各條開列呈

覽伏候

憲裁

一先派文武委員海廷琛伍嘉猷等密往九江大雁山各堡持總委員

密信傳諭各鄉紳士俾作內應並洒訪賊匪踪迹一面購覓眼線以

備引導

一總委員潛往順德縣屬甘竹灘獅墈口地方駐札就近調度（該處離九江大雁山三十餘里）

一順德新會兩營各備兵船二隻駐札勒樓銀屏嘴地方候總委員密信如期會同

圍捕（該二處離九江大雁山約三十餘里）

一鶴山縣督帶勇役駐札該縣屬沙坪糧館候總委員密信如期會
同圍捕（該處離大雁山三十里）

一省中飭委將官一員調備兵丁二百名候總委員密信即星夜督帶
前往會同圍捕

一派梁恩陞督率南海頭役八班巡船二隻灣泊黃鼎沙口地方候委員
調遣

一未經圍捕之先恐賊匪聞風逃竄應先密撥兵丁分添九江等處緊要
各汛協同截拏追捕

一圍捕某鄉賊匪須臨時酌定一俟線人偵探的確即刻下手不能預
分先後至圍捕時某營從某路進兵某員在某路埋伏亦須臨時
約會

一圍鄉之時賊匪逃竄必經各處渡口應派撥弁兵帶領眼線分駐各渡口
查緝堵拏

一九江大雁山賊匪一經圍拏每逃匿順德港尾新會江門等鄉應密會
順德新會兩縣派撥快蠏差役在該各鄉堵緝搜拏

一九江大雁山一帶地方遼濶賊匪衆多必須不限時日設法籌辦方克
有效

一各鄉圍捕之後如相度情形兵役可以撤回仍須酌留兵丁分駐九江等
處緊要各汛協同該汛弁兵搜拏餘匪或逸匪潛回亦可隨時掩捕

謹將現有金利司屬鄉紳酌商團練應援勦辦北路石井賊匪畧節情形開列呈

閱

計開

查北路一帶賊匪前自官兵攻破佛嶺市其石井等處各賊紛紛逃竄隨見未深痛勦旋又散聚靡常日內聞佛山消息賊愈多而愈横其賊多由佛山北江而來路經小欖大欖官窑駕船由南岡海口而入屯聚夏茅大朗橋頭市官橋墟亭岡石門華村等處遇有官兵進勦分路負嵎抗拒若官兵由坭城崩岡分路進勦路較遥遠賊匪所恃守險者要在石門南岡海口所有糧食火器俱由此海運來接濟現有金利司屬鄉紳等到來酌商求懇轉請如撥巡船十餘號拖船五六號攻破石門扎兵華村將巡拖各船灣泊老鴉岡南岡海口金溪等處海面堵截則伊等附近各鄉自可安心聯行團練隨同官兵應援勦辦上可以攻官窑下可以勦石井並可断絶挽運之獘再據各紳等稱説查各鄉除甘心從逆責令該鄉觧究外如係逼脅入會者取具紳耆切結即給予免死執照庶使黨羽散而民心安矣謹將畧節情形稟陳伏乞

憲鑒

謹將正月二十五日解省三十九犯附另案三犯開列呈
電

計開

陸亞隴　謝大落花夥　長山等處六仗
劉其先　長山等處三仗
劉其因　以上李亞獨夥　長山等處三仗
劉福才　長山等處四仗
張亞有　長山等處三仗
劉其亮　長山大灣二仗
譚早先　長山等處四仗

陳月保　以上英德縣人　長山大灣二仗勒贖搶刦三次
駱亞三　長寧縣人　以上黃亞槐夥　長山等處六仗
翁瑞嬌　龍門縣人　謝元寶夥　乳源獅子嶺一仗
以上黃千總解
鄭水珍　陳亞禮　黃亞槐夥　乳源獅嶺　長山大灣六仗　開角四次
許亞四　長山等處九仗傷四人
譚五妹　湖南三仗
朱亞潰　長山等處五仗
潘亞計　以上黃亞槐夥　大灣一仗
陳昌書　長山大灣二仗
薛開秀　以上謝落花夥　長山等處五仗
邱曹佑　長山等處三仗傷一人
羅開中　以上胡鬚落花夥　長山等處五仗
賴三九　以上英德縣人　賴贊地夥　長山大灣二仗
張有得　豐順縣人　黃亞槐夥　長山等處六仗傷二人

楊亜六　龍川縣人　李高獨夥　長山等處四仗
鍾因福　英德縣人　開角三次大夥行刦入室搜賍
以上黄千總續解
林蒠仔　江西龍南縣人　黄脳夥　仁化樂昌等處五仗
何滿（即懷玉）　翁源縣人　陳亜禮夥　烏田波羅白竹三仗
劉木九　興寍縣人　黄脳夥、　仁化城一仗
曾方金　龍川縣人　周圓吉　陳亜禮夥　夹背波羅白竹三仗
廖湋　曲江縣人　陳亜禮夥　寺前波羅白竹三仗
余荣潰　翁源縣人　黄脳　謝老三夥　火山獅崗許家山三仗
以上代守備劉大齡同曲江縣解
曾亜狸　清遠縣人　何天光甲夥　大灣二仗
曾亜忠　清遠縣人　何天光甲夥　大灣一仗
巫焕才　黄亜槐夥　大灣一仗
戴新才　俱曲江縣人　何天光甲夥　漠溪刦掠許家山一仗
以上胡遊擊解

雷癸昌　曲江縣人　羅觀養夥　白欖寨楓灣等處三仗
以上潮營李千總際昌解
廖英松　長山大灣二仗
余亜盡　俱大埔縣人　長山大灣二仗
馮亜五　長寍縣人　均黄亜槐夥　長山大灣二仗
以上鄧把總學疇解
方亜更　龍川縣人　周圓吉　陳亜禮夥　夹背波羅兩仗
邱亜滿　河源縣人　羅觀養夥　獅崗一仗漠溪訛搶
以上代理千總賴連陞解
附湖南興寍案犯
李和星　龍川縣人　沙老九夥　興寍兩仗
以上署守備劉大齡解
馮從受　福建長汀縣人　李鉄昌夥
張細妹　龍川縣人　沙老九夥　俱湖南興寍縣打仗入城
以上樂昌營縣解

謹將二月二十九日解省一百二十七犯開列清摺呈

電

計開

白東保 和平縣人 總旂頭刃傷和平縣

張亞瀰 總旂頭刃傷龍川縣又斃兩人

王東詳 白東保旂頭和平龍川等四仗

劉麻黃 屢充旂頭和平龍川等處打仗斃三人

黃亞元 黃毛五夥 謝老三旂頭和平等處打仗斃三人又傷一官親

何連英 曾亞良旂頭刃傷龍川縣

曾亞泰 以上俱旂頭 曾亞良旂頭和平龍川等處打仗

曾火狗 曾亞良夥駱湖兩仗

王亞養 白東保夥和平龍川五仗

黃亞石 謝老三 盧宗求夥和平龍川五仗

黃亞水 同上

歐陽觀姑 謝亞悦夥龍川等處四仗斃一人

何矮古即東林 楊石秀夥龍川等四仗

嚴亞喜 陳老黨精夥龍川等四仗

賴亞清 以上俱和平縣人 賴觀嬌 謝亞悦夥和平等三仗

曾亞金 連平州人 屢充旂頭和平龍川等打仗

曾觀姑 張亞瀰旂頭和平龍川打仗

曾亞順 屢充旂頭刃傷和平縣并龍川等打仗斃一人

葉亞育 盧宗求旂頭龍川等四仗

邱劉氏 黃乙太 謝老三旂頭仁化和平等五仗

曾水秀 曾亞良旂頭龍川等五仗

傅觀錦 謝金煥旂頭岩頭坳岡尾兩仗

歐　妹即矮子 以上俱旂頭 盧宗求 歐毛果旂頭大席龍川等十四仗

黃石英 謝老三 亞悦夥和平等處三仗

何亞犀 楊石秀夥龍川等四仗

何亞才 曾亞良夥龍川等四仗

劉觀生 白冬保夥和平龍川四仗

黃亞汰 劉老三 盧宗求夥和平龍川等六仗

黃亞淙 仝上

曾三連 仝上

曾二興 張亞瀰夥駱湖等三仗

周帼明 曾溪瀧頭等處十三仗

傅承方　魯溪周所等處六伏
謝幅勝　和平等處三伏
謝得呈　和平等處十一伏
邱亞彝　岩頭坳等處三伏
鍾遠才　以上劉老三夥洲頭內莞四伏
劉亞魁　劉老三 歐毛果 夥和平龍川三伏
鄭亞春　大席等處六伏
葉水兆　大席等六伏
李亞能　龍川等六伏
黎亞朝　以上盧宗求夥龍川等六伏
[redacted]
賴長發　以上俱連平州人　劉老三 謝亞悅 夥和平龍川五伏
朱亞潤　河源縣人　楊石秀旂頭龍川等五伏殺一人
邱亞湖　謝老三 曾亞良 夥和平龍川五伏
曾亞三　以上河源縣人　楊石秀等夥龍川等五伏
藍亞水　長寧縣人　周陂左拔等七伏
許亞華　龍川等五伏斃二人
許亞湢　駱湖兩伏
許火煜　龍川等四伏

許亞育　龍川等七伏
熊鹿娥　龍川等四伏
譚如啟　以上盧宗求夥龍川等處六伏
劉得盛　三華鎮 龍川 等處十五伏
熊帶林　以上長寧縣人　俱黃亞觀 盧宗求 夥　三華鎮 龍川 等處八伏
以上五十五犯係吳守自連平解
譚大食三　英德縣人　謝胡須旂頭長山等處六伏傷三人
李亞二　英德縣人　邱棋盤旂頭長山等處七伏傷二人
劉華隴　清遠縣人　長山大灣兩伏
黃登華　乳源縣人　俱謝跳皮 四旂頭　長山等處六伏傷兩人
鍾亞順　英德縣人　大灣水逕兩伏
劉五科　長山等處四伏
邱得養　長山水逕兩伏
王成玉　橫石水逕兩伏
李元有　水逕一伏　傷一人
王亞爝　仝上
王受原　仝上
何亞七　仝上
陳發昌　仝上
譚早元　仝上
張亞有　仝上

李石瑞　仝上
賴其方　仝上
王延昌　仝上
王閏科　仝上
王扱沅　以上俱謝胡須夥　仝上
王大連　仝上
王善桂　以上徐軟國夥　仝上
王神玉　何天光刁夥　仝上
黃新祥　古猛皮夥　仝上
王勝傑　仝上
王伴工　俱卯棋盤夥　仝上
賴亞保　𠀤英德縣人　王亞槐夥　仝上
黃亞魁　乳源縣人　仝上
陳神秀　乳源縣人　俱謝胡須夥　仝上
謝亞三　興寧縣人　羅六夥　以上俱英德水逕一仗
曾亞幅　連州人　古猛皮夥　長山水逕等處六仗
陳新運　英德縣人　鍾金綵古猛皮夥　長山水逕等六仗
謝觀生　英德縣人　古猛皮夥　長山一仗
以上三十三犯係孔署備黃千總同英德衿耆搜獲

楊亞易　長寧縣人　長山等處三仗
彭丙科　英德縣人　以上俱謝胡須夥　水逕一仗
謝金梅　英德縣人　黃亞槐謝胡須夥　長山水逕六仗
以上三犯係孔署備等追擒續解
劉折潰　翁源縣人　樂昌兩仗
劉喜潰　南雄州人　仁化樂昌五仗
李順東　曲江縣人　俱黃乙太夥　仁化樂昌二仗
何亞李　連平州人　陳亞禮夥　大佈羅坑二仗傷二人
黃亞丙　河源縣人　楊石秀夥　龍川等處四仗
王運昌即金松　乳源縣人　古猛皮夥白水黃坌三仗
伍官興　和平縣人　陳亞禮夥　寺前等處四仗
以上七犯係劉署備大營解
李亞三　河源縣人　劉老三李亞林夥古家營松塘等處八仗
邱亞水　連平州人　謝老三白東保等夥和平松塘等處四仗
黃順善　始興縣人　謝老三李亞蘭夥古家營松塘等處四仗
鄒世萬　始興縣人　劉順錫夥　松塘一仗
以上四犯係任守備張把總等在翁源松塘打仗生擒

廖清開即亞戊 乳源縣人 寺前等處四伏
葉永勝 翁源縣人 俱陳亞禮夥 仝上
黃求汝 翁源縣人 黃亞觀夥 獅子嶺龍仙兩伏
邱潆珠 曲江縣人 張滿夥 獅崗等處四伏
以上署千總賴連陞解
林辛盛 長樂縣人 何天光吊夥 獅崗一伏
以上潮營李千總解
陳永富 翁源縣人 李大獨夥 古家營等處九伏
以上曲江縣解
張首倡 乳源縣人 謝落花夥 水逕等處三伏
謝書恒 始興縣人 古猛皮夥 水逕等處三伏
鄭錫奇 長寧縣人 仝上
唐得勝 英德縣人 仝上
謝亞雲 興寧縣人 謝落花夥 羅坑多田兩伏
以上韶州府轉紳士解
曾亞蘭 龍川縣人 楊石秀夥 和平等處兩伏
以上額外劉承潆解

李亞二即恭新 英德縣人 古猛皮夥 獨山水逕兩伏
以上續訊出孔署備等解
陳觀妹 長寧縣人 黃乙太羅觀養夥 火山紫嵌嶺六伏
吳亞東 連平州人 黃乙太夥 火山仁化等處六伏
以上劉署備續解
侯石保 乳源縣人 古猛皮夥 長山水逕等四伏
賴神養 連平州人 仝上 水逕一伏
陳振福 英德縣人 謝胡鬚夥 獨山水逕兩伏
曾觀蘭即昌蘭 仝上 水逕一伏
羅遇昌 仝上 長山大灣等處四伏
李亞新 古猛皮夥 水逕一伏
梁胡連 仝上 長山等處三伏
潘觀祥 仝上 長山等處七伏
潘亢全 以上俱英德縣人 謝落花夥 水逕一伏
以上黃千總續解
韋老三 連平州人 謝老三夥 岩頭坳岡尾兩伏
以上賴署千總續解

P.1

崑臣妹丈大人閣下：二月初五日曾肅一椷，諒已早蒙

青鑒。比惟

侍祉康綏，

爲祺鬯泰爲忭。近閱虔省軍務業已平靖，欣慰良深。不知三月間能有大批餉項接濟江西否？曷勝盼望之至。打開潭口之事，所以延延者，緣湖勇不免有爭功之意，祇將調停辦理，作爲東西兩路皆係首先，而其實大塘口之軍真是首功。弟因孫四之一軍與弟親戚，不得不讓客兵，幸孫四之人亦肯讓而不居，實能顧全大局，否則爭執

FO.682/279A/5(24)

P.2

不已，便成笑話矣。信豐之圍至今未能撤，擬潭口打開之後即乘得勝之師尾追縣匪，豈不能信豐之圍？無如積欠兵勇口糧過多，即壽鎮一軍已在四萬之外，於是紛紛索欠，斷不肯身帶兵者又復不能曲全其事，以致坐誤事機，虛糜餉項，於今已四十日矣。言之實堪痛心。日昨寧都州城忽被永豐之賊攻陷，弟以事切至深，當與壽鎮再四商酌，遂定議：弟無可如何，祇得另募新勇數百名，先往寧都防堵，再看機會。似此舊勇坐食城中，又復加添新勇之費，其掣肘之苦，概可知矣。弟仰蒙

文藩

FO.682/279A/5(24)

FO.682/279A/5(24)

再啓 奏調兵勇救援江西，感戴
大德，寤寐不忘，何敢復以瑣屑下情上瀆
清聽。無奈現在兵勇情形既驕且惰，若非有大批餉項到來，勢必
任其挾制，既不能使之出隊，又不能遣之使歸，不退不遜，其累不可勝
言，其患實無底止。又且潮勇之親戚族舊紛至沓來，禁其入城則勢
所不能，聽其屯居又事有可慮。況就中不盡係潮兵勇之親故，亦有省
城民來圖招募者，萬一滋生事端，尤為腹心之患。為今之計，總須
P.3
潮兵勇出外紮營方能清理，而無餉不能清其宿欠，難商量。弟
文
昕夕籌維，一無善策，不揣冒昧，據實直陳，惟有仰求

FO.682/279A/5(24)

蓮賜撥餉五萬兩濟此危急，則感荷
始終成全之恩於靡既矣。萬安、龍泉、吉郡各官兵均有捷音，可望
次第克復。信豐一股，現有孫四之一軍從南雄進剿，又有南康一軍
從信豐北路進攻，近日俱獲勝仗，已距城下不遠，可望解圍。惟寧都
之賊若不及早往剿，待其盤踞既久，脅從日多，又成負隅之勢，更不
易辦耳。專此布懇，即請
P.4
勛安，惟顯不勝盼禱之至。愚弟□頓首 二月廿七日酉刻
文

F.O.682/279A/5(24)

再啓者上次拿保打開東西兩河文武員弁務求

早賜出奏俾得眾心鼓舞豈肯用命切禱切禱 弟聞再叩

嫂太太閫安並附問令妹暨諸甥女近祉

P.S. end

文蔚

[redacted]

謹將署南雄州孫牧撥解　崑提台韶關軍
營經費銀數開摺恭呈
鈞核
計開
南雄州孫牧摺開共解過韶關　崑提軍銀
二萬八千三百十九両零内應扣除江西吉
安府撥借銀一萬六千六百餘両外計該州
實撥銀一萬一千七百餘両
再查撥借韶州府吳守銀二千八百両不在
前欵之内合註明

謹將奉委會同新會縣陳令勸諭各行捐輸銀數列摺呈

電

計開

布行等捐銀壹萬兩

南北行等捐銀叁千兩

猪肉行等捐銀貳千伍百兩

葵扇行等捐銀貳千兩

鹹魚欄等捐銀壹千伍百兩

海味欄等捐銀壹千兩

海味店等捐銀壹千兩

當行等捐銀壹千兩

煙葉行等捐銀壹千兩

麵行等捐銀壹千兩

南擧山貨水貨等捐銀壹千兩

國寶行等捐銀捌百兩

紙寶行等捐銀捌百兩

銅鐵行等捐銀捌百兩

酒房料餅行等捐銀伍百兩

炭行等捐銀肆百兩

棉花行等捐銀叁百兩

猪欄行等捐銀貳百兩

鴨仔爐等捐銀貳百兩

找換行等捐銀貳百兩

總共捐銀貳萬玖千貳百兩

謹將沙茭捐輸銀両完繳奉給局收銀數列摺恭呈

憲覽

計開

沙灣鄉何姓奉發局收銀三萬五千両

黃埔鄉馮梁胡三姓奉發局收銀二萬三千両

石獅頭鄉陳姓奉發局收銀二萬二千両

市橋鄉謝姓奉發局收銀一萬四千両

金鼎鄉淩姓奉發局收銀一萬両

南村鄔鈞颿等奉發局收銀一萬両

李村高廷霖奉發局收銀五千両

碧沙鄉王姓奉發局收銀三千五百両

赤岡鄉戴姓奉發局收銀三千両

長洲鄉曾姓奉發局收銀二千八百両

員岡鄉梁姓奉發局收銀二千一百両

化龍鄉黃姓奉發局收銀二千一百両

沙園鄉張姓奉發局收銀二千一百両

大石鄉何姓奉發局收銀二千両

李村高恩奉發局收銀二千両

古壩鄉韓姓奉發局收銀一千四百両

南亭鄉關姓奉發局收銀一千四百両

東邊頭鄉李姓奉發局收銀一千二百両

崙頭鄉黎姓奉發局收銀一千両

柏堂鄉李姓奉發局收銀八百両

南村鄔建勳奉發局收銀六百両

以上各鄉共奉發局收銀十四萬五千両

另

沙茭局捐花紅銀一萬両

鍾村各姓捐銀三千五百両

以上両項不發局收

前明成化朝粵西大籐峡賊起大擾潯梧間粵東羣盜亦嘯聚相應和
廷議命韓襄毅往討時李文達當國以方畧詢邱文莊文莊謂粵東水
道紛歧粵西山林阻隘當因勢而施遂奏記於李文達言賊在東者宜驅
賊在西者宜困李文達大以為然寄語韓襄毅襄毅曰先時賊未盛行之
可也異時賊就衰行之亦可也今賊縱橫數千里而我兵僅二萬人何以驅
賊不如直搗賊巢披其心腹使賊先膽落云云
此段議論不知出自何書容中又無書可查昨於友人家翻閱易知錄亦少有同異姑且勿論總之文達文莊絲綸
中語也襄毅帷幄中語也古大臣謀國之誠正不必於書沾沾求之耳

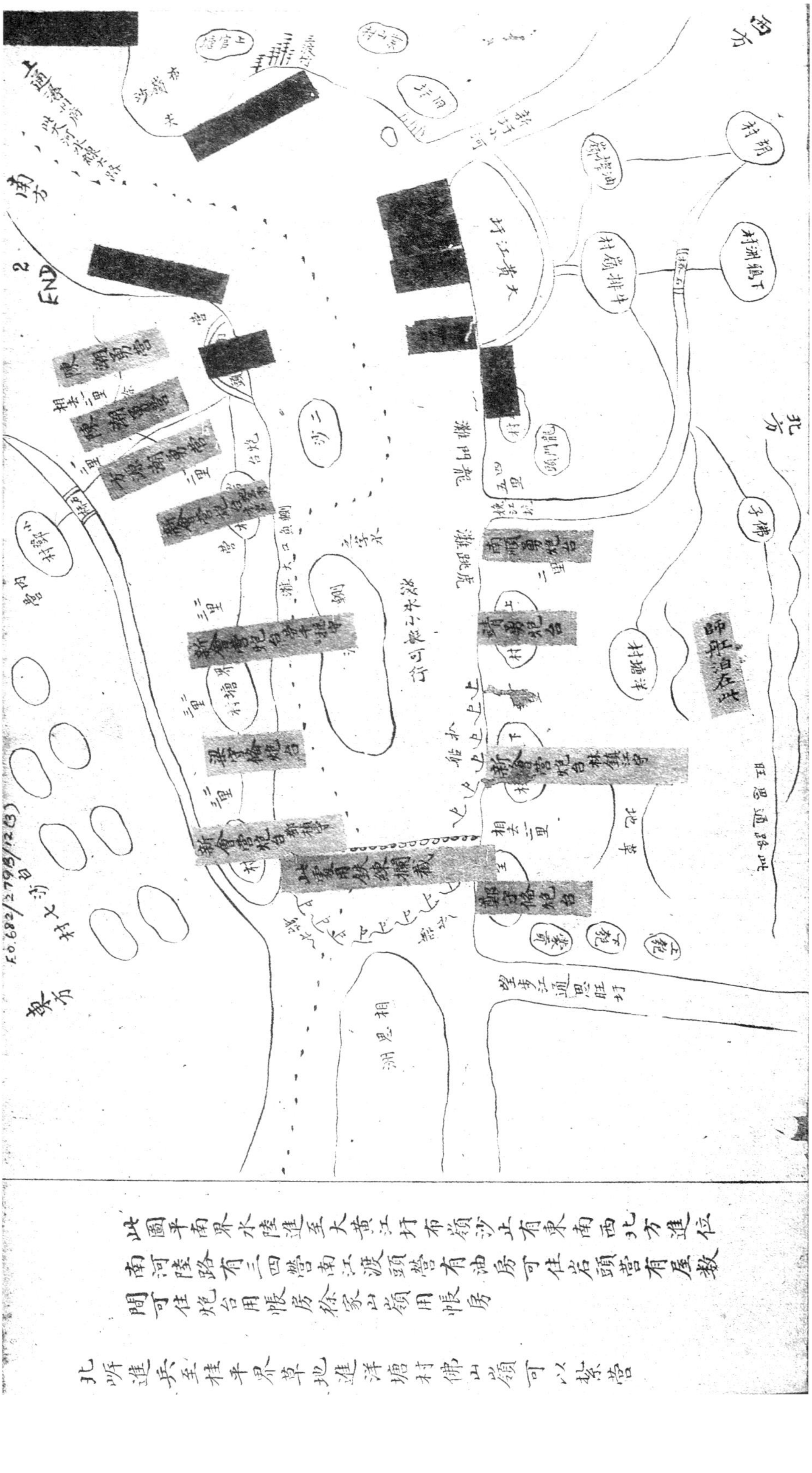
F.O.682/2798/12(3)
此圖平南界水陸進至大黄江圩布嶺沙止有東南西北方進位
南河陸路有三四營南江渡頭營有油房可住右頭營有屋數
間可住炮台用帳房徐家山嶺用帳房
北所進兵至桂平界草地進洋塘村佛山嶺可以紮營

[redacted]

敬稟者賊匪猖獗水陸蔓延且巢穴不一官兵分頭剿捕未易計日蕩平近見各股賊船蜂屯蟻聚實難指數若不先清河面陸路恃以負隅伏查此項剿捕以紅單船為得用早蒙

憲鑒但其船有勁弱不同利鈍不一惟其同輩方能深知茲聞各船輿論擬就現在奉剿各船選紅單勁船六十隻除原用水手丁壯外每船聽其多添十人便能足用此六十船主人等情願奮勇進剿各處水賊惟慮賊船過多且河港淺深不一必須添雇民壯輕船始能奏效而近地民壯恐難得力擬請由新安沙井陳姓居民素習戰鬥者招募壹千五百名雇該處慣鬥之蠔艇瀨拖駕駛來省協同紅單船合力剿捕以期得手此係由該船行戶博採輿情謹將該行戶所擬畧節列呈

憲覽

一督帶紅单船官總准該船户由水師中禀請撥員帶管俾資熟識遇有剿捕與
帶領官妥酌行事並在省設立紅单船公局派委文員協同紳士專記功過以期
不没微勞
一擬選之紅单船現在或係經官招募或係鄉紳報効局招募仍在此中挑選其一
切經費如所挑現係官雇者經費仍由官給係紳雇者經費仍由紳給似無庸另
籌欵項至火藥均請由局給足俾臨時應用無致短絀
一挑選各船分隊剿捕當先肅清省河然後由近及遠如慮各船分去守衛单弱則
省河現在尚有頭艘紅单約二十號澳門約三十號均未經官封者可以雇之協守查
前次封澳門之船係千總羅某奉委此次差遣求別委着實人員前往便可招來
但多雇此數十船似經費又益浩繁惟計附省河面果能肅清則守衛似毋庸
另添也
一擬招新安沙井陳姓壯勇因平日勇悍素著該姓前年因械鬥搆訟該姓生監現被
褫革數人今聞兩造情愿和息已有成約而陳姓欲乘此應募投効如果立功乞將
各生監開復自必愈加奮勉如蒙　恩准即酌令一二得力人前往招徠到省聽

候調遣此項壯勇口糧船隻費用紳等與各殷戶籌議准備兩月經費儘敷支
應期能蕆事 如兩月之外另行稟商
一擬請預定賞格俾各壯勇益知踴躍現在最要係佛山陳村大良新造及潭州各
沙等處如剿滅賊船肅清某處賞銀若干奪獲賊拖大船每隻賞銀若干其餘
小船如何獎賞均請 示定所獲砲械盡行繳局其有前被賊搶去船隻如能
奪回除官給獎賞外其船聽原主領回使人知賞格有定愈思勇往
一賞格優厚可期奮勇但為數既鉅恐難支應伏查沿海沙田自番禺潭州至香
山第六沙已有田三千五百餘頃其餘各處尚有數千頃之多若賊不靖來年難望
耕植查各田舊例每年每畝例收捕費銀壹錢出自耕戶向係容桂公館辦理
今若令業主每畝亦出壹錢是一頃可得捕費銀貳拾兩即計附近潭州之田已得銀陸
柒萬兩餘外數千頃尚不在數內現查潭州沙業戶在省城者稅已過半詢之亦
應允肯或先諭令按數呈繳亦可集事其散處各鄉業戶一時難齊請由何項墊
發俟繳回歸款似亦可行是否有當伏候
訓示

謹將卑職等到省探聽各賊匪大概情形開具節畧呈

電

計開

一探聽永福縣屬羅逕地方有匪徒黃亞標等糾約紅肚賊張瑛等約四千餘人滋擾已委千總陶恩培督帶壯勇五百名前赴羅逕堵勦於二十五日接仗不利傷壯勇三十餘人退守臨桂縣屬六塘地方駐扎適因該匪誘令陶恩培招降乘其不備攻打致敗又二十六日候補縣江令督帶韓鳳等壯勇七百餘名亦在羅逕地方與該匪等接仗失利江令陣亡聞江令人甚奮勇但不知持重致有此失因此賊愈猖獗二十八日進竄太平墟六塘地方離省城六十里省中戒嚴添雇壯勇二千餘名委姚守統帶前赴六塘防勦於二十九日出城惟因守城兵丁一千餘人嫌其太少經各憲諭飭城內舖戶居民舉行團練守城每家三人出一五人出二開列點名清冊約有六千餘人二十五六七三日委員詣公所點驗以湖南幫壯丁為最廣幫次之江西幫又次之人皆踴躍聲勢甚壯並各舖戶民人捐湊經費銀數萬兩製備器械發給守城口粮現在日夜巡守分派委員按段巡查城上武弁兵丁佈置大炮預備擊賊城外人民有搬入城內者似此防守尚屬嚴密諒可保無虞

一探聽平樂縣屬二塘地方與昭平賀縣富川等屬毗連四路可通上年冬有粵東廣州肇慶各屬無業遊民張雞仔等到該處聚賭約有三四百人沿鄉滋擾經平樂所屬之童安村猴猿村及昭平所屬之殷家潭各鄉惠潮嘉客民葉亞太及團總陳德隆等打敗復在二塘地方糾夥以報仇為名約有四五百人卑職等前次面詢平樂令邵春卿向稱已被廣府客民解散茲到省後探聽該匪仍在二塘地方糾聚約有千人東省發來千里馬於二月二十四日路過目擊尚未起事

一探聽平樂府屬修仁之石墻荔浦之王猺等處堵禦賊匪韋晚李芳懷等現經署平樂柏守候補府朱其仁共帶兵勇二千餘人防守石墻等處甚為嚴密賊匪仍被堵禦內有全州勇五百名甚為得力現李芳懷等一股人數甚多尚有投誠之說俟再採稟報

為札飭事昨據該紳千總等面稟現有沙灣紳士何壯猷等面稱該鄉何博份畏罪懇求投誠立功自贖等情查何博份從逆滋擾地方本法所不貸今既經該紳等以該匪畏罪求降代乞恩施如果出自真誠尚可網開一面予以自新但必須勦滅大股匪船或擒獻首犯方可稟請

大憲准其投降贖罪其隨同立功之夥黨一併赦免如能始終奮勉另立大功更可格外恩施請予獎勵倘仍懷二心再有過犯惟所保之該紳等是問合亟札飭札到該紳千總等即便遵照飭令何博份將所有船砲器械及夥黨姓名先行造冊呈繳并取具該紳等切實保結呈送本署司核辦毋違切切

FO.682/327/2(48)

安徽

七月十八日

翁同書奏前因懷逆大股突竄定遠縣城該知縣周佩濂登陴守禦崇立解城圍業
經奏蒙恩賞前以捻逆勾結廬逆復犯定遠力竭陣亡兩次嬰城固守巷戰捐軀
尚屬忠藎殊堪痛惜請旨賞加道銜照道員陣亡例議卹云云

安徽

八月廿四日

上諭張芾奏請將辦團出力之同知懇恩獎勵一摺安徽候補同知彭定深委赴婺源辦理
團練頗著成效迨克復縣城時隨同出力洵屬著有微勞着俟補缺後以知府用欽
此

[redacted]

謹將各陸營兵勇數目開呈
憲鑒
署都司鍾文彩管帶督標兵二百名
千總張彪管帶督標兵一百名
候選知府陳登仕管帶潮勇一千三百名
署督標叅將張遇清管帶勁勇三百名

潮州營千總方源管帶潮普謀勇共六百五十名
沙灣司巡檢鄒宗耀管帶西平潮勇四百名
把總邱德龍邱遇龍管帶舊南順勇三百名
把總鄧達章管帶新南順勇二百名
以上兵勇共三千四百五十名皆係東省支發口糧
都司唐文燦管帶靖勇一百五十名
把總方茹管帶潮州礮勇二百數十名（此項現經張前司自行裁撤）
守備張興管帶東莞礮勇三百名
以上壯勇約七百名皆係張前司支發口糧

謹將堵捕事宜開呈畧節是否有當伏候
憲裁
伏查海面匪徒自上年痛剿之後莫不勢窮膽落尚何能為乃今之復圖滋事者何也揆厥由來皆緣身犯重罪意謂坐而待斃不若鋌而走險又以內地搜捕綦嚴惟海面廣濶未易猝拏且各縣分隸未能合力故敢出沒耳官兵往捕則此拏彼竄一望汪洋從何著手或稍懈忽即勾連醜類伺隙而來若不及早妥辦誠恐日久人多大為可慮但由卑職會商各縣意見不無參差籌思再四非仰仗
憲威飭令沿海各縣商辦誠恐難以齊心伏望
專札嚴飭多撥巡船兵勇時赴各海口及水陸各要隘會同梭織巡防約期互相會哨遇有賊艇即合力兜拏如果辦理認真匪艇自不敢復行輕入而各鄰縣明奉
憲諭亦必極力遵行不致復有異議於緝捕巡防寔有裨益並於給札時仰乞
恩施免將卑職稟請敘入寔為
德便謹稟

委員廣東遇缺即補縣丞劉利鴻今將支發翁源緝捕夫價
花紅銀兩數目開列清摺恭呈
憲鑒
呈閱
二月初一日住壩子墟坐糧
一支坐夫十六名發坐糧銀一两一錢二分
初二日住壩子墟坐糧
一支坐夫十六名發坐糧銀一两一錢二分
初三日住壩子墟坐糧
一支坐夫十六名發坐糧銀一两一錢二分
初四日住壩子墟坐糧
一支坐夫十六名發坐糧銀一两一錢二分
初五日住壩子墟坐糧
一支坐夫十六名發坐糧銀一两一錢二分
初六日住壩子墟坐糧
一支坐夫十六名發坐糧銀一两一錢二分
初七日住壩子墟坐糧
一支坐夫十六名發坐糧銀一两一錢二分
初八日住壩子墟坐糧
一支坐夫十六名發坐糧銀一两一錢二分

6

初九日住壩子墟坐糧
一支坐夫十六名發坐糧銀一両一錢二分
初十日住壩子墟坐糧
一支坐夫十六名發坐糧銀一両一錢二分
十一日由壩子墟至崗尾行糧
一支行夫十六名發行糧銀一両九錢二分
十二日由崗尾至壩子墟行糧
一支行夫十六名發行糧銀一両九錢二分
十三日住壩子墟坐糧
一支坐夫十六名發坐糧銀一両一錢二分
十四日住壩子墟坐糧
一支坐夫十六名發坐糧銀一両一錢二分
十五日住壩子墟坐糧

7

一支坐夫十六名發坐糧銀一両一錢二分
十六日住壩子墟坐糧
一支坐夫十六名發坐糧銀一両一錢二分
十七日住壩子墟坐糧
一支坐夫十六名發坐糧銀一両一錢二分
十八日由壩子墟至松塘行糧
一支行夫十六名發行糧銀一両九錢二分
十九日住松塘坐糧
一支坐夫十六名發坐糧銀一両一錢二分

8

二十日住松塘坐糧
一支坐夫十六名發坐糧銀一両一錢二分
二十一日住松塘坐糧
一支坐夫十六名發坐糧銀一両一錢二分

二十二日住松塘坐糧

一支坐夫十六名發坐糧銀一兩一錢二分

二十三日住松塘坐糧

一支坐夫十六名發坐糧銀一兩一錢二分

二十四日住松塘坐糧

一支坐夫十六名發坐糧銀一兩一錢二分

二十五日由松塘至鎮子舖行糧

一支行夫十六名發行糧銀一兩九錢二分

二十六日由鎮子舖至翁源縣行糧

一支行夫十六名發行糧銀一兩九錢二分

二十七日由翁源縣至涼橋行糧

一支行夫十六名發行糧銀一兩九錢二分

二十八日由涼橋至南華行糧

一支行夫十六名發行糧銀一兩九錢二分

二十九日由南華至韶州府行糧

一支行夫十六名發行糧銀一兩九錢二分

以上自二月初一日起至二十九日止共計二十九日

共支八日行糧銀十五兩三錢六分

共支二十一日坐糧銀二十三兩五錢二分

二共支行夫坐夫銀三十八兩八錢八分

呈閱

一支拿獲旗頭曾洪磬一名給花紅四圓去銀二兩六錢

一支拿獲賊匪陳亞六一名給花紅二圓去銀一兩三錢

一支拿獲旗頭陳亞養一名給花紅四圓去銀二兩六錢

一支拿獲賊匪葉亞滿一名給花紅四圓去銀二兩六錢

一支拿獲賊匪毛阜貞一名給花紅四圓去銀二兩六錢

15

一支拿獲賊匪龔火洸一名給花紅四圓去銀二兩六錢

一支拿獲賊匪蔡百材一名給花紅四圓去銀二兩六錢

一支拿獲賊匪胡洸錦一名給花紅四圓去銀二兩六錢

一支拿獲賊匪陳洸奎一名給花紅四圓去銀二兩六錢

一支拿獲賊匪沈思相一名給花紅二圓去銀一兩三錢

一支拿獲賊匪陳發鈞一名給花紅四圓去銀二兩六錢

一支拿獲旗頭賴洸廷一名給花紅四圓去銀二兩六錢

一支拿獲賊匪葉金月一名給花紅二圓去銀一兩三錢

16

一支拿獲賊匪許席賢一名給花紅四圓去銀二兩六錢

一支拿獲賊匪魏亞三一名給花紅二圓去銀一兩三錢

一拿獲賊犯胡林涓一名未給花紅

一拿獲賊犯官可湄一名未給花紅

以上共支花紅銀三十三兩八錢

17

連前支行夫坐夫銀三十八兩八錢八分

總共支銀七十二兩六錢八分

計領銀三百兩

一除支十二月內份夫價花紅銀九十九兩一錢二分

一除支正月內份夫價花紅銀八十一兩八錢

一除支二月內份夫價花紅銀七十二兩六錢八分

三共除支銀二百五十三兩六錢

18

除支外

實存銀四十六兩四錢

共支十三日行糧銀二十四两九錢六分

共支十七日坐糧銀十九两零四分

二共支行夫坐夫銀四十四两

呈開

一支拿獲賊匪毛奇達一名給花紅四圓去銀二两六錢

一支拿獲賊匪藍會書一名給花紅四圓去銀二两六錢

一支拿獲賊匪張向茴一名給花紅四圓去銀二两六錢

一支拿獲賊匪張錫清一名給花紅四圓去銀二两六錢

一支拿獲賊匪邱亞二一名給花紅四圓去銀二两六錢

一支拿獲賊匪陳朝鈞一名給花紅四圓去銀二两六錢

一支拿獲賊匪賴秋陽一名給花紅四圓去銀二两六錢

一支拿獲賊匪許亞豹一名給花紅四圓去銀二两六錢

一拿獲賊匪賴神佑一名　未給花紅

一拿獲賊匪池月珠一名　未給花紅

一拿獲賊匪陳標一名　未給花紅

以上共支花紅銀二十两零八錢

連前支行夫坐夫銀四十四两

總共支銀六十四两八錢

計前後領銀六百两

一除支十二月内份夫價花紅銀九十九两一錢二分

一除支正月内份夫價花紅銀八十一两八錢

一除支二月内份夫價花紅銀七十二两六錢八分

一除支三月内份夫價花紅銀六十四两八錢

四共除支銀三百一十八两四錢

除支外

實存銀二百八十一两六錢

[redacted]

謹將紅单拖船原配水勇官兵月支各数開列呈

電

計開

一軍功李榮陞黄琳等二十四名暨職員宋浩湘儋州營千總梁國定及把總外額等九員隨捕兵十四名管帶紅单船二十隻鰳拖船一十隻共三十隻

大紅单船十七隻每隻水勇六十名加工五名每名月銀五两每隻月租銀四十八两三錢每隻月

共銀三百七十三两三錢

中紅单船二隻每隻水勇五十名加工五名每名月銀五两每隻月租銀四十八两三錢每隻月

共銀三百二十三两三錢

小紅单船一隻大鰳拖船六隻每隻水勇四十五名加工五名每名月銀五兩每隻月租銀三十八兩五錢每隻月共
銀二百八十八兩五錢

中拖船四隻每隻水勇三十五名加工五名每名月銀五兩每隻月租銀三十八兩五錢每隻月共
銀二百三十八兩五錢

前項紅单船二十隻鰳拖船一十隻共水勇一千五百七十五名另加工船租每月需銀九
千九百五十六兩二錢

另管帶官兵四十八員名每月薪糧銀三百八十四兩九錢

一瓊州黃鎮統帶各船二十三隻

大紅单船二隻每隻水勇六十名加工五名每名月銀五兩每隻月租銀四十八兩三錢每隻
月共銀三百七十三兩三錢

中紅单船十三隻每隻水勇五十名加工五名每名月銀五兩每隻月租銀四十八兩三錢每隻
月共銀三百二十三兩三錢

快海船一隻水勇五十名加工五名每名月銀五兩　每月銀二百七十五兩

巡船一隻 水勇七十八名每月銀四百四十四兩八錢

𩼫拖船二隻 每隻水勇二十四名加工五名 每名月銀五兩 每隻月租銀三十八兩五錢 每隻月共銀一百八十三兩五錢

海口安拖船三隻每隻原配弁一員 記委二名 兵丁二十八名 水勇二十五名 加工五名 每隻月共銀二百二十六兩八錢

崖州營撈繒船一隻配 千總一員 外委一員 記委二名 兵丁二十四名 水勇二十名 加工五名 每月共銀二百零二兩四錢

留裁船水勇二十名防守三山台每月銀一百兩

隨捕官兵九十九員名內 守備二員 記委三十五名 把總外額十一員 兵丁五十一名 每月口糧銀三百九十八兩一錢

前項各船 水勇一千零六十一名 官兵二百二十員名 每月需銀七千四百一十七兩二錢

以上兩起除加工不計外實水勇二千六百三十六名

守備二員 千把外額二十五名 職員軍功二十五名 記委兵丁二百一十六名 共二百六十八員名

存廣糧通判繳貯俸餉搭錢一萬九千九百零二串五百四十七文

另外庫寄貯各款

各官捐輸河工銀三百二十八兩五錢一分五厘

紳士伍元蘭等捐修桑園圍基銀二十三兩七錢二分九厘

南海縣廩生伍元薇捐修桑園圍及波子角圍基銀二百兩

報承沙坦尚未詳陞給照繳存花息銀一千九百九十六兩八錢三分

獄囚經費銀一千七百一十二兩九錢一分四厘內
紋銀一兩四錢五分二厘　番銀一千七百一十一兩零四錢六分二厘

官紳籌捐賑恤銀八千四百四十八兩二錢二分一厘五毫

官捐賑恤基費銀一萬零二百四十三兩三錢三分

續籌防夷備用銀一千零二十五兩二錢二分六厘

籌備添建砲台經費番銀二百五十兩

寄貯防夷糧臺軍需銀二萬六千三百二十三兩四錢六分九厘八毫五絲內
紋銀一萬四千一百二十一兩三錢七分二厘六毫五絲　番銀一萬二千二百零二兩零九分七厘二毫

寄貯捐輸九龍城寨工程番銀二十萬兩

督憲發貯追回香山縣廩生鍾光祥原領銀二千兩

香山縣生員林福祥前領招募壯勇經費用剩銀四十三兩六錢四分

吳川營都司黃琮繳到案犯鄧明領駕擸拖船一隻變價銀一百兩

南海縣解起獲胡阿順等乘火搶奪暎國夷棧原贓洋銀
五百四十七兩五錢九分 另銅錢三百文
煎煉礦沙銀二萬零一百四十七兩七錢五分
鉛商承辦礦廠鉛價銀一萬五千三百三十二兩七錢二分
各屬解繳地丁傾過元寶加平銀一十六兩
候給各屬解繳稅羨耗羨傾過元寶加平銀九百六十九兩
六錢
候補道趙 移解委員韓廖二令赴欽州挖取金砂煎煉精金
三兩七錢三分六厘
又移解欽州退辦金廠商人劉廷揚等試採金砂四成課
餉等番銀九十五兩九錢六分九厘
廣州府楊守在廉州府任內認賠欽州交代虧短銀一千六
百兩
廣州府解欽州馮倚元交代銀一千一百四十八兩七錢二分二厘
英德縣解前署縣周令交代缺穀價銀一千八百兩

昌化縣解昌感二縣交代銀三百四十七兩一錢七分四厘
廣糧通判領運撥代潮州府承修海門營米艇工料應扣
部費撥用銀一百四十三兩八錢二分七厘
肇羅道王 繳存前在福建建寧府及護理延建邵道任
內應交各款銀一百零七兩二錢六分二厘
封川縣因粮因衣銀八分
番禺縣罰繳清流沙花息充公支出貯候給瓊州府提
用府庫各款發給崖州查辦黎匪滋事
官兵口糧經費銀三千三百三十一兩三錢六分
六厘
番禺縣稟解陽江縣言良駐繳還前發辦理暎咭
唎商船遭風被搶案捕費銀七百五
十二兩九錢一分七厘
原交香山縣武舉何觀章戊戌科會試水手銀二千兩
零一錢七分

委員周銘恩繳原在惠濟倉領出名募壯勇支剩
銀六分
撫憲札發粵海關送到備賞支剩番銀一百兩
軍需局委員廣州府易守等解肇慶府周署守
代蘇守交局備抵軍需核減銀三兩零
二分
臬司移解南海縣估變廿四九等賭館價番銀二十五兩
一錢八分
撫標中軍解右營署守備王浚留存俸廉等銀九十九兩一
錢零一厘　另搭錢一千二百二十五文
番禺縣查封匪徒王壽賭館變價銀六十兩零四分
江西委員解前在粵省借支雇募鑄砲工匠銀二千四百
九十四兩四錢
收存電白縣養廉等款候給領解未完石城縣官租
銀四百五十九兩三錢九分四厘

候補道趙移解協理礦務沈守及韓令繳回領過經費
銀五百兩
候補府經歷沈梁稟繳捐辦招募餘番銀二十五兩三
錢三分
督標中協移解候補府經歷沈梁捐輸招募經費另補
番銀四百三十三兩五錢
候補道趙移解廖令繳回前領辦礦務經費銀一百兩
署肇羅道趙移解大洲廠委員陳經稟繳礦課公
費銀一百六十六兩四錢四分三厘
民用憲書樣本及工本銀五十二兩一錢二分三厘五毫一絲五忽
報部平餘銀八十六兩五錢九分二厘
共銀三十萬零三千六百八十八兩三錢六分五厘八毫六
絲五忽
另積金二兩七錢三分六厘

謹將卑職支發督標廣協官兵夫價銀兩數目開列清摺呈

電

計開

一支永靖營都司賈運盛管帶督標官兵三百五十名

原用夫二百八十名又由撫標帶來自用轎挑夫十八名

一支廣協把總羅帶兵一百名　原用夫七十九名

共用夫三百七十七名

坐夫每名每日銀一錢該銀三十七兩七錢

行夫每名每日銀一錢七分五厘該銀六十五兩九錢七分五厘

一支二月初一日督標官兵駐青石塘原夫二百八十名支坐夫銀二十八兩

一支二月初二三四日督標官兵仍駐青石塘原夫二百八十名支坐夫三日銀八十四兩

一支二月初五日督標官兵奉調佛崗由青石塘移燕嶺添入賈鄉司轎挑夫十八名共用

夫二百九十八名支行夫銀五十二兩一錢五分

仝日廣協官兵用夫七十九名支行夫銀十三兩八錢二分五厘

一支二月初六日督標廣協官兵由燕嶺移佛崗共用夫三百七十七名支行夫銀六十五兩

九錢七分五厘

一支二月初七日督標廣協官兵由佛崗移石角墟共用夫三百七十七名支行夫銀六十五兩

九錢七分五厘

一支二月初八日督標廣協官兵駐石角墟共用夫三百七十七名支坐夫銀三十七兩七錢

一支二月初九日督標廣協官兵由石角墟移龍蟠墟共用夫三百七十七名支行夫銀六十五兩

九錢七分五厘

一支二月初十日督標廣協官兵駐龍蟠墟共用夫三百七十七名支坐夫銀三十七兩七錢

以上十日督標廣協共用行坐夫銀四百五十一兩三錢

二月初一日 卑職留隨營夫六名駐青石塘支坐夫銀六錢

二月初二三四日 留隨營夫六名仍駐青石塘支三日坐夫銀一兩八錢

內於初三日 卑職 奉札調佛崗隨督標支發夫價口粮由英德帶舊用熟夫十

八名漏夜赴清遠請餉支初四日坐夫銀一兩八錢

二月初五日留隨營夫六名由青石塘移燕山嶺支行夫銀一兩零五分

仝日隨清遠夫十八名支坐夫銀一兩八錢

二月初六日留隨營夫六名由燕山嶺移佛崗支行夫銀一兩零五分

仝日隨清遠夫十八名支坐夫銀一兩八錢

二月初七日留隨營夫六名由佛崗移石角墟支行夫銀一兩零五分

仝日在局領解佛崗陶守等薪粮銀二千兩又羅經歷還卑職 銀一千兩添僱

抬餉夫六名加原帶十八名共夫二十四名支坐夫銀二兩四錢

二月初八日留隨營六名仝行營駐石角墟支坐夫銀六錢

仝日隨夫二十四名由船駐關前支坐夫銀二兩四錢

二月初九日留隨營夫六名由石角壚移龍蟠壚支行夫銀一兩零五分

仝日由關前到佛崗隨夫二十四名支行夫銀四兩二錢

開除抬餉夫四名每名每日米飯銀一錢支初十十一兩日飯銀八錢

二月初十日留隨營夫六名隨營駐龍蟠壚支坐夫銀六錢

仝日由佛崗到龍蟠壚行營用夫二十名支行夫銀三兩五錢

引路差役二名每名每日飯銀一錢自初一日起至初十日止支銀二兩

以上十日 卑職用行坐夫支銀二十八兩五錢

連督標廣協自二月初一日起至初十日止共支夫價銀四百七十九兩八錢

截至正月三十日止存銀一百三十六兩一錢一分

在局收回羅經歷還欵銀一千兩

共存銀一千一百三十六兩一錢一分

共支出銀四百七十九兩八錢

除支現存銀六百五十六兩三錢一分

謹將本月初六七八等日老城内砲斃人数姓名開列清摺呈

電

計開

迴龍里屋内砲斃婦人一口

劉梁氏 花縣人年二十四歲初六日被砲打破頭顱丈夫劉亞旹在四牌楼昌和飯店雇工 漢軍地保甲下

甜水巷街上砲斃婦人一口

黎岑氏 番禺人年五十六歲初六日被砲打断左右腿飛去并打穿左肋家住花塔街向係雇工有子一人黎亞應幼穉年十二歲 漢軍地保甲下

光塔街路上砲斃男子一名

袁亞勝 番禺人年三十六歲初六日被砲打去左手前賣猪肉生理現當挑夫家住鄉間有子亞有在四牌楼泗和栄店雇工 滿洲地保甲下

光塔街屋内砲斃婦人二口

李黄氏 直隷人年六十歲初六日被砲打破顱門住家本街現搬移天平横街居住有子一人李國英在塩務公所當司事 漢軍地保甲下

又砲斃養女一口

李亞九 年十七歲初六日被砲打断右脚係塩務公所李國英之養女 漢軍地保甲下

仙隣巷街上砲斃男子一名

劉 泰 又名麟趾安徽桐城人年約六十餘歲初六日被砲打破頭顱并打去眼珠向在候補府經劉國顕處服役有妻劉吳氏現在劉公舘雇工 漢軍地保甲下

書芳街屋内砲斃男子一名

陳濟邦 三水縣人年六十六歲初六日被砲打傷頭顱炸去右脚在龍藏街開藏經堂書店住家書芳街有妻易氏年五十六歲長子錦荣年三十六歲次子錦璋年三十四歲女二口出嫁 署前地保甲下

撫院前照墻巷内火箭射斃婦人一口

陳劉氏 東莞人年二十五歲初六晚被火箭射穿右乳傍是夜搬至厚祥街身死丈夫陳郁全年四十八歲在厚王巷凝道堂葯店雇工家翁陳聚維現年七十八歲受傷 衛邊街地保甲下

撫院前正隆鞋店内砲斃男子一名

梁亞貴 開平人年二十五歲初六日被砲打断右脚飛去有母余氏年六十一歲在家并堂兄梁纘烈現在正隆鞋店雇工 桂香街地保甲下

將軍府頭門西邊兵房砲斃男子一名

金 永 年十八歲係滿洲正白旗副甲兵初六日被砲打爛下身住家大市街現有胞叔一人名明成祖母一口年七十歲現住畢公巷 滿洲地保甲下

瑪瑙巷一家内砲斃婦女二口

吳許氏 年三十二歲係鑲黄旗漢軍餘兵吳起沛之妻初六日被砲打断右腿肉俱飛卸家住瑪瑙巷丈夫吳起沛現存 漢軍地保甲下

吳亞鳳 年十二歲係鑲黄旗漢軍餘兵吳起沛之女初六日被砲打開四塊其父吳起沛現存 漢軍地保甲下

普寧里屋内砲斃男子一名

陶　安　番禺人年五十四歲初七日被砲打穿胸膛向賣魚生理家無親屬　漢軍地保甲下

大北門直街屋內砲斃男子一名

李　潤　南海人年四十歲初七日被砲打去左腿打折右手右脚週身肉俱飛卸向在廵捕陳玉森處服役家有老母并妻一口子一名女二口　漢軍地保甲下

又屋內砲斃同居寡婦一口

何李氏　南海人年五十餘歲係已斃李潤胞姊仝日被砲打破下頷次日身死現有承繼子何亞仝年十四歲現住蓮花井　漢軍地保甲下

將軍西轅門街上砲斃男子一名

區　安　即梁安南海人年二十四歲初七日被砲打破頭顱向賣菜生理家住西門外洋塘頭道橋有胞伯母一口堂兄一名　漢軍地保甲下

又街上砲斃男子一名

不知姓名男子一名　年約四十餘歲初七日被砲打斷右脚閒在西門外開烟店由該店自雇人抬回收殮　漢軍地保甲下

陶街火堆巷屋內砲斃婦人一口

黃張氏　清遠客籍人年五十四歲初七日被砲打穿左肋向在河下雇工家無親傷𨾏身一人　漢軍地保甲下

四牌樓陶街牌坊巷屋內砲斃男子一名

陳　升　三水縣人年七十六歲初七日被砲打破頭顱前有寡媳現已改嫁　漢軍地保甲下

師古巷砲斃婦人一口

蘇廖氏　新會人年五十四歲初七日被砲打爛左腿住家師古巷杜南書院丈夫蘇德常年五十九歲向做皮鞋底生理有子一名亞勝女一口亞妹　桂香街地保甲下

大馬站街上砲斃男子一名

劉亞東　東莞人年十四歲係三多堂吳廷顯家雇工初七日被砲打破頭面臭眼經工主收殮有母親在東莞鄉下未知姓氏　大馬站地保甲下

又街上砲斃女子一口

陳亞金　南海人年十一歲初七日被砲打穿肚腹腸出有父親陳恢緒母陳何氏均已搬回鄉間　大馬站地保甲下

流水井屋內砲斃女子一口

劉亞惠　南海人年十五歲初七日被砲打穿肚腹腸出三日後身死父親舉人劉錫齡母孔氏住家流水井　大馬站地保甲下

大市街住屋門首砲斃男子一名

程求芳　南海人年約七十餘歲初八日被砲打斷右脚向做小賣生理有妻洪氏并幼子均同時受傷　滿洲地保甲下

粵秀街路上砲斃男子一名

鄔亞滿　番禺人年二十四歲初八日被砲打傷頭顱并打斷右手左脚週身皮肉飛卸向在大北門直街充當更夫有胞兄鄔亞同年三十七歲住家大北門直街做小販生理　街邊街地保甲下

大市街屋內砲斃孀婦一口

巴雅拉氏　年六十八歲係滿洲鑲黃旗孀婦初八日被砲打斷下身家無親屬子女隻身一口

以上共砲斃男女二十六名口

香港信來云夷人尸載回香港埋葬前後共有三四百名漢人裝作鬼子死者更多本月十三日火船帶回夷船一隻係對仗打爛的此次滋事係夷人水師兵頭共陸路兵頭与各倉口鬼均不欲打仗本日有白毛鬼十餘人回港說和閙鬼子欲和百姓不欲和其語其別國鬼子有千餘萬貨財在何南俱是水師兵頭担保丞前次滋事云云紅匪逃在犀大路者迫掠去漁船數隻在為大路豎旗招人傳聞往打大良城討前次閙事时各家打单銀兩云云

F.O.682/378B/1(4)

封稟要件

F.O. 682/378B/1(5)

103

徐亞九

混名花驄九面上有刀痕年約卅歲

有意起旗各匪徒单

黎李大監生年四十餘歲

黎因可文生員年四十歲 俱五斗司属下滘堡人

以上二人前曾起旂今在下滘地方團練壯勇數百明為鄉勇暗往佛山取領賊匪口粮可以鼓勵之詞傳其到省查訊便知

羅戸頭三十餘歲拆頭人

李亞滔四十餘歲大橋人

鄭亞讓三十餘歲沙涌人

梁亞康三十餘歲南海神安司谷樹村人脱逃軍犯

何亞愠二十餘歲神安司谷樹村人

有意在拆頭地方滋事現未起旗

關牛五十餘歲西望人 亦係有意在拆頭起旗之党

鄧亞槤番禺小北門外左边茶居與北路賊匪來往作城外應

曾亞發番禺小石街内開烟館與北路賊匪來往作城内應

以上三匪着五仙樓孫千總可能傳到

前永福賊周韓子由永寧兩江竄義寧及靈川境臨桂北鄉團總梁贊國
靈川團練陽秉煥等前往堵剿梁團總死之陽被執索金贖放據地要
撫官中竟議招降適有先擾灌陽股匪竄入興安東南鄉欲由興安分股
犯省經興安北鄉團總蔣方第何霖等率丁堵剿二十日敗賊於南鄉茗田
馬鞍山下賊乃密約大墟土匪助戰蔣方第等祇率丁百餘人衆寡不敵遂
與何霖及其姪蔣建勲等三十餘人同時殉難北團聞變復集丁數千即
時赴禦郭外防護興城詎周令已於是日昏後潛逃至大溶江該丁聞官已
棄城走團總陣亡遂各解散該賊偵知城中無備遂直入焉四出焚刼受害

FO.682/378B/1(14)

敬稟者標下右營六品頂戴哎什哈劉維新為稟報探聽事於廿六日奉委前往佛山沙口一帶查探是日有鷹嘴沙團練紳士在張公廟前拿獲賊匪三名送解同知收審各路壯勇及水陸俱皆安靜理合稟知、

五月　　日呈

P.1

月前連奉四月十四五月十六七等日三次
環章敬悉一切因正值潯州艇匪下竄梧州道路
梗塞稍稽肅覆時切歉忱敬維
宮保中堂勳猷懋建
福祉洪延翹企
節麾莫名傾頌夷務已否竣事道阻不聞消息馳
念良深遥想

P.2

威信遠孚諒必已運籌決勝指揮大定也此間附
近省城西路賊匪早經擊敗潰竄北路何家鋪
賊巢亦經兵勇奮力攻破匪黨俱竄至興安靈
川兩城負嵎屯踞湖南駱籲門中丞派員帶勇
三千人越境前來協勦現在會同全州勇練力
攻興安而省城兵勇則力攻靈川連日分撥攻
勦賊勢已甚窮蹙諒可刻期收復平樂勇練攻

P3

勒郡城賊匪屢獲勝仗克復當亦非難惟柳州
一帶專仗團練支持尚未派兵勇前往因口糧
無從籌畫以致遲延實深焦憤至經費之難山
窮水盡搜括無從科斂亦無從兵勇口糧積欠
甚鉅時時有脫巾譁變之勢一旦決裂則土崩
瓦解通省大局不可收拾朝不保夕萬分可危
所有艱險迫切情形有非筆墨所能罄者特委

P.4

知州陳瀚馳謁
台端當面稟陳一切務求
中堂及此尚可保全挽救之時
迅賜憐而救之曷勝感禱明知東省亦並非寬綽
然西省勢迫垂危又別無可控訴不得不為再
三之瀆倘荷
中堂於萬難之中設法手援俾蘇鮒涸則西省無數

P.S. and

生靈同感
大德於無旣矣專此奉布敬請
鈞安彙繳
謙柬諸維
垂鑒不宣

名正肅

匪等合夥竄擾則勢更披猖職道 現仍趕緊督飭前進務搶
過陽朔繞出白沙地方扼守省城要路相機截擊查陽朔至
平郡有大河二道若該匪下竄渡過稍難刻下平樂雖屬緊
急不若桂林之可虞除飭招守確探賊踪如該匪回竄脩荔
即趕緊會督兵練堵截外合將另股賊匪攔入陽朔縣城及
退出情形稟
聞恭請

P.1　F.O. 682/378B/1(19)

再啓者艇匪下竄梧州仰蒙
中堂派撥水陸兵勇數千名來西勦辦軍威大震自
可將該匪登時擊退惟匪艇自必仍向上游逃
竄誠恐梧州雖已解圍而潯江禍根猶在不獨
潯郡收復無期即梧郡亦徹防無日尚祈
嚴飭管帶兵勇各文武迅即乘勝跟追將該匪一
鼓殲滅俾免餘燼再然實深頂感至省城附近

P.2 end

一帶現在情形已鬆壯勇足敷勦辦明副將等
所帶大直等勇或派往上游協勦或留梧州防
守統候
卓裁附陳鄙見並祈
亮詧不宣晚又啓

九江逆首陶巨盤踞九江，經來遠出[illegible]困斃，日昨該逆股
逸竄，該同姓紳耆初不捆送，以至任令脫逃，是該紳等亦
容庇匪黨，該紳等須重出花紅急拏，為掩飾諱卸之計，殊深痛恨。
廣州府現帶兵勇船隻赴九江鄉搜捕，仍即札該縣嚴行
勒令同姓紳耆將陶巨之一家屬查明，陶姓各紳士
務先行自等將陶姓祖祠查封，著該紳等限期交
出，即將該紳等鎖拏來省從嚴辦。

諭查詢三千觔大砲及二千五百觔二千斤之大砲究與一千
觔重者何為堅固　鎮軍指稱放演二千觔者三出皆
准條六字式者失一出者至究該貫所謂准不過相定
賊彼砲子及墻洞穴而已查大砲養兵至七百餘名之之
多每戰斷不能全用且扛此眾重之物越濠入險其不放
心此臣砲可守而未可戰也今已高酌傳當節去六百餘
名只存壹百名每日或遇陰雨宜洗或宜演試必須挪動
之用至臨戰時或須抬過濠園百名亦敷用即或不足
則兵壯中所養閑夫甚多每名賞錢百文有不願抬
者乎至大砲手壹百四十五名毋乃太多茲挑選善看
苗頭者二十名伺候炮位施放者共七十名已足備保決去
又裁去練勇帮兵守墻子者七百餘名日計所費之之
哉月計之多且裁去實無損于事也
鈞諭月內宜動一層茲又奉
示宜斟酌萬全未可輕試仰見
武鄉侯謹慎持重靜以致遠之略無任誠服　鎮軍意在
散其黨兩界存計在使之內斃二者皆可行似內潰較
快有不敢不使聞知而又未可使盡知者以來人之不能盡
密也吳牧來此淺資裨益播種甫下未知朱恩廣篇
令能符否耳日夕惕惕大有度日如年之隱婦女幼孩
從賊者眾
命營次不得濫收此可杜無窮弊端現將先後獲到

壯男婦及十三歲以上孩子委員解赴
崇轅委訊分別辦理另有清册一本附陳肇州左營
都司姚麟前管帶南韶兵二百及本營兵二十餘名今
韶兵撤回該都司即經仍回肇郡彙海游擊者素
極廉勤郡城從守備一員在賢[?]營大屬可慮伏候
鈞裁炮夫炮手之撤營中未有怨心但不任其怨則惟之與
阿相之哉何此因循之必致債事也況所養炮手名目
七百餘名實不過一二百人耳安得盡人而悅之貪仍利
者所見不過膚寸蜀足與計大謀不盡之言俱瀝陳
於吳牧吳牧誠[?]恩南昇府不敢恐由字養之不及又有未
可盡忍者則身在局中感緣操而益多懼事機之易泄
也事至今日豈以此營利是無天良以此邀功是無羞
恥伏乞
札諭各營裁汰炮手及炮夫之冗濫並兵壯等不得守步[?]
離營不對隊伍亦來一列以壓浮之輩歸羨趨之者庶
少刻薄之怨讀乎 宗外道喇唆已痊其元氣未復昇府
雅未旌[?]體而本元未損故精神不減于前堪紓
廑注餘容續布專肅敬請
勳安諸祈
涵鑒靡[?]依 入昇府飭苧謹稟 五月二十一日亥刻
外附呈解到男女犯及勒獲并現病者名册一本[illegible]查各段營盤
員清摺十扣又續來[illegible]各處告示清單粘黏呈
鈞照稚又稟

再稟者，現在密探賊巢虛實，首逆大館現有內外二館。

內館則首逆暨偽將軍十餘人居之，內有新擄婦女不過十六、七，諸与共存殘者。外館則羅、薛、韋、葉、張、何等姓精銳者居之（前禁婦女同居，今則否）（計壹佰餘人），

但不盡齊，其糧食可勇至八月，小館十六糧較短絀，

內積蓄者或多或寡不一，逐日亦由大館發給雜糧瓜豆，

出者皆帶病及無甚可用之材，不甚禁阻，婦女亦放若

婦女精壯能助陣者，尚不乏食（亦不得走出），此其確實情形，謹以附陳。

大館中所缺者鹽耳。

海屋添籌

壹白齋製

連平紳士信

FO.682/378B/1(43)

再啓者，自黃悅太、黃阿官兩股匪徒撞散後，每月間龍南屬之莊圍營及高原、小礤地方復聚千餘，到塘興樓（浴），查此股匪徒係龍南屬坪坑蔡騰鳥、邱慎、謝老三為首，貴壇張佛模、佛楷兄弟為首，貴東則老三為首。貴壇約有賊匪三百名之多，貴東壇田不下一百名，陂頭不下二三十名，臘溪水浸崗不下七八十名，既被兵勇擊敗，各皆逃散，但未殲渠，誠恐移時而故智復萌，況貴壇匪徒官紳并不緝送，更覺目無忌憚。想公祖大人深諳韜略，且樓臺近水，當有綢繆於未雨者矣。專此

青睞詳演

鈞聽，順請

並其忠安章甚

汝恭謹文字

十一月廿五日

小瀝營弁蔣某

此處爲增城入番禺境界最要之地

標下水師營軍功六品頂戴戈什哈黃振高為稟探報事於四月二十八日查探得北江一帶
沈大人已在清遠城河面灣劄督辦軍務近日各鄉練勇解送餘匪數百名
交該縣程令訊明正法又探得二十七日午刻我軍各船行抵黃城口河面見有匪
船坡山艇數十餘隻在連州江口駛下尹護參將與千總蘇海崑芳等督帶各
巡船上前攻擊即時轟斃賊匪無數及撲水淹死者百餘名生擒賊匪三名奪獲賊
船二十餘隻即時燒燬其匪船上各旂幟俱有何六陳金剛偽號該匪敗走迯竄往
英揚峽等处探得英德城現有匪四千餘另有匪船數百隻我軍各船俱追至
連州江口堵勦灣劄相机進勦等情謹將勝仗確實情形理合稟

聞

四月　　日呈

49

F.O.682/378B/1(49)

標下白沙塘汛探兵許明光為稟報事現探得本月初四日與仁西湖同升安和局各社學均已團練[illegible]豎立白旂各紳耆督帶丁壯于初五等日在竹料圩會哨安民復業詎有楊村滘湖竹料蓼菜茅山沙田岡鵝湖等村竟有逆首顏亞得高社務高亞右馮花頭符蕭亞基等二三百人在竹料圩豎立紅旂糾匪適與白旂丁壯相遇旋被各紳士等阻止勸散該逆匪竟敢出帖邀匪約往楊村滘湖再復起旂屯聚限以初六日會齊各帶銀米徑由從化沿逐而去查逆匪現約有萬餘人風聞該匪揚言擬至牛頭圩住紮等情容俟查確如何情形另行

稟報伏候

憲臺察核謹稟

五月　日稟

50

P.1　FO-682/378B/1(60)

敬稟者竊卑縣迴岐司屬地方與三水廣寧四會界址毘連迴
岐之三坑墟與四會之威井墟廣寧之江谷墟相距均二三十里
該三墟鼎足相峙素稱盜藪三坑有巨匪練四虎張亞炮等本屬
漏網積惡上年十二月間卑職親督兵勇往拏該匪已知風逃逸
當即燒其房屋並留壯勇一百名在三坑墟駐剳購緝該匪練四
虎等逃散即赴威井江谷兩處躲匿往來無定威井有土匪羅
東莞四羅觀勝等為其結連江谷有土匪已革武生冼大筒蕭劉

P.2 F.O.682/378B/1(60)

亞境六等為其庇護三路土匪互相勾結以威井江谷為負隅之
固以三水清遠為出沒之區春夏以來三清河面屢被搶刦皆係
該匪等出沒肆擾緝經卑職派撥壯勇嚴扼水陸而無如路逕四
達獨力難持卑職節次會訂會寧兩縣合力剿辦各該令總以有
事未能如期赶到日延月宕因而賊胆愈熾賊勢愈猖五月以後
該匪等胆敢四處招黨忽聚忽散現查夥黨約有三百餘人時赴
鄰境交界河面鄉村窺伺圖刦且於會寧本境尚不滋事卑職以

目前值各處多事似此地方應辦之事但得乘時殄滅庶免預潰
憲聰乃會寧總訂約無期賊勢則猖狂日甚當此水災而後到處饑
民萬一勾結連鄉積成巨案該處為北江要道關系匪輕合將原
委據實稟陳可否於
院司列憲前轉為回明察委明幹州縣兩員以一員赴會寧一員
來三清督辦其兵勇由各縣自行雇擡無需委員隨帶俾會寧各
令知

P.4 end

F.O.682/378B/1(60)

大憲訪聞委員勢必認真從事而卑縣與三水得委員㕣辦聲勢
愈大可期一力齊心是否可行統惟
訓示祇遵再卑職因事關鄰境未敢冒昧逕稟合併呈明肅此具禀
敬請
鈞安伏維
垂鑒卑職兆桂謹禀

是

紫海先生大人閣下

風聞九十六鄉欲席捲官窑鄰近鄉村極之惶恐未知果有是事否蘇欲先事預防保全一方俟再查確沒另行走札通知此時懇閣下即轉致大元帥發兵救護以保生靈為要　昨日石门地方有大船十餘隻由豐江而進仰求添兵守護以策萬全累費清神容当面謝

順請

帳安不宣

弟龔彥川 梁及三 字仝頓　七月初四日泐

謹將十月初八日起至二十日止據各路官兵及乳源始興各縣會營獲解
賊匪名數日期開列呈
閱
計開
十月初九日據韶營千總劉大齡獲解賊匪一名
譚亞四
十四日據署連陽營守備朱鸞委員涂陽麟惠來營千總李際昌提標把
總劉勝彪陳熊光等獲解賊匪一名
蕭亞晚
又據解犯提標記委張俊彪等在途獲解賊匪一名
陳宗堯
十五日據廣州協千總黃曜吉獲解賊匪二名
唐玉源　張玉珍（該犯據報在途已故）
十六日據乳源縣稟獲解賊匪二名
江亞如　譚亞三
割取首級三顆　左耳記三隻
又會同乳源城汛千總張鷹揚獲解賊匪二名
張亞滿　劉細威
同日據潮營守備金國樑委員涂陽麟署連陽營守備朱鸞惠來營千總李
際昌提標把總劉勝彪陳熊光外委殷以益韶營外委羅觀光李國陞等獲
解賊匪十二名
馮錦滐　成六勵　何亞年　賴亞才
馮錦荃　鍾金幅　詹石隴　邱周武
馮亞漢　張木養　謝亞勝　李觀長
割取首級三顆
奪獲大旂二枝　小旂一枝　子母砲身桿　木桿鎗一枝
鳥鎗一枝　籐牌二面
十七日據廣州協千總黃曜吉獲解賊匪五名
魏亞石　滿日養　邱亞八　雷日養
李亞三
十九日據韶營千總劉大齡獲解賊匪一名
陳富運
同日據韶營把總賴連陞外委李發雄稟協同鄉勇廖騰衢等獲解賊匪一名
傅亞潰
二十日據始興縣稟會營獲解賊匪三名
謝輻書　劉年九　曾賤古
以上共獲賊匪三十名

[redacted]

謹将奉派遊擊李新明都司黄彬管帶紅单船共二十七隻前赴
江南助勦現據单開所有應需薪粮船價銀両數目列摺呈
電
計開
李遊擊管帶紅单船十四隻内開
統帶官一員每日薪水銀伍錢每月銀一十五両計三個月共銀
四十五両
跟丁三名每名每日口粮銀五分每月銀一両五錢計三個月共
銀一十三両五錢
管駕官一十四員每員每日薪水銀三錢每月銀九両共銀一百
二十六両計三個月共銀三百七十八両
記委一十四名每名每日口粮銀一錢五分每月銀四両五錢共銀
六十三両計三個月共銀一百八十九両
兵丁三十一名每名每日口粮銀七分每月銀二両一錢共銀六十
五両一錢計三個月共銀一百九十五両三錢
紅单船一十四隻每隻船户舵工押工扳手壯勇共四十名内虛駕
船加配壯勇十名共五百七十名每名每月工食銀五両共銀
二千八百五十両計三個月共銀八千五百五十両
伙長一十四名每名每月工食銀二十五両共銀三百五十両計三

個月共銀一千零五十兩
船價各項每船每月銀四十八兩三錢十四隻共銀六百七十六
兩二錢計三個月共銀二千零二十八兩六錢
以上薪粮船價計三個月總共銀一萬二千四百四十九兩
四錢
黃都司管帶紅单船十三隻內開
統帶官一員每日薪水銀五錢三個月共銀四十五兩
随丁三名每名每日口粮銀七分三個月共銀一十八兩九錢
管駕官十三員每員每日薪水銀三錢三個月共銀三百五十
一兩
記委十名每名每日口粮銀一錢五分三個月共銀一百三十五兩
兵丁十二名每名每日口粮銀七分三個月共銀七十五兩六錢
坐駕船一隻每月船價銀四十八兩三錢船戶一名每月銀十
兩舵工二名每名每月銀十兩押江一名每月銀十兩扳手一名
每月銀十兩火長一名每月銀二十五兩配壯勇四十名每
名每月銀五兩計三個月合共銀九百六十九兩九錢
又船十二隻每隻每月船價銀四十八兩三錢船戶一名每月銀十
兩舵工二名每名每月銀十兩押江一名每月銀十兩扳手一
名每月銀十兩火長一名每月銀二十五兩配壯勇三十名
每名每月銀五兩計三個月合共銀八百一十九兩九錢共船十
二隻計銀九千八百三十八兩八錢
以上薪粮船價計三個月總共銀一萬一千四百三十四兩
二錢
合計李遊擊黃都司单開三個月薪粮船價統共銀二萬三千八百
八十三兩六錢

探聞西省賊匪大頭羊大鯉魚等屯聚大黃江口內挽泊專
向往來船隻打單該處江口有大石擱擋江外不能向內窺
探該匪有古勞披山船三十條聯連合爲一外用堅木五
寸厚板鑲作砲台另有賊派先鋒船一十七聯外用棉
被胎夾竹以擋砲子又有快舟數聯裝載米粮該匪並
有大砲數百尊大者三千二千斤不等小者亦有千斤及
數百斤不等且聞招集賊匪多人萬一連檣直下則江
口兵力尚單擬請添派素習水戰兵勇均歸崔參將管
節約束寔力駐防遇有匪艇駛來庶足以資抵禦
查大黃江賊匪乘坐古勞大船恃其堅固猖獗異常現在
防堵兵船須有大過古勞船者方能制勝尋常船隻
均不堪抵禦惟查番禺之沙灣司屬有等貨船其
船身闊大板片堅厚駕駛亦靈攻擊亦利每船可容百
餘人少者亦有八十人可駕大砲二三千斤者該處鄉勇
強悍素習水路且大砲均係本船配就一經雇定即可
先駛前來較之雇用他船撥兵配砲必須耽擱時日者大
不相同是沙灣貨船於江口現在情形最爲合用擬即
雇覓沙灣船四聯連大砲並壯勇議定工價數目前往

封川江口仍歸崔參將統帶防堵可保無虞

潮兵素習陸路與水師迥然各別該弁兵多用排槍抬砲置之水路一切非其所長若岸上剳營則離河甚遠所用槍砲又不能擊中賊船惟水道既經戒嚴當捕拏之際難保該匪不棄舟登岸截其後路兵力各在所必需查江口岸邊已派右營弁兵四百名在彼駐扎其對岸之蘇園一帶沙灘各已造築土台安設大砲派撥營兵營守則陸路已有策應毋庸再駐多兵查帶兵官何署遊擊饒署都司均於陸路情形較爲熟悉人各奮勇應請將所帶惠來潮陽黄岡等營弁兵五百名全行撤回現在廣州及清英地方在在需兵或即調往協剿庶安置得宜兩有裨益

現在江口駐防除府大扒六段大扒壯丁口粮由肇慶府給發外其餘應由封川縣給發弁兵口粮及船價等項每日需銀二十餘兩每月共需銀六百餘金其陸路弁兵口粮尚不在内即楊訓導帶來惠勇雖口粮由省預支而船價所需每日雇銀二十餘兩數目甚鉅伏查惠來等營弁兵五百名按月約口粮銀一千二三百兩惠勇二百七十名船一千餘名每月約口粮船價共銀一千五百兩統計惠潮兵勇每月需經費銀二千七八百金現撥雇用沙灣船使約每月二千兩零較原駐惠潮兵勇尚節省七八百金而堵捕匪徒較爲得力

[redacted]

謹將訊過奉發匪犯林二感等供詞列摺呈

電

計開

據林二感供羅定州西寧縣人年二十五歲父故母譚氏現年五十二歲兄弟二人小的居長並沒妻子本年七月十四日小的在仁化董塘地方投入黃臘夥內不記旂某字第六號派在李亞隴旂內管帶隨同各夥二十一日在黃土嶺與官兵打仗小的手持僕刀向前拒敵傷斃一人二十二日在大肚嶺又與官兵連打兩仗小的也在場抗拒並未傷人隨同各夥刦掠二十四日退出由廊田一路逃走八月初四日逃至仁化扶溪地方有官兵截拏小的們又與官兵打仗衆夥被兵勇擊敗小的就與現獲的唐亞晚並未獲的李亞隴及李姓黃姓許姓溫姓共十餘人逃至曲江煤廠賴老四家小的住了一夜就逃回韶州在鳳翅閣許亞喜家住又在東關源和李姓店內住了兩夜這李亞隴與黃姓逃在大塘圩住胡亞華唐亞晚等在東關源和店住九月二十三日有長沙賊匪李亞二許亞晚王亞三黃亞七四人前來與胡亞華說要邀李亞隴夥党往長沙會合約期十一月十六七等日起程倘若兵多堵拏或二十八九十二月初間不等在仁化地方會齊各股賊匪即赴湖南長沙的話小的在旁聽聞是真那李亞二們就于九月二十七日轉回長沙去了胡亞華即于次日至大塘圩與李亞隴說知李亞二們前來句邀情由胡亞華隨于十月初一日回來言及李亞隴即至清遠翁源交界之魚子嶺糾邀各夥本月初九日有陳亞北佬傳六古兩人由魚子嶺前來叫小的與現獲的唐亞晚

先來治探聽有多少官兵防堵那陳亞北佬們就往魚子嶺李亞隴夥內通知他們隨後復來源和店等候小的們回信然後糾集約定南華沙溪火山黃土閣城口各處夥党約有二三千人再往長沙入夥本月十四日小的與唐亞晚在韶起程不想行到石逕地方誰知就被兵役拏獲轉解案下今蒙提訊小的先後抗拒官兵四次傷斃一人是實

據唐亞晚供羅定州西寧縣人年二十八歲父故母吳氏現年六十歲兄弟二人小的居小並沒妻子本年六月內不記日期小的在曲江烏石地方投入黃腦夥內永字五號派在李亞隴旂內管帶那時夥党百餘人隨在馬埧圩招集共有三百餘人後來在火山地方衆夥與官兵打仗小的手執藤牌單刀向前拒敵致傷二人後到平圃劫掠焚燒衙署七月初十日隨仝各夥到仁化縣城搶劫隨到董塘圩住紮二十二日同衆夥在黃土嶺與官兵打仗二十二日在大肚嶺又與官兵連打兩仗隨同各夥劫掠小的在城外河邊開刀致傷三四人二十四日仝各夥退出由廊田一路逃竄八月初四日到仁化扶溪有官兵截拏小的與衆夥上前拒敵被兵勇擊敗各夥都逃往江西去了小的與現獲的林二威并未獲的李亞隴黃姓黎亞貴陳亞連陳亞北羅亞喜方亞顯葉順妹葉順隆譚亞勝吳亞先梁亞得連小的共十四人由仁化後坑地方一路逃走逃往曲江屬煤杅廠賴老四家住了個多月九月中不記日期逃回韶城東關源和店住那李亞隴與黃姓二人在大塘圩陳亞北家住九月間有長沙賊匪四人來源和店內與胡亞華如何說話那時小的有病並未聽聞本月初九日陳亞北傳六古叫小的與林二威來治探聽有多少官兵防堵欲由仁化到樂昌報仇再赴長沙入夥探明約定十八日回至源和店胡亞華等先赴魚子嶺商量回來仍在源和店聽信小的與林二威就于本月十四日在韶起程不想行至石逕地方就被兵役拏獲解送案下的今蒙提訊小的先後抗拒官兵五次是實

謹將卑職等由梧州至平樂府城沿途探聽廣西賊匪大概情
形開明節略呈
電
計開
一二月十一日行抵昭平縣屬離城五十里之五將塘地方探問該處
鄉紳向稱有永安土匪勾結藤縣匪徒四五百人來昭平地方
滋擾已被鄉勇擊敗現在永安所屬大莫屯地方竄聚離該
村四十餘里現該處聯合各鄉團勇六百餘人於十一日夜會合
前往防勦該鄉紳等已公同稟明江道移請平樂府勦辦復
聞被鄉勇擊敗未知確否俟再探稟報
一二月二十日行抵平樂府城探聽武宣象州等屬匪徒現在七排
以下由桐木至象州龍吕巖那隘一帶數十村寨股匪數幾盈萬
欲竄至修仁荔浦等屬現經署平樂招守督帶平樂各屬兵
四百餘名修荔各屬壯丁數百餘名並省中全州勇四百餘名
猺人壯勇一百餘名委員候補府朱其仁帶驍勇四百餘名會
同堵勦現在修仁之石墻荔浦之王猺各要隘分途堵禦該匪
屢撲俱被擊退內有匪目李芳懷羅日遠等一股人數最多
有象州拔貢生韋健元等及桐木墟團長監生龍附雲生員
龍超鱗等代遞呈詞訴明李芳懷等本係團長上年曾帶練
丁擊賊匪駱四韋晚等奪獲炮械後因賊仇攻勦逼退回炮械
被誣送炮通賊畏避差拏又畏駱四等仇殺因此聚衆不散等
語現招朱二守會商出示給諭令其解散更能勦捡駱四韋晚等
賊即代請獎賞已移知象州柳州稟明右江道矣聞李芳懷等
亦有領解散之意並肯勦駱韋之匪現在尚未定局此股或可招
安解散又有匪目黄亞標黄亞明等一股亦千餘人現在四排及
寨沙等處來往無定亦有領解散之意而寨沙紳士團長不敢
具保是以未就又聞已在永福投誠未知確否惟駱四韋晚一股多
係惠潮嘉麻介猺匪即上年擾修荔之賊正月來攻石墻專是
此股人聞其所邀有蓮江扒船賊唐八劉四等約一千餘人於二月初
九日來四排又約有紅肚賊夥張英等數千人現在尚未到且與修
荔以東之麻介猺匪通氣也此股最兇勾結最廣必須速勦如李
芳懷等就撫黄亞標等亦必就撫即可隨同官兵以勦駱韋之
賊矣此係平樂招守致其署中函信卑職等訪聞亦大畧相符也

計開

石井社十三鄉

古料鄉生員張桂星　張聲揚　蘓燕　蘓梯雲

職員蘓鍾英

亭岡鄉職員陳際通　陳殿昌　梁源昌　劉崑山

浮山鄉舉人梁保訓

岺村鄉　梁富侯

槎頭鄉　彭天德　陳海傑

潭村鄉　凌蓁　凌嘉遇

鳳岡鄉　葉泰初　蘓佩文

馬岡鄉　李會文　梁全五

滘心鄉　李　劉福新　許良佐

瑤滘鄉　李成望　謝富芳

張村鄉　張符光　張燦金　張揚珠

大朗　黃才珍　黃蒼珩　劉和貴　生員謝廷欽

昇平社正舉人黎炳先

恩洲社　潯峯社　懷清社　石井社　成風社　六順社

以上六社附近昇平社學俱要札諭各社紳耆查察入會為匪之人即稟拏

大岡鄉聚匪頭目等

李亞茂　李亞洪　李亞堆　李亞進　李亞启　李五姊

李豪鼓　李亞沾　李亞咸

已上勾引外匪西村琛臺等匪聚黨數百人在黃婆洞白雲山等處豎旗日中（現在黃婆洞之匪竄聚沙梨園地方晚上拜會）在泥城大河明搶河道舡隻不能行俱聚贓在大

岡鄉各匪全藉高八包庇現充番禺差

初九初十十二日在社學前大岡村頭搶穀前後共十餘萬斤猪隻貨物不計其數十七日搶妹仔五個十六又劫横潭渡二隻十七日在石井海搶米一船傷人四名

一要嚴密切不可令番禺差人高八得知恐走漏風聲匪必遠颺總要黎明官兵到石井則匪人均不致散往别處易于捡獲

一要諭令各鄉紳士即到總社學會齊（聽候面諭事件傳齊紳耆到堵）因倘有捉獲好人時即可保釋

一官兵由西海往古料鄉起旱路至石井張王爺廟傍一帶烟舖攤館房屋搶拏（一併到）石井橋脚之意昌篷舖搜贓連人并獲隨即到大岡脚匪鄉捕拿匪人搜贓若由泥城前進恐在泥城之賊先期送信走既

一要嚴諭各兵丁不可騷擾别鄉妄動人家一草一木

敬稟者沙頭堡雖獲犯一千五百餘名而逆首逆衿尚多未獲自應益
加奮勉務絕根株仰體
宮保大人去惡務盡之至意惟是一堡粗安而四鄰未靖一旦賊氛復熾
禍更難堪現計西距大桐金甌兩堡辦賊寥寥大桐堡因用梘岡陳
旺太陳奕四等為練總故一切攻城搶刦巨犯皆不能辦似應勒令紳士
陳鑑泉郭汝康先禽旺太奕四各犯然後次第殲除事方有濟金甌堡
因庇護賊首余思卓二舍升兩人故一切巨犯依然未除似應勒令紳士
關景泰岑灼文先禽余思卓二舍升然後能除各犯南臨九江龍山龍江
三堡辦賊亦少九江堡逆紳既多動多顧忌且獲賊接濟之利保護之私斷
難望其振作似應勒令該處官紳務將逆衿逆匪分別次第殲除以清
盜藪龍山龍江風氣柔懦非加切責勢必姑息養奸最可慮者龍江鄧
劉張蔡四大姓互相包庇遂致匪黨縱横不殊往日東為水藤堡素稱
強悍因監生何覲把持鄉事更釀巨奸非委官查辦嚴加懲創不特該
堡受害即鄰境亦受其殃北枕簡村龍津各堡辦理仍屬瞻狥似應檄
令簡村堡紳士陳文瑞龍津堡紳士羅淦泉等破除情面凡拒仗偪勒
搶刦各犯概拏解究毋得狥庇以靖地方是否有當理合謹抒管見繪
圖貼說據實稟明恭呈
電鑒謹稟

謹將老城内勸捐局自十一月二十八日起至十二月初八日止十日内勸捐銀数列摺呈

電

計開

一何三鳳堂捐銀一千二百兩
一彭聚經堂捐銀三千元七二兑二千一百六十兩
一張百忍堂捐銀四百八十兩
一絲帶店捐銀一百二十八兩
一同豐銀錢店捐銀七百兩
一茂記肉店捐銀二百四十兩
一張忍厚堂捐銀一百四十兩
一梁餘慶堂捐銀一百四十兩
一李克勤堂捐銀一百二十八兩
一李慎堂蠟丸店捐銀二百兩
一鄧光裕堂捐銀一千兩
一油燭店捐銀一百二十八兩
一韓國治捐銀三百六十兩
一何習堂前已捐銀七百兩兹又續捐銀四兩

以上十日共捐銀七千零零八兩

查前五次摺報自十月初八日起至十一月二十七日止已捐銀七萬四千零一十八兩一錢四分二厘
總共捐銀八萬一千零二十六兩一錢四分二厘
已繳廣州府庫銀五萬一千八百八十三兩七錢三分五厘
未繳應催銀二萬九千一百四十二兩四錢零七厘

謹將各犯供開夥黨開列呈

電

計開

謝胡鬚落花　長寧縣人年二十餘歲身中面紫無鬚麻

黄先生　即房長江西長寧縣人年約四十餘歲身材高大無鬚麻

梁石鳳　江西龍泉縣人年約五十歲身中面紫無鬚麻

廖清間　連平州人年三十餘歲身材細小面烏無鬚麻

謝亞贊　連平州人年二十餘歲身高大面紫無鬚麻

謝亞昌　連平州人年二十餘歲身高大面白無鬚麻

邱大棋盤　長寧縣人年三十餘歲身高大面赤無麻

曹房長　即酒餅連平州人年四十餘歲身中面微麻無鬚

林房長　即大鴛鴦嘉應州人年四十餘歲身中面紫無鬚麻

謝東鄉落花　長寧縣人年二十餘歲身材細小面白無鬚麻

譚房長　即湧錫連平州人年三十餘歲身中面紫無鬚麻

邱三角眼　連平州人年四十餘身高大無鬚麻

謝大落花　清遠縣人年四十餘歲身高大面紫無鬚麻

謝細落花　清遠縣人年三十餘歲身高瘦面紫無鬚麻

鍾房長　即金絲英德縣人年三十餘身細面紫無鬚麻

羅竹絲　始興縣人年二十餘歲身高大面紫無鬚麻

以上周圍吉供夥

謝亞肥　連平州八口塘人年三十五六身高面方無鬚麻副旂頭

謝東林　江西龍南縣人年三十多身中面圓無鬚麻副旂頭

林鴛鴦　名求福江西長寧縣人年三十一二身高大面短無鬚麻管福主旂

劉大順錫　名亞龍連平州八口塘人年三十二三身高大面圓無鬚麻管得勝旂

謝亞力　連平州八口塘人年二十八九身矮面大無鬚麻在總館

張灣弓　名金鳳連平州八口塘人年四十一二面長身高有微麻

邱棋盤　名勝朋連平州人年三十二三面尖身高無鬚麻天字旂

大槐花　名亞連江西長寧縣人年二十八九身中面方無鬚麻地字旂

黄細槐花　名亞七長寧縣人年三十多身高面圓無鬚麻元字旂

劉細順錫　名亞興長寧縣人身中面短有麻無鬚年二十八九黄字旂

劉亞清　英德縣人年三十多身高面方有疤無鬚麻宇字旂

張亞連　長寧縣人年三十二三身矮面長無鬚麻宙字旂

龔射把 名燮清乳源縣人年二十六七身高大面尖嘴邊有痣洪字旂

大灣弓 名亞六乳源縣人年三十多身中面長無鬚麻荒字旂

鍾名洪 江西長寧縣人年三十八九身高大面長無鬚麻日字旂

鍾潍興 長寧縣人年三十二身高大面圓無鬚麻月字旂

張德興 連平州人年三十多身中面短有麻盈字旂

張神興 長寧縣人年二十八九身中面長口邊有痣無鬚麻昃字旂

伍鏡明 英德縣人年三十多身中面圓無鬚麻辰字旂

龍鳳興 長寧縣人年三十多身中面長無鬚麻宿字旂

李亞獨 連平州八口塘人年二十八九身高面大有麻列字旂

吴仙宏 連平州八口塘人年三十六七身矮小面尖無鬚麻張字旂

熊承興 福建汀州人年二十四五身中面長無鬚麻寒字旂

陳方興 曲江縣龍歸人年二十多身中面大無鬚麻來字旂

陳大飛沙 清遠縣人年三十六七身中面大無鬚麻暑字旂

陳二飛沙 清遠縣人年三十二三身中面方無鬚麻往字旂

陳金興 清遠縣人年三十一二身中面肥無鬚麻秋字旂

吴清連 清遠縣人年三十多身高面長無鬚麻收字旂

吴清監 清遠縣人年三十四五身高面方無鬚麻冬字旂

吴清興 清遠縣人年二十八九身中面圓無鬚有麻藏字旂

鍾得利 長寧縣人年二十六七身中面長無鬚麻閏字旂

吴成龍 長寧縣人年四十多身矮面尖無鬚麻餘字旂

歐勝廷 連平州八口塘人年三十多身高面圓有痣無鬚麻成字旂

朱榮廾 福建人年三十七八身高面圓無鬚麻歲字旂

趙孟搭 長寧縣人年二十八九身高面方無鬚麻律字旂

吴勝興 長寧縣人年三十多身中面長無鬚麻吕字旂

楊安利 長寧縣人年二十八九身矮小面圓無鬚麻調字旂

劉成貴 翁源縣人年二十多身中面大無鬚陽字旂

朱空頭 名得辛長寧縣人年三十多身高面大無鬚麻

譚細湧錫 名得成翁源縣人年二十多身高面方有麻

韋孟達 名承鳳連平州人年二十多身中面尖有麻無鬚

葉鋪地 名連昌連平州人年三十多身矮面圓無鬚麻

黄亞蘭 長寧縣人年三十七八身高大面長無鬚麻管理數簿

以上黄二滿供夥

譚亞行 長寧縣人年四十多身弱小面尖無鬚麻管太公旂

謝連背 長寧縣人年二十多身高面方無鬚麻

黄亞甘 長寧縣人年三十多身矮小面圓無鬚麻

古猛皮 名亞二長寧縣人身中面方白色無鬚麻天字旂頭

侯亞保 曲江西水人年四十多身高大面長有鬚麻天字旂頭

侯亞清 乳源縣大佈人年四十多身矮面坳無鬚麻黄字旂頭

張房長 連平州忠信人年四十一二身中面尖頭有痣無鬚鬢麻宇字旂頭
龔永錦 乳源大埔人年三十四五身矮面圓無鬚鬢麻洪字旂頭
李亞長 博羅縣人年三十七八身矮面方無鬚鬢麻荒字旂頭
黃亞三 嘉應州人年三十多身中面矮無鬚鬢麻日字旂頭
何亞二 乳源縣人年二十多身中面短有痣無鬚鬢麻盈字旂頭
眼屎劉 曲江縣羅坑人年二十多身中面圓無鬚鬢麻昃字旂頭
劉大生 曲江縣羅坑人年二十九歲身高面長無鬚鬢麻辰字旂頭
葉俊廷 英德縣橫石塘人年四十多身高面大有鬢無麻宿字旂頭
邱滿 英德縣獨山人年二十八九身瘦小面尖有麻無鬚鬢列字旂頭
陳亞二 英德縣人年三十八九身中面圓無鬚鬢麻張字旂頭
以上林發科供夥
張佛模 連平州貴塘人年四十多身高面方無麻
張佛皆 連平州貴塘人年三十八九身矮面尖有鬍無麻
張玉揚 連平州貴塘人年二十八九身高大面有黑痣無鬚鬢麻
張耀古 連平州貴塘人年三十二三身高大面尖無鬚鬢麻
謝老三 江西龍南縣南浦人年四十一二身高大面方無鬚鬢麻名酉金
以上張福昭供夥
曹二福 曲江縣後坪人年四十餘身高大無麻

曹進福 曲江縣後坪人年五十餘高大無麻
曹神養 曲江縣後坪人年三十餘身中面無麻
曹神貴 曲江縣後坪人年二十五六身中面無麻
李石元 曲江縣馬渡人年二十餘高長面無麻
李金蘭 曲江縣馬渡人年五十餘高瘦面烏有鬚鬢無麻
李金福 曲江縣馬渡人年五十歲面白無麻鬚鬢
李金鳳 曲江縣馬渡人年五十歲身矮面無麻鬚鬢
李勝元 曲江縣馬渡人年二十五六高長面紫無麻
以上九犯賴揚興供夥
陳亞禮 乳源縣灘頭村人年三十餘身中面赤無鬚鬢麻 即名飛沙一名亞連
鍾吉榮供夥
賴洪安 連平州人年三十五六身中面圓無鬚鬢麻
葉倉輝供夥
張慈盛 英德縣分村人年五十左右矮瘦面紫無麻微鬚鬢
宋仕六 英德縣分村人年三十餘身高肥大無麻
以上二犯邱亞德供夥
楊天祿 乳源縣人年三十餘身中面紫無麻
鍾天養供夥
謝坳然 英德縣東鄉人年二十多身中面圓赤色無鬚鬢麻
程辛養供夥
許早西 龍川縣人年二十多身中面長無鬚鬢麻
李亞勝供夥
葉亞丑 龍川縣人年二十多身中面有麻點
劉梅眼 仁化縣人年三十多身中無鬚鬢麻
李亞勝供夥

謹擬桂林府屬廂鄉團練倣府兵番上之法開呈

鑒定

團丁番上之法擬於各縣廂鄉各團挑選壯丁給與工食資送上省隨營學習今先就桂林一府言之臨桂之東南西北各廂鄉為戶六萬挑選壯丁四百名每名每日給工食錢壹百文閏年以三百八十四日算每名年應給錢三十八千四百文計四百名全年應給錢壹萬伍千三百陸拾千文常年以三百五十五日算每名年應給錢三十五千五百文計四百名全年應給錢壹萬四千二百千文現因庫帑支絀擬由按戶捐給以六萬戶勻攤捐給計每戶逢有閏之年僅出錢二百五十六文常年每戶僅出錢二百三十七文興安靈川陽朔永寧永

福義盃全州灌陽各挑一百名閏年每百名應給錢三千八百四十千文常年每百名應給
錢三千五百五十九千文按各州縣各户公共匀捐每户全年料亦不過二百數十文爲數無幾
民力不致十分難辦計八州縣所挑壯丁八百名合之臨桂四百名統共一千二百名每名開
具年歲身材户籍住址彙造清册三本備核將該壯派於三營學習刀牌演放排鎗
習演一月之後每十日考驗一次半年以後每半月考驗一次優者給賞劣者議罰如教習
五十人内有三十人技藝好者將教習之人論賞如教習五十人竟無十餘人技藝好者亦
將教習之人議罰其百總隊長什長伍長章程並賞罰規條另行定立
若頭一幫團丁練成次年仍留在省聽用再挑一千二百名上省學習俟此第二幫練成
留省又以第三幫進城演練即將頭一幫之一千二百名發回本團教習三年之後一府
之團丁技藝必精紀律必明若遇府屬一方有警即可登時應援啓行之日由官加給
行糧徂勦之時切遇賞罰悉照營規區處另行録示如此辦理其於各户三年統計每户
只費一千餘錢尚易捐辦而省城可添勁旅數千不必另增糧額其於赴援一呼即集數
千餘人舉重就輕循名責實凡廂鄉設團之是否實在辦團之是否實心各團内背邀
甄叙者之能否報稱具可於此事之行不行驗之矣管見當否伏祈

鑒定

謹擬挑選團丁番上進城操練章程開列於後

一團丁每五名立伍長一人每十名立什長一人即於團丁十名内挑取其什長一名並兼本伍之伍長無庸於十名外另行添設計團丁一千二百名應什長一百二十名伍長一百二十名

一團丁每五十名另立隊長一人即以營中所派之教習充當計團丁一千二百名應隊長二十四名

一統帶團丁正一人副一人

一團丁一千二百名以四百名演習刀牌以八百名演習排鎗

一團丁每名每日由鄉團捐給工食錢一百文此外用項由官中籌款給領

一正統帶每月薪水銀八兩副統帶每月薪水銀六兩（閏月照加此項由官籌給）

一正副統帶每季給雜支各項銀八兩（此項由官籌給）

一隊長二十四名本係在營雖有名糧可領既已選充教習每名每日仍給辛勞錢一百文計二十四名無閏全年共錢八百五十二千文有閏全年共錢九百二十一千六百文由官籌款給領各隊長既有此項領款不得另立名色私向各團丁派取分文

一團丁四百名練習刀牌計用籐牌四百面單刀四百把官為辦給

一團丁八百名練習排鎗計用紅鎗八百桿官為辦給

一團丁需用器械着隊長向官中具領什長向隊長具領散給各丁各於器械編列字號如有一人遺失責四十棍着令賠繳半價若不能繳即行責革

一團丁一千二百名每十名給煮飯大鍋一口共一百二十口官為辦給其餘零星器用每十名給錢一千文著令自備

一團丁練習半年之後每月考閱合操兩次每次立賞銀五十兩以三十兩通賞一千二百人以二十兩加賞技藝出衆各練丁並教習之隊長

一團丁技藝劣者初次跪閱操完釋放二次責二十棍三犯者革

一教習團丁之隊長考驗所教團丁五十名竟無二十人合式者頭一回記過一次第二回記大過一次第三回革除飭營另選補充

一團丁進省學習日用米菜公平交易如有短價強買不給錢文將本犯責二十棍仍令找給

一各隊酌分為兩班每月各以十五天定期輪班操演以均勞逸俾有閒日另營生計以足養贍

一團丁同住一處如因口角微嫌持械鬥毆責四十棍後下手理直者責二十棍倘互有殺傷照例治罪並將約束不嚴之隊長什長伍長究處

一團丁如有事故不能在省常川操練准向統帶處報明退伍由統帶處轉報總局另調團丁補充若有互相隱瞞侵食工食即於各侵食名下著追各責四十棍

一團丁初學技藝悉須遵照　前撫憲李大人演陣論學習另行刊發

一團丁練成止於本府屬各州縣互相應援並不遠調他處

一團丁如赴府屬各州縣援勦自啓行起至凱旋之日止每名每日由官加給工食錢一百文

一團丁援勦所有功過賞罰悉照
部頒行軍紀律另行刊示及現定章程辦理

一正副統帶之薪水雜支隊長之辛勞考閱之犒賞等項銀兩均應由官籌給現擬在於興安逆案及楚匪李沅發案內各逆產田租項下支給統計收支有盈無絀其各屬內或有極貧極苦之户即每年出錢二百餘文亦難照捐者亦於逆產田租內撥支補給以免窒碍

F.O. 682/112/4(9)

[redacted]

謹將本月初九日燕塘會哨各鄉練勇名數開列呈

電

計開

昇平仁善約共貳仟伍百名

石牌棠下鄉共壹仟名

車陂堡共玖百名

揚箕村伍百名

寺右村叁百伍拾名

冼村陸百貳拾陸名

鳳鳴社貳百壹拾叁名

聯昇社吉洞鄉伍百名

新興社五百名

仁興堡貳百名

山河堡壹百名

林和莊壹百名

黃村貳百名

獵德村壹百五拾名

宦溪村壹百柒拾名

長溢村叁百名
岑村肆百名
黃華村貳百伍拾名
柯木塱貳百名
下塘村壹百伍拾名
員村壹百名
暹岡村壹百名
下員岡村壹百名
上員岡村柒拾伍名
蚺蛇坑村捌拾名
石溪村壹百名

黃麖塘陸拾貳名
大水圳陸拾名
大保莊村伍拾名
珠村肆拾名
花生寮肆拾名
沙河海旁肆拾名
沙河村叁拾名
吉山村叁拾名
西坑村貳拾伍名
上塘村貳拾名

共壹萬貳百陸拾壹名

[redacted]

謹將福建省客長呈送條規抄錄呈

電

計開

福建客長公議條規

奉

大憲傳諭各省客民設立公正團練客長各設公所分查分管客民仍歸七段公局

統管辦團抽壯嚴查奸匪互相守禦共保身家凡我鄉民亟應仰體

各大憲愛民之意令福建官商公議公舉客長司理嚴查所議各條開列於後務須恪遵
功令毋犯衆議鄉規倘有恃强不遵者公稟
總辦團練公局送　官究治毋貽後悔
計開
一議公舉客長議設公所務須常在公所隨時認真照章辦理不得循私容情始勤終
怠以及舞弊需索如有此種情弊准本館值年首事隨時稟　官革究除重辦外仍
即另行遴充以示懲儆
一議設立客長即逐一清查稟　官給發印簿填立清冊填明某人年歲籍貫某年
來粤作何生理居住何處丁口年歲若干如查有形跡可疑無人認保以及查知素不安
分者另開清單稟　官核示驅逐出境以靖地方仍將此户冊一呈團練總局一呈保甲
官局以備稽考

一議此次清查後每一月會同各段官紳逐戶清查一次將增減人數載明一呈團練總局一呈保甲
官局

一議清查時必須嚴切告明各戶不准容留外人住宿各鄉友如有親朋來往住宿務須到該
管客長處報名查詢明確每十日由該管客長呈報團練總局如有隱匿不報以及窩留外
人住宿者被客長查出或被人告發即照藏奸匪稟　官嚴辦

一議按戶逐壯後即按戶通知某家應佔幾名如本戶實係業已出外者如遇逐壯時既有
家屬在此亦須雇覓親信之人代替其於出外時亦須報明客長轉報團練總局為據一遇
賊警但聞本街鳴鑼按戶出人齊集本段公所聽候仍歸七段公局指揮辦理逐定之人
遇事不出者查出一名加罰十倍恃強者稟　官重處

一議嗣後我省鄉友初來此地謀生者如無親友亦要到館報名註冊另尋確實保人如
來此地不到客長公局報名者被他人盤拿即作奸匪辦理

一議客長以及各段官紳清查各戶有恃強不遵者即作奸匪論稟　官究治

一議凡有我省不法形踪詭秘可疑之人如有知情報明客長查實不誣確係匪人所報之人不惟本館公所酬謝花紅而且稟　官格外奬賞

一議現在省城奉

憲辦理十家牌法一家有犯九家連坐凡有閤省舖戶居家者一律編入十家牌保與本省土著同一並相稽查如有我省來歷不明一經犯案除照例呈報官局外一併赴我省公局報明查實確切自有花紅酬謝如果知情隱匿不報者其左右緊鄰一同坐罪

以上各條均經稟明

大憲存案我省客長公局設在本館

此章程現已發刻尚未刊就

今將內河各砲台防台官弁員名開列

計開

撫標左營

海珠砲台一座

防台官額外簡　斌

撫標右營

永清堡砲台一座

防台官額外楊景暢

廣州協左營

四方砲台一座（安砲十位　配兵二十二名）

防台官効力武舉承　英

耆定砲台一座

防台官記委秦現龍

拱極砲台一座

防台官候補把總王書年

保極砲台一座

防台官候補把總劉兆元

西砲台一座

防台官額外周振光

西安砲台一座

防台官効力武舉林朝安

　　　候補把總保安輝

西固砲台一座

防台官効力武舉蕭翰英

　　　譚炳璋

廣州協右營

東定砲台一座
防台官效力武舉何琼滔
額外葉逢春
鳳凰崗砲台一座
防台官候補千總蘇文鈺
額外李賡颺
保鰲砲台一座
防台官效力武舉徐雄斌
額外金鑾標
永靖營
南安砲台一座
防台官額外邱廷榮
提標中營
崙頭砲台一座
防台官外委鍾威揚
效力武舉區會洲
提標後營
東安砲台一座
防台官千總梁定海
東固砲台一座
防台官額外鍾朝信
東靖砲台一座
防台官額外劉士章
中流砥柱砲台一座
防台官外委羅夢元
順德協
大黃滘沙腰砲台二座
防台官候補千總關鵬飛
東塱砲台一座
防台官額外關鎮安
南石頭砲台一座
防台官額外關承康
以上共二十二台

[redacted]

謹將新城聯街團練隊長旗頭值事姓名籍貫開列呈

電

計開

原充隊長一名

黃効忠 廣州府番禺縣人

原充旗頭二名

鄧廷琛 肇慶府鶴山縣人

何東序 廣州府順德縣人

首倡值事十九名

關遠祥 廣州府新會縣人

甘滿駢 廣州府新會縣人

任嘉綸 肇慶府鶴山縣人

朱 楷 廣州府順德縣人

李三俊 廣州府新會縣人

李廷勳 廣州府番禺縣人

張晃居 廣州府南海縣人

王謙祥 廣州府番禺縣人

梁佩瑛 廣州府南海縣人

何醴泉 肇慶府鶴山縣人

張之屏 廣州府南海縣人

周士超 肇慶府開平縣人

陸宇清 廣州府三水縣人

林國楨 廣州府順德縣人

區謙堂 廣州府新會縣人

馮高華 肇慶府高要縣人

嚴朝英 廣州府順德縣人

潘鑑亭 廣州府南海縣人

梁寶霖 廣州府南海縣人

以上共二十二名最為出力均請給予八品頂戴

續充隊長二名

饒恩先江西南昌府新建縣人

龔應平廣州府順德縣人

續充旗頭四名

崔金發廣州府番禺縣人

張文俊廣州府南海縣人

曾振芳廣州府三水縣人

林栢高廣州府三水縣人

協理值事二十九名

程景堯廣州府南海縣人

李應祥廣州府番禺縣人

譚　俊廣州府順德縣人

陸厚爵廣州府番禺縣人

李　森廣州府三水縣人

劉仕基廣州府番禺縣人

馮華圃肇慶府鶴山縣人

梁致倫廣州府順德縣人

張文傑廣州府南海縣人

簡瓚顯廣州府番禺縣人

王仲連陝西同州府大荔縣人

譚廷傑廣州府新會縣人

蔡榮深廣州府新寧縣人

陳貴琛廣州府南海縣人

李晴先廣州府南海縣人

周遇春肇慶府開平縣人

曾振賢廣州府三水縣人

陳文懷廣州府順德縣人

何欣培廣州府南海縣人

賴昌仁惠州府歸善縣人

任正瑄陝西同州府大荔縣人

靳文貴廣州府南海縣人

潘　亮廣州府新會縣人

劉大中廣州府三水縣人

熊仁鋼廣州府南海縣人

麥景容廣州府番禺縣人

何潔泉廣州府南海縣人

馮鼎勳肇慶府鶴山縣人

馬德培廣州府南海縣人

以上共三十五名其次出力均請給予九品頂戴

省垣佛山等處剿補兵勇口糧

都司黄大榮帮帶把総二員 外委記委二十一員名 壯勇七百八十名

每月薪粮夫價油燭銀三千八百零四兩三錢

半月銀一千九百零二兩一錢五分

候補知縣毛仁麟 外委一員 潮勇五百四十三名

每月薪粮夫價油燭銀二千五百七十六兩二錢八分

半月銀一千二百八十八兩一錢四分

大瀝帶勇紳士七十員名鄉勇二千三百名 遣散一千名 僅存一千三百名

每月薪粮夫價油燭銀六千七百九十二兩四錢

半月銀三千三百九十六兩二錢

軍功劉維平洪勇 軍功二名 壯勇四百九十八名

每月薪粮夫價油燭銀二千三百六十九兩六錢

半月銀一千一百八十四兩八錢

護新會營叅将尹達章巡船八隻 官兵水勇四百四十一員名

每月薪粮蓬索銀一千二百一十九兩五錢

半月銀六百零九兩七錢五分

守備熊應榮巡船七隻 官兵水勇共三百五十三員名

每月薪粮船租銀二千一百五十九兩五錢

半月銀一千零七十九兩七錢五分

千総李述初巡船六隻 弁勇五百三十五員名
每月薪粮銀二千零六十一兩九錢
半月銀一千零三十兩零九錢五分
職員張瑩三板船二十隻 水勇四百八十名
每月薪粮銀二千八百六十二兩六錢六分六厘
半月銀一千四百三十一兩三錢三分三厘
千総朱國雄 把総外委二員 世職武舉文庠三名 兵丁十二名七分 候補把総二員 記委十名 幹勇八百名
每月薪粮夫價油燭銀四千零三十三兩二錢
半月銀二千零一十六兩六錢
朱岡勇三千名
每月口粮夫價油燭銀一萬四千六百七十六兩
半月銀七千三百三十八兩

三江協員弁兵勇七百名
每月口粮夫價銀二千二百七十五兩二錢
半月銀一千一百三十七兩六錢
方源潮勇一千名
每月帮補口粮銀四千二百兩
半月銀二千一百兩
南韶鎮標兵四百名
每月口粮夫價銀一千一百兩
半月銀五百五十兩
[illegible]
[illegible]

霍居所堂捐銀三百兩
霍用材　捐銀貳百兩
周本立　捐銀壹千兩
易愛善堂捐銀八百兩
劉世賢堂捐銀壹百兩
以上自開局起至十月初八日止已認捐
者二十二户計共捐銀貳萬零陸百兩

[redacted]

謹將羅鏡西路軍營賞給紳民勇練頂戴開列清冊呈

電

計開

張日升

李紹連

張兆華

張承榮

陸奏凱

劉宗岳

羅傳薪

以上七名均賞給六品頂戴

張模

張耀芳

張安榮

張應運

梁開霖

李正顯

陳華宗

張鰲峯

李松勝

余廷標

張科元

余廷孚
林梁四
李占鰲
譚之揚
吳祥雲
以上十六名賞給九品頂戴
張縉
張謨
張高本
彭起華
陳之明
張恒芳
以上六名賞給八品頂戴
張洸
戴鸞鑣

張士昌
張鴻光
戴鼎新
曹國謙
以上六名均移知高州鎮註冊以外委用
蔣雄
移知高州鎮註冊以額外外委用
計開
憲臺發來白頂三十枚　金頂一百五十枚
東營李守耿去白頂十枚　金頂二十枚
福鎮台耿去白頂十三枚　金頂八十枚
西路紳民勇練計賞七枚白頂　金頂二十二枚
餘金頂三十八枚已繳

[redacted]

謹將查詢虎門寨兵民一切情形列摺呈

電

一虎門寨兵丁恃衆欺壓四鄉平民積習已久偶加約束每以鼓噪挾制營主以致日縱日横從前曾經毆傷叅將隐忍不敢究辦此風已數十年矣

一向來兵民相仇已同水火而切近寨外之鎮口村萬姓為尤甚本年三月間因争收糞船錢文口角争毆兵丁即自將卡房打破揑稱萬姓毀拆兵房移縣訊辦後經紳士送出滋事之族人二名調處責釋完案七月初二日因争收賭館陋規不遂署千總王榮髙把總王國泰候補守備麥岐芳等向遊擊曾琪揑稱該村窩藏積匪張豬兜志可以圖等曾琪誤信派令帶兵前往搶奪賭館錢二十四千賭匪追奪互相毆打致斃兵一名傷兵八名經縣勒限交出正兇一名幫兇二名焚拆匪屋十四間衆兵仍不輸服揚言必剿平全村而後已以致萬雞仔任文子借端糾集北柵赤岡等數十村匪徒陸續拜會日聚日衆因而有八月十五十七等日攻寨之事

一寨内弁兵私與匪徒拜會者亦復不少故與匪為敵者十之七通匪者十之三十五日匪徒攻寨兵丁或旁觀笑語或點大砲向空中施放賊退之後又分往附近攔途截搶意圖挑衅似有惟恐鬧不成大案之意

一鎮口村河干向萬姓收泊船馬頭錢　提軍在寨内新建鳳鳴書院將此項歸入書院收用以作經費萬姓合村不服此禍根也

一提軍今年建造生祠在各員弁兵丁俸薪口粮內每月扣出若干以作經費各弁兵頗有閒話

一署遊擊曾琪於十五十七兩日奮勇擊賊及叅將潘慶回寨之後調度則歸潘慶其巡查防禦一切事務曾琪晝夜不倦洵屬勤勞為人亦誠實可靠惟心地不甚明白於事之輕重緩急未能了了

一叅將潘慶明白體面頗能辦事洵合寨中之出色人員惟氣燄太高同寅多不相合又經卸署香山協張玉堂在 提軍前日加挑剔故 提軍近頗疎之

一提軍帶兵在南澳於九月初間各兵聞虎門寨被匪滋擾求要回家 提軍不許加以斥罵兵丁七百名揚旗鼓譟聲言攻打南澳其婿出来彈壓被兵丁刀砍二傷隨經其大少君散銀和事每名二十五兩各兵復強邀 提軍當面賭咒回去後决不追究方肯寢息或曰被兵搶去印信用銀贖回未知確否現在回寨兵丁有繳回銀兩者 提軍吩咐此係賞項不必繳還

一王根基陳蛇南係六月間拜會之首犯八月攻寨一案乃萬鷄仔與陳爛頸江為首現在陳爛頸江已經擊斃萬鷄仔在逃已拏獲家屬押交陳蛇南另係竹溪一帶兇惡異常之犯自當趕緊購拏不敢鬆勁

一虎門寨兵民相仇目前雖覺安靜難保不復行生事現各村皆交匪一二名並非全無忌憚惟令營員嚴束兵丁毋許挑衅庶可相安現在太平社舉行團練各村民壯名册已經繳齊惟鎮口萬姓與北栅陳姓之二房勒令交出要犯方准入社將來團練認真則匪徒不能再聚其有名要犯按名嚴緝使不敢再出頭煽誘斯無慮萌蘖再滋矣

仁榮店等油行十二家續捐銀共叁萬兩

FO.682/2794/6(30)

東莞石龍油行 每月約消油四五萬壜 每壜七分計可捐銀三千五百兩

三水西南油行 每月約消油萬餘壜 每壜七分計可捐銀七百兩

新會江門油行 每月約消油三萬壜 每壜七分計可捐銀二千一百兩

順德陳村油行 每月約消油萬餘壜 每壜七分計可捐銀七百兩

南海佛山油行 每月約消油二萬壜 每壜七分計可捐銀一千四百兩

以上油行每月共計可捐銀捌仟肆百兩

抄鮮餉委員卸惠州府連平州吏目馮寶封來稟

敬稟者竊卑職於餉鞘折回韶城時叩謁
崇轅面聆
榘誨恭惟
大人德敷海徼
威鎮軍門引企下風定符心祝卑職杭塵走俗草草勞人現於九月初
六日行抵湖南省城適

新任兩湖督憲由雲南前來赴任飭傳卑職與趙縣丞嘉梧共交餉
銀五萬兩爲湖北防堵之需抵任後即當 奏請截留又奉到
部文飭令前後五批餉銀内分出銀十五萬兩解交宿遷縣大營其餘
銀兩限於十月中旬趕解部庫各等因卑職遵照部文何敢推諉即
將所餘餉銀又復改道由湖南湖北河南解赴江蘇宿遷大營投納但
查前後餉鞘共計五批除謝從九奎所解之餉已交贛南道兑收趙縣丞
所解之餉現因湖南扣還江西墊欵將餘剩銀兩就近解赴江西兑收外
惟卑職自六月間由粵起程不獨寒衣未備且盤費不敷在南安守候一
月兩次改道遠至四五千里較之前後委員更形賠累所有卑職一切下忱
伏祈
大人俯念微末窮員緘致
督撫憲鑒詧苦衷則感荷
憲恩實無涯涘矣肅此寸稟敬叩
鈞安統祈
垂鑒

FO 931/1166

F.O.682/279A/6(45)

謹將軍器局內存放軍需餘剩鉄鉛銅杉樁等物點交舖
戶黎合益馮同和領運售賣估值数目理合開列呈
閱

計開

同昌木店內貯

鉄鐃九十四枝 內九十斤二十五枝 八十斤五枝 三十斤二十枝 七十斤十五枝 五十五斤十八枝 五十斤十一枝
共重四千零六十五斤 估值銀四十八両七錢八分

大杉木二十九条 俱霉爛作柴用 估值銀四錢三分五厘

木鐃三十五枝 沉放海旁俱霉爛作柴用 估值銀三錢五分

小杉木七百七十条 內有五尺及四尺長者四百餘条俱霉爛作柴用 估值銀一両一錢五分五厘

萬壽宮內貯

杉木風柜六十個 俱霉爛作柴用 估值銀七錢二分

搾粉街軍器局內貯

白鉛二千一百七十六斤 估值銀五十二両二錢二分四厘

銅一千七百斤 係生銅胚內多泓土 原值銀五十両 增添銀一十両 共銀六十両

鉄鍊八千二百九十斤二両 內多銹蝕成廢 原值銀四十三両四錢五分六厘 增添銀八両八錢 共銀五十二両零二錢五分六厘

大鉄鍊約一百三十四丈九尺 係表鍊沾鏽變 估值銀二十三両五錢

鉄斧五十枝共重八斤四両 估值銀五分

鉄帽四十四個共重四十二斤八両 估值銀一錢五分五厘

鋼三斤又三件 估值銀一錢三分

秤六杆內一杆無錘 估值銀三錢六分

廢鉄炮架耳七十五個 估值銀六錢

鉄研船一個 估值銀一錢六分

鉄鈑一百個 俱廢折重九十六斤 估值銀五錢七分六厘

鉄鐃二百四十三枝 俱被內有銹蝕成廢共重二千零三十七斤 估值銀二十両二錢九分釐

鉄環一百一十三個 共重八斤十二両 估值銀五分二厘

鉄鍋三十四隻 俱破爛重二百零四斤 估值銀六錢一分二厘

銅鑼八十三面 俱破爛重二百零二斤八両 原值銀一十両三錢四分 增添銀四両 共銀一十四両三錢四分

洋藤二百九十七斤 內多廢折 估值銀二錢九分七厘

香盤箱一百二十七個 內堪用十八個餘廢爛作柴 估值銀一錢二分七厘

鉄小香叉十七個　估值銀一錢七分
銅轎一項上下用藤及木板編造中間銅片三塊約重十二斤鉄条四条約重二十斤　估值銀二兩一錢
蒲包一千六百八十九個內霉爛一千五百五十九個實存一百三十個　估值銀一兩二錢六分
法碼銅鉄大小八十四件內有鉄碼釘五十二件俱廢爛　估值銀三錢
銅號角七個俱廢爛重三斤八兩　估值銀一錢九分六厘
量天尺十杆俱廢爛　估值銀二分
羅經十面俱廢爛不堪　估值銀一分
明風灯十三個原缴局碎爛不堪　估值銀一分三厘
公案樟樟圍簽筒錫硯一副內有虫蛀　估值銀三錢
欽摺灯一百七十四個虫蛀十八個實一百五十六個　估值銀一兩二錢四分五厘
紅布五小疋俱虫蛀　估值銀五分
油布一百六十三塊原缴局俱破爛小塊或二尺三尺余等　估值銀八分
棉胎一千三百三十九斤又三百一十六斤奉飭分別存留估变查看內有虫蛀似難存留　估值銀二兩一錢八分五厘
牛皮二百三十塊碎皮三十七塊又七幅內有虫蛀　估值銀五兩零四分
木板櫈二十六張俱破爛　估值銀一錢三分
竹椅九張俱破爛　估值銀九厘
竹枱二張俱破爛　估值銀一分

竹茶机四張俱破爛　估值銀一分
杭枕整一副內有虫蛀　估值銀一錢二分
尾缸十個俱破　估值銀三分
坭罉一個破　估值銀五厘
水柜四個俱破爛係船上裝水柜　估值銀五分二厘
牛喉四条俱破　估值銀一分六厘
銅喉筆四枝　估值銀三錢六分
銅喉叉五枝　估值銀一錢
洋鉄筒八十一個係馬口鉄小筒廢爛七個　估值銀一錢四分五厘
舊圓鉄条三枝共重七斤四兩　估值銀四分四厘
舊方鉄条四枝共重十二斤四兩　估值銀六分八厘
廢鉄碎五千二百五十五斤　原值銀十兩零六錢一分　增添銀八兩共銀十八兩六錢一分
廢鉄砲耳挖八十件　估值銀六錢四分
以上共估值銀三百零八兩二錢零二厘
銅五千斤　估值銀一百八十兩
以上二共估值銀四百八十八兩二錢零二厘

F.O.682/279A/6(46)

謹將軍器局內現存罟網藤牌等項堪用不堪用開列呈

閱

計開

罟網　一萬四千三百四十九觔　交來原俱零爛

藤牌　八千八百一十三面　內或交原壞爛或領去用過交回壞爛的挑得堪用約五百面不堪用八千三百十三面

竹札　九千零六十一枝　內或交來原壞爛或領去用過壞爛內挑得堪用約三百枝不堪用約八千七百餘枝

鉄札嘴　一千四百一十六個　舊壞約三百個

竹盔一萬二千二百五十七頂 内或交來原壞爛或領去用過交回壞爛的挑得堪用一千二百頂不堪用一萬一千零五十七頂

有柄單管刀即鵝毛挑 四百八十二枝 内堪用四十枝除虫蛀折爛共四百四十二枝

無柄單管刀 二百七十六枝 内雜式舊壞一百十九把堪用一百五十七把

長柄挑刀一千零三十四枝 内堪用一百七十枝 木柄折壞廢爛八百六十四枝

無柄挑刀嘴 一百九十二個 内堪用一百二十五個 雜式舊壞六十七個

帳房 九百頂 内或交來壞爛或領去用過事竣交回壞爛的内止挑得殘舊尚可堪用的七十餘頂又挑得另各舊壞尚可修補回堪用的約四十頂除零爛七百八十餘頂

木樑柱二千三百五十三枝 内堪用五百四十枝不堪用一千八百餘枝

[redacted]

遵將查明賀縣土匪外匪姓氏住址開列恭呈

憲鑒

計開

陳現抬 年約五十歲信都下蜀村石塔坊人

羅大合 年約二十六歲鋪門墟對岸鶴村洲棉木村人 係羅朝亮之子

羅德玉 年約四十餘歲

羅德廣 俱信都上蜀口村人寄居鶴村洲保慶坊

羅中樽

羅亞社

羅豐廪

羅業芝 俱住蜀口工羅村

羅亞蒂 係信都鄉二十三里東門寨人 羅大廷之子

羅芳矯 係信都鄉二十三里大慶寨人

以上附近鋪門一帶土匪俱歸大夥賊衆自開建崗背敗伏逃回

陳淐明 年約四十餘歲 旗頭

陳淐沅 年約四十餘歲俱住獅子寨

歐天順 年約三十餘歲左手六指

何亞曾年約三十餘歲
陳寶初年約二十餘歲
羅亞生年約二十餘歲
易文光年約三十餘歲
董亞二年約二十餘歲俱住官潭墟
楊狗養年約四十餘歲
楊狗晚年約三十餘歲俱住石牛寨
以上俱係官潭墟一帶歸大夥刼掠土匪
邱亞松旗頭年約二十餘歲
邱仕興年約二十餘歲俱清遠扒江司人

羅亞三旗頭年約三十餘歲
朱老晚年約三十餘歲
富石觀年約二十餘歲
黄亞禮年約二十餘歲
楊　益年約二十餘歲
陳亞八年約四十餘歲
陳十一年約三十餘歲
陳亞甲年約四十餘歲
陳壽宣年約三十餘歲俱羅定州人
以上俱在大竹流茀蔞流三基流一帶藏匿外匪

(1) F.O.682/318/1(2)

謹將肇慶府屬游匪滋擾各州縣辦理防剿事宜稟請
憲示由府提撥橋羨項下借給經費及卑府籌墊口糧船夫脚價並置造砲械等項
共用銀兩開列簡明清摺呈
電
計開
一撥發高要縣李令陸續借領銀一千五百兩
一撥發廣寧縣程令陸續借領銀七千六百兩
一撥發封川縣德令先後借領銀一千五百兩
一撥發開建縣李令先後借領銀一千兩
以上各縣請領經費銀一萬一千六百兩均係遵札在徵存橋羨項下籌撥
收有各縣印領存案事竣應由各該縣覈實報銷

(2)

一廣西鹽法林道帶兵廣寧會剿借用經費除解還外尚留銀一千六百兩（查此款已奉林道移知就近解還李署守行營歸款理合註明）
一籌發封川縣德令請領防堵漁涝地方弁兵口糧自咸豐元年正月初七日起至
五月二十六日止共銀一千六百七十四兩九錢五分

(3)

一籌發委員候補府李守招募水勇乘坐沙灣船四號在封川江口防堵自道光
三十年十一月二十七日起至咸豐元年五月二十六日止除李守在司庫請領外計共
墊支銀七千零一十五兩九錢七分二釐
以上兩款均係遵札在徵存橋羨等項下籌發准李守按月移文來府領取
轉給事竣應由李守覈實報銷
一剿捕賊匪運送砲械及官兵壯勇委員需用長夫船隻脚價等項共墊支銀一萬
零四百二十七兩八錢六分
一剿捕賊匪置辦軍裝砲械及賞犒獲勝兵勇賞卹傷亡兵勇共墊支銀一千
八百九十四兩八錢
一剿捕賊匪先後奉調各路官兵及雇募各處壯勇未奉委員領項設支應局
以前籌款發給口糧共墊支銀六千五百八十八兩四錢六分
以上三款係府中隨時按日按名支發已造備細總數目清冊移文後任
事竣應由後任彙總覈實報銷理合聲明
統計籌款借給墊發共支用銀四萬零八百一十二兩零四分二釐

謹將奉飭招募水勇操演技藝純熟以資得用緣由稟呈

憲鑒

計開

竊奉招募水勇必先揀選管帶幹員首先擇選頭目以招一百名派令頭目五名每頭目一名擬管帶二十名先教習操演大砲并考習能知船務者方得有濟惟查前招水勇奉調外省勦捕其奉招募之時素不能入列挑選既已招募之日得領錢銀多有用去并有內無家室甚至船未開行已將領給銀兩無存不敷沿途支食稍有勦捕差委即藉其勇勢必然云及工價不足又要賞犒多端其弊不可勝言茲因前次所招之時公事緊迫未經挑選操演并未查其家屬出結又無按名察其純良可堪差使是以一經委用則臨事不無生端今奉飭各營招募水勇已奉給工價銀五兩欲議先招操演每名每日給銀五分令其技藝規制純熟俟赴省送驗日每月給銀五兩內二兩給其家口每月准在地方官處憑印簿支領其餘三兩給其沿途支食如有不法之徒在途不遵約束者許管帶官稟請究辦倘犯律重者擬以軍法從事若犯條輕者移該管地方官押禁回籍至其家口所領過銀兩即由地方官勒令家屬賠繳如此則免至臨用之際各懷異志務使其同心協力各遵約束庶該頭目水勇咸知告誡凜遵

功令守法思奮共為殲除逆賊是為至要也卑職愚昧之見是否有當伏候

鈞裁示飭施行

謹將順德協屬病故及陣亡千把總外委額外各員弁開列清單呈

閱

計開

順德協右營右哨千總一員

何兆鵬 該弁因病身故

順德協左營左哨頭司把總一員

容騰龍 該弁在大北門外牛欄岡地方打仗陣亡

順德協左營左哨二司把總一員

陳良驥 該弁在大北門外牛欄岡地方打仗陣亡

順德協左營右哨二司把總一員

王昌華 該弁在順德縣城打仗陣亡

順德協左營左哨外委千總一員

段世松 該弁在順德縣城打仗陣亡

順德協左營左哨額外外委一員

何超 該弁在大北門外牛欄岡地方打仗陣亡

順德協左營右哨額外外委一員

吳熊光 該弁在大北門外牛欄岡地方打仗陣亡

謹將五月分廣州協左右二營各汛員弁先後獲解賊犯共一百十五名開列呈

閱

計開

左營九江汛署守備羅逢濤獲犯共二名

梁光猷 認刦六次

陳亞鍫 認搶一次竊五次

又署守備羅逢濤督率把總保安吉外委郭安獲犯共二名

戚亞蔭 認刦二次

何亞祚 認誘拐勒贖一次竊二次

何采虹 係造刦盜犯何亞勝之父時常庇子窩贓

左哨石亭巷汛千總韓國治獲犯一名

梁亞三 係搶奪婢女之犯

又千總韓國治協同署外委蔡釗獲犯共二名

何亞錫 認刦一次

黎文景 係獲犯李月仔供黨准番禺縣移緝有名之犯

右哨西関汛千總謝作高獲犯共三名

梁亞漢 認搶七次

吳亞安 認竊三次

杜亞壁 係竊犯

又千總謝作高協同外委黃賢彪獲犯共十五名

王豆皮同 認誘拐幼童轉賣多次

黎亞戒 認竊八次

黃亞王

楊亞禮 以上二犯均認搶三次

黃蝦妹 認在清遠湖南各處刦過五次

顏亞臨 認竊五次

勞亞洸 認竊一次

馮亞展

謹將廣東省客長呈送條規抄錄呈

電

計開

廣東客長公議條規

現奉

大憲傳諭各省設立公所分省分府公舉客長編查保甲辦團抽壯以防奸

匪互相守禦共保身家凡我同鄉素稱好義急公亟應仰體各

大憲除害安民之至意今遵照公舉客長四人稽查同鄉舖戶有無奸匪混跡其

綢繆未雨按戶抽丁仍歸七段公局統管自此次實力查辦之後務須恪遵

功令毋犯衆議謹將公同酌定條款開列於后

一議公舉客長四人現在設立公所務須常在公所隨時認真照章查辦遇有疑

難齊集會商必孚輿論之公庶幾三代之直毋得始勤終惰有負

上憲委任

一議別省客商分各府設立客長以專責成現查桂垣東省民來自廣肇二府居多

別府州客人通計無幾所有舊寓新遷應歸客長四人統為清查掛號註冊呈送

官局

一議現奉　憲諭編查凡我同鄉所居大街小巷概以十家連環相保其有小街僻巷

一戶獨居者亦須請同鄉親友認保毋得恃強傲衆違者稟　官議處

一議凡我同鄉各街舖戶公館及僑居暫住之家均毋得容留外來游匪倘有此項情弊一經客長查出或被街隣指報到局一併稟　官嚴拏訊實之後匪徒罪無可寬容留之家同罹法網此事關係重大凡我同鄉切勿徇庇貽害

一議凡我同鄉來西貿易者來踪去跡稽查最宜嚴密嗣後初到同鄉寄居城內何街何店到日該店主房東立即帶同該客民親赴粵東公局報名掛號並須有妥實同鄉認保方准居住倘有延悞容隱不報者一經查出即作藏匪論客長不恤決不肯保而且送　官究治其認保親友姓名即註明冊內日後所保之人倘有不法情事由客長按冊稟　官拏究

一議此次清查後每一月會同七段官紳逐戶清查一次將增減人數載明註冊呈送官局以備查核

一議公舉客長四人現奉　總局札飭稽查責任匪輕如果有形跡可疑之人親友不敢保認者即當革面洗心務歸正路何得懷姦匿影貽累同鄉諸如此類店家不准留留公所查出只得據實稟究為良為歹公論具在並非客長之有心排斥也我同鄉其共諒之

一議客長四人公是公非猶之月旦鄉評一毫不能假借果其辦理妥協同鄉亦借餘光倘或執拗不公致干總局查辦公議稟革另舉公正之人報充以服衆心

一議清查既畢即遵議挑選壯丁每家三丁以下挑選一丁由此遞加不得藉詞推託遇有匪警街巷鑼鳴凡我同鄉各歸各段遵用　官給腰牌執持器械按照派定堞口輪流防禦衆情務必踴躍衆志務必堅定如有觀望推諉不獨阻撓軍務實且自悞身家一經查出按冊據實稟究雖悔曷追其共凛旃毋忽

廣東公所設在後庫街凡我同鄉掛號報名須到此處

此章程現已發刊尚未刻就

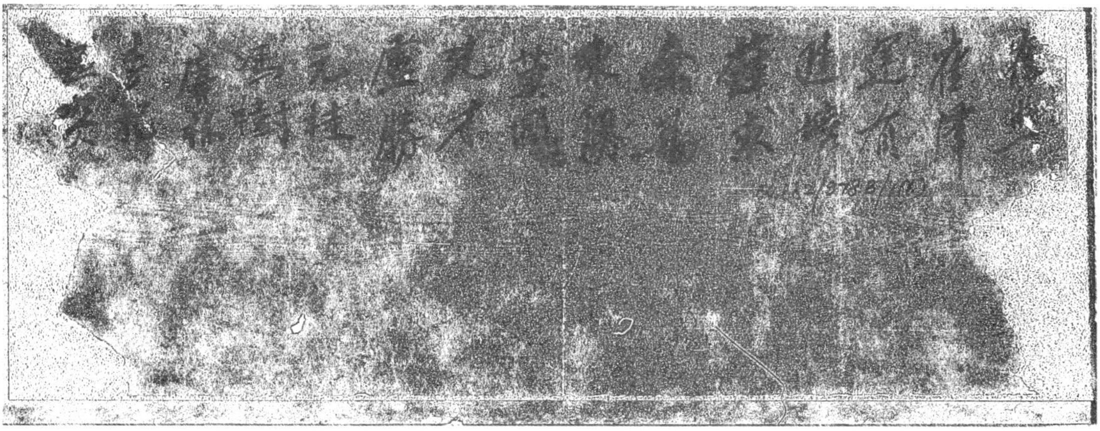

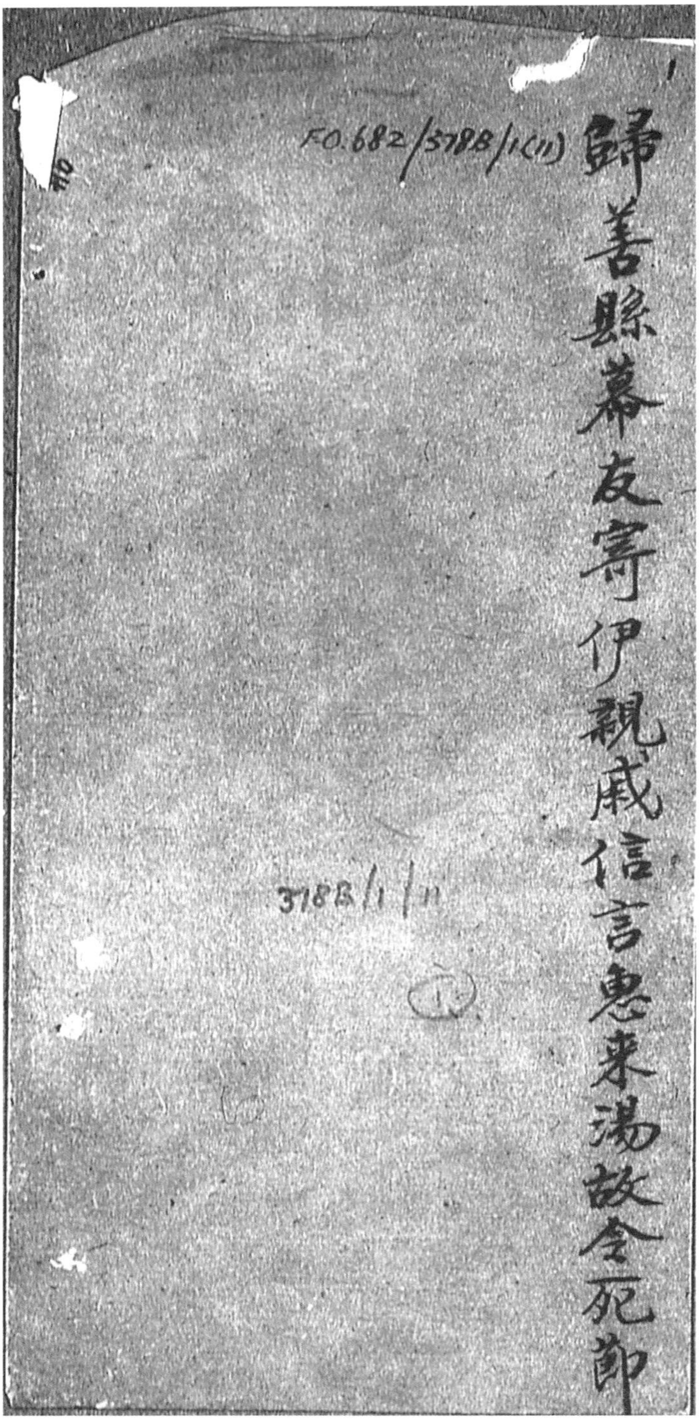

F.O.682/3788/1(11)

歸善縣幕友寄伊親戚信言惠來湯故令死節

3788/1/11

①

P.1 A

彙村三表弟大人如晤昨午谷經廳之弟（湯公之朋友）由惠來縣署逃回歸善據云湯
僕翁於十二日五更聞賊將到即帶兵勇上北門城樓堂防堵不意賊
匪已臨城下即攻開城門直進當時跟人走請湯僕翁繞南門暫避
而僕翁心念眷屬決意仍回署內不意將到大堂賊匪接踵而至
將縣署圍困賊首同和尚二名公然擂鼓打鄉三人共坐大堂將
湯收為并捕廳帶去行綑住先將跟湯收的之眾人王麻子割首破
腹以為榜樣要湯公屈膝投降而湯公願死不屈祇囑賊首毋傷
（自己伸首就戮不愧為收的矣）
其眷毋傷我民而已僭坐之和尚要將其（綑）打數十板放其走出而中坐
之賊首不依即喚砍其首級將身體分為四塊捕廳亦同時被戕華

P.2 end　　F.O. 682/378B/1(11)

述之以為經過大營此地賊匪不以為意其然走出大堂向賊理論而賊見（曾在王博泉處舊友）
見其手舞足蹈先將其手砍落拖出頭門又將首級砍去其母妻亦被
殺害　渴其之二大夫人幸逃在方紳士家　三夫人并女兒被賊擄去八歲
之大少爺幸得廚司拖其逃出家交來處收留本年三月十二所生之二
少爺幸亦被媽拖出署外不知下落　汪蘭生逃出其弟亦被匪砍死
渴其之外甥王君持印逃出亦即被賊當將署內燒死之十餘人其餘不
知下落此係實在情形聞之可憐可惜探聞潮匪已到陸豐葵
潭地方司官被害惟葵潭與歸善平海遙近而博羅石龍東莞均到
賊匪人甚猖狂且離（博邑）歸善三十餘里一帶之地不難攻剋如此無怪

F.O. 682/378 B/1 (15)

奉委管帶巡船軍功五品頂戴標下左營千總崑 芳為稟明事今將留在省
河各巡船差使開列呈
閱

計開

前奉留千總管帶之船六隻內
兩廣剿捕四號船一隻　此二隻奉檄護餉往廣西潯州桂平一帶
權總巡船一隻
兩廣三號巡船一隻
鹿步司一號巡船一隻
鹿步司二號巡船一隻
東砲台巡船一隻
另有香山協左營千總蘇海撥來
巡船一隻
波山船一隻
另有由廣西回東省領餉之船二隻
波山船一隻
四號𦨭猶船一隻
以上大小船八隻均奉派護餉往東莞交替合併具稟伏候
宮保大人察核施行

六月　　　　　　　　　　　　　　　　　　　　呈

[redacted]

謹將抽助軍餉之法採擇一端是否可行恭呈

憲鑒

現在軍需孔亟諸紳士已於各殷戶義捐外再行各街鋪戶抽租設法勸捐盡心竭力矣但慮抽租義捐可一不可再可暫不可常而善後事宜需項仍復不少似不若於各行頭生意設法抽助生生不已時時可行利廣而力長軍需可無患其不足也

一議省垣城廂內外各行各店發貨加一抽助此係各行大局至茶絲棉花等貨輕重隨議假如該行內衆店是月共發貨銀十萬兩加一抽銀一萬兩將二千兩捐入軍需局將六千兩歸還該行內衆店以各店名下是月發貨抽頭之數多少均派花紅則生意大之店抽頭多得派花紅亦多將二千兩照店額平派其生意小之店抽頭少得派花紅雖少亦有額派之益如此急公而不病於私且有利於私豈非公私兼益之善策各商賈宜無不踴躍樂從者矣

此法既行仍慮各行店家間有匿多報少之弊議每月各行設禡祀各店司事東家及掌理數目之人必要親到飲禡當衆寫名矢誓以昭公平或更於各行各設一管理抽捐司事公平辦理不得徇庇該司事每月亦書名矢誓

倘仍慮杜各店匿多報少之弊有未密處更於六千兩花紅內撥一千兩俾各行該店司事以至伙頭打雜脚式凡行店內上下工伴一體平分則店東雖欲隱匿而工伴斷不肯為東家隱匿矣

此法一行不特足以資軍餉更可以寒賊心窺賊起事初念必係誤謂庫項不豐故有此妄舉近見

大憲調度有方犒賞加厚如軍需優裕賊心多已離散再行此源源
不竭之法逆念有不盡灰者哉

行抽之法原以各店置貨銀計抽似為簡便第以置貨計如茶絲
等貨必要抽及洋貨店未免嫌滋虎議若照發貨計則只抽賣茶
絲棉花等貨之行店不必抽及洋貨店而出入口洋貨已在抽內矣
各行統計所抽便有數百萬兩之多仍違　部議叙便可推廣各
省永以為例或俟事平停止

再所議抽助可附市廛之征遺意集腋成裘久而不竭誠
生財之一法惟什取其一而又須還給本人分派花紅未免有
費周折恐易滋弊管見如欲行此粤東各行生意向來每一行
俱設有禡首綜理本行之事其人必係衆所信服始令為之
今議抽助之法似不若責成禡首將其本行生意每年可做若
干約可獲利若干以前三年為斷逐一查明大旨於其所獲
利中取其百分中之一二假如當行城內外共有幾間按號按
簿吊齊核算每年共得利息若干內可以抽取若干嗣後自
咸豐五年為始按月抽取滿過一月先將上月所抽之項以七
八成繳官尚餘二三成存留在禡首處統俟一年期滿於六
年正月禡首會齊各號按簿算明上年獲利若干照章程
應抽若干如該號是年生意興旺原抽少而應抽多則令其
補足設該號是年生意平淡原抽多而應抽少則將已抽
者給還此次算定之後所有抽存之項儘數繳官此外銀行
金行玉器綢緞繡貨絲線皮貨海菜藥材等類按行設立
禡首照此辦理似覺簡便易行公允無弊而各行店即
將其應抽之項灑在門面繳過之內大行大市初不偏枯一
人生意不致難做自亦樂從而可毋嗟怨但得地方平靜
不慮生意不好謹畧

南路

赤沙角至琵洲約四五里　琵洲墟至黄埔約四五里

黄埔村至新洲約二三里　新洲至屯洲約二三里

長洲

北路

東埔墟至石窩約四五里　石窩墟至烏埔四里

烏埔至波羅約六七里　波羅至大纜尾十里

大纜尾至二纜尾一二里　二纜尾至南江口五六里

南江口至米場約五六里　米場墟至新塘約

五六里

其餘多處或一日一延或兩日一延水長則

由下而上　水退則由上而下　有風其則隨

風轉延

候補直隸州史牧飭番禺差役鄧忠 楊鑣管帶番禺添設巡船三隻內

第一號大巡船 頭役四名舵工二名俱雙分 加頭十分水手六十二名 共捌拾肆名

第二號中巡船 頭役三名舵工二名俱雙分 加頭八分水手五十八名 共柒拾陸名

第三號小巡船 頭役二名舵工一名俱雙分 加頭四分水手四十四名 共伍拾肆名

前項三船共配水勇貳百壹拾肆名 每名月口糧銀肆兩貳錢 大船壹隻 每月租銀伍拾兩 中船壹隻 每月租銀肆拾兩 水船壹隻 每月租銀貳拾伍兩 共月應支銀壹千零壹拾叁兩捌錢 自十三日起

史牧另備河頭船壹隻 每日船價銀壹兩貳錢 公司艇一隻 每日船價銀捌錢 小差艇一隻 每日船價銀貳錢伍分 共月應支銀陸拾柒兩伍錢 自二十三日起

新會左營把總劉國韜一員每日薪水銀叁錢

署督標水師營外委張鳳德一員每日薪水錢二錢五分

兵丁一百一十九名每日口粮銀柒分

前項官兵每月應支薪糧銀貳百柒拾捌兩肆錢自初七日起

FO.682/378B/1(56)

派往大歷剿捕

左營署外委何龍彪一員記委二名兵丁五十八名共陸拾壹員名照向章

每月應支薪糧銀壹百叁拾玖兩捌錢自初一日起

右營署把總葉逢春一員記委二名兵丁四十九名共伍拾貳員名照向章

每月應支薪糧銀壹百貳拾兩零玖錢自初六日起

派往大歷松岡剿捕

右營外委　一員記委三名兵丁九十七名共壹百零壹員名照向章

每月應支薪粮銀貳百貳拾陸兩貳錢自初一日起

154

FO.682/137B/1/756

道州與寧遠縣緊鄰寧遠與廣東連州交界
道州由寧遠至藍山縣與廣東連州交界
道州由寧遠藍山至臨武縣與廣東連州交界
道州由寧遠藍山臨武至宜章縣與廣東乳源樂昌二縣交界
道州與江華縣緊鄰江華縣芙蓉嶺與廣西賀縣廣東連山縣三交界
道州由江華至賀縣與廣東廣寧縣交界
道州由江華賀縣至懷集與廣東開建封川二縣德慶州交界

FO.682/391/4(47)

沙螺堡十三鄉

涌口鄉　方村鄉

東滘鄉　招村鄉

策頭鄉　大壆鄉

黃壆鄉　茶滘鄉

淤水鄉　白岸鄉

沙涌鄉　坑口鄉

西坑鄉

西塱堡十鄉

西塱鄉　東塱鄉

新爵鄉即壆腳　大橋鄉

漖涌鄉　江夏鄉

麥村鄉　白鶴洞

壆頭鄉　螺涌鄉

[redacted]

謹將現存砲子箇数開列呈

電

計開

八两重砲子六百七十七箇

十二两重三千零九十九箇

十四两重五千四百六十三箇

一觔重四千九百二十八箇

一觔半一千四百六十三箇

二觔七千九百六十七箇

二觔半二千四百四十一箇

三觔重三千零六十八箇

三觔半二千七百三十三箇

四觔重一千一百三十三箇

五觔九百三十三箇

六觔一千七百七十四箇

六觔半五百二十九箇

七觔一千五百八十六箇

八觔一千二百七十三箇

九觔三千四百九十七箇

九觔半五百二十三箇

十觔二千三百五十二箇

十一觔五百五十九箇

十二觔五十四箇

十三觔十五箇

十四觔六十九箇

十五觔五十五箇

十六觔四十七箇

十七觔八十二箇

以上砲子約重十七萬餘觔

外存帚子四萬八千一百觔

查楊顯係三江司新庄村人前充南海縣差役已革十年向與現充差役郭安又名靚成在西關地方滋擾六月時欲糾同豎旂被拏嚴緊潛逃回鄉與官窑劉顯等聯鑣關茂初等夥同起旂勒令各鄉打单抗拒官兵楊顯曾偽稱九千歲及大元帥旂號現於八月二十日五更時候糾夥楊亞義等六人僱坐小艇身帶銀兩到雅瑤河面致被盤獲楊顯等六人并順刀及銀四百八十兩經認寫官窑劉顯等到各鄉打单及私買砲械接濟楊亞義等亦認拜會均已稟觧　局憲惟楊顯黨羽太大蒙訊數堂只認携銀来省置買洋烟等謊但楊顯係官窑一帶首匪恃差役郭安在省探聽軍情勾通作弊倘被狡脱不獨四堡受報仇之害即壯勇亦因而觧體請將楊顯等嚴辦并密拿郭安觧究庶軍情不致洩漏而妖寇易於撲滅矣

謹將新城內住紮各路壯勇開列呈

閱

計開

防守東水關管帶平勇軍功六品頂戴二名

蔡振武　胡羅　壯勇五十名

住紮萬壽宮大圍堡勇七百名

統帶葉炳華等

派守永清門六十名　派守永安門十名

派守大南門十名　其餘俱在萬壽宮聽調

住紮海關衙門潮勇二百名

管帶委員卸署和平縣陳義

帮帶潮州左營外委鄭朝熙

派勇一百名在五仙天后宮住紮

住紮豫章會館潮普壯勇五百名

管帶官方耀　派紮靖海門天后宮二百名

住紮大新街古廟蘇海水勇二百名

派八十名在板箱巷

派一百二十在白米巷防守

防守小市街撫標兵二百名

管帶官千總梁任光　把總陳斌

住紮高弟街江局平勇一百名

吳守隨帶

謹將樂昌縣訊過匪犯趙雲橋等供詞列摺呈

電

計開

據趙雲橋供曲江縣屬泥坑猺人年五十歲父母俱故兄弟二人小的居次娶妻黃氏生有一子平日砍柴度日本月二十三日小的撞遇素識未獲的柳坑上營猺人趙得塘趙得幅對小的說知有趙塘因挾從前猺人趙得富出外偷谷被均村人捉獲打死嫌隙現欲糾夥前往行刦邀同小的同往得贓分用小的應允約定二十六日在楊溪口會齊到期小的與未獲的趙真珠佬們走到楊溪金竹口嶺上等候午候有趙塘與趙得塘們帶同曲江縣屬大寮坑寨下柳坑并柳坑上中下營猺人連小的們五人共夥百餘人各帶鉄斧刀鎗木棍油捻二更時候同到均村趙得塘趙得幅用石撞開大門先到事主謝澤溥家搜刦牛猪銀物小的携贓走出趙得塘們隨入譚祖聖家搜刦并遺火燒燬茅屋三間村人鳴鑼號集鄉勇追趕趙得塘喝令放鎗拒傷事主朱朝萬們當被鄉勇格殺趙得塘哥子趙姓不知名一人格傷三人趙得塘們與小的當各携贓跑逃所得各贓俱交趙塘携回中營地方收存約俟二十八日齊到那裡俵分各散到二十七日趙塘叫小的往探被傷各夥已未身死小的行到楊溪墟就被兵差拏獲禀解案下的小的先於十月初一日聽從趙塘們糾邀結拜三點會共一百五十人拜趙塘為大哥就在中營地方設棹三張平排安放趙塘坐上一張下二張安放香燭菓品三牲各物趙塘頭戴馬尾氈帽包扎紅布令各夥分十人為一起跪拜拜畢即將鷄隻宰殺取血滴入盆內用水冲勻每人各飲一杯說要兄弟合心如不合心定必殺害歃血盟誓並預備紅布為記尚未分給俟到湖南尚要拜會方纔分給約定先刦均村并有未獲的不知名惠州人黃姓邀往刦金竹園不知名鄧姓邀刦坳背灣俟刦得後然後到乳源金溶洞

行刦趙塘并吽各夥俱于十一月由初一日起留髮只准剃額前俟人齊明年正月要往湖南由乳源金溶洞梅花村一路搶刦前往入夥至何人勾結小的不知道要等得趙塘方知等語至那華得清委係同夥是實

供夥

黃姓 年約二十五六歲身中面麻無鬚惠州人住金竹園
鄧姓 年約三十餘歲身中面無麻微鬚惠州人住㘭背灣在湖廣仔家傭工
趙塘 柳坑猺人大哥
趙得塘
趙得幅 俱柳坑中營猺人
趙真珠佬
趙文明
趙文觀
趙才明 俱趙雲橋供夥同往行刦人

據華得清供乳源縣人年二十二歲父親已故母親林氏年四十餘歲兄弟四人小的居長並沒妻子本月二十六日夜行刦均村事主謝澤溥等家小的係有份的小的先于十月初一日聽從趙塘們糾邀結拜三點會共夥一百五十人拜趙塘為大哥就在中營地方設桌三張平排安放趙塘坐上一張下二張安放香燭菓品三牲各物趙塘頭戴馬尾㡌帽包紮紅布令各夥分十人為一起跪拜拜畢即將雞隻宰殺取血滴入盆內用水冲勻每人各飲一杯說要兄弟合心如不合心定必殺害歃血盟誓并預備紅布為記尚未分給俟到湖南尚要拜會方纔分給約定先刦均村并有未獲的不知名惠州人黃姓邀往刦金竹園不知名鄧姓邀刦㘭背灣俟刦得後然後到乳源金溶洞行刦趙塘并吽各夥俱于十一月由初一日起留髮只准剃額前俟人齊明年正月要往湖南由乳源金溶洞梅花村一路搶刦前往等語當日有未獲不知名的樂昌街人陳姓張姓說要先到樂昌行刦因各猺人不肯故此就往均村行刦的是實餘供與雲橋供同

供夥

陳姓 年約三十七八歲身肥大無鬚麻
張姓 年約三十歲身中無鬚麻俱樂昌街人打醮後往猺山去了
陳飛沙 乳源麻地逕人
趙老五頭 年二十歲面白無鬚麻烏坑猺人
趙溪佬 年四十餘歲無鬚麻大猺坑人
趙貴富佬 年約四十歲無鬚麻大猺坑人
朱滿 年三十五六歲無鬚麻高大大猺坑人
趙塘 年約五十餘歲右眼睛生有蘿蔔花點身中無鬚麻係柳坑猺人
陳飛沙 年約四十歲無麻樂昌人
陳飛沙 年約三十七八歲無麻曲江一六圩馬蹄逕人
廖姓 年約三十五六歲無麻乳源河頭人
傅猺子 年二十五六歲有麻新村人
傅亜五 年二十四五歲有麻乳源打鼓隊下新村人
卯亜作 年二十七八歲無麻乳源崇田人
卯亜櫪媽 乳源崇田人

惠州協左營左哨頭司把總陳大綸
惠州協右營左哨頭司把總蕭雲亮
惠州協右營承襲雲騎尉候補守備姚鵬高

呈開

外委請以把總拔補二員
提標後營外委黎英全
提標中營外委魏捷魁
馬步兵請以外委拔補十一名
提標左營馬兵黃冠英
提標右營馬兵姚紫英
提標前營步兵鄧光輝
提標後營馬兵徐上超
提標後營步兵陳得陞
提標後營馬兵劉潤香
提標後營步兵劉雄陞
提標左營馬兵呂飛熊
提標右營步兵周雄高
提標後營步兵陳國樑
提標中營步兵趙錦標
馬步兵請以外委額外拔補九名
提標中營步兵林福安
提標中營步兵王明海
提標右營步兵劉汝香
提標前營步兵譚樑超
提標中營馬兵駱進超
提標中營步兵祝萬年
提標中營步兵車　榮
提標右營步兵黎裕[illegible]
提標右營馬兵張雄清

[redacted]

謹將因變逸出監犯周老三等犯事罪名摘叙呈

電

計開

周老三係湖南宜章縣人因起意行竊事主賴林宗家臨時行強入室搜贓罪應斬決

謝丙仔係湖南興寧縣人因聽從行竊賴林宗家臨時行強入室搜贓罪應斬決

雷盛仔係樂昌縣人因聽從行竊賴林宗家臨時行強在外接贓罪應擬斬例得減遣

李猪欄良係樂昌縣人因聽從行竊賴林宗家臨時行強在外接贓罪應擬斬例得減遣

以上四犯俱因解府翻供發回傳到事主質明尚未解覆

之犯

黃亞北 清遠縣人

白莞太 清遠縣人

以上二犯均係聽從行刦沈允鍾等船物在外接贓罪應擬

斬例得減遣解奉審明發回監禁聽候

部覆飭遵之犯

隴得開 番禺縣人

陸亞才 南海縣人

周滿之 番禺縣人

鄭亞沅 南海縣人

李亞寄 番禺縣人

以上五犯均係聽從行刦吳慎遠等店物在外接贓罪應

擬斬例得減遣解奉審明發回監禁聽候

部覆飭遵之犯

廖金沅
係聽從行刦吳慎遠等店物臨時因病不行又未分贓罪
應擬徒解奉審明發回監禁聽候
部覆飭遵之犯

廖亞勝
係和平縣人因聽從搶奪黃威騰等銀物携贓先逃不
知拒捕情事又另犯行竊勒贖得贓罪應擬流解奉
審明發回監禁聽候
部覆飭遵之犯

許鳴厚
係乳源縣人因聽從械搶擬流脫逃被獲審擬軍罪議
擬詳咨聽候
部覆飭遵之犯

朱有松樂昌縣人
朱賤發樂昌縣人
以上二犯均係聽從搶奪梁昭著船物擬流起解在途
恭逢
恩詔截回查辦現已奉准
部覆不准援免詳請咨牌起解之犯

劉茲里
係在四川崇慶州屬迭次行竊擬軍發配龍門縣安置
脫逃被獲訊供通報尚未覆審之犯

祁亞得即祁亞受東莞縣人
係在縣屬聽從搶奪劉用五等銀物擬流發配湖北羅
田縣安置脫逃被東莞縣拏獲解回審辦之犯

抄呈茂名胡令文呈岐大人節畧

謹將查辦大寮始終節畧繕列清摺恭

呈

電覽

遵查大寮一案先是府城内喧傳信宜有激變之事本府委署經歷朱用孚往查

護道憲在廉州亦聞傳說無異委候補州吏目謝安朝藉催兵餉之便查明稟復該

委員等查係凌十八與陸姓人等結怨搆釁稟明在案旋據信宜縣宮令稟報與兩

委員所查不符本府乃委卑職赴信宜縣確查卑職於七月二十七日馳抵信宜採

之輿論二委員所稟均非無因詢之宮令稱照該處生監稟報辦理不料凌十八等

敢於抗拒現在該生監等知其平日最怕羅鏡打手僱就五百人來以毒攻毒定可打

滅正在燈前細問閤人送上一字彼此共閱内云又添僱百十人須加銀三百兩等

語後戴陸善夫字寄問善夫何人稱係陸達務卑職審其言詞觀其舉動似該縣生

監與大寮凌十八等結怨方深勢不兩立即於次日回茂名稟請本府酌奪八月初四
日該處生監以打手將到請官令來郡城求本府下札諭告示令其進剿不許復諭
卑職前往安輯卑職以釁起隣封為剿為撫事有專屬卑職何敢參以己見須
斟酌妥當乃行維時陸姓及生監方在城卑職傳到茂名紳士囑其告以上憲之意
令此時且勿與仇讎寢事後自有辦法該生監等不惟不遵乃云委員若撫定即
上控委員於是茂邑紳士謂信宜人無良邀約多人攔與不與去卑職田明本府辭
以身奉差遣何敢告勞但恐撫之不成將來或以德為仇亦所難測本府云但放
心去何肯以我事相累時方不靖若格於人言勢必又開兵衅為害地方卑職
乃出戒多士毋阻於初十日帶同候補從九童鈺復詣信宜十一日與官令商議
先會營弁千總梁國安協同委員信宜典史施鏡心併從九童鈺共四人同至
東鎮墟接見該處紳士商同辦理據稱信邑有上下兩圖此新圖之事舊圖
難以作主遂於十三日齊入懷鄉地方該新圖生監等以危言恐嚇多方攔阻
不遂且欲乞示諭許其以羅鏡打手鬬殺卑職見人情如此事必不成乃於十
五日轉回東鎮商酌旋郡銷委正集議間接奉　護道憲函飭令立即撫綏
以杜將啓未啓之釁不可刻延訓示諄切遂又設法圖撫一面專差請官令到
東鎮以道守送閱囑其先到懷鄉勸生監等各釋前嫌遵諭息事一面覓
得老童劉始進持告示入大寮曉諭閱二日官令自懷鄉來云擬俟生監等
到齊邀來互相開導適聞此缺已另委人不能不回署料理匆匆返縣次日劉始進
田報大寮人得見告示莫不感泣類皆知罪求生乞恩免死具有許詞懇為代

遲卑職取閱興傳言情節尚合諒不至逞兇惡乃商之千總梁國安派兵丁楊凌雲隨同劉始進及凌十八族人凌亞五一同前去大寮給以告示飭令解散夥黨呈繳器械即於山內留心察看是否出自至誠有無暗藏不軌稟復察核迨該兵丁楊凌雲返備述大寮內老幼男婦情狀均無偽飾自應進山查驗飭令繳器散黨出具切結以杜後患乃時方未行該監生張亞花三所僱之打手適到云前此僱來二百餘人已殺斃大寮八十餘命茲加倍僱來可不留餘類矣卑職見撫有端倪急出示勸止知其不聽又出示嚴禁始即日同梁國安童鈺帶領兵役履艱冒險直進大寮上水蓮塘一帶衆皆恭順次日即出結呈悔惟稱人原易散無如屋宇被焚尚有六七百窮民無家可歸不知向何處託命大是作難卑職往勘果是五六十戶盡遭焚燬方在計無可出而訛言頓起一則謂所來之官乃假裝之官帶有大兵二千名埋伏懷鄉洪觀兩處一俟人散器繳即盡數勦滅梁國安等再三分辯始明再則謂此官之來原帶大毒而來大寮人呼羅鏡打手為大毒現在大毒暗藏在兵役人夫中乘間動手大寮人似有惶惑皆以至誠語解之同居五日衆忽張皇謂探聽大毒已把住四路截殺若遵繳器械便至束手待斃願送官出山俟大毒去再邀恩德遂於九月初三日回到懷鄉初六日回郡稟復此奉委安撫及安撫未成之原委也

合併稟明伏惟

鑒核

抄呈信宜縣州司巡檢陳[illegible]稟淩十八始末緣由各件

謹將奉札調康面詢會匪淩十八起衅根由及辦理情形節畧録呈
憲鑒查淩玉起同子淩十八等係信宜縣屬新圖燕古地方居住父子弟兄向係耕種並賣茶小舖生理淩十八約有四五弟兄聞其有兩三兄弟先於四五年前携眷往廣西地方耕種光景甚好淩十八於兩年前亦往廣西不知所作何事去年正月二十后淩十八先由廣西回家伊弟淩廿四淩廿八等亦陸續回來稱說在廣西地方學了拜上帝會能畫符念咒吃了符水到晚上合家男婦老幼用紅布包頭紅布束腰當天跪拜據云可以保佑合家清吉隨招集大寮薛姓蓮塘羅姓林垌葉姓河壩李姓等一仝拜會哄誘附近居民仝拜漸拜漸多並誘同拜入會之眷口男婦大小一併接來仝拜即留住大寮地方后內中婦女有知淩十八等行止不端不願赴大寮者淩十八即派四五十人各持刀棍到同拜會之家押令老幼男婦併家資什物牛隻穀米一概搬運大寮派令多人在各墟市鎮收買鐵斤僱募鐵匠開設鐵爐六七座日夜打造雙刀大刀長針鳥鎗大炮

等件並置辦藤牌火藥竹帽紅布紅繩雨傘兠肚燈籠等項不計其數漸將左
近村庄各廟神像毁壞肆無忌憚卑職於去年正月十四日卸事奉委赴省領餉
三月二十五日差竣先回信宜見印官宮令宮令以聞有凌十八聚集西匪之事囑令卑
職訪查卑職回署后確查凌十八等已聚集約有二三千之衆軍械炮火已屬不少當
經面稟宮令一面着人勸諭據云欲去廣西猺地卑職又經稟明宮令以該匪人衆
宜先行出示曉諭勸令散閙各人歸農旋有新圖大樟堡等處紳耆因該匪屢
將附近各村神廟神像毁爛四鄉驚恐慮其滋事各鄉聯名具稟宮令查究宮令
於六月初五日知會懷鄉汛官帶同兵差前往查拏獲到凌廿四一名解縣查訊供
認伊兄凌十八於正月間從廣西回来邀同大寮薛姓蓮塘羅姓林垌葉姓等拜上帝
會希圖清吉置有軍器等項以防人欺等語宮令將凌廿四押候飭令附近匪巢紳
耆何世受等前往勸諭乃該匪等非獨不遵更加肆行無忌打造軍器添置火藥
各項職又屢次差人勸諭據云如有鄉紳保其無事伊等願散出結各紳耆等於
六月底到縣見宮令俱云不敢兠保而凌匪等亦不去廣西猺地又不散閙惟日
逐誘脅左近各村入會並有刼掠傷人陸續稟縣有案宮令發差王朝等携帶
懷鄉團練針杄於七月初二日協同凌十八之隣居邱賢參到燕古地方購線誘出匪
黨歐品莊開導令其出結即有匪黨羅秀仁等持械到来藉稱恐邱賢參等欲
索結錢反口不遵率衆將王朝毆傷邱賢參等當即走避該匪隨將邱賢參屋宇
毁壞七月十三日宮令帶同新舊兩圖練勇約計五六百人帶便炮械往劄懷鄉出

示勸諭令其繳出軍器等項出結各散免究該匪不遵宫令於十六日會營進住洪
冠又復出示勸諭仍然不遵匪見洪冠相近大寮連夜一齊搬進蓮塘而大寮已
空宫令撥派練勇將大寮賊巢燒去數間二十一早宫令派令練長余士楨等並家
人馬廾分帶練勇進住梭垌約定二十二日會同竹垌上水沙底等處團練同圍蓮塘
而宫令亦於二十一日親帶壯勇同汎官進住雲開一帶防堵因二十二日黑早大霧迷漫被
匪偷放大炮擁進梭垌營盤余士楨同練勇等倉卒格鬪致余士楨傷斃馬廾受傷各練
勇與該匪等各有傷斃漸各奔散宫令在雲開探知梭垌情形意諒雲開練勇恐無濟
事隨雇先在雲開與張姓看守房屋之羅定壯勇三四十人商議允能捉獲立有花紅賞
格令其於二十四日進住蓮塘圍捉緣山高嶺峭匪賊多衆羅定壯勇人少兼之不熟路徑被
匪埋伏突出彼此鬪殺各有傷斃又不能取勝而散宫令因病帶同練勇回縣其羅定壯
勇亦回羅定醫傷欲再邀添多人擬於八月初上再來蓮塘圍捉其時胡守已委茂名胡令
來信查辦到信數日即行回府面禀胡守即有安撫之説是以羅定壯勇聞有委員即來
安撫並知信宜官兵因上憲要撫不敢出頭彈壓其花紅銀单已被宫令取回是以中止不來
茂名胡令復於八月中旬到信宜辦撫先住東鎮將凌廿四提到東鎮行館募得劉宗誠者使
帶凌廿四家信先往蓮塘通信胡令於八月二十八日帶同凌廿四到懷鄉二十九日進住梭垌初一早有
凌匪夥黨約有二三百人俱係紅布包頭束腰各持刀棍鎗炮由蓮塘出來路上截住隨員等
見賊勢兇橫連忙令凌廿四下轎止住匪賊鎗炮跟隨兵役統稱係委員來安撫並無別事該
匪先令胡令並隨員人等到上水小屋安歇后以委員跟役人夫衆多屋小不淨不能歇宿

該匪又令挪進蓮塘在淩十八先已佔住許姓之大屋內側房三間歇宿胡令等帶有兵差夫
役人等約計一百十餘人該匪每日每人給米一升惟胡令及隨員共送猪肉二十斤初二早該匪
等聲言胡令進蓮塘來總係胡儒輝引路帶来即要將胡儒輝斬首后胡令說胡儒輝
如有不好待我帶回衙門照法處治到初二下午該匪又聲言明日有羅定壯勇前来打仗
你們各人先行走回恐明日羅定人来打仗被羅定壯勇打壞不與他們相干初三五更夫差
人等俱各造飯食畢後到卯刻時胡令隨員們正在用飯尚未食完該匪有數十人各持
雙刀赶進胡令所住房旁將胡儒輝拉出胡儒輝大聲求救胡令們見賊勢兇惡均不出聲
該匪等即將胡儒輝殺斃並戮手臂胡令見如此行為心更驚慌飯未食完即時一齊動
身於初三日二更后走至扶龍白石墟住宿次日即由信宜回府銷差云該匪恭順因羅定
壯勇要與該匪打仗是以不繳軍裝等云卑職起初不知胡令回府如何銷差緣由適初四
早接宮令信云胡令進蓮塘安撫數日不知如何情形囑職探明稟覆適值有隨同胡令進
蓮塘之夫役於初四日辰刻回到懷鄉卑職匆匆傳来詢其大概情形當即覆稟交来差帶
回不料宮令將卑職原信賫呈護道彭守而彭守又將原信寄回高州致胡守於九月十九
日札調到府面諭將淩十八是否良民一切情形據實稟覆卑職當即具稟於九月二十一日投遞
二十三日胡守傳見諭以淩十八業經胡令查係良民何以稟稱會匪稟內各情並無証據
將初稟發還諭令另行據實具稟職於九月二十六日復行據實明白具稟二十八日胡守
又傳到署同胡令斥職所稟不合飭令再行換稟卑職面稟無可再換胡守隨將二次稟
帖留住即將卑職撤任欽另委謝吏目代理卑職因不究淩十八恐各處匪徒效尤況懷鄉

新圖地方界連羅定東安西寧陽春並廣西岑溪滕縣容縣是以兩次具稟俱云淩
十八實係會匪聚衆私造軍器情真況今年正月十四日淩十八又率衆炮打雲開紳
民張姓三家搶刦銀兩並殺斃張鳳鳴一家二十餘命均各報縣有案後於今年正
月二十四日由信宜之東鎮合水一路擁同二三千人由化州邊界往廣西而去今蒙
憲臺垂詢謹將淩十八始終起衅辦理情形據實具稟伏乞
憲鑒卑職陳榮謹呈

初稟本府憲胡　稟稿

敬稟者昨奉
憲諭匪賊淩十八情形並前稟宮印官以胡令安撫未妥暨牽涉楊吏目情節
令職據實稟覆等因職於新正奉委晉省請餉三月底差竣回任查燕古地方
有土匪淩十八於正月間從廣西回来招集多人置造軍器火砲等項職隨面
稟宮令一面着人勸諭而該處附近紳耆見其私造軍器結盟拜會誠恐滋
擾鄉閭是以聯名具稟宮令發差查禁卑職曾以此事現經人衆急宜先行出
示勸諭各人散開安分歸業一面飭令紳耆勸導業經紳耆何世受等前去
大寮地方向淩十八等再三開導不聽六月初五宮令知會懷鄉汛官帶同縣
差將淩十八之弟淩二十四拏獲解縣查詢供認伊兄拜上帝會置有軍器
等項係圖保護清吉等語而該鄉紳耆於六月底到縣又見宮令以該匪不

聽勸諭現更添聚多人不敢躭保其不滋事稟請發差查拏而宮令隨又催
差於七月初二日到燕古地方購線邱賢參傳到歐品莊令其出結有匪黨羅
秀仁不允聚衆將縣差王朝毆傷並將邱賢參屋宇毀壞各散此時該匪
已聚集三二千人置有軍械火砲等項雖尚未肆行搶掠漸聚漸衆日形
猖獗四鄉莫不驚恐扶老携幼挈資逃避七月十三宮令帶同各鄉團練鄉
勇先到懷鄉復行出示令凌十八等自行繳出軍器等項出結散閙該匪等
不遵宮令於十六日進住洪冠聽賊具結散閙至十八九大寮匪賊等俱搬入蓮
塘有駱名勲呈控凌十八等焚掠等情宮令二十一日分撥鄉勇在梭垌等處堵
禦自已分帶鄉勇往雲閙防堵原期二十二日會同各鄉團練圍捉不意二十二
早大霧迷漫被賊偷放大砲肆行闘殺各有損傷斃命而鄉勇力弱漸各奔
散宮令聞梭垌等處鄉勇已散諒雲閙鄉勇亦無濟於事隨催已在雲閙
與張姓看守房屋之羅定壯勇三四十人於二十四日進往蓮塘赶捉因山高嶺峻
匪賊甚衆不能取勝各有傷害該壯勇等即回羅定宮令因病協兵勇等

亦即回縣職因該匪逐漸佔住民房霸踞田地殺人放火搶奪倉穀勢甚猖狂誠
恐四鄉效尤伊于胡底値楊吏目到懷鄉張貼告示職與其言及胡令安撫
甚屬好事不獨四鄉大沾恩惠兼又免措經費恐該匪等兇蠻狡猾未必盡善適次
早得信云該匪不遵安撫時楊吏目正在動身之際卑職又言該匪等業經胡令極
費心機連日勸諭無如該匪陽奉陰違藉口壯勇仍不遵撫從前具禀可以安撫者
似乎不宜楊吏目本不知始末緣由順口答是而已此禀實與楊吏目無涉因値匪
徒效尤四鄉連日報搶職有地方之責與宮令係在堂屬將所聞尚未撫妥情形禀
覆宮令職雖官卑職小食俸二十餘年具有天良目覩百姓如此受害不得不隨
時具禀印官恐致貽悞地方有干愆尤昨蒙
訓誨悚惶滋深肅具寸禀伏祈
恩鑒卑職榮謹禀
再禀覆本府憲胡
敬禀者昨奉
憲諭以匪徒淩十八情形並前禀宮印官云胡令安撫未妥暨牽涉楊吏目各情令
職據實禀覆等因職於新正奉委赴省請餉三月二十五日差竣回任後查有燕古地
方土匪淩十八於正月間從廣西回來招集多人拜上帝會並置造軍器鎗炮火藥竹
帽等項當經卑職着人勸諭據云欲去廣西猺地曾經面禀宮令以該匪人衆宜先
行出示曉諭勸令散開歸農安分有大樟堡等處紳民因該匪等屢將各處神

廟毀爛四鄉驚恐慮其滋擾各有聯名具稟宮令查究六月初五日宮令知會懷鄉
汎官帶同兵差前往查拏只獲凌二十四一名觧縣查訊供認伊兄凌十八於正月間
由廣西回來同大寮薛姓蓮塘羅姓葉姓等拜上帝會置有軍器希圖清吉
等語宮令將凌二十四押候一面飭紳耆等就近帮同勸諭孰意該匪漸聚漸衆打
造軍器火炮置買火藥兠肚雨傘紅布紅繩等項肆行無忌有職員何世受等前
往開導職亦差人再三勸諭據云如有紳耆肯保伊等願散出結該紳耆等肯
底到縣見宮令俱云不敢耽保該匪所説去猺地者現已半年有餘何以不見西去本
係設詞宮令差王朝等就近借帶懷鄉陸當團練針杆於七月初二日同凌十八
之隣居邱賢參去到燕古購線帶出會匪歐品莊開導令其出結寫有數張即
有羅秀仁等匪黨持械到來説恐邱賢參欲索結錢忽又不肯出結率衆將王
朝毆傷並將邱賢參屋宇毀壞明係奸狡不遵措詞藉口時值信宜考試至七
月十三日宮令帶同各鄉團練鄉勇進住懷鄉出示勸諭不遵十六日帶同鄉勇進
住洪冠又復出示勸諭不遵賊知洪冠將近大寮連日搬進蓮塘而大寮已空宮
令撥令鄉勇將大寮空屋燒去兩旁小屋並未燒盡二十一早宮令先令團練
首事余士楨等並家人馬升分帶鄉勇進住梭垌預備二十二日會同竹垌上水
沙底等處團練鄉勇同圍蓮塘而宮令亦於二十一日分帶鄉勇進住雲閙防
堵因二十二早大霧迷漫被賊偷放梭垌團練大炮一齊擁進余士楨等鄉勇倉卒格
鬬各有傷害致余士楨被殺馬升被傷各鄉勇力弱畏兇漸各奔散宮令在雲閙

聞知梭垌等處鄉勇被傷已散情形意諒雲開隨帶鄉勇無濟於事隨僱已在
雲開與張姓看守房屋之羅定壯勇三四十人商議允能捉獲隨令其於二十四日
進往蓮塘圍捉因山高嶺峭匪賊衆多而羅定壯勇人少又不知地勢彼此角鬬
各有傷害不能取勝而散宮令亦因病帶同兵勇回縣其羅定壯勇是日即回
羅定意欲邀添多人於八月初上再來圍拏因聞有委員來安撫兼之信宜宮
兵不敢出頭彈壓又無花紅口糧是以中止未來職見該匪等佔居民房掠食
穀石恐人効尤地方何日能安值楊吏目到懷鄉張貼告示與其言及胡令安撫妥
善不獨四鄉沾惠抑且免措經費但該匪兇蠻狡猾未必盡善次早得信云胡令尚
未撫妥時楊吏目正在動身之際卑職又言該匪等果然藉口壯勇攻打仍不遵撫楊
吏目本不知始末緣由匆匆順口答是而已職有地方之職與宮令係在堂屬是以將
所聞尚未撫妥情形稟知宮令與楊吏目無涉即胡令自九月初三由上水出來迄今二
十餘日並未見聞羅定壯勇與該匪攻打聲息可見又是設詞藉口矣職雖官卑
職小食俸多年具有天良惟恐地方滋事百姓受害所聞一切情形隨時具稟叩
官免致貽悞地方有干愆尤昨蒙
訓誨悚惶殊深肅具寸稟仰祈
憲鑒卑職榮謹稟

抄呈署高州府經歷朱用孚妥查淩十八稟覆各件

謹將面詢奉委訪查會匪凌十八緣由各稟件呈

電

署理高州府正堂胡　為札委查覆事現在訪聞信宜縣屬懷鄉地方有匪徒聚衆滋擾該縣業經督帶兵勇前往查拏情事惟未據該縣稟報到府現當西匪肆擾誠恐蔓延入境先經迭札該縣嚴防並訪聞前情除飛檄查報外合亟札委札到該員遵照立刻改裝易服不動聲色星夜馳往信宜懷鄉一帶查明該匪等究竟因何起衅聚衆滋擾首匪係何姓名匪夥實有若干是否西匪蔓延該縣現在如何查辦務得的確實在情形先行尚差馳稟察核一面察看如賊匪勢果猖獗着即會該縣勸諭各

紳耆實力捐資團練鄉壯協同防勦并將何處團練可靠何處聲勢
孤虛何處應設卡防守何處應添兵堵禦逐一詳細查明繪註說飛
速親繳赴府以憑核辦倘賊匪業已拏獲解散亦即迅速回轅稟
覆銷差切勿扶同粉飾致負委任切切須扎

道光三十年七月十九日

稟覆高州府憲稿

敬稟者卑職奉
扎叩辭後遵即改裝易服於廿日酉刻馳抵信宜縣訪查得懷鄉司屬
四十里之大寮地方有土匪凌十八在西省結有上地盟會於本年正月間
回本村亦將其術遍教鄉人聚有數百之衆先經該縣訪聞並其紳
士控告隨飭役前往訪拏得凌十八之弟凌二十四回縣嗣因該差又復前往
訪拏首犯凌十八被該匪糾率多人持械毆差拒捕該縣恐其滋蔓難圖於
本月十二日督帶各鄉團練前往圍捕一面曉諭協從諸匪自首該匪仍
聚集不散十六日宮令會集四鄉團練約有二千餘人於是日午刻進
扎洪觀村該處離大寮十餘里離懷鄉十餘里已將該匪圍住其

要隘處所均有團練防守該匪分踞蓮塘相距大寮數里以為犄角
之勢四面均係懸崖峭壁現在宮令與各紳等相度機宜擬二十日及
二十一二等日四路進勦聞該匪勢窮力蹙紛紛自亂而各鄉團練聲
勢甚壯諒日內便可蕆事卑職伏查此案實係土匪內亦有西匪旬
連又非北流竄入者卑職一俟宮令辦有端倪即當星飛回郡面稟緣奉
飭查合將該匪起衅緣由及該縣現在辦理情形具稟
憲台察核伏乞
訓示遵行肅此具稟恭請
鈞安伏乞
垂鑒卑職　謹稟

二次稟覆府憲稿

敬稟者二十三日有懷鄉司丞到縣稱宮令於廿日督帶兵勇進剿大
寮殊該匪業已逃遁即飭令壯勇焚其巢穴是夜前隊住宿大寮係
宮令家丁馬三管帶詎該匪於五更時分突如其來搶去銃砲廿餘口將

家丁馬三致傷共傷斃壯勇數十人餘皆逃散宮令隨住雲停地方此處離賊巢十餘里有鄉團數百人足可自衛惟該匪將各處要隘堵截信息不通現紳士陸達務於今日復募勇壯前往與宮令會合卑職商令該處典史施鏡心一面催其作速前進一面傳集各鄉紳士加意防堵並勸諭捐貲置械惟該處人心渙散一時難於踴躍離城之三里鎮隆墟係屬茂名地界各有推諉之意今擬再同典史傳集各紳再為曉諭如何辦理之處再當稟聞肅此具稟恭請

鈞安伏祈

垂鑒卑職　謹稟

三次稟覆府憲

敬稟者廿四日酉刻接奉

憲諭敬聆一是當將

諭內辦理情形飛函專達宮令並

憲示勸諭捐貲團練之意商同施典史力為勸諭各紳查該匪等當初原係拜會欲赴西省沖入猺民滋事在本處並未有案實係會而未

為匪經陸姓告發宮令飭役訪查先將凌廿四於六月初七日拿獲其匪黨意欲宮令釋放是以布散流言而其勢有不能是以宮令到彼原欲逼其解散執其魁而散其黨不意事有決裂以致傷斃丁壯蓋此時已深入重地欲退而不能也現在宮令住雲倬地方懸賞購線招集團練擬廿四日復往蓮塘圍捕而雲倬在賊巢之後此處去雲倬路途險巇且為賊人往來之所是以音信難通賊巢離縣城一百四十餘里中間先過懷鄉東鎮等墟地方均有團練現已商同施典史出示先行曉諭各團練防守本城再與各紳士力商團練之法卑職一面協同典史晝夜巡查一面多派人役於各隘口探聽一有確耗即當飛速稟

聞至北界地方亦經施典史傳各紳士妥為設法團練再凌廿四現收羈候新獲陳用青係收縣監合併聲明肅此具稟

以上三稟均係實在情形

抄呈胡府來書

尹伯六兄足下本日戌刻接展尚足

來翰備誌查覆宮令現在圍捕大寮土匪情形既詳且悉歷歷如繪并得閱
寄敝友介人書知宮令督率各鄉練勇圍捕嚴緊該匪既失地利勢已窮
蹙指日可以成擒各情尤深欣慰之至在宮令亟宜察此率與子同仇之衆
為滅此朝食之謀鼓行蹙圍搶渠掃穴藉以伸
國憲而快人心且以杜西匪窺伺之盟誠如　來信慿內匪即所以禦外侮現經弟
馳函宮令囑其乘機妥辦以期迅速撲滅仍祈吾
兄嚴密查探得有確耗即行飛速寄聞仰藉
賢勞俾慰遐系宮令有欠餉新舊兵餉銀兩現承
本護道函囑嚴催茲將委札封交來差賫呈祈吾
兄查照札行俟查報事竣就近馳赴提催為荷差旋藉覆順候
升安不具　　二十一日亥刻

飛啓者頃於敝友陳介人處得閱
來翰備誌宮明府督帶鄉勇進剿大寮土匪被該匪負隅抗拒官兵大受挫衂
殺傷鄉勇多人致隨行之家人書辦均被戕殺閱信之餘殊深憤懣宮令

經此挫敗賊勢益張此時進剿固屬勢難復振然不可畏葸驟退恐乘勢追
襲難體更不可問縱或賊氛甚惡思欲退保險隘必須先為堵禦之計再
尋退步之方弟此間距彼過遠事難懸度萬望吾
兄將前情飛致宮令務宜熟相機宜妥籌辦法是為切要至吾
兄來信稱北界地方最為緊要當此匪勢猖獗亟應固我藩籬該處紳耆既有踴
躍聽命之心正宜乘此善為勸諭有團練者務須聲勢聯絡無團練者即
刻捐資舉行因勢利導在此時矣吾
兄其勉圖之所須告示諭帖容即日飭繕齎差送上其前日帶去致陸君之名帖現
在萬萬不宜送去至緊。。仍祈多派人役探有確耗飛速
示慰為禱再宮令前挐之凌二十二係於何時挐到是否尚在縣監亦祈
示復嵩此飛達即頌
升祺不具
再此事如果係匪滋事固應如此辦理若會而尚未為匪則又當另籌辦法
若過激則更生變矣務祈留神并切勿諱飾切囑。。

FO.682/318/5(38)

一件

奏校閲廣東省城旗綠官兵事

奏稿

硃批

道光　年　月　日奉到

看稿

對摺

道光二十九年十二月十八日具

奏

摺弁　賫

繕摺

奏為校閲廣東省城旗綠各營官兵情形恭摺

奏祈

聖鑒事竊臣接准部咨欽奉

上諭旨本年輪應查閲廣東等省營伍之期廣東廣西

著即派徐　逐一查閲認真簡校如有訓練不

精軍實不齊者即將廢弛之將弁據實劾參等因

欽此伏念臣職任總督營伍本屬專責茲復仰荷

聖恩派承閲伍大員當即會同廣州將軍臣穆

左副都統臣烏　右副都統臣托　親

赴校場查閲駐防各旗營官兵漢仗皆屬壯健

速戰抬槍各陣勢整齊聯絡馬步各箭俱能熟

練弓皆六力間有八力者鳥槍籐牌貫跤各項

技藝均為矯捷點驗馬匹膘壯軍裝旗幟鋒利

鮮明内惟正黃旗防禦明順弓馬生疎年力尚

健應請降為驍騎校正藍旗驍騎校得恵技藝

優長人亦結實應請記名以防禦補用又會同

廣東巡撫臣葉　調集督標駐省弁兵暨撫

標左右二營並廣州城守協官兵逐加校閱弁
兵年力俱屬精壯合操大陣步伐整齊速戰陣
進止有節抬鎗陣聲勢聯絡刀牌跳舞靈便槍
箭中靶九成有零軍裝甲械鮮利馬匹膘壯足
額內惟廣州協外委李雄箭射無準應請降爲
額外額外葉鏻春馬步優長應請記名以外委
補用其餘如外委郭安潘駒技藝稍生而緝捕
素好當經勤限勤加練習臣伏查駐防旗營官
兵常年差委甚少騎射是其本業統閱滿漢官
兵悉心較量應以旗營為上綠營次之臣標及
撫標並廣州協各營官兵皆近在同城迭經臣
與撫臣春秋閱看認真簡校自較外營為優惟

廣東山海交錯華夷雜處習尚囂爭人情浮動
全在平日申明紀律鈐束身心庶幾有勇知方
請內捍外以仰副
聖主整飭戎行之至意此外未閱各營容俟來年春
間再行出省前往次第查閱所有校閱過廣東
省城旗綠各營官兵緣由理合恭摺具
奏並將各營官兵槍箭中靶數目繕列清單恭呈
御覽伏祈
皇上聖鑒謹
奏

保舉堪勝陸路總兵

F.O.682/318/5(39)

二十九年十二月十六日

奏

奏為遵
旨保舉堪勝陸路總兵之副將恭摺仰祈
聖鑒事竊准兵部咨道光二十九年七月初九日奉
上諭現在各省保舉堪勝陸路總兵人員將次用竣
着各該督撫於副將内即行遴選曉暢營務堪勝
總兵者保奏數員送部引見候朕記名以備簡用
欽此查總兵為專閫大員必須熟諳營伍表率
有方方足以膺斯選臣於廣東廣西陸路副將
内逐加考察有南雄協副將趙雲鵬年三十一
歲河南汝陽縣武狀元頭等侍衛二十二年隨
户部尚書賽　天津防堵委辦翼長事務由
山西東路營恭將二十八年補授今職該員訓
練嚴明體面可靠現
奏署南韶連鎮總兵一切頗資整頓又惠州協副
將黄慶春年二十九歲福建平和縣人由承襲
公爵頭等侍衛二十六年補授今職該員留心
營務謹慎不浮以上二員均堪勝陸路總兵之

任相應遵
旨保奏如蒙
俞允恭候
命下之日再行分別出具考語給咨送部引
見所有遴選副將堪勝陸路總兵緣由理合恭摺具
奏伏乞
皇上聖鑒訓示謹
奏

FO 931/1193

F.O.682/253A/3(5)

一件　審明蔡厚吉京控刦擄等情分別定擬

奏稿

道光　年　月　日

硃批

繕摺

廿九　十二　十九

奏為遵
旨審明京控案內犯證分別定擬恭摺具
奏仰祈
聖鑒事竊照廣東揭陽縣民蔡厚吉京控蔡亞能等
挾嫌率衆刦奪銀物擄人勒贖並將伊伯蔡頃

雲等致傷復占地毀屋等情一案經步軍統領
衙門
奏奉
諭旨此案著交耆　親提人證卷宗秉公嚴訊按律
定擬具奏欽此由步軍統領衙門抄錄原奏原呈
甘結併將原告蔡厚吉遞解到粵經前督臣耆
行司飭委廣州府等確審並飭行提人卷解
省審辦去後嗣據該府等以本案被告蔡亞能
等尚未解到詳司轉請咨部展限又經前督臣
耆　據詳咨明在案隨據蔡厚吉以原控不實
赴廣州府稟首並據揭陽縣拘傳犯證蔡重振
蔡阿軒蔡阿當蔡阿從蔡興順蔡端雲蔡阿記

蔡阿興八名連卷宗觧省其原委會審之卸羅定直隸州知州史樸因派委督辦捕務當即添委准補雷州府知府劉開域會同審辦茲據廣州府知府易棠會同准補雷州府知府劉開域督同候補知縣丁嘉藻審擬并聲明案犯蔡重振蔡阿軒先後在監病故等情由藩臬二司覆審詳觧前來臣等會同親提研訊緣蔡厚吉與蔡重振等均籍隸揭陽縣同族無服各村居住素好無嫌道光二十二年正月初十日蔡重振無服族婦蔡張氏在村後洗衣蔡厚吉胞叔蔡定相胞伯蔡鳴蘭即蔡頊雲各挑糞水赴田工作由該處經過蔡定相行走匆忙失足跌倒致

糞水誤濺蔡張氏衣服蔡張氏不依斥罵其姪蔡興合走至亦幫同指斥蔡定相等分辯互相爭鬧蔡興合拾石向擲蔡鳴蘭即蔡頊雲跑至附近田寮携取防夜竹銃赶出嚇放砂子致傷蔡興合左血盆倒地經高阿青路過瞥見救阻不及向蔡興合之堂兄蔡興順報知趋視詢明扶回詎蔡興合傷重旋即殞命屍親蔡興順投投保報經該前縣史樸驗詳勘緝旋值初二叅限滿業經開列職名詳叅二十四年五月間蔡厚吉胞叔蔡阿力蔡阿杰因乏錢使用向伊胞兄蔡鳴蘭即蔡頊雲蔡端雲并蔡厚吉等借出公共坐落土名白沙洋田八百畝契紙一張向蔡

重振蔡阿當蔡亞能蔡阿軒暫行押借銅錢八百千文議明每月給付利錢不得將田管業六月初九日蔡阿當因屢向蔡阿力等索取上月利息不還邀同蔡重振蔡阿軒蔡亞能各携田刀鐵嘴禾槍同赴該田稱欲割禾自種經蔡鳴蘭即蔡頃雲路過看見向蔡重振等斥阻蔡重振等不服回詈致相爭鬧蔡鳴蘭即蔡頃雲舉拳向蔡阿當毆打蔡阿軒在蔡鳴蘭身後用鐵嘴禾槍戳傷其右脊膂右後肋跑走蔡鳴蘭轉身向蔡阿軒追赶蔡重振上前攔阻并用刀劃傷蔡鳴蘭右手大指蔡鳴蘭舉拳轉向蔡重振撲毆蔡重振用刀嚇戳適傷蔡鳴蘭右乳上倒 七

地經蔡阿記在附近田工瞥見救阻不及向蔡鳴蘭之姪蔡厚吉報知趨視詢明扶回詎蔡鳴蘭已傷重殞命蔡厚吉報經該前縣李榮驗詳飭緝旋值初叅承接緝限滿亦經開列各職名詳叅二十五年三月内蔡重振與蔡阿軒因在逃日久潛回探聽適與蔡鳴蘭之兄蔡端雲蔡阿黄並其姪蔡厚吉蔡阿任蔡阿壘蔡阿時在途撞遇蔡端雲等以蔡重振等均屬逃兇斥罵喊拏時蔡重振等近房族人蔡亞能蔡阿當蔡阿從蔡阿東蔡娘富蔡阿助在附近田工并有蔡阿照蔡阿揚蔡阿為趁墟轉回走至看見均各上前勸阻蔡重振蔡阿軒乘間逃逸蔡厚吉 六

因蔡重振等強欲劃禾占田併將伊伯致斃今欲捉拏送究又被蔡亞能等及蔡阿照等攔阻脫逃心懷忿恨獨自起意誣告泄忿即捏以蔡亞能及蔡重振等因挾借貸未遂之嫌先擄伊伯蔡阿簧報汎弔放復糾統衆刦搶銀両衣箱將伊炏蔡定相蔡阿杰擄捉勒贖拆屋搶禾首兇蔡重振蔡阿軒等將伊伯蔡項雲殺死將伊堂兄蔡阿任蔡阿壘致傷占奪伊家田地拆毀房屋並將伊伯蔡端雲堂兄蔡阿任擄去勒贖等情先後赴縣府道司並臣等衙門呈控批飭緝審蔡厚吉因蔡重振等仍未拏獲懷恨莫釋起意京控並因縣差延不獲兇疑有受賄庇縱

及聳縣偏詳情事復以前情並添砌蔡重振等賄差方春等庇縱擺縣偏詳諱搶等情作就呈詞併將平時口角有嫌之蔡阿發等開列多名作為被告將外出之蔡阿興韓先記揑作勒贖人證一併列入粘單希圖聳聽旋行赴京呈控經步軍統領衙門

奏奉

諭旨將蔡厚吉遞解回粵行司飭委廣州府等確審並飭行提人卷解省審辦嗣據蔡厚吉以原控不實赴臬稟首屢審據蔡阿當等供認前情不諱臣等因恐尚有不實不盡復提原被人證反覆究詰據蔡阿當蔡阿從堅稱並無統衆搶擄

九

勒贖帮鬧傷人占田毀屋係被蔡厚吉挾嫌捏
控質之蔡厚吉亦稱蔡阿當委無搶擄行兇毀
占房産情事實因蔡重振等強欲割禾占田并
將伊伯蔡鳴蘭致斃事後遇兇捉拏被蔡阿當
與蔡亞能等攔阻脫逃心懷忿恨是以架詞混
控并因與未到之蔡阿為等向俱口角有嫌亦
即一并列入希圖拖累嗣恐審虚坐罪業經據
實赴案禀明不敢始終執誣并據僉稱兩造初
因一時起衅口角爭鬧銃斃一命並非預謀械
鬪捏報分辦嗣復另因押田起衅爭鬧蔡重振
等共毆致斃蔡鳴蘭即蔡頌雲一命並非有心
欲殺亦無另有在場助毆及同時受傷之人屢

十

鞫不移案無遁飾查例載因爭鬥擅將竹銃施
放殺人者以故殺論又律載故殺者斬監候又
同姓服盡親屬相毆至死以凡人論又名例條
款內載故殺人者如事發在逃二三年後被獲
即改為立決又例載共毆人傷皆致命當時身
死則以後下手重者當其重罪又律載共毆人
致死下手傷重者絞監候又刃傷人者杖八十
徒二年又蓦越赴京告重事不實發邊遠充軍
又名例律載事未發而自首者免其罪各等語
又道光三年奉准刑部咨嗣後廣東省審辦火
器殺人等案是否械鬥分辦有無頂兇隨案聲
明等因通行遵照在案此案蔡鳴蘭即蔡頌雲

十一

因與無服族人蔡興合口角爭鬧銃傷蔡興合殞命律以凡論自應照律問擬蔡鳴蘭即蔡頃雲合依因爭鬥擅將竹銃施放殺人者以故殺論故殺者斬監候律擬斬監候查該犯蔡鳴蘭於道光二十二年正月初十日將蔡興合銃傷斃命至二十四年六月以前尚在逃未獲照例已應改為立決葉已被毆身死應毋庸議蔡重振等共毆致傷無服族人蔡鳴蘭即蔡頃雲身死律以凡論查蔡鳴蘭先被蔡阿軒用鐵嘴禾槍致傷致命右脊膂不致命右後肋傷均輕微且受傷後尚能追毆追被蔡重振刀傷不致命右手大指及致命右乳即行倒地原驗右乳一

十二

傷深至透內骨損其為蔡重振後下手致死無疑應以蔡重振當其重罪雖蔡鳴蘭為銃斃蔡興合應抵正兇惟蔡重振非死者蔡興合有服親屬且係事後別因他故起衅爭毆斃命實與原案無涉其共毆餘人蔡阿軒雖於到官後在保病故惟所傷並非深重足以致死應將該犯仍照鬥殺擬抵亦應照律問擬蔡重振合依共毆人傷皆致命當時身死以後下手重者當其重罪共毆人致死下手傷重者絞監候律擬絞監候葉經病故亦毋庸議蔡阿軒幫同共毆用鐵嘴禾槍致傷蔡鳴蘭即蔡頃雲右脊膂右後肋查鐵嘴禾槍係有鋒刃之物應照刃傷問擬

蔡阿軒合依刃傷人者杖八十徒二年律擬杖八十徒二年亦經病故應毋庸議蔡阿當因蔡阿力將公共田畝按借錢文欠利不還輒與蔡重振等同赴該田欲行割禾自捶以致釀成人命雖未幫毆傷人惟在場爭鬧究有不合蔡阿當應請照不應重律擬杖八十折責三十板該犯等事犯雖在道光二十五年五月二十四日清刑
恩旨以前惟到官在後應不准其減免照律折責發落蔡厚吉捏情京控本應照例反坐已於未經集訊之前據實首明應請照律免罪蔡阿從訊無無聽從擄捉刦搶情事應與救阻不及之見証

十三

蔡阿記并訊無被擄勒贖之蔡端雲及並無在場求放之蔡阿興均毋庸議蔡重振等在監及提禁取保病故訊明禁保人等並無淩虐情弊應毋庸議蔡重振等押交蔡阿力等抵欠田畝飭令蔡厚吉等照價贖回以杜訟根筆觔之蔡阿力蔡阿杰飭拘獲日另結案經訊明未到無干人証請免提質以省拖累除備錄供招咨部暨步軍統領衙門外所有審明定擬緣由臣等謹合詞恭摺具
奏伏乞
皇上聖鑒敕部核覆施行謹
奏

十四

一件 奏守備拏獲鄰境盜犯請以都司升用

奏稿

道光 年 月 日奉

硃批

看過 對攢

道光二十九年十二月九日

奏

摺升

繕摺

奏為守備拏獲鄰境巨盜多名恭摺奏懇
天恩以應升之都司即行升用先換頂戴俾資激勸
仰祈
聖鑒事竊照清遠縣地方遼闊箐密山深盜匪易於
潛踪巡緝最為緊要查有三江協右營守備調

署清遠營右營守備羅璋自署任以來拏獲盜
匪多名解交地方官審辦除未經審結及已經
審結係本境應拏之犯不計外實計首先拏獲
鄰境人犯十六名內劉亞晚龍亞斗劉亞七陳
亞盛戈妙進陸汪青左亞藏陳亞古八名俱係
在廣寧縣屬聽從夥衆四十人以上行刦事主
江樑村家銀物入室搜贜擬以斬梟劉錦秀一
名係聽從夥衆四十人以上行刦翁源縣衙署
入室搜贜擬以斬梟伍亞滿柳觀養黃亞晚胡
亞晚黎亞二黃細妹六名均在廣西懷集縣屬
聽從夥衆九十四人行刦事主湯裔配等雜貨
店入室搜贜伍亞滿又另犯刦搶嚇詐共四次

均擬以斬決沈亞青一名亦係在廣西懷集縣屬聽從夥衆九十四人行刦事主湯喬配等雜貨店在外接贓擬以遣戍均經先後

奏結聲明獲犯職名查明照例辦理在案查以上各犯均係該守備羅璋首先拏獲該犯內雖有籍隸清遠縣者惟非該弁右營轄屬其各犯犯事地方均非該員管轄係屬拏獲鄰境人犯並非本境應拏該弁亦無承緝逃盜未獲之案據清遠營遊擊強其修以該守備緝捕勤奮請予鼓勵稟經提臣祥　咨會查照辦理即經飭司核議茲據藩臬兩司核明列冊詳請

奏獎前來查道光二十八年三月內奉准兵部咨千總以上官員迭獲鄰境大夥案犯並拏獲重案盜犯多名准督撫專摺保

奏又是年十一月內奉准兵部咨欽奉

上諭水師陸路將備拏獲鄰境斬梟斬決盜犯四名以上均准督撫會同提督奏明遇有應陞之缺即行陞用先換頂戴毋庸送部引見俟補缺時再行送部欽此先後咨行遵照今調署守備羅璋首先拏獲鄰境斬梟人犯九名斬決人犯六名擬遣人犯一名共有十六名之多較之拏獲斬梟斬決盜犯四名者已逾數倍且所獲各犯均係鄰境大夥巨盜尤屬勤奮出衆為武弁中不可多得之員相應循例

P.5

奏懇
天恩俯准將調署清遠營右營守備事三江協右營
守備羅璋以應升之都司即行陞用先換頂戴
俟補缺後再行送部引
見以示激勸臣等為整頓捕務鼓勵人才起見除將
獲犯案由罪名列冊咨部查核外謹會同署廣
東陸路提臣祥　合詞恭摺具
奏伏乞
皇上聖鑒敕部議覆施行謹
奏

F.O.682/391/4(21)

審明洋盜趙白蟻等定擬

奏

奏為拏獲在洋刦搶盜犯審明定擬恭摺具
奏仰祈
聖鑒事竊照新安等縣事主盛震春等先後在洋被
匪搶刦并被拒斃拒傷曾據各該縣營勘驗通
詳均經批飭嚴緝隨據各該縣營陸續拏獲盜犯

P2

犯趙白蟻即趙百零等十一名訊供通稟解省
據報案犯陳亞連帶病進香山縣監病故陳亞
七解至新安縣中途病故其趙白蟻等解經行
司飭委廣州府審辦茲據委員廣州府易棠審
明議擬聲明案犯江咱四帶病進監病故等情
由署臬司梁星源兩廣鹽運使惲光宸會同覆
審招解前來臣等督同司道親提各犯隔別研
訊緣現獲之趙白蟻即趙百零等籍隸香山等
縣陳大金花與陳亞七等黃志高即長頭立與
黃金富等均同姓不宗趙白蟻與素識未獲之
周亞欣官亞長各自置有漁船一隻向在香山
縣屬海面捕魚度日並未赴縣領照船內置有防

P3

夜器械趙白蟻雇現獲之陳大金花温湋淐未獲之江九鬍陳大隻勝表亞達表觀意黃矮仔江加受八人周亞欣雇未獲之劉成瀧不識姓火輪啤硼牙幅學佬保亞晚帶仔五人官亞長雇現獲之冼勝意黃金滀現獲病故之江咱四未獲之江猪奶陳唐仔曽東幅曽浮欣七人各在船內充當水手道光二十九年二月二十一日趙白蟻周亞欣兩船被風漂至新安縣屬赤柱洋面周亞欣與劉成瀧等走過趙白蟻船上探望彼此談及魚既不旺米飯不敷周亞欣起意商同在洋伺刦得贓分用劉成瀧等與趙白蟻等均各應允共夥十五人分駕周亞欣趙白

P4

蟻兩船於是月二十二日駛至新安縣屬九龍洋面適有雄贑埠商盛震春代臨全埠商李念德領運字一千六百九十七號旗程運大洲場塩五百包船名進永利裝載駛至該處周亞欣瞥見喝令將船攏近與劉成瀧等及趙白蟻等各持刀械過船搜刦事主水手李升等五人梟水逃走周亞欣逼令事主舵水陳幅等十二人入夥不從押禁艙底并將塩包旗程等物丟棄落水連船刦奪駕駛二十五日夜駛至新安縣屬急水門洋面適有佛蘭西夷人吧咍划艇駛至該處周亞欣瞥見喝令將船攏近泒黃矮仔江加受不識姓火輪啤硼牙幅學佬保亞晚帶

P.5

仔在本艇扳船接贜自與趙白蟻陳大金花温
浫渦江九嚮陳大隻勝袁亞達袁觀意劉成滏
各持刀械過船搜刦陳大金花用火藥罐擲傷
夷人吧咍平復二十八日周亞欣欲與趙白蟻
分夥隨將所刦贜物分别變賣俵分併將陳幅
等人船放回周亞欣即與劉成滏不識姓火輪
牌硼牙幅學佬保亞晚帶仔坐駕原船駛逸趙
白蟻起意商同陳大金花温浫渦江九嚮陳大
隻勝袁亞達袁觀意黃矮仔江加受坐駕原船
仍在各處洋面游奕伺刦陳大金花等均各允
從三月二十六日駛至新安縣屬不識土名洋
面趙白蟻因見船内人少又糾得在附近捕魚

P.6

現獲之曾來穩黃幅安黃志高現獲病故之陳
亞七陳亞連未獲之許老鼠仔入夥一共十五
人即於是日駛至新安縣屬長沙灣洋面適有
監生馬祥麟等碗船駛至該處趙白蟻瞥見喝
令將船攏近派黃幅安黃志高温浫渦陳亞七
陳亞連在本艇扳船接贜自與陳大金花江九
嚮陳大隻勝袁亞達袁觀意黃矮仔江加受曾
來穩許老鼠仔各持刀械過船搜刦併將土碗
丟棄落海因事主馬祥麟等並不在船逼令事
主夥伴楊亞四等水手張木安等入夥不從將
楊亞四等二人擄回原船押禁倉底將張木安
等五人押禁碗船倉底連船刦奪駕駛二十七

P.7

日駛至香山縣属九洲外洋適有事主黄德輝
油糖船駛至該處趙白蟻瞥見喝令將船攏近
派黄幅安黄志高温滭渦在本艇扳船接贓自
與陳大金花曾來穩陳亞七陳亞連江九嚮陳
大隻勝袁亞達袁觀意黄矮仔江加受許老鼠
仔各持銃械過船搜刦事主工伴黄普元等十
八人畏懼見水逃避事主黄德輝等向捕趙白
蟻用刀拒傷黄德輝脊背左黎王喜右眼胞石
亞牛頂心陳大金花抛擲火藥包燒傷黎生和
右手腕右膝蓋冼亞從左右脚腕左右脚面黄
亞進左右手腕左右脚腕左右脚踝曾來穩點
放竹銃致傷盧發謙左手腕陳亞七用鐵嘴搶

P.8

拒傷吳萬祥左腰眼鄭大勝左腰眼石亞牛右
手腕右手胐脷事主黄德輝等九人亦各見水
逃走趙白蟻等即將黄德輝船内銀錢貨物連
船一併刦奪黄德輝等九人泅水上岸黄普元
等十八人不知下落黄德輝等傷均平復四月
初一日夜各犯均在趙白蟻船上聚飲被押之
張木安等乘間將船駛逃初七日趙白蟻原船
及所刦黄德輝船隻駛至新安縣属担杆洋面
有夷人坐駕火輪船駛至捉拏趙白蟻等及被
押之楊亞四等二人均各見水逃走該夷人隨
將趙白蟻及黄德輝各船一併駛去是日曾來
穩陳亞七江九嚮許老鼠仔逃至新安縣属不

P.9

識土名洋面維時官亞長漁船亦因被風漂至
該處江九嚮等瞥見走上官亞長船內閑坐共
談貧苦江九嚮起意商同在洋搶刦得贓分用
曽來穩陳亞七許老鼠仔官亞長江猪奶陳唐
仔曽東幅曽浮欣均各允從冼勝意江咱四黃
金富不肯隨行江九嚮與官亞長等當以如不
允從定行殺害日後到官亦必供扳之言向其
恐嚇冼勝意等畏懼勉從共夥十二人坐駕官
亞長漁船於二十八日駛至新安縣屬沙井口
洋面適有姜麗階貨船駛至該處江九嚮瞥見
起意揑稱查私乘機搶奪當與曽來穩等商明
將船攏近逼脅冼勝意江咱四黃金富在本艇

P.10

扳船接贓自與曽來穩陳亞七許老鼠仔官亞
長江猪奶陳唐仔曽東幅曽浮欣各持刀械過
船揑稱船內載有私貨欲行盤查事主人等不
依爭鬧江九嚮等乘機將艙面所放銀錢貨物
搶奪遞交冼勝意等接收正欲回艇事主人等
赶出喊捕江九嚮用刀拒傷水手文亞盆右手
心左肩甲官亞長用刀拒傷搭客莫怡盛右手
心左肩甲曽來穩點放竹銃致傷舵工盧成幅
額顱均經平復一同回艇駛逃二十九日夜駛
至新安縣屬福永口洋面適有溫板欣貨船駛
至該處寄椗江九嚮瞥見起意行刦當與曽來
穩等商明將船攏近逼脅冼勝意江咱四黃金

P.11

滘在本艇扳船接赃自與曾来稔陳亞七許老
鼠仔官亞長江猪奶陳唐仔曾東幅曾浮欣各
持刀械過船搜刦江九嚮点放竹銃致傷水手
鄧受仔左手腕右前肋揢客馮九仔右太陽曾
来稔点放竹銃致傷事主溫板欣咽喉右血盆
官亞長用刀拒傷事主之弟溫板濰頂心鄧受
仔馮九仔溫板欣因傷身死溫板濰傷經平復
以上刦搶各赃均隨時變賣俵分等情屡審據
各供認前情不諱因曾来稔等搶奪事主姜麗
階貨船銀物一案恐有強刦狡供情事當提曾
来稔研訊據稱定係預謀搶奪臨時捏稱船内載
有私貨欲行盤查事主人等不依爭鬧即行行

P.12

乘机搶奪實非行刦如有行刦情事伊已另認刦
护多次何必諱飾等語質之洗勝意等供亦相
同嚴鞫不移案無遁飾查事主姜麗階原報係
稱被搶核與犯供符合其非行刦尚属可信至
各犯所供搶刦日期赃数及上盜情形悉與事
主稟報相符正盜無疑查例載江洋行刦大盜
照嚮馬強盜立斬梟示又洋盜案内如係被脅
上盜僅止接遞財物者改發新疆給官為兵為
奴各等語此案趙白蟻即趙百零聽從在洋行
刦二次起意在洋行刦二次内拒傷事主一次
陳大金花聽從在洋行刦四次内拒傷事主二
次曾来稔聽從在洋行刦三次内拒殺事主一

P.13

次拒傷事主一次又聽從持械搶奪拒傷事主一次温澕渴聽從在洋行刦四次黄幅安黄志高即長頭立聽從在洋行刦二次已故之陳亞七聽從在洋行刦三次內拒傷事主一次又聽從持械搶奪一次已故之陳亞連聽從在洋行刦二次自應照例問擬趙白蟻等均合依江洋行刦大盜照嚮馬強盜立斬梟示例擬斬立決梟示該犯等情罪重大未便稽誅臣等于審明後即恭請

王命飭委署按察使梁星源署督標中軍副將懷塔布將趙白蟻即趙百零陳大金花曾來穩温澕渴黄幅安黄志高即長頭立六名先行正法傳

P.14

首犯事地方懸竿示衆并飭新安香山等縣將已故之陳亞七陳亞連戮屍梟示以昭炯戒冼勝意黄金滿江咱四被脅在洋行刦在本艇扳船接贓一次被脅持械搶奪一次均合依洋盜案內如係被脅上盜僅止接遞財物者改發新疆給官兵為奴例改發新疆給官兵為奴江咱四業經病故應毋庸議冼勝意黄金滿先於左右面分刺強盜及外遣清漢各二字查盛震春等被刦被搶四案雖據趙白蟻等及曾來穩等供稱均係在逃之周亞欣及江九嚮起意為首惟犯係先後拏獲隔别研訊僉供如一應請先行決罪毋庸監候待質各犯父兄趙發潰等訊

P.15

不知情飭縣查傳照例發落各犯訊無另有犯
案窩夥與同居親屬知情分贜逃後亦無行兇
為匪及知情容留之人住處畸零向無牌保艇
係內河漁艇向不編給照竹銃係自己製造
火藥由爆竹內剝取已連器械一并丟棄買贜
之人據供不識姓名均無憑提訊查起各犯係
遭風出洋行刦守口弁兵無從查察事主黃德
輝等傷均平復陳亞七等在途在監病故解役
及禁卒人等訊無凌虐情弊均毋庸議刦搶各
贜除故犯勿征外餘於現犯名下照估追賠事
主工伴黃普元等如何下落飭縣分別打撈查
起該犯趙白蟻船隻及事主黃德輝被刦船隻

P.16 end

照會夷酋送回分別留營備用及給主認領逸
犯周亞欣等飭緝獲日另結各案應否開參與
失察竹銃職名飭縣查明照例辦理陳亞七係
在途病故陳亞連江咱四係帶病進監病故管
獄官均例無處分職名應請免開犯故圖結飭
取另送除備錄供招咨部外臣等謹會同恭摺
具
奏伏乞
皇上聖鑒敕部核覆施行謹
奏

1

P.1

F.O. 682/391/4(24)

一件
泊承陞陞署崖州協副將事

奏稿

硃批
道光　年　月　日奉到

看稿
對摺
道光二十年二月十八日具
奏
摺弁蔡遇讓賫
繕摺

奏為外海水師副將員缺緊要懇
恩俯准揀員陞署以重海疆恭摺具
奏仰祈
聖鑒事竊照廣東崖州協副將何芳於署瓊州鎮總
兵任內迎剿洋匪不力奏奉

2

P2

上諭交部議處茲准部咨將該員降二級調用其所
遺崖州協副將係外海水師題調之缺行令照
例於現任人員內題請調補等因臣查該協駐
劄崖州地方水土惡劣民黎雜處洋面寬延彈
壓稽查在在均關緊要非精明幹練能耐烟瘴
之員弗克勝任廣東省外海水師副將四員內
龍門協副將吳元猷陞署尚未引
見且籍隸本府大鵬協副將馬玉麟因才不勝任奏
奏
諭旨降為遊擊祇有陞署香山協副將葉常春一員
合例調補惟本任係屬繁要所轄澳門地方時
有夷務交涉事件現在操防緊要之際未便遠

二

易生手至外海水師叅將五員或陞署尚未引
見給劄或尚未實授或已陞副將亦均無合例題陞之
員查定例各省題調武職各缺如因員缺緊要
人地相需將不合例人員保奏應於摺內聲明
請
旨交部核覆恭候
欽定等語茲會同廣東水師提督臣洪　詳加揀
選查有陞署海門營叅將泊承陞年四十四歲
廣東惠州府陸豐縣人由行伍陞署今職道光
二十七年十二月初十日引
見奉
旨准其陞署經兵部給予陞署劄付於道光二十八
年三月初三日到任該員洋務諳習訓練嚴明
以之陞署崖州協副將實堪勝任惟籍隸本省
且陞署叅將尚未題請實授與例稍有未符但
人地實在相需例得專摺奏請查閱粵兩省歷
經以本省人員陞補副將奏奉
恩旨允准有案今崖州協副將缺合無仰懇
天恩俯念水師員缺緊要准以海門營叅將泊承陞
陞署俾海疆緝捕巡防藉資得力實於洋務有
裨如蒙
俞允該員引
見未滿三年毋庸給咨送部其所遺海門營叅將係
外海水師題補之缺俟部覆開缺時查明照例

辦理臣爲外海水師要缺需員起見謹會同廣
東水師提督臣洪　恭摺具
奏伏乞
皇上聖鑒敕部核覆施行謹
奏

一件請揀發叅將遊擊都司往粵西委用事

看稿
對摺

道光二十年二月十八日具

奏

摺弁

貲

奏稿

道光　年　月　日奉到

硃批

繕摺

奏為廣西武職委用乏員請揀發叅將遊擊都司
以資差遣恭摺具
奏仰祈
聖鑒事竊照定例各直省武職遇實在差委需員准
該省督撫奏請揀發副將叅將每項不得過二

員遊擊都司每項不得過四員等因久經遵照
在案臣查廣西省地處邊陲距京遙遠各營新
選人員到任有需時日即赴部引
見各員往返亦逾半年是以遇有事故出缺每致不
敷差委前於道光二十五年間經前督臣耆
奏請揀發叅將瑪隆阿訥蘇肯遊擊成安成保
都司惠興雙貴六員來粵差遣今已次第補缺缺
其因有喪服尚未補用之叅將瑪隆阿一員現
因追剿楚匪至湖南綏寧界內被戕是叅將遊
擊都司三項並無候補之員遇有缺出每至無
可委署即實任人員亦多委署別缺實屬乏員
差委合無仰懇

P3 end

聖恩敕部於候補候選人員內揀選陸路參將二員
遊擊二員都司二員發往廣西俾資委用實於
營伍有裨臣謹恭摺具
奏伏乞
皇上聖鑒謹
奏

P.1

一件 楊衛邦羅逢濤拏獲鄰境盜犯多名請以守備即補賞加都司銜 事

看稿

對摺

道光二十年三月廿九日具

奏稿

奏

摺弁 賫

道光 年 月 日奏到

硃批

繕摺

奏為水陸千總拏獲鄰境送刼巨盜多名、恭摺奏籲懇

天恩均以守備遇缺即補仍賞加都司銜先換頂戴、

以昭激勸仰祈

聖鑒事、竊照廣東附省之南海番禺順德等縣、地方

P.2

遼濶、水陸紛岐、時有搶刼案件、必須選派幹練員弁、隨時實力緝拏、方足以靖盜踪而收實效、當查有卸署水師提標後營守備之提標前營右哨千總候掣守備楊衛邦、及兩廣督標中營左哨千總羅逢濤二弁、緝捕素稱勤奮、隨飭楊衛邦、協同文武委員、在於南海順德二縣水路要隘地方、梭巡偵緝、并委羅逢濤、署理廣州協屬之陸路永靖營右哨千總、飭令認真查緝去後、茲查楊衛邦、自道光二十八年十二月委緝起、至二十九年五月底止、共獲盜匪八十二名、除協獲及未經審定不計外、實首先拏獲隣境盜犯二案、共二十五名、內斬梟人犯十一名、斬

P.3

決人犯十二名遣犯二名又羅逢濤自二十九年二月起至九月底止共獲盜匪一百餘名除未經審結及本境應拏不計外實首先拏獲鄰境首夥巨盜四十二名內斬梟盜首三名斬決盜首五名斬決夥盜七名擬遣夥盜二十七名均經分別審擬

奏結聲明獲犯職名查明照例辦理茲據該府協縣查明楊衛邦奉委緝捕並無地方之責羅逢濤所獲各犯雖有籍隸番禺縣及在番禺縣屬犯事者惟非該弁管轄均屬拏獲鄰境人犯並非本境應拏該二弁前歷各任及現署任內亦均無承緝逃盜未獲之案由藩臬二司核明列

P.4

冊詳請

奏獎前來查定例官員拏獲鄰境迭次起意行刦盜首一名并罪應斬梟斬決數至三名以上本任內並無承緝逃盜未獲之案准送部引見又道光二十八年三月內准兵部咨千總以上官員迭獲鄰境大夥案犯並拏獲重案盜犯多名准督撫專摺保

奏又是年十一月內准兵部咨欽奉

上諭水師陸路將備拏獲鄰境斬梟斬決盜犯四名以上均准督撫會同提督奏明遇有應陞之缺即行陞用先換頂戴毋庸送部引見俟補缺時再行送部欽此又新會營右營把總鄧勳捐陞守備尚

P.5

未補缺拏獲鄰境斬絞遣軍盜犯二十九名又
新會營左營把總委署廣州協左營千總尹達
章拏獲鄰境斬遣盜犯三十七名經臣等於二十
九年先後奏奉
諭旨鄧勳准以廣東水師營守備遇缺即補仍賞加
都司銜先換頂戴尹達章免補千總本班以廣
東內河水師營守備遇缺即補先換頂戴各在
案今候掣守備楊衛邦先於水師提標前營右
哨千總任內預保引
見道光二十五年六月內奉
旨補授湖北宜昌鎮標後營守備緣先丁母艱將缺
扣除仍留千總本任俟服滿再行升轉迨服闋

P.6

調署順德協左營左哨千總及署理水師提標
後營守備卸事旋即委令緝捕於數月內首先
拏獲鄰境斬梟人犯十一名斬決人犯十二名
遣犯二名又千總羅逢濤署任未久首先拏獲
鄰境斬梟盜首三名斬決盜首五名斬決夥盜
七名擬遣夥盜二十七名核與定例拏獲斬梟
斬決盜犯四名即准奏明升用先換頂戴者為
數已逾數倍即較之鄧勳尹達章獲犯名數亦
屬更多且查該二弁所獲多係大夥迭次起意
行刦及拒殺事主著名巨盜實屬勤奮出衆為
武弁中不可多得之員臣等於備弁中之緝捕
懈弛分別降革勒休者兩年之中已過五十餘

P.1

員懲過固應加嚴賞功亦宜破格庶備弁咸知
觀感捕務益見奮興查千總楊衛邦曾升守備
因丁憂扣除現係候補守備熟悉廣東內河水
師情形羅逢濤係兩廣督標中營左哨千總
子年六月十一日服滿該弁
捕極為勇幹所獲犯數較多該弁現有父喪扣
至壬子年六月十一日服滿相應循例奏懇
天恩俯准將應升守備之水師提標前營右哨千總
楊衛邦留於廣東遇有內河水師營守備缺出
毋論推題儘先補用並准將千總羅逢濤俟服
闋後以廣東陸路守備遇缺即補均賞加都司
銜先換頂戴仍俟補缺後再行送部引
見以昭激勸臣等為整頓水陸捕務鼓勵人材起見

四

現在省行丁憂扣至壬

P.8 end

除將獲犯案由罪名列冊咨部查核外謹會同
廣東水師提臣洪　陸路提臣祥　合詞恭
摺具
奏伏乞
皇上聖鑒訓示謹
奏

九

具奏葉常春堪勝水師總兵

p.1　F.O 682/391/4(26)

三十年二月廿九日拜

奏

奏為遵

旨遴選堪勝水師總兵之員恭摺仰祈

聖鑒事竊准兵部咨開道光三十年二月二十日內

閣奉

上諭現在記名應用水師總兵人員業經用竣著兩

p.2

江閩浙兩廣總督各於水師副將內即行遴選堪

勝總兵者保奏數員送部引見候朕記名以備簡

用該督等統轄全省營伍當此整頓洋務之際需

材孔亟其水師將領果有涉歷風濤熟諳沙線者

必應保奏用備干城之選不得以無員可保一奏

塞責至所保各員即著迅速送部引見毋稍稽遲

欽此臣遵查廣東外海內河水師副將共五缺除

大鵬協副將尚未揀補有人崖州協副將甫經

奏請以洎承陞升署尚未奉到

諭旨外其龍門協副將吳元猷小有才具尚須歷練

順德協副將通安樸誠勇幹頗為可靠惟係由

陸路叅將升署內河水師素未涉歷外海風濤

P.3 end

不敢率行保奏惟查有香山協副將葉長春廣
東羅定州人年五十九歲由行伍洊升今職該
員明白體面曉暢水師堪勝專閫惟於二十九
年七月始接升署劄付歷俸尚未期滿與例稍
有未符可否
俯准保奏恭候
諭旨遵行如蒙
俞允再行出具切實考語給咨送部引
見所有遴選保奏緣由臣謹恭摺具
奏伏祈
皇上聖鑒謹
奏

P.1

旨

奏為遵
旨覆奏仰祈
聖鑒事竊臣等承准軍機大臣字寄道光三十年四
月初四日奉
上諭內閣侍讀學士董瀛山奏弭盜詰奸一摺據稱

P.2

邪教盜賊在在皆有而避藏之巧蔓延之多惟交
界處所為最歷舉從前查辦教匪會匪各案以漏
網餘匪支流蔓行近又結黨成羣如江蘇盛行嘓
俸名目而淮安一帶尤甚直隸盛行在裏名目而
天津靜海等處尤甚在官人役亦多習教之人妄
言禍福煽惑鄉愚於世道人心大有關係又如直
隸滄州一帶回匪往往與山東滕縣嶧縣蘭山縣
等處教犯以盜賊為生業竟至父子習傳師徒授
受近來廣西貴州均有大夥劫搶拒捕之案直隸
山東均有劫奪公車齎本摺差之案疊經降旨嚴
飭密拏而地方文武視若具文已可概見其直隸
之與山東河南之與直隸山西安徽湖北陝西之

P.3

與湖北四川江西之與廣東湖南之與廣西各水
陸交界之區盜賊公行此拏彼竄地方官吏每以
界址轇轕巧為推諉之門行旅商民因人地生疎
苦無控訴之路固由處分例案不嚴該管官得以
取巧規避遂置緝捕於不問而各督撫養尊處優
縱有嚴參勒緝之文並無埽除盜藪肅清地面之
實效著各直省督撫順天府府尹等於各教會名
目嚴密察訪將各匪犯餘黨遺孽掩捕淨盡從重
懲辦以彰國法而正人心並隨時嚴飭各道府督
率該管州縣會同營汛員弁於交界處所加意偵
緝兩地均任責成嚴查兵役賄縱包庇使匪徒無
託足之所鄰境盜犯認真堵截拏捦不得稍分畛

P.4

域庶盜風戢而民生安矣原摺著鈔給閱看該侍
讀學士所請嚴定交界協緝章程斟酌允當不致
兩歧之處著吏部妥議具奏將此各諭令知之欽
此竊查各州縣界址轇轕犬牙相錯遇有搶劫
案件事主人地生疎從何辨其為何處管轄但
據何州縣較近即赴何處報案此情理之常地
方官一聞稟報自應一面勘驗一面緝賊破案
之後勘明係何處管轄再歸何處詳報方為正
辦若待辨明界址而後出差追捕時異事遷賊
匪早已遠颺矣臣等深知州縣借界址為推諉
最為惡習早經嚴札通飭力挽頹風並曉以如
拏獲鄰境賊盜尚可仰邀議敘該牧令亦何憚

而不為即如二十八年拏獲之林佗背有歐陽海棠等皆籍隸廣東出沒於湖南郴州一帶二十九年拏獲之鍾乙仕易老五等皆籍隸江西贛州常在廣東韶州一帶滋擾又陳教化屈尾賴等皆籍隸廣東韶州常在江西贛州一帶滋擾均經訊辦咨部有案〔旁改：分別奏〕三十年拏獲之徐壬香

劉濆幅等係湖南新寧逆匪影黨劉炳義歐亞錦等係行劫湖南桂陽縣石灣村不知姓名事主要犯均經移解湖南歸併審辦〔旁加：各〕在案不辦明〔旁改：是該地方官隨時懲辦〕〔旁加：尚不敢視為具文〕謹至於教匪會匪呼朋引類左道惑人本為法所〔旁加：不容〕必究查二十七八兩年拏獲江西齋匪董言台湖南齋匪蔣萬成文在茲及廣東之華必成洸迎照等俱經照例懲辦惟鄉愚無知易於煽惑有甘心為匪聽其指使者亦有本不為匪畏其擾害暫從免禍者全在地方官訪察明確嚴拏真匪解悟顓蒙方可得要〔旁加：領〕而免瓜蔓也總之

臣等受

恩深重職任封圻弭盜詰奸責無旁貸惟有恪遵

訓誨嚴飭縣營振刷精神遇有盜劫之案鄰封本境各任責成不得稍分畛域訪有教會各匪明察暗詗務得渠魁不得任其滋蔓斷不敢養尊處優〔旁改：稍耽安逸〕自外

生成所有查辦緣由臣等謹合詞恭摺覆

奏伏祈

皇上聖鑒謹
奏

再查教匪會匪他省情形臣等未悉其詳而廣
東廣西則數年以來悉心採訪尚能知其情偽
該匪祖孫習傳師徒授受雖遇案懲辦而由來
既久根蒂過深梗頑不化竟若性成惟莠民妄
言禍福煽惑鄉愚成羣結黨玩法營私誠為罪
不容誅至良懦之民則無能畏事或薄田自種
或微資營生既慮其尋衅滋擾復恐其犯案仇
扳名為入會實以免禍是匪則未有不會者而
會則儘有不匪者若持之過急真匪譸張為幻
多術藏身而良懦者則蠢然無知每易弋獲不
但激而生變且恐多所株連似未便輕率查辦
漫無區分也臣等既確有見聞不敢稍涉欺飾

P.9

理合附片密陳伏祈

聖鑒謹

奏

會奏洋盜悉除前後籌辦情形

辛 四 十二

奏為恭報搜捕洋匪悉數掃除海道肅清先將前
後籌辦實在情形縷晰陳明仰祈
聖鑒事竊以廣東洋匪跳梁海上節經嚴飭沿海各
縣營一律防堵並添雇民船協同師船迭次剿
捕擊斃四百餘名生擒二百零六名曾於道光

二十九年八月十一月兩次
奏報在案伏查二十九年西海洋面有新安歸善
陽江三股匪徒聯幫滋擾先在廣海寨焚燬師
船旋至瓊洋海口打單護瓊州鎮崖州協副將
何芳迎剿失利業經分别參辦維時賊匪登岸
窺城頗形猖獗賴有署守備黃開廣督飭兵勇
三戰三捷擊斃賊匪二百八十餘名大挫其鋒
較為斂戢惟洋匪忽聚忽散非比陸路可以圍捕
兜擒旋有六品頂帶李佐藩謝輝德等具稟該
匪本皆蛋民迫於飢寒始特鼠竊狗偷繼則成
羣結黨自知身犯重罪欲為良民而不可得素
諗有與該匪熟識之人若奉諭招安貸其一死

必可投誠臣等竊思大洋遼闊四通八達東奔西竄頗難聚而殲旃正可藉此機會設法離間令其互相猜忌以毒攻毒剿撫兼施庶免勞師糜餉當即取具保結發給印諭令往試辦且聞張開平等因夥黨愈聚愈多難以駕馭其欲投首乞命本非一日惟恐該紳等所禀未盡可靠復委因公在省之廉州府知府張百揆署水師提標中軍參將韓進忠帶同六品頂帶之梁兆榮馳往電白一則確探賊情是否屬實再則監察該紳有無私意查三股匪徒新安張開平為首歸善張胡亞光潰為首陽江張揚保為首內惟張開平為最強遂飭梁兆榮於六月中旬馳抵壇州鋪前大洋面諭該匪屢次抗官拒捕罪不容誅空言投誠斷難邀准其夥黨如有不就撫者必須擊殺捦獻立功自贖方見投誠之真時則三股匪徒俱願來歸惟有黃白豆一幫非其同夥出沒於廉洋北海一帶抗不受撫張開平等即移舟往剿擊沉其船十餘隻殲斃無數生捦數十名並砲械等件於七月初旬解往電白交官點驗廉州府知府張百揆等親登匪船嚴切開導該匪俱環跪乞恩俯首認罪定期率衆來省呈繳船礮聽候安插詎有李佐藩謝輝德潛行煽惑各匪告以此番投誠必可得厚重賞意欲藉此挾制在外斂錢既可漁利兼可邀功以

至各匪黨頓生覬覦張開平亦不能主持垂成之局一言挑翻該委員等見勢已中變遂管帶該紳來省發府押禁正在偵探間忽有唤夷因前在福建曾被廣東洋匪劫其貨船現恐仍復受害截其回省之路七月二十二日在放雞外洋彼此攻擊互有殺傷二十四日水師提標在零丁洋面拏獲匪船二隻匪犯三十餘名二十五日該匪又在蓮頭外洋與唤夷見仗一次張開平等為其所敗二十七日又遭颶風覆其十餘船溺斃者數百名張開平張揚保遂逃往西南外洋暫避夷鋒惟歸善一股與該匪等分幫獨自駛往中東洋面意欲竄往閩浙八月初旬在

墩頭平海營各海口打單被署惠州協守備孫銳銛署歸善縣知縣沈耿鈴礮沉其船三隻焚燬一隻擊斃一百八十餘名生擒三十餘名復至汕尾洋面又為碣石鎮總兵曾逢年列舟邀截不能前往折回西竄適遇唤夷護貨兵船施放火箭大礮將尾幫盜船焚燬無存其陽江新會合浦吳川各營縣拏獲零星餘匪或十餘名或數十名不等並殲斃一百三十餘名此二十九年三月至八月剿撫之實在情形也唤夷自殲除歸善尾幫以後頗悵高興復發兵船往尋新安陽江兩幫遇於西南外洋經張開平等誘至淺水舟膠於沙拋擲火罐燒斃夷兵二百餘

名該夷大敗恐為中國所笑遂將損壞之船駛往呂宋埠修整其兵總逃回香港旋即因傷身死張開平等既悔為劣紳所愚又與啖夷結仇過深更不敢還行來省復瀝情具稟為人所誤情詞頗為懇切並寄信梁兆榮現泊安南洋面約其前來率同到瓊州呈繳船礮潛身赴省免為該夷所算遂遣梁兆榮前往招致九月初四日甫抵安南花封洋面與張開平等相見正擬開船赴瓊不料啖夷懷仇報復管駕火船跟蹤往尋初五日與安南合力夾攻焚燒匪船多隻擊斃溺斃者難以數計梁兆榮船隻亦幾遭不測幸張開平等掖之跳上小船冒烟突火而走

其逃出各匪船又於初七日與黃開廣統帶巡洋各師船相持被該員擊斃五百餘名生擒一百餘名起獲大小礮一百餘位救出被脅難民八十餘名解至瓊州分別究釋臣等查賊勢窮蹙亟應乘此聲威掃除餘孽因廉州府知府張百揆彼時委護南韶連道篆改委候補知府史樸署水師提標中軍參將蘇進忠挑選得力戰船兩號並帶米艇五隻於十一月駛往瓊洋會同瓊州鎮總兵黃慶元逐處搜捕該員等未到之前數日已據梁兆榮率同張揚保夥黨四百五十人船十一隻大小鐵礮八十一位礮子八千二百斤火藥一千六十餘斤各項器械六百

四十餘件到瓊呈繳投出良民一百八十名內有擄劫民船六隻訊明給主認領餘船五隻分別留營變價充賞張開平亦聞風踵至同其夥黨五百二十人船十二隻大小銅鐵礮五十二位礮子二百四十箇火藥二千斤各項器械二百零九件列單呈繳投出被擄商民一百餘名除將所擄民船三隻訊明給主認領外餘船九隻分別留營變價充賞又據黃開茂一幫率其夥黨四百六十五人船十三隻大小銅鐵礮三十六位礮子二百七十九箇火藥二百一十七斤各項器械四百八十七件到陽江呈繳其船隻皆係擄自商民訊明給主認領陽江縣知縣

童光晉六品頂帶梁兆榮押帶各頭目先後抵省臣等示以恩威曉以利害無不叩頭涕泣悔悟出於至誠惟黃白豆一幫遠竄安南夷洋狗頭山一帶正擬整旅往捕忽於本年二月初二日潛回合浦縣內洋經委員及瓊州鎮道偵探明確韓進忠即會同署崖州協副將吳元猷降補遊擊何芳護海口營叅將黃開廣星夜督帶師船多隻初五日馳抵該處瞭見黃白豆幫船十八隻俱泊石頭埠港內即督令各船堵截港口以免竄逸詎該匪頑抗如故竟欲聯幫沖出師船開礮攻擊擊沉匪船三隻焚燬四隻拏獲十一隻無一漏脫砍斃賊匪六十八名生擒一

百一十九名受傷溺斃者一百餘名救出擄
禁難民二十七名共獲大小礮五十三位祇有
盜首黄白豆逃匿無蹤當訊生擒各賊狗頭山
是否仍有餘黨據稱尚有單眼李一小幫非其
同夥韓進忠何芳遂管押所獲賊匪盜械先回
瓊州吳元猷黄開廣以得勝之師駛往狗頭山
尋遇單眼李該匪一見即叩首乞命於三月十
六日率其夥黨九十九名船五隻大小礮二十
六位火藥三百二十斤礮子八百十二箇各項
器械一百一十五件到瓊呈繳各匪俱已淨盡
惟盜首黄白豆尚未就擒難保不糾合醜類餘
燼復燃節經臣等飛飭嚴拏務獲昨據委員及
瓊州鎮道稟稱三月二十三日據龍門協記名
把總馬中駿飛稟在公館墟設法拏獲黄白豆
並其夥黨黄亞德洋氛盡掃羣盜胥平此二十
九年九月至本年三月剿撫之實在情形也現
詢之來往海船僉稱二千餘里洋面一律肅清
市舶不驚商漁樂業無不歡欣鼓舞感頌
皇仁堪以仰慰
聖懷臣等竊查沿海蛋民捕魚為業以海為田以船
為家别無恒產偶值魚汛不旺即思乘機搶掠
誠難保其必無現仍嚴飭沿海水師慎密巡察
不得以積匪已清稍涉鬆懈新造拖風船隻將
次竣工分撥一提四鎮聯絡梭巡繼有新出之

匪當亦不難捕除所有受傷將弁及受傷致斃
各兵丁查明造冊咨部照例辦理其始終出力
文武可否酌保數員出自
皇上逾格鴻慈恭候
命下施行除俟瓊州解到續獲各匪及煽惑漁利之
該紳等再行確訊分別定擬另
奏並彙同全案供招咨部備核外合將剿撫洋匪
始末緣由據實縷陳伏祈
皇上聖鑒訓示謹
奏

片 奏洋盜投首妥為安插各緣由

三十年四月二十二日拜

二

P.1　F.O.682/112/3 (28)

P.2

再查盜犯聞拏投首例得減等問擬張開平等堅志投誠先將黃白豆一幫擊破船隻殲斃多名又復率衆來歸並將船礮火藥全行繳出較之僅止投首者更有可原且查廣東自前數年夷氛未靖漁艇蛋户往往失業為匪若概予誅戮轉恐脫身無計聚集益多況本案盜匪當時殲斃淹斃者不下一千三百餘名前後共生擒四百餘名內應正法者約計一百餘名似此嚴加懲辦已足彰
國法而儆兇頑其隨同投誠之夥黨多係脅從今既悔罪來歸似應貸其一死分別交地方官妥為安插嚴加管束惟遣散回籍之時或孑然一

三

身或家口眾多不能養贍誠恐日久衣食無資
復出為匪亦須為之稍籌生計以固其向化之
心臣等再四籌議所有呈繳船隻內損壞窄小
不能配兵出洋者久存亦屬無益即飭挑出變
價按其人之老少多寡酌量分別給賞俾令回
籍後可以各圖營趁漸謀生理庶知所感畏不
致復流為匪惟張開平張揚保阮尊周興陳帶
喜黃琴勝劉來嬌黃開茂黃開盛劉亞得黃亞
容十一名究係頭目若遽遣令回籍未免漫無
稽查餘制臣等公同商酌似不如分別撥歸營
伍籍資約束仍責以捕盜立功如果奮勉出力
再當量加策勵俾知自新有路不敢故智復萌

口

溯查嘉慶十五年洋匪張保仔等投誠及道光
二十三年洋匪梁亞喬等投誠經前督撫臣均
經
奏明辦理有案竊思廣東現在情形與曩昔尤不
相同昔猶專辦內匪今則兼防外夷外夷與內
匪為仇更可斷其通逃之路免生勾結之私臣
等一載以來通計熟思所以剿撫兼施者原為
法立知恩內格頑梗外壯聲威也且聞唉夷因
匪黨甚多何以未見安插蹤跡時常探聽頗滋
疑懼正可示以不測是以未便敘入正摺此片
請免發抄以昭慎密臣等愚昧之見是否有當
恭候

p.5 end

訓示遵行理合附片陳明伏祈
聖鑒謹
奏

要 奏部選肇羅道張敷在江西途次告病

二十年四月二十二日拜

奏

奏為遵

旨覆奏仰祈

聖鑒事竊臣等前准軍機大臣字寄道光二十九年

五月初七日奉

上諭部選廣東肇羅道張敷朕前於召見時察其才具平

庸難勝道員之任著徐　葉　於該員到省後

留心察看據實具奏毋稍瞻徇將此諭令知之欽此

查部選肇羅道張敷於道光二十九年三月初旬引

見計期早應來粵因久未見到經臣等於二十九年十

月咨查該員山東原籍因何逗遛尚未據咨覆

現准江西撫臣費　咨開該肇羅道張敷行

至江西告病稟請開缺回籍調理業經恭疏

題報在案該員並未到粵臣等無從察看惟思領

憑赴任例有定限今竟遲延將及一載始在中

途告病是其惰玩因循已可概見溯查肇羅道

一缺因道光二十八年三月已奉

旨以張錫霖補授是以臣等暫令肇慶府知府蔡振武

兼護嗣奉

諭旨察看因該道張錫霖身體孱弱經臣等奏請送部（於是年十二月）

引

見始以張敫選授今該員又在中途告病計已懸缺兩

年有餘既由江西撫臣費

題報到部自已銓選有人伏祈

飭下部臣傳知新選之員迅速來粵（毋再稽延）到任以重職守

臣等謹合詞恭摺覆

奏伏祈

皇上聖鑒訓示謹

奏

P.1　F.O.682/391/4(29)

一件　融懷營叅將缺請以馬芳春陞補事

奏稿

道光　年　月　日奉到

硃批

看稿

對摺

道光三十年四月二十三日具

奏

摺弁　賫

繕摺

奏為遴員升署邊疆要缺叅將恭摺仰祈
聖鑒事竊准兵部咨廣西融懷營叅將係題調之缺
應令揀選題調等因臣查融懷營叅將駐劄柳
州府屬懷遠縣界連黔楚係邊疆要缺必須精
明強幹緝捕勤能而且熟悉邊情之員方克勝

P.2

任臣與廣西提督臣閔　在於粵西內地叅
將內詳加揀選或現居要缺或已經准升副將
及題補叅將未准部覆均無合例堪以調補之
員即合例應升遊擊亦祇有桂林營遊擊吉祥
提標後營遊擊朱應魁二員該員等於此缺人
地不甚相宜未便率擬請補惟查有升署隆林
營遊擊馬芳春年六十歲雲南臨安府寧州人
由武進士補放藍翎侍衛歷升廣西上思營都
司經前督臣耆
題請升補今職道光二十八年三月內奉部覆准
行令給咨赴京引
見因西省緝捕緊要經臣咨請暫緩給咨迨展限屆

p.3

滿又因該員派往左右兩江一帶總巡維時有
橫州盜匪竄入廣東欽州地方拒捕傷斃官兵
之案捕務甚為喫緊復經臣奏請再為加展並
請先開底缺給與署劄俟捕務稍暇再行給咨
引
見奉
旨允准並准兵部給與升署劄付據報於二十九年十二
月內接劄該員精力強健訓練嚴明拏獲土司
被劫各案盜犯出力蒙
恩賞戴花翎以之升署融懷營參將洵於邊疆要缺有
裨該員准補遊擊已逾兩載其未經引
見係因捕務緊要奏留督緝與甫升遊擊未經歷俸

p.4

者不同雖與定例稍有未符但人地實在相需
例得專摺具
奏合無仰懇
皇上天恩俯念邊缺緊要准以馬芳春升署融懷營
參將仍俟歷俸扣滿年限另請實授如蒙
俞允俟部覆到日併案給咨送部引
見臣為要缺擇人起見謹會同廣西提督臣閔
合詞恭摺具
奏伏乞
皇上聖鑒敕部核議施行謹
奏

P.5 end

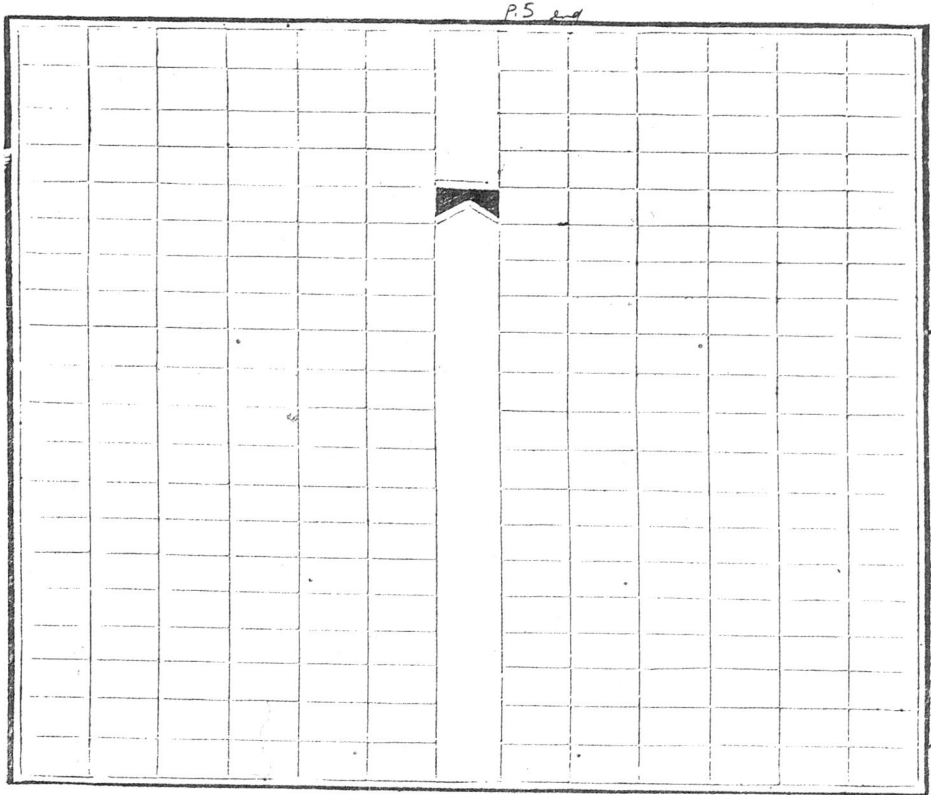

P.1

再查前准兵部咨開欽奉
上諭飭令登州鎮標前營水師遊擊韓進忠速即赴任
等因臣等以該員韓進忠係廣東大鵬協中軍
都司現署水師提標中軍參將先經委赴西海
洋面一帶搜捕餘匪正當吃緊之際未便更易
生手請俟該員搜捕事竣即行飭令速赴新任
於道光二十九年十一月十五日附片奏
聞奉
御批覽欽此現查廣東西海一帶餘匪肅清應飭該員
韓進忠赶緊交代清楚即赴登州鎮標遊擊新
任以重海防謹附片陳明伏祈
聖鑒謹

三十年四月廿二日奉

P.2

奏

軍機大臣 字寄
兩廣總督徐 廣東巡撫葉 道光三十年四
月二十四日奉
上諭現在廣西堵剿楚匪所需兵餉必應寬為儲備
著徐廣縉葉名琛於廣東庫貯各款無論何項迅
即籌撥銀十萬兩派委妥員星速解赴廣西以濟
要需並著嚴飭沿途文武小心護送將此諭令知
之欽此遵
旨寄信前來

P.1

一件 審明先後拏獲洋匪及漁利之紳士分別定擬

奏稿

奏為審明先後拏獲洋匪及煽惑漁利之紳士分
別定擬恭摺仰祈
聖鑒事竊查廣東西海洋面匪船聯帮滋擾當經嚴
飭文武員弁實力勦捕並將迎勦失利之護瓊
州鎮總兵何芳防堵不力之署海口營叅將陳

P.2

魁倫稟報不實之廣海寨遊擊鄺勉分別叅辦
續據洋匪張開平等呈繳砲船率衆投首業經
妥為安插并將接捕洋匪悉數掃除先後籌辦
情形具
奏在案查各員弁陸續拏獲洋匪四百餘名先後
解省並將煽惑匪徒邀功漁利之李佐藩等二
名一併行司飭發廣州府審辦茲據廣州府知
府易棠會督各委員隨時逐一提訊隨將訊明
無辜各名分別遞籍及在省保釋外審明匪犯
共三百九十五名並聲明胡亞潰等各犯取供
後先後病故等情由臬司祁宿藻覆審解勘前
來臣等督同司道親提研訊緣黃白豆等籍隸

廣肇高廉各府屬州縣與現獲病故之胡亞潰
及自行牽眾繳械投誠之張開平張揚保各置
漁船一隻携帶防夜砲械出海捕魚並未赴縣
領照道光二十九年二月初十日胡亞潰張開
平張揚保三船先後被風飄至不識縣分土名
洋面灣泊彼此會遇談及魚帆不旺難以獲利
胡亞潰起意商允張開平張揚保聯帮糾夥在
洋打单嚇詐如不遂慾即行搶刦共分三帮歸
善帮係胡亞潰為首新安帮係張開平為首陽
江帮係張揚保為首各糾聚夥黨多寡不等分
駕船隻在洋探伺所糾各夥內有已被官兵夷
人擊殺及在洋遭風溺斃並經張開平等牽領

投誠者其現獲之鄭昌大王亞幅莊亞穩陳亞
敬梁亞勝羅亞四吳亞勝溫亞添文亞喜何亞
全陳就勝黃亞侵現獲病故之王亞二莫蒙香
及現獲病故之水手馬色夏濟才王觀長王亞
同林亞五龍亞重均係張開平所邀現獲之龔
可稱色亞相卓亞新周亞才李亞三萬亞八黃
廖幅現獲病故之陳李生黃亞往及現獲之水
手黃永進周北勝均係張揚保所邀現獲之王
亞英鄧亞安陳亞待李亞幅梁亞有梁亞喜邱
九隴即九隴受現獲病故之李亞得何博步胡
秀之陳玉成胡亞幅及現獲病故之水手麥全
幅王長麥亞彩鄭起付均係胡亞潰所邀各赴

P.5

瓊州陽江一帶洋面向過往客船并海邊居民蛋戶打单嚇詐不記日期贓數次數現獲之黃白豆亦糾得現獲之鄭有蔥葉十一張亞居陳亞長李開泰老亞葉林成就及現獲之水手顏維熊曹亞勝現獲病故之郭亞五并撃斃溺斃各匪另行分駕船隻打单嚇詐搶刦與胡亞潰

等及另帮夥首之单眼李黃開茂均不同夥三月初一日張開平等船隻駛至廣海寨沙堤海面適署廣海寨遊撃鄺勉率領營弁駕船緝捕外委盧焕章等先在海邊熚洗船隻被張開平等拋擲火罐将船焚燒各弁兵凫水登岸惟朱振元及兵丁陳先宗等迯匿不知下落張開平等隨

P.6

各將船駕駛出洋胡亞潰隨添糾得現獲病故之張亞先即周亞先黃開運張亞富葉亞幅林安勝撃斃之周亞有陳亞發七人下船并擄捉現獲之伍亞保李帶性逼脅入夥胡亞潰起意同現獲之龔可稱包亞相卓亞新周亞才李亞三萬亞八黃廖幅黃永進周北勝現獲病故之

陳李生黃亞往連張亞先等一共二十一人於二十九年四月二十一日在新寧縣屬銅鼓洋面行刦事主寗林船內烟葉錢物逼脅伍亞保李帶性在本艇接贓胡亞潰與龔可稱等張亞先等均過船搜贓四月二十六日早張開平張揚保船隻駛至瓊州白沙港境內署瓊州鎮總

P.7

兵何芳先聞盜匪在洋滋擾督帶兵船出洋剿
捕札飭署海口營叅將陳魁倫帶兵堵緝何芳
在洋剿匪失利陳魁倫因船隻燂洗擱淺不能
出港幇敵被張開平等船隻駛近港口抛擲火
罐將陳魁倫管駕船隻燒燬各盜因恃夥黨衆
多遂三次登岸窺伺經署守備黃開廣督飭兵
勇三次擊敗共斃賊匪二百八十餘人張開平
等畏懼不敢逼近海口仍在海面出沒胡亞潰
船隻旋亦駛至與張開平張揚保會遇因夥黨
多被擊殺隨復起意商同擄捉沿海居民漁戶
逼脅入夥分赴各處洋面行刦張開平一幇擄
捉得現獲之江亞瑞楊亞昌譚亞偉鍾冲實陳

七

P.8

汝興鄧亞喜陳亞受張亞有徐來興羅亞三麥
亞罄陳成秋陳亞安羅三仔游亞受項亞瑤林
亞咸林潤勝馮洸有黃亞長梁亞勝夏亞興溫
亞保李亞五江首汶現獲病故之沈亞有李亞
法梁亞松陳亞祥逼脅入夥又擄捉現獲之陳
亞二吳禮成馮亞行何亞得杜添應陳亞威吳
三林亞七吳亞四梁亞酉楊亞七王亞德何亞
滏王亞得陳亞仰李亞狗伍亞舉伍亞糠馮亞
禾黃得潰李亞辰關亞創現獲病故之吳喜全
鍾亞白徐亞葵鄧亞四陳二劉亞海逼脅入夥
不從押令在船服役嗣闞亞創乘間逃回經伊
母赴縣代首張開平又陸續糾得投首之五百

八

P.9

餘人入夥張揚保一帮擄捉得現獲之梁亞升
梁寶平梁、洪芳賴亞育徐亞甲梁有金蔡亞養
劉幗懷林亞濆張亞被陳亞泥黃亞生吳亞三
凌亞付陳亞得陳亞晚謝亞汪郭亞帶黃亞閏
蕭亞興何大剛賴永和張亞尾陳勝陳亞興黃
亞傑吳亞錦鄭玉傑郭金喜陳亞四張亞帶梁
亞幅朱亞寬張亞來林亞黑陳應海劉觀保梁
亞即何亞二容亞尾逼脅入夥又擄捉現獲之
麥亞倉麥亞六鄧亞幅陳煥新曾亞四黃勝保
黃亞九譚遂吳六周亞成李亞美陳世太鄭得
才即鄭亞勝吳亞興蔡亞車郭良玉黃亞良蔡
亞吉黃允祥鍾亞在鍾亦因李亞九黃亞掌凌

九

P.10

廣義樊亞帶黃亞幗李亞有林亞罄譚冒來凌
亞二現獲病故之黃亞二杜明振李亞太陳亞
總嚴亞養蘇亞滐洗連太吳有利黃潮結吳亞
幅閼亞蘇黃千井鄭亞四譚渴來蘇亞三龐寶
太王寶昭伍亞帶蘇亞深蘇亞星陳亞生黃亞
帶九隴滿梁二馮三李三林道和逼脅入夥不
從押令在船服役張揚保又陸續糾得投誠之
四百餘人入夥胡亞潰一帮擄捉得現獲之梁
亞添陳亞發伍亞明趙亞就現獲病故之劉亞
林袁亞秋逼脅入夥又擄捉現獲之周亞伸陳
亞濆李亞瀛林二徐二李亞金原亞二黃亞有
葉大好陳百喜梁二弟陳亞帶李亞文丁亞六

十

P.11

麥亞興何有諒黃亞得楊亞庭陳亞水伍佳勝
現獲病故之曾火燰李零保張閏梁亞七薛亞
四梁亞發李亞發陳亞北黃亞寬逼脅入夥不
從押令在船服役現獲之黃白豆一帮亦陸續
糾得現獲之張亞闔羅三梁亞侑伍亞三吳亞
二許有斌曾亞靄祝亞晚梁潘安何亞三孫輪
趙亞太曾剃頭二楊亞生鄭亞三陳亞滿陳亞
九梁亞晚梁亞四王亞四冼跛手幅陳亞有李
亞生葉亞三黃亞二現獲病故之魯亞興鍾亞
勝吳青魯亞連陳亞秀陳亞生詹亞升李亞山
蘇必興曾亞勝蔡亞遠陳亞交陳安太余亞生
黃亞升陳永和陳亞幅林晚林秀香鄭亞石入

十一

P.12

夥又擄捉現獲之羅德裕張亞友林亞九李亞
經何老二毛春發梁欣喜鍾梅實黃亞長陳亞
孫許其秀吳亞九陳亞養陳亞太鄭亞快黃亞
一翁二喜李亞二王奇蘇亞四麥色紅李名穗
麥亞三黃立掷黃亞四周射勝祝亞大王亞掌
王亞三黃亞德現獲病故之謝日中鍾贊庭藍
等欣黃晚逼脅入夥又擄捉現獲之黃亞允黃
帶起黃四蔣四李亞七吳亞勝吳亞六許亞蔭
鄧木安魯亞三黃帶受林亞務司徒亞幅溫亞
弟何宏才阮亞晚周亞多陳得名吳進幅陳得
二符開安陳振發袁亞贈張亞卓林亞生龍汶
盛黃亞二羅義和吳亞八黃老紅符建掷張復

十二

興陳世功陳理生盧扶太蘇老四梁亞二楊均
茂茅辰渴即沙煲五李亞珊先媽鷄現獲病故
之李亞賴謝亞牛陳亞榮陳秀英黃亞喜布有
堅黃亞禮陸大三李亞六李和陳亞義馮亞三
何亞黑通脅入夥不從押令在本船服役張開
平等在洋聚散無定自知身犯重罪心懷悔懼
欲行投首乞命無路可投適有六品頂戴李佐藩
謝輝德禀請給諭前往招安當即取具保結發
給印諭令其試辦並委因公在省之廉州府知
府張百揆署水師提標中軍叅將韓進忠帶同
六品頂戴梁兆榮馳赴電白確探賊情相機辦
理又飭梁兆榮馳抵瓊州諭令各匪立功自贖

時胡亞潰及張開平張揚保三股匪徒俱願來
歸另有黃白豆一幇非其同夥抗不受撫張開
平等即移舟往剿擊沉黃白豆盜船十餘隻殲
斃盜夥無數生擒數十名並砲械等件解往電
白交官點驗張百揆等親赴匪船嚴切開導各
匪環跪乞恩定期率衆呈繳船砲聽候安插詎
李佐藩謝輝德潛行煽惑各匪告以此番投誠
必膺重賞意圖邀功斂錢漁利致胡亞潰等各
黨頓生覬覦張開平等亦不能主持各委員見
勢已中變即將李佐藩等管帶回省奉發押禁
嗣唊夷因扶洋匪前在福建洋面刦其貨船之
嫌前往攻擊互有殺傷經水師提標在零丁洋

拏獲匪船二隻匪犯三十餘名張開平等為㗂
夷所敗又遭颶風覆船溺斃夥黨數百名張開
平等遂逃往西南外洋暫避胡亜漬等即與張
開平等分帮意欲竄往閩浙並在平海各海口
打单經署惠州協守備孫鋭銛署歸善縣知縣
沈映鈐開砲焚燬該匪船隻並擊斃盜匪一百
八十餘名生擒三十餘名該匪胡亜漬等逃至
汕尾洋面又被碣石鎮總兵舟師截回適遇㗂
夷護貨兵船施放火箭大砲焚燬尾帮盜船復
經陽江等縣營拏獲餘匪十餘名及數十名不
等並殲斃盜匪一百三十餘名該匪等又與㗂
夷迭次攻擊各有殺傷護海口營叅將黃開廣

統帶師船前往安南交界花封洋面擊斃各匪
五百餘名生擒一百餘名並起獲鉄砲救出被
脅難民解至瓊州分別究釋因廉州府知府張
百揆委護理南韶連道篆復委候補知府史樸
等馳往接辦張揚保等及張開平等並另帮盜
匪单眼李等各懷畏惧先後率党赴瓊呈繳船
砲又另帮盜匪黃開茂因張開平等均已投誠
亦畏罪率党前赴陽江縣呈繳船砲分別安插
復經營委各員弁偵探盜踪督帶師船馳抵合
浦內洋砍斃黃白豆夥党六十八名生擒一百
一十九名受傷溺斃者一百餘名並設法拏獲黃
白豆等及前獲各犯先後解省訊悉前情并究

P.17

出黃白豆於道光二十九年五月十八日起意
共夥二十七人駕艇在合浦縣屬交界之珠沙
外洋行刦事主梁勝利米船銀物逼脅現獲之
羅德裕張亞友林亞九李亞經何老二毛春發
梁欣喜鍾梅實黃亞長陳亞孫許其秀吳亞九
現獲病故之謝日中鍾贊庭藍等欣黃晚在本
艇接贓黃白豆與現獲之鄭有蔥葉十一張亞
居陳亞長李開泰老亞葉林成就顏維熊曹亞
勝現獲病故之鄭亞五過船搜贓刦得贓物不
及查點黃白豆隨雇現獲不知盜情之唐有得
陳萬盼挑往現獲之閔定章現獲病故之陳亞
潮韓亞養家並向閔定章等告知行刦情由

P.18

央懇代銷閔定章等貪賤買受又究出現獲病
故之王亞二於二十九年七月初六日起意共
夥二十六人駕艇在香山縣屬赤奧墊東南洋
面行刦事主符禮等船內銀錢貨物逼脅現獲
之江亞瑞楊亞昌譚亞偉鍾沖實陳汝興鄧亞
喜陳亞受張亞有徐來興羅亞三現獲病故之
沈亞有李亞法梁亞松陳亞祥在本艇接贓王
亞二與現獲之鄭昌大王亞幅莊亞穩陳亞敬
梁亞勝羅亞四吳亞勝温亞添文亞喜何亞全
現獲病故之莫蒙香過船搜贓事主符禮等與
水手符兆望搭客羅明高喊捕江亞瑞等駕艇
先逃王亞二鄭昌大各拒傷符兆望羅明高身

P.19

十九

死棄屍落河并将事主符禮等驅逐上岸連船
劫奪又究出現獲病故之胡亞潰於道光二十
九年八月二十三日起意共夥二十三人駕艇
在新寧縣屬銅鼓洋面行劫麥文安米船銀錢
貨物逼脅現獲之梁亞添陳亞發伍亞明趙亞
就現獲病故之劉亞林袁亞秋在本艇接贓該
犯胡亞潰與現獲之王亞英即九隴即九隴受
鄧亞安陳亞待李亞幅梁亞有梁亞喜現獲病
故之李亞得何博步胡秀之陳王成胡亞幅麥
全幅王長麥亞彩鄭起付過船搜贓又究出現
獲病故之張亞先即周亞先與擊斃之周亞有
陳亞發於道光二十九年七月初五日聽從另

P.20

廿

辦之沈志亮起意夥同另辦之郭亞安李亞保
謀殺西洋兵頭啞嗎嘞身死該犯張亞先即周
亞先周亞有等均在場目擊並未動手加功又
究出現獲之龔可稱於道光二十九年八月初
七日夜起意共夥五十二人駕艇駛至合浦縣
屬北海地方登岸行劫事主梁友徐鋪內銀錢
衣物現獲之梁亞升梁寶平梁洪芳賴亞育徐
亞甲梁有金蔡亞養劉幗懷林亞潰張亞被陳
亞泥黃亞生吳亞三凌亞付陳亞得陳亞晚謝
亞汪郭亞帶黃亞潤蕭亞興何大剛賴永和在
路口把風瞭望現獲之張亞尾陳勝陳亞興黃
亞蓀吳亞錦鄭王蓀郭金喜陳亞四張亞帶梁

P.21

廿一

亞幅朱亞寬張亞來林亞黑陳應海劉觀保梁
亞即何亞二容亞尾在外接贓該犯龔可稱與
自行投首之張楊保及現獲之包亞相卓亞新
周亞才李亞三萬亞八黃廖幅黃永進周北勝
現獲病故之陳李生黃亞任入室搜贓并遺火
延燒房屋又究出現獲病故之馬包於道光二
十九年八月二十六日起意共夥二十三人駕
艇在合浦縣屬北海洋面行劫事主曾桂洲魚
船內銀錢貨物逼脅現獲之麥亞蟹陳成秋陳
亞安羅三仔游亞受項亞瑶林亞咸林潤勝馮
洸有黃亞掌梁亞勝夏亞興溫亞保李亞五江
晋汶在本艇接贓該犯馬包與現獲之陳就勝

P.22

廿二

黃亞侵現獲病故之夏濟才王觀長王亞同林
亞五龍亞重過船搜贓又究出現獲之邱九隴
即九隴受先於道光二十八年三月十一日聽
從前辦之李亞幅起意共夥七十四人駕艇在
陽江縣屬馬尾洋面行劫不識姓名商船未經
得贓又是月十五日邱九隴即九隴受聽從前
辦之李亞幅起意糾夥並伊船上水手麥全幅
王長馮亞晚李亞幅仔張亞二仔一共七十四
人駕艇在陽江縣屬雙魚洋面行劫事主劉廣
裕鍾義源劉義昌聯帮鹽船三隻該犯九隴受
過船搜贓又是月十七日夜邱九隴即九隴受
聽從前辦之李亞幅起意糾夥並伊船上水手

p.23

麥全幅王長馮亞晚李亞幅仔張亞二仔一共
四十九人搶奪陽江縣屬北額砲臺鉄砲七位
麥全幅等五人即係原案九龍受船工之不識
姓名人又究出現獲之黃白豆於道光三十年
正月二十一日起意夥同現獲之張亞鬬等及
格兗溺兗各夥一共一百餘人分駕各船在合
浦縣屬北海洋面行刦事主王財金蔡陳發李
順發金長盛各船貨物逼脅現獲之陳亞養陳
亞太鄭亞快黃亞一翁二喜李亞二王奇蘇亞
四麥色紅李名糠麥亞三黃立掷黃亞四周射
勝祝亞大王亞掌王亞三黃亞德扳船接贓該
犯黃白豆與現獲之張亞鬬羅三梁亞侑伍亞

p.24

三吳亞二許有斌曾亞靄祝亞晚梁潘安何亞
三孫輪趙亞太曾剃頭二楊亞生鄭亞三陳亞
滿陳亞九梁亞晚梁亞四王亞四洗皷手幅陳
亞有李亞生葉亞三黃亞二現獲病故之魯亞
興鍾亞勝吳青魯亞連陳亞秀陳亞生詹亞升
李亞山蘇必興曾亞勝蔡亞遠陳亞交陳安太
余亞生王亞升陳永和陳亞幅林晚林秀香鄭
亞石及格兗溺兗各夥過船搜贓又於三十年
正月二十六日黃白豆起意共夥四十六人在
合浦縣屬北海外洋行刦事主何恒合米船現
獲之王亞四洗皷手幅陳亞有李亞生葉亞三
黃亞二現獲病故之魯亞興鍾亞勝吳青魯亞

p.25

連陳亞秀陳亞生詹亞升李亞山蘇必興曾亞
勝蔡亞遠陳亞交陳安太余亞生黄亞升陳永
和陳亞幅林晚林秀香鄭亞石扳船接贓該犯
黄白豆與現獲之張亞閣羅三梁亞侑伍亞三
吳亞二許有斌曾鬍祝亞晚梁潘安何亞三
孫輪趙亞太曾剃頭二楊亞生鄭亞三陳亞滿
陳亞九梁亞晚梁亞四過船接贓又於道光三
十年正月二十八日該犯黄白豆起意商同原
夥現獲之張亞閣等及王亞四等一共四十六
人在合浦縣屬石頭鋪口洋面行刦事主金榮
順船内銀錢衣物以上刦得各贓隨時分别變
賣俵分等情屢審各供前情不諱嚴詰不移案

p.26

無通飾查例載江洋行刦大盗照響馬强盗立
斬梟示又粤東内河盗刦之案夥衆四十人以
上應斬决者加以梟示恭請
王命先行正法其情有可原者仍候部覆發遣又强
盗殺人斬决梟示又律載强盗已行但得財者
不分首從皆斬又例載盗刦之案嚴行究審将
法所難宥及情有可原者分晰聲明又洋盗案
内被脅接贓一次者發新疆給官兵為奴被脅
服役如被擄獲杖一百徒三年自行投首者照
律免罪知情接買盗贓之犯不論贓數多寡一
次杖一百徒三年又律載教誘人犯法與犯人
同罪罪止杖流各等語此案除投首之張開平

廿七

p.27

等先經
奏請免罪恭候
諭旨遵行其餘溺斃擊斃各犯及被脅在洋行刦接
贓一次罪應擬遣之沈亞有李亞法梁亞松藍
等欣謝日中陳亞祥黃晚劉亞林袁亞秋鍾贊
庭并被脅服役罪應擬徒之陳亞義馮亞三何
亞黑徐亞葵鄧亞四陳二劉亞海曾火燎李零
保張闊梁亞七薛亞四梁亞發李亞發陳亞比
黃亞寬李亞賴謝亞牛陳亞榮陳秀英黃亞喜
布有堅黃亞禮陸大三李亞六李和吳喜全鍾
亞白黃亞二杜明振李亞太陳亞總嚴亞養蘇
亞潔冼連太吳有利黃潮結吳亞幅闊亞蘇黃

廿八

p.28

千井鄭亞四譚淯來蘇亞三龐實太王實昭伍
亞帶蘇亞深蘇亞星陳亞生黃亞帶九瀧滿梁
二馮三李三林道和又知情接買盜贓一次罪
應擬徒之陳正潮韓亞養均已病故并各犯另
犯焚燬師船燒傷弁兵平復并圖刦未成及迭
次打單嚇詐各輕罪不議外該犯黃白豆在洋
行刦四次張亞闊羅三梁亞侑伍亞三吳亞二
許有斌曾亞靄祝亞晚梁潘安何亞三孫輪趙
亞太曾剃頭二楊亞生鄭亞三陳亞滿陳亞九
梁亞晚梁亞四王亞四冼跛手幅陳亞有李亞
生葉亞三黃亞二各在洋行刦三次龔可稱包
亞相卓亞新萬亞八周亞才李亞三黃廖幅黃

P.29

永進周北勝卯九龍即九龍受各行劫二次鄭
昌大王亞幅莊亞穩陳亞敬梁亞勝羅亞四吳
亞勝溫亞添文亞喜何亞全陳就勝黃亞侵王
亞英鄧亞安陳亞待李亞幅梁亞有梁亞喜鄭
有蒽葉十一張亞居陳亞長李開泰老亞葉林
成就顏維能曾亞勝各在洋行劫一次已故之
魯亞興鍾亞勝吳青魯亞連陳亞秀陳亞生詹
亞升李亞山蘇必興曾亞勝蔡亞遠陳亞文陳
安太余亞生黃亞升陳永和陳亞幅林晚林秀
香鄭亞石各在洋行劫三次胡亞潰陳李生黃
亞任各在洋行劫二次王亞二莫蒙香馬包夏
濟才王觀長王亞同林亞五龍亞重李亞得何

廿九

P.30

博步胡秀之陳玉成胡亞幅麥全幅王長麥亞
彩鄭起付張亞先即周亞先黃開運張亞富葉
亞幅林安勝鄧亞五各在洋行劫一次張亞先
又另犯聽從謀殺西洋兵頭並未動手加功均
應從重問擬黃白豆等均合依江洋行劫大盜
立斬梟示例立斬梟示該犯等情重大未便稽
誅臣等於審明後恭請
王命飭委按察使祁宿藻署督標中軍副將懷塔布
將該犯黃白豆張亞閔羅三梁亞侑伍亞三吳
亞二許有斌曾亞靄祝亞晚梁潘安何亞三孫
輪趙亞太曾剃頭二楊亞生鄭亞三陳亞滿陳
亞九梁亞晚梁亞四王亞四冼皷手幅陳亞有

卅

P.31

廿一

李亞生葉亞三黄亞二龔可稱色亞相卓亞新
萬亞八周亞才李亞三黄廖幅黄永進周北勝
卯九隴即九隴受鄭昌大王亞幅莊亞穩陳亞
敬梁亞四勝羅亞四吴亞勝温亞添文亞喜何亞
全陳就勝黄亞侵王亞英鄧亞安陳亞待李亞
幅梁亞有梁亞喜鄭有蔥葉十一張亞居陳亞
長李開泰老亞葉林成就顔維熊曹亞勝共六
十三犯綁赴市曹斬決梟示并飭將已故之魯
亞興鍾亞勝吴青魯亞運陳亞秀陳亞生詹亞
升李亞山蘇必興曾亞勝蔡亞遠陳亞交陳安
太余亞生黄亞升陳永和陳亞幅林晚林秀香
鄭亞石胡亞潰陳李生黄亞往王亞二莫蒙香

P.32

廿二

馬包夏濟才王觀長王亞同林亞五龍亞重李
亞得何博芳胡秀之陳王成胡亞幅麥全幅王
長麥亞彩鄭起付張亞先即周亞先黄開運張
亞富葉亞幅郭亞五林安勝共四十六犯一併
戮屍傳首犯事地方懸竿示衆以昭炯戒梁亞
升梁賓平梁洪芳賴亞育徐亞甲梁有金蔡亞
養劉幗懷林亞潰張亞被陳亞泥黄亞生吴亞
三凌亞付陳亞得陳亞晚謝亞汪郭亞帶黄亞
潤蕭亞興何大剛賴永和張亞尾陳勝陳亞興
黄亞藻吴亞錦鄭玉藻鄭金喜陳亞四張亞帶
梁亞幅朱亞寬張亞來林亞黑陳應海劉觀保
梁亞即何亞二容亞尾共四十犯均係夥衆四

P33

十人以上聽從行刦得贓一次均合依強盜已
行但得財者不分首從皆斬律擬斬立決該犯
等在外接贓一次係屬情有可原相應聲明伍
亞保李帶性江亞瑞楊亞昌譚亞偉鍾沖實陳
汝興鄧亞喜陳亞受張亞有徐來興羅亞三麥
亞鰲陳成秋陳亞安羅三仔游亞受項亞瑤林
亞咸林潤勝馮洸有黃亞掌梁亞勝夏亞興溫
亞保李亞五江昔汶梁亞添陳亞發伍亞明趙
亞就羅德裕張亞友林亞九李亞經何老二毛
春發梁欣喜鍾梅寔黃亞長陳亞孫許其秀吳
亞九陳亞養陳亞太鄭亞快黃亞一蒻二喜李
亞二王奇蘇亞四麥色紅李名糠麥亞三黃立

卅三

P34

鄉黃亞四周射勝祝亞大王亞掌王亞三黃亞
德共六十一犯各被脅在洋行刦接贓一次均
合依洋盜案內被脅接贓一次者發新疆給官
兵為奴例發新疆給官兵為奴均照例先於左
面刺強盜二字陳亞二吳禮成馮亞行何亞得
杜添應陳亞盛吳三林亞七吳亞四梁亞酉楊
亞七王亞德何亞濉王亞得陳亞仰李亞狗伍
亞擧伍亞糠馮亞禾黃得潰李亞辰麥亞倉麥
亞六鄧亞幅陳煥新曽亞四黃勝保黃亞九譚
遂吳六周亞成李亞美陳世太鄭得才吳亞興
蔡亞車郭良玉黃亞良蔡亞吉黃允祥鍾亞在
鍾亦因李亞九黃亞掌凌廣義樊亞帶黃亞幗

卅四

P35

李亞有林亞鏊譚昌來凌亞二周亞伸陳亞潰
李亞滬林二徐二李亞金原亞二黃亞有葉大
好陳百喜梁二弟陳亞帶李亞文丁亞六麥亞
興何有諒黃亞得楊亞庭陳亞水伍佳勝黃亞
允黃帶起黃四蔣四李亞七吳亞勝吳亞六許
亞蔭鄒木安魯亞三黃帶受林亞務司徒亞幅
溫亞弟何宏才阮亞晚周亞多陳得名吳進幅
陳得二符開安陳振發袁亞贈張亞卓林亞生
龍汶威黃亞二羅義和吳亞八黃老紅符建挪
張復興陳世功陳理生盧扶太蘇老四梁亞二
楊均茂茅辰淯李亞珊冼媽鷯共一百一十二
犯各被脅在船服役拏獲到案均合依洋盜案

廿五

P36

內被脅服役如被拏獲者杖一百徒三年例杖
一百徒三年關亞創被盜擄捉逼脅服役乘間
逃回經其母赴縣代首即與自首無異關亞創
合依洋盜案內被脅服役自行投首免罪例照
律免罪關定章知情接買盜贓一次合依洋盜
案內知情接買盜贓之犯一次杖一百徒三年
例杖一百徒三年唐有得陳萬畛受雇挑運盜
贓雖訊不知情惟冒昧受雇殊屬不合應請照
不應重律杖八十折責三十板李佐潘謝輝德
稟請給諭招安洋匪因新安歸善陽江三股匪
徒先已自願來歸該犯等希圖漁利邀功輙用
言煽惑以致胡亞潰等頓生覬覦延不受撫實

廿六

p.37

與教誘人犯法無異該犯等同惡共濟厥罪惟
均應照律問擬李佐藩謝輝德應革去六品頂
戴俱合依教誘人犯法與犯人同罪罪止杖流
律擬杖一百流三千里擬遣各盜犯事犯在道
光三十年正月二十六日
恩詔以前惟係強盜毋庸查辦陳亞二等杖徒各罪
事在
赦前應請援免倘釋免後再行滋事犯法即照所犯
之罪加一等治罪李佐藩謝輝德雖犯事亦在
恩詔以前惟煽惑洋匪問擬流罪情節較重應不准
其援免各犯訊無另有犯案窩夥與同居親屬
知情分贓其在洋犯案原籍牌保親屬無從查

廿七

p.38 end

察禁約各犯出洋並未經由營汛口岸守口弁
兵訊無知情故縱情事盜船係採捕漁船並未
赴縣領照遊擊鄺勉署恭將陳魁倫與各弁兵
等業已另案審擬奏結病故各犯禁保人等訊
無凌虐情弊均毋庸議各犯或係帶病進監或
係提禁取保病故管獄官例無處分職名應請
免開犯故圖結飭取另送各案應否開恭與獲
盜應敘各職名飭行查明照例辦理至投誠之
單眼李等容俟委員管解到省親提訊明再行
分別辦理除全案供招咨部外臣等謹合詞恭
摺具
奏伏乞

卅八

稟西省總兵告病從前俱有會同提督尾銜具奏今咸鎮
告病應否亦會銜具奏又總兵告病祇係將該員患病
及委署緣由於摺內聲叙並無另有題報各部今應否
於檄飭遵照之後叙此數詞之處理合一併稟候
裁奪謹稟

已核

一件 左江鎮告病委員署理 事

奏稿

道光 年 月 日奏到

硃批

奏

看稿

對摺

道光二十年五月廿一日具

摺弁蘇名亮賫

繕摺

奏為總兵患病呈乞開缺回旗調理恭摺奏懇
迅賜簡放以重職守仰祈
聖鑒事竊據廣西左江鎮總兵盛筠稟稱前在軍營
染受風濕入春後兩膀麻木時發時止上年正
月馳赴上思橫州大灘等處追捕賊匪歷經五
月以致染受烟瘴暑濕舊疾復發維時因所屬
遷隆土司地方有賊匪拒捕傷斃官兵之案只
得帶病督辦嗣於六月內統帶弁兵馳赴各處
追剿十月內復至永淳橫州辦理投誠事宜今
春二月又帶弁兵馳赴柳州彈壓計在外又經
十月之久染受風濕積久愈深不獨右腿浮痛
步履維艱兼之遍身酸疼心神恍惚醫藥難見
見效呈乞據情奏請開缺俾得回旗調理自揣
年力未衰將來或可速痊仍効犬馬等情據此
臣查該總兵盛筠所稟患病驟難痊愈尚屬實
情惟上年廣西灘匪張家祥等投誠一案係該
鎮一手經理乃甫經數月即有原散匪夥李士

奎等竄赴廣東合浦靈山欽州及東西兩省交
界處所搶刦滋擾顯係原辦技誠將就了事先
未示威何由知恩迭經嚴飭剿辦以贖前愆而
該鎮總未能振作現在李士奎一股首夥雖已
由廣東捦獲殲除尚有另股餘匪未盡拏獲本
應仍留該總兵在粵責令捕拏淨盡不得置身
事外惟該員現在實係患病即留粵亦屬無用
相應據情奏懇
天恩准其開缺回旗調理併懇將左江鎮一缺
迅賜簡放以重職守至廣西捕務正當喫緊之時必
須督率得人以收實效查有慶遠協副將奚應
龍甫經剿辦楚匪竣事精明勇敢表率有方堪

以委署左江鎮篆務其所遺副將以下遞署各
缺容會商廣西提臣分別遴員委署除檄飭遵
照外理合一併奏
聞所有總兵患病委員接署緣由臣謹會同廣西提
督臣閔　恭摺具
奏伏乞
皇上聖鑒訓示謹
奏。

P.1　　F.O.682/320/1(12)

請以溫賢陞署副將黎志安陞署遊擊

三十　五　苗

奏為外海水師副將遊擊員缺緊要、分別揀員懇
恩陞署、恭摺奏祈
聖鑒事、竊照陞署廣東大鵬協副將馬玉麟奏奉
諭旨降為遊擊、接准部咨、所遺廣東大鵬協副將、海安
營遊擊、俱係外海水師題補之缺、輪用預保人

P.2

員、該省並無預保人員、亦無改用人員、行文於
現任應題人員內、揀選題補等因、查廣東通省
外海水師叅將五員、都司九員、臣會同水師提督
臣洪
逐加遴選、現任叅將各員、非業已陞
轉、即准陞尚未引
見給
劄實授、其實缺都司中、除業已陞轉、及准補尚
未給劄、題補未准部覆、並有案罣礙、懸缺未補、
均無堪以題補之員、即例准越缺保題之守備
各員、遍行揀選、亦於此缺難期勝任、查例載外
省題調武職各缺、如因員缺緊要、人地相需、將
不合例人員保奏、於摺內聲明、請
旨交部核覆、恭候

P.3

欽定等語今大鵬協副将缺駐劄新安縣九龍山地
方統轄大嶼山管理伶仃一帶洋面逼近香港
一切防範稽查均關緊要其海安營遊擊缺駐
劄徐聞縣屬海安所城乃雷瓊兩郡交界咽喉
之所管轄洋面遼濶港汊紛岐必須精明幹練
曉暢水師之員方克勝任茲查有陞署平海營
叅将温賢年四十四歲廣東惠州府陸豐縣人
由行伍遞陞水師提標右營遊擊陞署今職於
道光二十九年四月二十日奉文准陞行令給
咨赴京引
見該員熟諳洋務訓練嚴明現在署理斯缺辦理裕
如實為水師得力之員以之陞署大鵬協副将

P.4

堪期勝任又陞補硇洲營都司黎志安年五十
五歲廣東廣州府東莞縣人由行伍遞拔千總
游陞今職於道光二十九年十月初四日奉文
准陞行令給咨赴部引
見該員槍砲可觀膽畧亦好訓練操防均極認真以
之陞署海安營遊擊亦堪勝任惟温賢陞補遊
擊及陞署叅将均未引
見受劄且籍隸本省黎志安陞補都司甫經給咨送
部與例均有未符但水師人材難得人地實在
相需廣東省歷經以陞署尚未引
見及籍隸本省人員奏請陞署副将均奉
諭旨允准有案至外海水師遊擊員缺緊要一時不得

其人即守備亦准越缺請陞令由都司請陞較
之經由守備越缺保題者究屬官階相近當此
整飭洋務巡防喫緊之時水師將領務在得人
合無仰懇
天恩俯准將陞署平海營叅將溫賢陞署大鵬協副
將並准以陞補碙洲營都司黎志安陞署海安
營遊擊洵於海疆要缺有裨如蒙
俞允俟部覆到日溫賢併案給咨送部引
見黎志安甫經引
見毋庸送部均俟扣滿年限另請實授其溫賢所遺
平海營叅將及水師提標右營遊擊黎志安所
遺碙洲營都司均係外海水師題補之缺俟部

覆開缺時查明照例分別辦理臣謹會同水師
提督臣洪　合詞恭摺具
奏伏乞
皇上聖鑒敕部核覆施行謹
奏

一件 請以成保陞署廣西提標中軍叅將事

看稿
對摺
道光廿年六月廿日具

奏稿

奏
摺弁
賫

道光 年 月 日奉到

硃批
繕摺

奏為遴員陞署要缺叅將恭摺具
奏仰祈
聖鑒事竊准兵部咨廣西提標中軍叅將係題調之
缺應令照例揀選題調等因臣查提標中軍叅
將為各標營領袖必須精明幹練熟諳營伍之

員方克勝任粵西現任各叅將非現居要缺即
人地未宜或已陞副將實無堪以調補之員即
合例應陞之遊擊亦祇有桂林營遊擊吉祥提
標右營遊擊朱應魁二員均於此缺人地不甚
相宜未便率擬請補查定例各省題調缺出如
因員缺緊要人地實在相需將不合例人員保
奏應於摺內聲明請
旨交部核覆恭候
欽定等語隨會同廣西巡撫臣鄭 廣西提督臣
閱 詳加揀選查有撫標右營遊擊成保年
四十三歲鑲黃旗滿洲官通佐領下人由護軍
歷補副護軍叅領奉

旨發往廣西以遊擊差遣委用補授今職道光二十九
年四月十二日接劄先於二十七年十月內因
湖南新寧縣傜匪雷再浩滋事在全州西延防
堵打仗奮勇蒙
恩賞戴花翎上年湖南新寧縣匪徒李沅發等竄入粵
境經撫臣鄭 派令帶兵在全州西延剿捕
屢次打仗出力該員年壯才明操防勤奮屢經
出兵著有勞績以之陞署廣西提標中軍叅將
洵堪勝任惟歷俸未滿二年與例稍有未符但
人地實在相需例得專摺
奏請合無仰懇
天恩俯念廣西提標中軍叅將員缺緊要一時揀調

乏人准以撫標右營遊擊成保陞署仍俟扣滿
歷俸年限另請實授如蒙
俞允該員引
見已逾三年俟部覆到日照例給咨送部其所遺撫
標右營遊擊係部推之缺應聽部臣推補臣為
要缺需員起見謹會同廣西巡撫臣鄭 廣
西提督臣閔 恭摺具
奏伏乞
皇上聖鑒敕部議覆施行謹
奏

一件　二十九年分屆修外海内河戰船　事

奏稿

看稿　對摺

道光卅年六月廿日具

奏

摺弁　當

硃批

道光　年　月　日奉到

繕摺

奏為循例修造戰船估需銀數恭摺奏祈

聖鑒事竊照廣東外海内河戰船為各營巡緝要需

屆當修造動款銀數在五百兩以上者例應奏

辦又部定章程欽奉

上諭所需銀兩應令於田房稅羨項内動支辦理又准

部咨嗣後修造各船舊料飭令承辦官員按成

變價即於各船估銷工料銀兩内照變價銀

數扣出餘銀發給辦理等因在案茲查道光二

十九年分原屆應修造外海内河戰船一百零

一隻内除外海大八槳船一隻額設内河快槳

急跳船艚巡船四十八隻入額内河快槳哨船

二十一隻驗報船身尚属堅好停緩修造外實

應拆造外海大八槳船一隻需用工料津貼銀

三百零一兩零除舊料變價銀六十三兩零湊

用外實需工料銀一百零三兩零津貼銀一百

三十三兩零又小修額設内河巡船十隻需用

工料銀二百三十三兩零除舊料變價銀二十

二

p.3

三兩零湊用外實需工料銀二百零九兩零又
大小修拆造入額內河艪槳快巡各船二十隻
需用工料銀三百七十四兩零除舊料變價銀
六十七兩零湊用外實需工料銀三百零七兩
零以上共船三十一隻除舊料變價湊用外總
計實需工料津貼銀七百五十五兩零經各鎮
道勘驗船身損壞亟應及時修造以資巡防寔
係刻不可緩之工由藩司柏貴准據監修各道
府造冊轉詳請
奏前來臣覆核無異除將估需工料動支銀款各
冊咨部外謹循例恭摺具
奏幷繕清单敬呈

p.4

御覽伏乞
皇上聖鑒敕部核覆施行謹
奏

P.5

謹將廣東省道光二十九年分屆應修造外海
內河巡緝戰船數目、需用工料、併津貼銀兩、及
動支款項、開列清单、恭呈
御覽、

一屆期拆造外海大八槳船一隻、共需工料津
貼銀三百零一兩零、除舊料變價銀六十三
兩零湊用外、實需工料銀一百零三兩零、在
於田房稅羨項內動支、津貼銀一百三十三
兩零、在於道光二十八年落地稅羨銀內動
支、

一屆期小修額設內河巡槳船十隻、共需工料
銀二百三十三兩零、除舊料變價銀二十三

P.6

兩零湊用外、實需工料銀二百零九兩零、在
於田房稅羨項內動支、

一屆期大修入額內河巡船五隻、共需工料銀
六十四兩零、除舊料變價銀一十五兩零湊
用外、實需工料銀四十八兩零、在於道光二
十一年無馬水師朋扣銀內動支、

一屆期小修入額內河巡槳船一十一隻、共需
工料銀二百二十三兩零、除舊料變價銀二
十五兩零湊用外、實需工料銀一百九十八
兩零、在於道光二十一年無馬水師朋扣銀
內動支、

一屆期拆造入額內河巡槳船四隻、共需工料

銀八十六兩零、除舊料變價銀二十六兩零
湊用外、實需工料銀六十兩零、在於道光二
十一年無馬水師朋扣銀内動支、
以上大小修拆造外海内河戰船共三十一隻、
除舊料變價湊用外、實需工料津貼銀七百
五十五兩零、

P1

奏

奏為陸路提督篆務委署之人應請暫緩交卸恭
摺仰祈
聖鑒事竊臣接准署陸路提臣祥 咨開道光三十
年二月
奏請叩謁

卅年六月廿拜

P.2

宣宗成皇帝梓宮五月初十日奉到
御批知道了着來叩謁欽此所有提督篆務請委應
署之員署理以便交卸起程臣查廣東陸路總
兵共三缺韶州鎮總兵崑壽高州鎮總兵楊昌
泗因督帶兵勇前赴交界各處剿辦匪徒經臣
會同撫臣葉 於五月恭摺奏
聞在案現值辦理喫緊之時未便更易生手致滋鬆
勁潮州鎮總兵德存察其才具精神難期勝此
重任不敢奏請署理實屬無員可委可否俟韶
州高州兩鎮何處剿捕事竣即委何員接署提
督篆務祥 再行交卸北上恭候
命下欽遵辦理所有署提臣暫緩交卸緣由理合據

實恭摺具
奏伏祈
皇上聖鑒訓示謹
奏

P.1 F.O. 682/391/4(7)

一件 水師左營遊擊請以曾高陞署 事

奏稿

硃批

道光 年 月 日奉到

看稿
對摺

道光卅年六月廿日具

奏

摺弁 賫

繕摺

奏為外海水師遊擊員缺緊要揀員奏請陞署以
重海疆恭摺仰祈
聖鑒事竊查廣東水師提標左營遊擊係外海水師
題補之缺先准部咨行令揀選題補經臣會同
廣東水師提督臣洪
遴以大鵬協中軍都

P.2

司韓進忠具疏
題請陞補茲准部咨前經出有山東登州鎮標前
營外海水師遊擊員缺奉
旨以韓進忠補授今請將該員陞補水師提標左營遊
擊之處應毋庸議仍令另揀合例人員題請陞
補等因查廣東通省外海水師都司共九員臣
會同水師提臣洪
逐加遴選除葉已陞轉
及准補尚未給劄題補未准部覆並有案罣礙
懸缺未補外實無合例堪以題補之員即例准
越缺保題陞用之守備遍行揀選亦無堪勝此
缺之員查例載外省題調武職各缺如因員缺
緊要人地相需將不合例人員保奏於摺內聲

P.3

明、請
旨交部核覆、恭候
欽定等語、今水師提標左營遊擊駐劄新安縣城、所
轄洋面、與香山大鵬各營交界、為商夷船隻經
由寄泊之區、防範稽查、在在均關緊要、必須熟
悉情形、精明幹練之員、方克勝任、茲查有准陞
碣石鎮右營都司曾高、年四十八歲、廣東潮州
府潮陽縣人、由行伍、洊陞今職、於道光二十八
年九月二十八日、奉文准陞、行令請咨赴部引
見、因護理海安營遊擊、防範洋匪緊要、尚未請咨赴
部、該員洋務諳練、巡緝勤能、以之陞署水師提標左
營遊擊、實堪勝任、雖准陞都司、尚未引

P.4

見、給劄、與例稍有未符、但人地實在相需、例准專摺
保奏、且外海水師遊擊員缺緊要、一時不得其
人、即守備亦准越缺請陞、今由都司請陞、較之
經由守備保題者、究屬官階相近、合無仰懇
天恩、俯念水師員缺緊要、人地實在相需、准將准陞
碣石鎮右營都司曾高、陞署水師提標左營遊
擊、洵於海疆要缺有裨、如蒙
俞允、俟部覆到日、併案給咨送部引
見、仍俟扣滿年限、另請實授、其所遺碣石鎮右營都
司、係外海水師題補之缺、俟部覆開缺時、查明
照例辦理、臣為水師要缺需員起見、謹會同廣
東水師提督臣洪　合詞恭摺具

P.5 end

奏、伏乞

皇上聖鑒、敕部核覆施行、謹

奏、

奏為遵
旨覆奏仰祈
聖鑒事竊臣等承准軍機大臣字寄道光三十年五
月二十六日奉
上諭徐廣縉葉名琛奏盜犯悔罪投誠酌擬安插並

撥歸營伍等語覽奏已悉此次廣東拏辦盜匪藏
匿淹斃及生擒應正法者計共一千數百餘名已
足大示懲創其隨同投誠之影黨既據該督等查
係堅志投誠率衆來歸自應貸其一死著即照該
督等所擬交地方官妥為安插嚴加管束並將頭
目張開平等十一名分別撥歸營伍藉資鈐制責
令捕盜自效如果奮勉出力方准量加策勵惟此
輩習成獷悍性復狡黠現雖聞拏投首難保日久
不復萌故智別滋事端該督等務須推誠示信俾
不致故智復萌尤應隨時查訪如果不安本分即
應嚴行懲辦亦不可遷就姑容迴護處分餘著照
所擬辦理將此諭令知之欽此竊惟查該首民等出

P3

沒海上風雲沙線皆所素諳本應發交水師令
其及時自効惟查與外夷結怨過深水師駐劄
之所[illegible]皆密邇夷船誠恐意存報復難免別生
枝節且據張開平等面稟伊等既入伍當差得
有養贍若撥水師其遣散影黨皆居海濱告助
求幫實不勝其纏擾臣等公同商酌將張揚保
阮導周興分撥惠州提標張開平陳帶喜分撥
南韶鎮標黃琴勝劉來嬌分撥肇慶協標黃
開茂黃開盛黃亞容劉亞得四名皆籍隸陽江
與張開平等本非同夥為盜未久與本地居民
尚嫌怨與夷人更無干涉該原籍皆有家室
不能遠離情願分撥陽江鎮標收伍察其所稟

P4

亦係實情隨即遴派妥弁管帶該首民等分赴
各營收標譸飭該管將備妥為鈐制遇有緝捕
即帶同前往既可沾潤行糧又可束其心志現
在韶州搜捕盜匪張開平即隨同營弁偵緝尚
知出力惟此輩習成獷悍性復狡黠誠如
聖諭難保日久不復萌故智惟有凜遵
指授推誠示信以堅其心堅明約束以馴其氣隨時
隨事明察暗詗如果不安本分即當立予嚴懲
斷不敢迴護處分稍涉遷就自干咎戾所有遵
辦緣由臣等謹恭摺覆
奏伏祈
皇上聖鑒訓示謹

p.5 end

奏

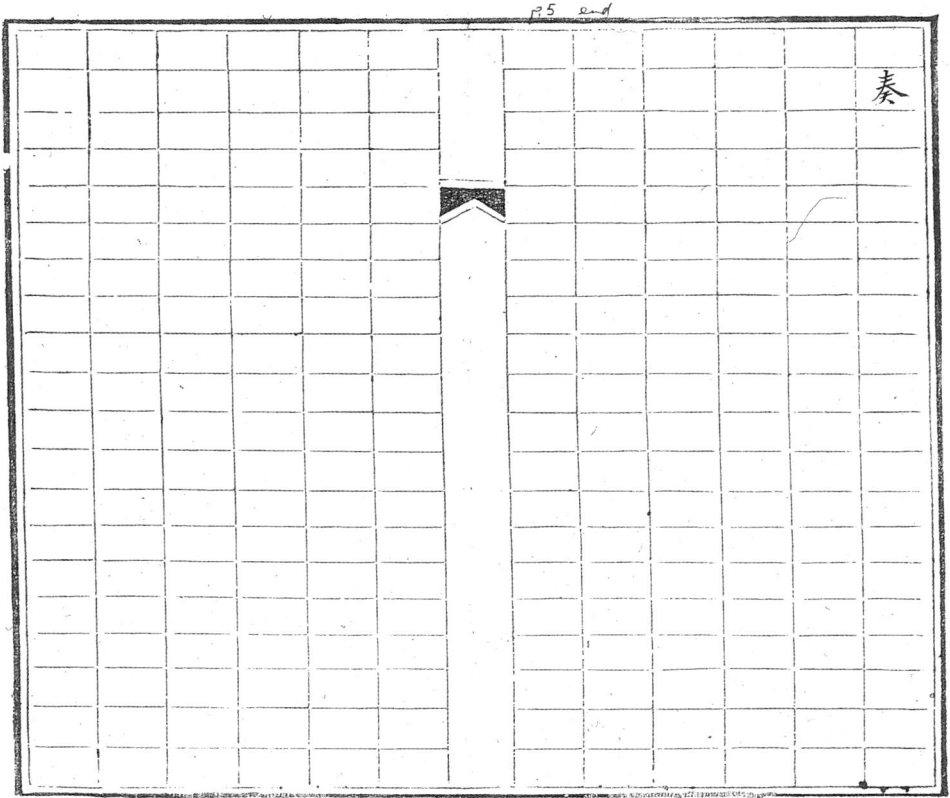

P.1

F.O 682/391/4(8.)

一件修補巡洋遭風打仗各師船事

奏稿

硃批

道光　年　月　日奉到

看稿

對摺

道光三十年七月初七日具

奏

摺弁 杜煥光 梁彬清 賫

繕摺

奏為道光二十九年分巡洋師船遭風擊碎損壞

并與賊打仗被焚分別修補循例

奏祈

聖鑒事竊准部咨外海戰船如有遭風擊碎損壞應

另案奏報其工料銀兩各按損壞情形分別核

P.2

給等因查道光二十九年分節據外海水師各

營先後呈報與賊打仗焚燬及遭風米艇撈繒

大八槳等船共二十七隻均經飭司移行確勘

查辦去後茲據藩臬兩司轉據各營陸續勘明

除水師提標中營第二號大米艇一隻於道光

二十九年四月二十六日在小英洋面與賊打

仗被賊燒燬板片無存由運商捐辦毋庸動支

藩庫銀款又崖州協第二號小米艇一隻於道

光二十九年三月初九日被風損壞平海營第

四號中米艇一隻於道光二十九年三月初五

日被風損壞海安營第四號中米艇一隻於道

光二十九年十二月初三日被風損壞以上共

P3

船三隻均被風損壞無幾由營自行捐修毋庸
動支公項尚實應造應修米艇撈繒大八槳等
船二十三隻內廣海寨第一號大米艇第七第
八號撈繒船陽江鎮左營第二號撈繒船硇洲
營第三號中米艇廣海寨第四號中米艇陽江
鎮左營第六號中米艇東山營第一號撈繒船
南澳鎮右營第一號大八槳船海門營第二號
大八槳船澄海營右營第三號大八槳船崖州
協第三號撈繒船海安營第二號大米艇海口
營第一第二號撈繒船第六號中米艇龍門協
右營第一號大米艇龍門協右營第八號中米
艇海口營第一號大米艇儋州營第一號撈繒

P4

船龍門協右營第三號撈繒船以上共船二十
一隻均係在洋與賊打伏被賊焚燬及遭風擊
碎板片無存應由各府廠補造又達濠營第一
號大八槳船一隻係在洋遭風損壞由潮州府
廠修理又海安營第一號大米艇一隻係在洋
遭風損壞由瓊州府廠修理應分別動項修造
據各該縣出具並無揑飾印結經該管知府確
核并聲明各船委因與賊打伏被燒及因風狂
浪大人力難施致被擊碎損壞並非管駕不慎
另行具結呈請咨送核辦等情由司具詳前來
臣覆查無異除飭將損壞各師船工料並沉失
軍火砲械確核估計赶辦及淹斃受傷各弁兵

P.5

水勇分別造冊辦理外臣謹循例具
奏并開列簡明清单恭呈
御覽伏乞
皇上聖鑒謹
奏

P.6

謹將道光二十九年分據各營先後具報巡洋
師船與賊打仗被賊焚燬及遭風擊碎損壞月
日并應造應修各情形開列簡明清單恭呈
御覽
一署廣海寨遊擊鄺勉禀報第一號大米艇一
隻第七第八號撈繒船二隻均於道光二十
九年三月初一日在沙堤洋面與賊打仗被
賊拋擲火罐三船一概燒燼沉沒無存此三
船均應補造
一護陽江鎮中軍遊擊楊奇龍禀報第二號撈
繒船一隻於道光二十九年四月十五日在
大澳嘴外洋與賊打仗被風漂至海陵頭洋

P7

面撞礁擊碎板片漂流無存應行補造將瓊州府領項造竣被燒之撈繒船撥補理合聲明

一署陽江鎮右營都司沈德英稟報硇洲營第三號中米艇一隻於道光二十九年四月十八日駛至電白縣屬青洲洋面被風將頭桅扭斷舵板擊碎隨風漂至竹洲洋面撞礁擊碎板片漂流無存應行補造

一署瓊州鎮何芳稟報廣海寨第四號中米艇一隻陽江鎮左營第六號中米艇一隻東山營第一號撈繒船一隻均於道光二十九年四月二十六日在小英洋面與賊打仗被賊

P8

燒燬板片無存此三船均應補造

以上米艇撈繒共船八隻在洋與賊打仗被賊焚燬及遭風擊碎均由廣州府廠補造

一署達濠營守備李懋元稟報南澳鎮右營第一號大八槳船一隻於道光二十九年七月二十一日夜在大鵬佛堂門菓洲洋面被匪擊沉板片無存應行補造

一署達濠營守備李懋元稟報海門營第二號大八槳船一隻於道光二十九年七月二十七日夜在大浪灣洋面遭風船所有上桅篷即被撞礁擊碎板片無存應行補造

一署達濠營守備李懋元稟報澄海營右營第

p.9

三號大八槳船一隻於道光二十九年七月
二十七日夜在糧船灣洋面船上頭大桅被
風扭折頭二三椗纜陸續被風頓斷隨風漂
逐撞礁擊碎板片無存應行補造
以上大八槳船三隻在洋被匪擊沉及遭風擊
碎均由潮州府廠補造
一署崖州協副將吳元猷稟報第三號撈繒船
一隻於道光二十九年三月初九日延抵感
恩縣屬魚鱗沙洋面被風將正副椗纜頓斷
隨風漂至嶺頭對峙外洋撞礁擊碎板片漂
流無存應由瓊州府廠補造
一署瓊州鎮何芳稟報海安營第二號大米艇

p.10

一隻海口營第二號撈繒船一隻海口營第
六號中米艇一隻海口營第一號撈繒船一
隻龍門協右營第一號大米艇一隻龍門協
右營第八號中米艇一隻均於道光二十九
年四月二十六日在網椗洋面與賊打仗被
賊燒燬板片無存此六船均應補造
一署海口營叅將陳魁倫稟報第一號大米艇
一隻於道光二十九年四月二十九日在白
沙港內與賊打仗被賊燒燬無存應行補造
將瓊州府領項造竣被燒之海安營第二號
大米艇撥抵理合聲明
一代理儋州營遊擊張得勝稟報第一號撈繒

P.11

船一隻於道光二十九年閏四月二十四日
在三排尾外洋攻剿洋匪轟炸砲位震裂船
身灰路入水擱礁擊碎板片無存應行補造
以上米艇撈繒共船八隻先因與賊打仗被賊
燒燬之船巡洋即經飭令署瓊州府蔣立昂
將海安營第二號大米艇海口營第二號撈
繒船海口營第六號中米艇海口營第一號
撈繒船龍門協右營第一號大米艇龍門協
右營第八號中米艇儋州營第一號撈繒船
共船七隻領項補造完竣尚有海口營第一
號大米艇一隻未經領項補造後因洋匪投
誠呈繳船隻查驗修葺堪用若共有七隻是

P.12

以飭令撥抵前被燒米艇撈繒等船七隻其
領項造竣米艇撈繒共船七隻內將海安營
第二號大米艇一隻撥抵被燒海口營第一
號大米艇外尚存造竣船六隻內抵撥道光
二十九年分遭風擊碎龍門協右營第三號
撈繒船一隻運廠應行補造水師提標中營
第一號大米艇一隻大鵬協左營第三第四
號中米艇二隻又廣州府廠應行補造道光
二十九年分陽江鎮左營遭風擊碎第二號
撈繒船一隻道光三十年分届應折造東山
營第二號撈繒船一隻共船六隻飭令各該
營領駕回營補額理合聲明

p.13

一署龍門協副將泊承陞稟報石營第三號撈繒船一隻於道光二十九年十月二十六日送廠折造駕至揶隆洋面被風將頭二三纜相繼頓斷隨風漂出外洋西蜆沙洋面撞礁擊碎板片漂流無存應由瓊州府廠補造將琼州府領項造竣被賊燒燬之撈繒船撥補理合聲明

一署達濠營守備李懋元稟報達濠營第一號大八槳船一隻於道光二十九年七月二十七日夜在糧船灣洋面被風折斷三桅一根落海船上浮架槓椇等項被風損壞應由潮州府廠修理

p.14 end

一護海安營遊擊曾高稟報第一號大米艇一隻於道光二十九年十二月初三日巡抵瓊山縣屬下門洋面被風將大桅大篷扭折舵牙頓斷船身灰路擊鬆滲漏過甚應由瓊州府廠修換

P.1

一件具奏梧州協副將周濟成等分別勒休革職由

奏稿

道光　年　月　日奉到

看稿　對摺

道光三十年七月初七日具

奏

相件　龍炳光　梁駿清

繕摺

奏為特參老病庸劣之營員請
旨分別勒休革職以肅營伍恭摺奏祈
聖鑒事竊照營中將備各官有督率巡防之責必須
年力強壯勤幹有為平時則實力操防有事則
身先士卒方為無忝厥職廣西地處邊陲近多

P.2

土匪肆擾各該將備尤宜振刷精神認真緝捕
不容稍有懈弛臣隨時訪察查有梧州協副將
周濟成年逾六旬現患風濕病症步履維艱署
賓州營參將事提標右營遊擊朱應魁精力漸
衰形同木偶斷難望其振作當此捕務喫緊之
時豈可容以衰病之員戀棧貽悞應請將該二員
勒令休致又署義寧協中軍都司事桂林營守
備孫裕慶平日辦事尚勤經臣會疏
題請陞補上思營都司現已接准部覆查該員近
來遇事狡猾甚不體面臣不敢以保舉在先稍
涉迴護又署富賀營都司事永寧營守備李慶
什怯懦無能懈於緝捕署梧州協中軍都司事

新太協右營守備黃永陞營務廢弛諸多畏葸
以上三員均屬庸劣怠玩之尤難以稍事姑容
應請一併革職除將該員等分别撤任委員接
署并查明各任内有無經手未清事件另行核
辦外相應據實奏參請
旨將梧州協副將周濟成署賓州營參將事提標右
營遊擊朱應魁均勒令休致署義寧協中軍都
司事准陞上思營都司之桂林營守備孫裕慶
署富賀營都司事永寧營守備李慶什署梧州
協中軍都司事新太協右營守備黃永陞均即
予革職以示懲儆而肅營伍所遺梧州協副將
提標右營遊擊桂林永寧各營守備均係部推

之缺應聽部臣推補新太協右營守備係題調
之缺俟部覆開缺時照例辦理又孫裕慶所遺
上思營都司亦係題調之缺尚未引
見即行革職咨俟另行揀員請補合併陳明臣謹會
同廣西提督臣閔　恭摺具
奏伏乞
皇上聖鑒訓示謹
奏

P1 F.O.682/391/4(2)

一件　　事

奏稿

硃批

道光　年　月　日奉到

看稿　對摺

道光二十年七月二十四日具

奏

撫標　摺弁王國安　賫

繕摺

奏為動項興修被水倒塌塘汛營房等項恭摺
奏祈
聖鑒事竊據南韶連道稟據韶州府南雄州曲江英
德始興等州縣稟報上年四月初三四等日連
日大雨山水漲發宣洩不及以致塘汛營房多

P2

有全行倒塌不堪黏補必須動項修復以資守
禦等情當經飭司核議經前藩司李璋煜核明
詳請
奏明動項興辦復經批飭移行覆加履勘茲據藩
司柏貴詳准南韶連道移據韶州府南雄州轉
據曲江英德始興等州縣會同南韶連鎮及南
雄協覆加履勘分別逐一確估造具工料銀數
及間數印結由道府核明加結移送到司查塘
汛營房為兵丁守禦巡防之處火藥局係收藏
藥鉛之所遇有倒塌壞爛亟應修復完好俾得
棲止有所嗣因道光六年奉文停止工程以後
迄今二十餘年俱由各州縣隨時粘補並未動

P3

項興修各汛房均係久逾保固限外今南雄始
興曲江英德等州縣於上年四月初三四等日
連日大雨山水漲發一時宣洩不及各塘汛營
房多有被水冲壞倒塌無存既據會同總兵副
將據實確估分別造具需用工料銀兩冊結由
道府覈核出具印結移請詳辦寔係刻不可緩
之工理合開具清單詳請具
奏俟覈准後照例在於田房稅羨項內動支修葺
仍飭另造估冊同道府州印結分別詳請
題咨辦理等由前來臣等覆核無異謹合詞恭摺具
奏併繕清單恭呈
御覽伏乞

P4

皇上聖鑒敕部核覈施行謹
奏

謹將廣東省南韶屬内道光二十九年四月初
三四等日大雨山水漲發所有南雄始興曲江
英德等州縣被水倒塌壞爛各塘汛營房藥局
間數及工料銀數開列清单恭呈
御覽

計開

南雄州屬
該州估修河南嶺塘營房三間伸手房四間
廚房一間併望樓牌坊烟墩梅嶺塘營房
三間廊房二間廚房一間併望樓牌坊烟
墩小水塘營房三間廂房三間廚房一間
併望樓牌坊旗杆烟墩窑塘塘營房三間

左右廊房二間併望樓牌坊旗杆烟墩白
營塘營房三間伸手房三間廚房一間併
望樓牌坊旗杆烟墩丹鋪塘營房三間廂
房三間廚房一間併望樓牌坊旗杆烟墩
苦竹塘營房三間廊房二間廚房一間併
望樓牌坊烟墩先腦塘營房三間耳房三
間廚房一間併望樓牌坊旗杆烟墩烏逕
塘營房三間廊房二間併望樓牌坊旗杆
烟墩界至壚塘營房三間廂房三間廚房
一間併望樓牌坊旗杆烟墩木寮塘營房
三間廊房二間廚房一間併望樓牌坊烟
墩黃石寨塘營房六間廊房四間廚房一

間、并望樓牌坊旗杆烟墩、鄧坊汛塘營房
六間、廊房四間、厨房一間、并望樓牌坊旗
杆烟墩、共需工料銀二千零四十六両六
錢四分四厘、

始興縣

該縣估修都安塘營房四間、并望樓牌坊旗
杆烟墩總舖塘營房七間、并望樓牌坊旗
杆烟墩、江口塘營房六間、并望樓牌坊旗
杆烟墩、田籽地塘營房三間、并望樓牌坊
旗杆烟墩、羅砰塘營房三間、并望樓牌坊
旗杆烟墩、黄塘塘營房三間、并望樓牌坊
旗杆烟墩、三口塘營房三間、并望樓牌坊

三

旂杆烟墩、羅圍塘營房三間、併望樓牌坊
旂杆烟墩、斜潭塘營房三間、併望樓牌坊
旂杆烟墩共需工料銀一千六百一十二
両七錢七分九厘七毫、

韶州府屬

曲江縣

該縣估修白土汛營房三間、併望樓牌坊旂
杆、灣頭水汛營房四間、併望樓牌坊旂杆、
獺古塘汛營房四間、併望樓牌坊旂杆仁
化江口汛營房三間、併望樓牌坊旂杆平
圍汛營房七間、併望樓牌坊旂杆、濛水汛
營房七間、併望樓牌坊旂杆、鷂籠汛營房

五間、併望樓牌坊旂杆、新庄塘汛營房七間、併望樓牌坊旂杆、銅鼓石汛營房三間、併望樓一座、官塘汛營房一間、併望樓一座、車頭汛營房三間、南坣塘汛望樓一座、圍墻一邊、喇石塘汛營房三間、望樓一座、灣頭旱汛營房二間、望樓牌坊、南石汛營房七間、又望樓牌坊、太平塘汛營房四間、白沙水汛塘房一間、界灘水汛塘房一間、南韶連鎮標中左右三營火藥局房三間、共需工料銀一千九百四十六兩四錢八分

英德縣

該縣估修太平灣汛營房七間、小石坪汛營房五間、并圍墻右邊小門、高橋汛營房三間、牌坊旂杆、沙口汛望樓一座、清溪汛營房一間、新旺汛營房三間、望樓一座、烟墩三個、砲台一個、牌坊旂杆、龍頭影汛營房三間、望樓一座、烟墩三個、砲台一個、牌坊旂杆、高坡汛烟墩砲台各一個、觀音山汛營房三間、牌坊旂杆、太平坑汛營房一間、牌坊旂杆、江灣汛營房一間、望樓一座、烟墩一個、砲台一個、牌坊旂杆、茱洲汛營房三間、望樓一座、烟墩三個、砲台一個、牌坊旂杆、游絲汛營房三間、望樓一座、烟墩三個、砲台一個、牌坊旂杆、波羅坑汛營房三

P.11

間望樓一座、烟墩三個、砲臺一個、牌坊旗
杆、共需工料銀一千二百八十六两七錢
一分六厘二毫
又估修連州江口千總衙署一座六間、連州
江口汛營房三間、黄土坑汛望樓一座、營
房瓦面壞爛、欖坑汛營房瓦面壞爛、大樟
汛營房三間、小樟汛望樓一座、營房瓦面
壞爛、黎洞汛營房三間、望樓一座、大廟汛
營房三間、樟木衙汛營房三間、望樓一座、
三了塘汛望樓一座、營房瓦面壞爛、流寨
汛望樓一座、營房瓦面壞爛、白洋水汛營
房三間、望樓一座、黄茅峡汛營房三間、大

七

P.12 end

灣汛營房瓦面壞爛、錦良灘汛營房三間、
共需工料銀一千一百二十一两零八分
七厘六毫
以上共需估修工料銀八千零一十三
两七錢零

八

P.1

七月廿日具奏

奏為遵
旨據實保奏遊擊都司守備（水師人員）以資儲備恭摺仰祈
聖鑒事竊臣接准兵部文行道光三十年五月二十
日內閣奉
上諭前經降旨令兩江閩浙兩廣總督於水師副將

P.2

內遴保堪勝水師總兵人員以備錄用現在記名
人員均已簡放仍著各該督於副將內擇其涉歷
風濤熟諳沙線者迅速核實保舉不得以無員可
保一奏塞責至叅將遊擊都司守備中如有才識
諳練熟悉水師情形者均准據實保奏豫為儲備
各該督任重海疆得人為要總在平日隨事留心
因材激勸何處簡用之人耶欽此查廣東外海水
師副將四缺除香山協副將葉常春業經保舉
外其餘或懸缺未補或人難深信不敢濫保曾
於三月二十九日恭摺具
奏在案茲於遊擊都司守備中悉心遴選查有升
署海安營遊擊黎志安香山協左營中軍都司

P.3

沙兆龍南澳鎮右營守備潘慶廣海寨中軍守備洪其法均屬才識諳練熟悉水師情形輕重緩急頗曉機宜堪膺儲備之選臣謹遵

旨據實保奏伏祈

皇上聖鑒訓示謹

奏

P.4

再查廣東水師各員大半皆籍隸本省生長海濱波濤本所見慣礮火亦多熟諳其微末之弁各知現在講求緝捕有志向上者非急於自効無以為進身之階是以都守千把中衝風破浪勇往直前者尚不乏人惟一勇之夫可任偏裨而不敢令其獨當一面迨擢至參遊則水師升階較優遂為速不數年間總兵唾手可得身家既重顧惜遂多實難保其歷久不渝即臣現保之黎志安等止就今日才識論之亦不敢遽信其始終如一也抑臣更有請者水師出洋固賴舵工而何處可以避風何處可以收港何處可占風頭何處可取淡水何處有沙何處有礁尤

在管駕舟師將備成竹在胸方可指揮如意若各省互為量移則洋面既殊情形迥異到任之初不能不聽命於舵工引水縱令留心學習而熟悉亦須經年累月每苦遷地弗良此水師人材所以難得也合將體察水師實在情形附片陳明伏祈

聖鑒謹

奏

F.O.682/391/4(11)

P.1

一件 奏新太協缺請以王廷獻陞署 事

道光 年 月 日具

奏稿

奏

摺弁 齎

硃批

道光 年 月 日奉到

奏為廣西陸路副將要缺需員恭摺奏懇
天恩俯准陞署以重邊防仰祈
聖鑒事竊照廣西新太協副將明祿丁憂遺缺接准
部咨係題調之缺行令照例揀選題調等因臣
查新太協副將駐劄太平府城地處邊陲外連

P.2

越南內控土司防範稽查均關緊要必須幹練
有為熟悉邊情風土而又能耐烟瘴之員方克
勝任粵西內地副將七員只有潯州協副將李
殿元一員合例調補查該員係由巡捕營叅將
選補今職於烟瘴之區人地不甚相宜且現居
要缺未便請調又叅將六員或懸缺未補或已
陞副將及准補尚未到任實無合例堪以陞補
之員查定例各省題調缺出如因員缺緊要人
地實在相需將不合例人員保奏應於摺內聲
明請
旨交部核覆恭候
欽定等語茲會同廣西提督臣閔　　詳加揀選查

有廣西提標中軍叅將王廷獻年四十八歲直
隸順天府三河縣人由武進士補授三等侍衛
於道光二十一年四月內奏
旨發往廣西以遊擊差遣委用歷陞今職二十八年
十一月接劄二十九年五月到任該員年壯才
明營務曉暢在粵年久能耐烟瘴以之陞署新
太協副將實堪勝任惟歷俸未滿二年與例稍
有未符但人地實在相需例得專摺
奏請合無仰懇
天恩俯准以廣西提標中軍叅將王廷獻陞署新太
協副將仍俟扣滿歷俸年限另請實授如蒙
俞允該員引

見未滿三年毋庸給咨送部其所遺提標中軍叅將
應俟部覆開缺時查明照例辦理臣為要缺需
員起見謹會同廣西提督臣閔　恭摺具
奏伏乞
皇上聖鑒敕部議覆施行謹
奏

一件具奏陽江曾鎮丁憂事

奏稿

看稿
對摺
道光三十年八月初十日具
奏
摺弁由驛賫
繕摺

硃批
道光　年　月　日奉到

奏為總兵丁憂循例由驛奏
聞並委員遞署篆務仰祈
聖鑒事竊據廣東陽江鎮總兵曾逢年呈報道光三
十年七月二十九日接到家信親父曾有功於
七月十五日在籍病故就日聞訃丁憂例應離

任回籍守制署鎮標中軍遊擊沈德英現值下
班出海統巡未便調回代辦將衙門日逐往來
公文營務委署左營守備陳佐光暫為代拆代
行請即委員接署等由臣查陽江鎮總兵統轄
六營洋面操緝巡防均關緊要今曾逢年丁憂
遺缺應請
旨迅賜
簡放以重職守至所遺陽江鎮總兵篆務查有陞署
大鵬協副將溫賢熟諳洋務才識優長堪以署
理其溫賢所遺大鵬協副將印務查有現署水
師提標中軍叅將事廣海寨遊擊
題陞澄海營叅將陳輝龍曉暢水師勤於巡緝堪堪

P.3 end

以署理除撤飭遵照外臣謹循例由驛奏

聞伏乞

皇上聖鑒謹

奏

P.1 F.O.682/391/4(13)

一件具奏署清遠吳遊擊因病服毒事

看稿 對摺

道光三十年八月九日具

奏

擬稿 摺弁劉廷玉賫

道光 年 月 日奉到

硃批

繕摺

奏稿

奏為署遊擊因病服毒自盡取具其親友家丁供

結實情恭摺奏祈

聖鑒事竊據署清遠縣知縣馬映階稟稱該縣在濸

江地方防堵游匪接到左右營守備任士魁等

來函署遊擊吳德新於七月十三日辰刻在署

P.2

身故囑即回城看視等由當即回縣往遊擊衙

署看得吳遊擊面色青黑十指甲俱青黑色詢

據吳遊擊官親家丁聲稱吳遊擊於十二日夜

四更時候窺伊等睡熟自服毒藥伊等醒覺往

看灌救不效至十三日辰刻身死等語隨將該

遊擊身後之事逐一料理其印信交守備任士

魁封貯等情查遊擊吳德新由侍衛以遊擊揀

發廣東委用甫於本年三月內委署清遠營遊

擊因何服毒自盡殊堪詫異當即行司委員會

縣查辦去後茲據委員即用知縣賀桂齡會同

該署縣馬映階稟稱遵即會同傳集吳遊擊之

親友表範韓宗文家丁盧升李福查訊據表範

P.3

供稱伊係吳遊擊表内姪韓宗文供稱伊係吳
遊擊朋友盧升李福供稱伊等俱係吳遊擊家
丁又據仝供吳遊擊舊患痰證尚不時發道光
二十九年以遊擊揀發廣東本年委署清遠營
遊擊三月初十日到任因英德一帶游匪滋擾
時懷憂慮痰證不時復發漸次精神恍惚自言
自語五月初七日督兵赴浸潭地方防堵行至
離城數里將近西較場地方因馬匹失足跌落
河邊即行轉回署中身發燒熱並帶發舊患痰
迷病證較前愈甚屢經延醫調治終不見效不
料至七月十二日夜四更時候吳遊擊竊伊等
睡熟自服舊存毒鼠藥伊等醒覺往看灌救不

P.4

效至十三日辰刻旋即身死並無別故伊等可
以出結等供并據袁範等各遞具甘結稟經藩
臬兩司核明詳請具
奏前來臣等伏查道光二十八年六月二十五日
欽奉
上諭嗣後武職自守備以上如有自盡之案著該督撫
即行專摺奏聞以昭慎重等因欽此今署清遠營遊
擊事揀發廣東委用遊擊吳德新在署服毒自
盡既據該縣會同委員傳集親友家丁人等訊
明係因舊患痰證復發自行服毒並無別故取
有甘結稟繳應毋庸議除委員前往署理外所
有遊擊因病服毒自盡緣由理合循例恭摺具

P.5 end

奏伏乞
皇上聖鑒謹
奏

一件碣石中軍遊擊請以沙兆龍陞署事

看稿 對摺

奏稿

道光三十年八月九日具

奏

撫標揩弁劉廷玉賫

繕摺

道光 年 月 日奉到

硃批

奏為外海水師遊擊員缺緊要揀員陞署以重海
疆恭摺仰祈
聖鑒事竊查廣東碣石鎮中軍遊擊係外海水師題
補之缺接准部咨輪用預保人員該省並無預
保人員行令於現任應題人員內揀員題補等

因查廣東通省外海水師都司共九員臣會同
水師提臣洪 逐加遴選除已陞轉及准補
尚未給劄題補未准部覆並因案降調懸缺未
補外實無合例堪以題補之員即例准越缺保
題陞用之守備遍行揀選亦無堪勝此缺之員
查例載外省題調武職各缺如因員缺緊要人
地相需將不合例人員保奏於摺內聲明請
旨交部核覆恭候
欽定等語今碣石鎮中軍遊擊駐劄碣石衛城管轄
洋面遼濶防範稽查最關緊要必須熟悉情形
精明幹練緝捕勤能之員方克勝任茲查有准
陞香山協中軍都司沙兆龍年四十五歲廣東

肇慶府陽江縣人由行伍遞陞今職於道光三
十年五月二十三日奉文准陞行令請咨赴部
引
見因委署陽江鎮中軍遊擊尚未請咨赴部該員才
識穩練洋務熟諳以之陞署碣石鎮中軍遊擊
實堪勝任雖准陞都司尚未引
見給劄與例稍有未符但人地實在相需例准專摺
保奏且外海遊擊員缺緊要一時不得其人即
守備亦准越缺請陞今由都司請陞較之徑由
守備保題者究屬官階相近合無仰懇
天恩俯念水師員缺緊要人地實在相需准將准陞
香山協中軍都司沙兆龍陞署碣石鎮中軍遊

遊擊洵於海疆要缺有裨如蒙
俞允俟部覆到日併案給咨送部引
見仍俟扣滿年限另請實授所遺香山協中軍都司
係外海水師題補之缺俟部覆開缺時查明照
例辦理臣為水師要缺需員起見謹會同廣東
水師提督臣洪　合詞恭摺具
奏伏乞
皇上聖鑒敕部核覆施行謹
奏